U0499678

2024 中财传媒版

年度全国会计专业技术资格考试辅导系列丛书·注定会赢®

经济法
精讲精练

财政部中国财经出版传媒集团　组织编写

中国财经出版传媒集团
经济科学出版社
·北京·

图书在版编目（CIP）数据

经济法精讲精练/财政部中国财经出版传媒集团组
织编写 . -- 北京：经济科学出版社，2024.4
（中财传媒版 2024 年度全国会计专业技术资格考试辅
导系列丛书．注定会赢）
ISBN 978 - 7 - 5218 - 5755 - 9

Ⅰ．①经…　Ⅱ．①财…　Ⅲ．①经济法 - 中国 - 资格考
试 - 自学参考资料　Ⅳ．①D922.290.4

中国国家版本馆 CIP 数据核字（2024）第 068623 号

责任校对：王肖楠
责任印制：邱　天

经济法精讲精练

JINGJIFA JINGJIANG JINGLIAN

财政部中国财经出版传媒集团　组织编写
经济科学出版社出版、发行　新华书店经销
社址：北京市海淀区阜成路甲 28 号　邮编：100142
总编部电话：010 - 88191217　发行部电话：010 - 88191522
天猫网店：经济科学出版社旗舰店
网址：http://jjkxcbs.tmall.com
北京鑫海金澳胶印有限公司印装
787×1092　16 开　21 印张　610000 字
2024 年 4 月第 1 版　2024 年 4 月第 1 次印刷
ISBN 978 - 7 - 5218 - 5755 - 9　定价：69.00 元
（图书出现印装问题，本社负责调换。电话：010 - 88191545）
（打击盗版举报热线：010 - 88191661，QQ：2242791300）

前　言

　　2024年度全国会计专业技术中级资格考试大纲已经公布，辅导教材也已正式出版发行。与上年度相比，新考试大纲及辅导教材的内容发生了较大变化。为了帮助考生准确理解和掌握新大纲和新教材的内容、顺利通过考试，中国财经出版传媒集团本着对广大考生负责的态度，严格按照新大纲和新教材内容，组织编写了中财传媒版2024年度全国会计专业技术资格考试辅导"注定会赢"系列丛书。

　　该系列丛书包含"精讲精练""通关题库""全真模拟试题""要点随身记""速刷360题"等5个子系列，共15本图书，具有重点把握精准、难点分析到位、题型题量贴切、模拟演练逼真等特点。本书属于"精讲精练"子系列，为考生提供复习指导，突出对教材变化及知识点的解读，配以例题点津，并精选典型习题帮助考生巩固知识。

　　中国财经出版传媒集团为购买本书的读者提供线上增值服务。读者可通过扫描封面下方的"注定会赢"微信公众号二维码下载"中财云知"App，免费享有题库练习、模拟测试、每日一练、学习答疑等增值服务。

　　全国会计专业技术资格考试是我国评价选拔会计人才、促进会计人员成长的重要渠道，也是落实会计人才强国战略的重要措施。希望广大考生在认真学习教材内容的基础上，结合本丛书准确理解和全面掌握应试知识点内容，顺利通过考试，不断取得更大进步，为我国会计事业的发展作出更大贡献！

　　书中如有疏漏和不当之处，敬请批评指正。

财政部中国财经出版传媒集团

2024年4月

目 录

第一部分 复习指导

复习指导

第二部分 考点解读及巩固练习

第一章 总　　论

第二章 公司法律制度

第三章   合伙企业法律制度

第四章   物权法律制度

第五章   合同法律制度

第六章   金融法律制度

第七章　财政法律制度

第一部分　复习指导

复习指导

一、重要考试政策（考试信息：时间、形式、要求等）

2024 年中级资格考试将于 2024 年 9 月 7 日至 9 日举行，共 3 个批次，具体安排如下：其中经济法科目的考试时间为 9 月 7 日至 9 日的 18：00 ~ 20：00。

报名参加会计资格考试的人员，除符合遵守《中华人民共和国会计法》和国家统一的会计制度、具备良好的职业道德等基本条件外，还应具备下列基本条件之一：（一）具备大学专科学历，从事会计工作满 5 年。（二）具备大学本科学历或学士学位，从事会计工作满 4 年。（三）具备第二学士学位或研究生班毕业，从事会计工作满 2 年。（四）具备硕士学位，从事会计工作满 1 年。（五）具备博士学位。（六）通过全国统一考试，取得经济、统计、审计专业技术中级资格。

中级经济法采用机考形式，考试时长为 2 小时，满分为 100 分，考生达到 60 分以上则可通过考试。

二、教材的基本情况及主要变化

教材的基本情况及主要变化如下表所示。

教材的基本情况及主要变化

章名	主要变化
第一章　总论	对"行政复议"相关内容进行了大幅修改
第二章　公司法律制度	依新修订的《公司法》进行了大幅修改。主要变动有：第一，修改了"有限责任公司设立的条件、组织机构、股东转让股权"的内容。第二，删除了"一人有限责任公司的特别规定"。第三，修改了"国家出资公司组织机构的特别规定"的内容。第四，修改了"股份有限公司的设立、组织机构、上市公司组织机构的特别规定"的内容。第五，修改了"公司董事、监事、高级管理人员的义务"的内容。第六，修改了"公司股票和公司债券"的内容。第七，修改了"公司财务、会计"中的"利润分配和公积金"的内容。第八，修改了"公司合并、分立、增资、减资"的内容。第九，修改了"公司解散和清算"的内容，增加"简易程序注销"的内容
第三章　合伙企业法律制度	本章内容无实质性内容变化
第四章　物权法律制度	在"物的分类"中增加了"可分物与不可分物"的内容，并修改了"流押条款""流质条款"中的部分内容
第五章　合同法律制度	第一，在"提供格式条款一方的义务"中增加了部分内容。第二，对"专属于债务人自身的债权"的部分内容进行了调整。第三，对"撤销权的构成要件""撤销权的行使"的部分内容进行了调整。第四，对"支付违约金"的部分内容进行了调整。第五，在"商品房买卖合同"中增加了关于"商品房消费者权利保护"的内容。第六，在"保证人资格的限制"中增加了部分内容
第六章　金融法律制度	第一，新增了"电子商业汇票"的具体内容。第二，修订了"首次公开发行股票的条件"。第三，修订了"上市公司发行股票的条件"。第四，新增了"注册程序"。第五，修订了"常规正确上市"的内容
第七章　财政法律制度	对"国家出资企业管理者的选择、与关联方交易的限制"的内容进行了修订；调整了"行政事业性国有资产的监督"中"政府监督"的说法

三、命题规律

中级经济法共五类题型。

第一大题为单项选择题，共30小题，每小题1分，不答或错答均不得分，总计30分。单项选择题是经济法考试中最容易得分的题型，难度不大，以考查考生的基础知识为主。

第二大题为多项选择题，共15小题，每小题2分，少选可得相应分值，但不选、错选均不得分，总计30分。多项选择题难度较大，覆盖面广，考查考生对知识掌握的准确程度。

第三大题是判断题，共10小题，每小题答题正确得1分，不答、错答均不得分，也不扣分，总计10分。判断题题型整体难度不大，主要是基础的知识点。

第四大题是简答题。简答题共3题，每题包含2~3个小问题，每个小问题2~3分，合计18分。

第五大题是综合题。综合题只有1道大题，包含6个小问题，每个小问题2分，总计12分。简答题和综合题合称主观题，合计30分。主观题难度较大，常有跨章节题目，除了考查考生对基础知识的把握外，还检验考生对理论与实务的综合理解程度。

四、本科目的复习方法

中级经济法教材共七章，每章在考试中的分值和题型分布有很大不同。

各章分值分布

章名	2021年		2022年		2023年	
	第一批次	第二批次	第一批次	第二批次	第一批次	第二批次
第一章　总论	7	8	9	9	10	10
第二章　公司法律制度	14	14	17	16	16	17
第三章　合伙企业法律制度	6	8	12	9	14	12
第四章　物权法律制度	新增章节		15	22	17	16
第五章　合同法律制度	19	16	15	16	17	16
第六章　金融法律制度	15	18	13	13	16	18
第七章　财政法律制度（原第八章）	9	9	4	5	10	11

中级经济法考试试题内容全部来源于教材，紧扣考试大纲，且每年教材都会有新内容增补或者旧内容删改，建议考生应使用新教材。

经济法科目内容很多，还涉及许多法律基础知识以及民商法的内容，大量内容需要考生精准记忆。当然，死记硬背并不可取，记忆内容要建立在充分消化理解的基础之上。从近几年命题特点看来，经济法越来越注重对基础知识的灵活运用，除了简答题和综合题是以案例分析形式进行命题以外，大多数选择题也表现为案例形式，直接考法条规定的题目越来越少。这就要求同学们在复习的时候，要灵活掌握教材内容和法条内容，通过大量做题巩固理解。

经济法科目各章节的题型题量差别较大，其中第二章公司法律制度、第四章物权法律制度、第五章合同法律制度以及第六章金融法律制度会出主观题，因此是考生需要掌握的重点章节。对于这几章内容，考生必须精读教材、不断温习、多做习题来进行学习，温故知新。

五、本书的体例和使用建议

本书共分两个部分，第一部分是对经济法科目考试的复习指导，主要向考生介绍重要考试政策、新教材的基本情况及教材主要变化、经济法科目命题规律、复习方法，并附上解答主观题的常考常用法条。第二部分是对经济法科目的精讲精练，突出对教材各章变化及知识点的解读，配以例题点津，并精选典型习题帮助考生巩固知识。

第二部分

考点解读及巩固练习

第一章　总　　论

考情分析

本章总论属于纯法理内容，是经济法学习的基础，考生需要扎实掌握其原理和概念。

教材变化

2024 年本章教材对"行政复议"相关内容进行了大幅修改。

考点提示

根据近 3 年考试分值分布及本章内容变化，预计 2024 年度的考核题型仍然以单项选择题、多项选择题和判断题等客观题为主，考核的分值应为 6～8 分。需要提醒考生的是，从 2023 年命题情况和趋势看，本章的内容有可能与其他章节结合，出现在主观题中。另外，建议考生要重点复习 2024 年教材变化的内容，根据以往考试情况统计，针对变化内容出考题的可能性较大。本章以法律行为与代理、经济纠纷解决途径为考核的重点内容。

本章考点框架

```
            ┌ 法律体系 ┌ 法律体系
            │          └ 法律部门
            │
            │ 法律行为与代理 ┌ 法律行为
    总论 ──┤                └ 代理
            │
            │              ┌ 经济纠纷的概念与解决途径
            │              │ 仲裁
            └ 经济纠纷解决途径 ┤ 民事诉讼
                           │ 行政复议
                           └ 行政诉讼
```

考点解读及例题点津

第一单元　法律体系

1 法律体系

一、考点解读

（一）法律体系概念

（1）法律体系，是指由一国现行的全部法律规范按照不同的法律部门分类组合而形成的有机联系的统一整体。

（2）法律体系具有主观性、客观性、统一性和系统性。

①法律体系的形成是某一国家的法学工作者对现行法律规范进行科学抽象和分类的结果，具有主观性。

②法律体系必须同一国经济文化状况相适应，必须符合法律自身的发展规律，具有客观性。

③法律体系是一种客观存在的社会生活现象，反映了法的统一性和系统性。

（3）概念比较。

①法律体系与立法体系、法系的比较。

概念	区别
法律体系与立法体系	法律体系的组成部分是法律部门；立法体系的构成单位是规范性文件
法律体系与法系	法律体系属于社会规范体系范畴；法系是按照法律的特点和历史传统对各国法律进行分类的一种方法

②法律体系、法制体系、法学体系的比较。

概念	法律体系	法制体系	法学体系
定义	由一国现行的全部法律规范按照不同的法律部门分类组合而形成的有机联系的统一整体	法制运转机制和运转环节的全系统	一个国家有关法律的学科体系
范围	描述静态的法律规范本身的体系构成，包括现行有效的国内法	描述动态的法制运转机制系统，包括立法体系、执法体系、司法体系、法律监督体系	对全部法律现象的理论、历史、比较分析等内容的研究
相互关系	法律体系整合在法制体系中	法制体系包含法律体系	法律体系是法学体系形成、建立的前提和基础

（二）中国社会主义法律体系

中国社会主义法律体系
　├ 七个法律部门
　│　├ 宪法及宪法相关法
　│　├ 民商法
　│　├ 行政法
　│　├ 经济法
　│　├ 社会法
　│　├ 刑法
　│　└ 诉讼与非诉讼程序法
　└ 三个不同层次的法律规范
　　├ 法律
　　├ 行政法规
　　└ 地方性法规、自治条例和单行条例

二、例题点津

【例题1·单选题】法律部门的划分有一定的标准，以下各项中属于划分的主要标准的是（　　）。

A. 调整主体　　　　B. 调整方法

C. 调整对象　　　　D. 调整目的

【答案】C

【解析】法律部门划分的标准包括主要标准和次要标准。主要标准是调整对象，即法律所调整的社会关系；次要标准是调整方法，即实施法律制裁的方法和确定法律关系主体不同地位、权利义务的方法，包括确定权利义务的方式、方法，权利义务的确定性程度和权利主体的自主性

程度、保障权利的手段和途径等，选项C正确。

【例题2·单选题】下列关于法律体系和法律部门关系的表述中，不正确的是（　　）。

A. 法律体系既包括国内法也包括国际法

B. 法律体系包含多个法律部门

C. 法律部门是法律体系的组成部分

D. 不同法律部门的有机结合形成了一国的法律体系

【答案】A

【解析】法律体系是指由一国现行的全部法律规范按照不同的法律部门分类组合而形成的有机联系的统一整体。我国现行法律体系由7个法律部门构成。选项B、C、D表述正确。法律体系只包括现行有效的国内法，不包括历史上废止、已不再有效的法律，也不包括国际法，选项A表述不正确。

【例题3·多选题】下列关于法律体系的描述中，正确的有（　　）。

A. 由一国现行的全部法律规范按照不同的法律部门分类组合而形成的有机联系的统一整体

B. 描述静态的法律规范本身的体系构成，包括现行有效的国内法

C. 对全部法律现象的理论、历史、比较分析等内容的研究

D. 法律体系整合在法制体系中

【答案】ABD

【解析】本题考核法律体系的概念。选项 A 是法律体系的概念。选项 B 是法律体系侧重描述的内容。选项 C 是对法学体系的描述。选项 D 是法律体系与法制体系的关系。

2 法律部门

一、考点解读

（一）法律部门的概念

（1）法律部门，是根据一定的标准和原则所划定的调整同一类型社会关系的法律规范的总称。

（2）法律部门划分的标准。

①主要标准：调整对象，即法律所调整的社会关系；

②次要标准：调整方法，即实施法律制裁的方法和确定法律关系主体不同地位、权利义务的方法，包括确定权利义务的方式、方法，权利义务的确定性程度和权利主体的自主性程度、保障权利的手段和途径等。

（3）法律部门划分的原则。

①粗细恰当：要求部门法划分不至于有些过小，有些很大，要保持平衡；

②多寡合适：要求部门法划分涵盖法规的数量不能差别太大，不能一个部门法涉及千百个法律规范，另一个部门法却只有一两个法律规范；

③主题定类：有些法律规范从不同的角度看，它可以划到不同的部门法，这样就要看这种法律规范的主题或主导精神是什么，从而最终确定其部类归属；

④逻辑与实用兼顾：要求部门法划分既要有一定的逻辑根据，又不必过于拘泥，要从实用出发，考虑正在制定或即将制定的法律的价值功能，把握法律的发展趋势。

（二）我国的主要法律部门

1. 宪法及宪法相关法

（1）宪法是国家的根本法，规定国家的根本制度和根本任务、公民的基本权利和义务等内容。

（2）宪法相关法是与宪法相配套、直接保障宪法实施和国家政权运作等方面的法律规范，调整国家政治关系。

2. 民商法

（1）民法调整的是平等主体的自然人、法人和其他组织之间的财产关系和人身关系。民法主要是调整商品经济关系，包括财产所有权关系、商品流通关系、遗产继承关系、知识产权关系等；民法还调整属于民事范围的人身关系，包括人格关系和身份关系，前者是基于人格利益而发生的社会关系，后者是以特定的身份利益为内容的社会关系。

（2）商法调整商事主体之间的商事关系，遵循民法的基本原则，同时秉承保障商事交易自由、等价有偿、便捷安全等原则。

3. 行政法

（1）一般行政法是指适用于所有（或者大多数）行政机关行政活动的行政法规范，主要包括行政组织法、行政行为法、行政程序法和行政救济法。

（2）特别行政法是指规范某一特定领域行政活动的行政法，如环境管理、民政管理、公安管理、卫生管理、文化管理、教育管理、城市建设管理、司法行政管理、海关管理、边防管理、军事行政管理等方面的法律规范性文件。

4. 经济法

经济法包括宏观调控法、市场管理法、自然资源和能源法、行业管理和产业促进法等。

5. 社会法

社会法包括劳动法、社会保障法、特殊群体权益保障法、社会公益事业法等。

6. 刑法

刑法是规定犯罪与刑罚的法律规范的总和，也就是规定哪些行为是犯罪和应该负何种刑事责任，并给犯罪人刑罚处罚的法律，包括《中华人民共和国刑法》及其他单行法。

7. 诉讼与非诉讼程序法

（1）我国的诉讼制度分为民事诉讼、行政诉讼和刑事诉讼三种。

（2）诉讼法的主要内容。

①关于司法机关及其他诉讼参与人进行诉讼活动的原则、程序、方式和方法以及诉讼当事人权利和义务的规定；

②关于检察或监督诉讼活动，特别是侦查、

审判活动是否合法，以及纠错的原则、程序、方式和方法的规定；

③关于执行程序的规定，其任务是从诉讼方面保证实体法的正确实施，保证违法的行为受到应有的处理和纠正，保障正当合法的权益得到法律的有效保护；

④关于诉讼法律责任的规定，防止国家机关刑讯逼供、违法取证等侵犯人权的行为发生等。

（3）非诉程序法是解决非诉案件的程序法。非诉讼程序法主要有《中华人民共和国人民调解法》《中华人民共和国仲裁法》。

二、例题点津

【例题1·单选题】下列法的形式中，是国家的根本法，规定国家的基本制度和根本任务、具有最高法律效力的是（　　）。

A.《中华人民共和国全国人民代表大会组织法》

B.《中华人民共和国立法法》

C.《中华人民共和国宪法》

D.《中华人民共和国刑法》

【答案】C

【解析】宪法规定国家的基本制度和根本任务，属于国家的根本法，具有最高的法律效力。

【例题2·多选题】下列各项中，属于经济法的有（　　）。

A.《中华人民共和国反垄断法》

B.《中华人民共和国可再生能源法》

C.《中华人民共和国旅游法》

D.《中华人民共和国票据法》

【答案】ABC

【解析】选项A属于经济法中的市场管理法。选项B属于经济法中的自然资源和能源法。选项C属于经济法中的行业管理和产业促进法。选项D属于商法范畴。

第二单元　法律行为与代理

1 法律行为

一、考点解读

（一）法律行为的特征

（1）以达到一定的民事法律后果为目的的行为。

（2）以意思表示为要素。

（二）法律行为的分类

法律行为的分类 ｛ 单方法律行为和多方法律行为　有偿法律行为和无偿法律行为　要式法律行为和非要式法律行为　主法律行为和从法律行为 ｝

（1）单方法律行为和多方法律行为是按照法律行为的成立仅需一方意思表示还是需要多方意思表示而进行的分类。

（2）有偿法律行为和无偿法律行为是按照法律行为一方当事人从对方当事人取得利益有无对价为标准而进行的分类。

（3）要式法律行为和非要式法律行为是按照法律行为的成立是否需要具备法律规定或当事人约定的形式而进行的分类。

（4）主法律行为和从法律行为是按照法律行为之间的依存关系而进行的分类。

（三）法律行为的有效要件

（1）成立要件，是法律行为的实质性要素，用于对一个法律行为是否存在进行事实判断。

（2）生效要件，是指法律行为发生当事人旨在追求的权利义务设立、变更、终止的法律效力。

民事法律行为应当具备下列生效要件：①行为人具有相应的民事行为能力。②意思表示真实。③不违反强制性规定，不违背公序良俗。

（四）附条件和附期限的法律行为

（1）附条件的法律行为，是指当事人在法律行为中约定一定的条件，并以将来该条件的成就（或发生）或不成就（或不发生）作为法律行为效力发生或消灭的根据。

（2）附期限的法律行为，是指当事人在法律行为中约定一定的期限，并以该期限的到来作为法律行为生效或解除的根据。

提示 期限是必然要到来的事实，这是期限与条件的根本区别。

（五）无效的法律行为

（1）法律行为，按照无效原因存在于行为内容的全部或部分，可分为全部无效与部分无效。

民事法律行为部分无效，不影响其他部分效力的，其他部分仍然有效。部分无效不影响其他部分效力的主要情形有：

①法律行为标的之数量超过法律许可范围。如《民法典》第五百八十六条第二款规定："定金的数额由当事人约定；但是，不得超过主合同标的额的20%，超过部分不产生定金的效力。"

②法律行为的内容由数种不同事项合并而成，其中一项或数项无效，如约定赠与金钱与枪支若干，其中，仅赠与枪支的部分无效。

③法律行为的非主要条款，因违反强制性规定或公序良俗而无效。如雇佣合同约定"工伤概不负责"，该条款被认定无效，并不会影响雇佣合同本身的效力。

（2）无效法律行为的种类。

①无民事行为能力人独立实施的；

②当事人通谋虚假表示实施的；

③恶意串通，损害他人合法权益的；

④违反强制性规定或违背公序良俗的。

（3）无效法律行为的法律后果。

①恢复原状；

②赔偿损失；

③收归国家、集体所有或返还第三人；

④其他制裁。

（六）可撤销的法律行为

1. 可撤销法律行为的特征

（1）在该行为被撤销前，其效力已经发生，未经撤销，其效力不消灭，即其效力的消灭以撤销为条件。

（2）该行为的撤销应由享有撤销权的当事人行使，且撤销权人须通过法院或仲裁机关行使撤销权。

（3）撤销权人对权利的行使拥有选择权，其可以选择撤销或不撤销其行为。

（4）撤销权的行使有时间限制。

提示 撤销权消灭的情形：①当事人自知道或者应当知道撤销事由之日起一年内、重大误解的当事人自知道或者应当知道撤销事由之日起90日内没有行使撤销权；②当事人受胁迫，自胁迫行为终止之日起1年内没有行使撤销权；③当事人知道撤销事由后明确表示或者以自己的行为表明放弃撤销权；④当事人自民事法律行为发生之日起5年内没有行使撤销权的，撤销权消灭。

（5）该行为一经撤销，其效力溯及自行为开始时无效。

2. 可撤销法律行为的种类

（1）行为人对行为内容有重大误解的；

（2）受欺诈的；

（3）受胁迫的；

（4）乘人之危、显失公平的。

二、例题点津

【例题1 · 单选题】下列法律行为中，属于无效民事行为的是（　　）。

A. 7周岁的小明以不支付抚养费为由将已与其母亲离婚的父亲告上法庭

B. 16周岁的小周靠打工赚来的钱与某自行车生产企业签订购买10辆自行车的购买合同

C. 18周岁的小刘放弃了一项债权

D. 20周岁的小王与某企业签订战略合作协议

【答案】A

【解析】本题考查的是无效民事行为种类和民事行为能力的混合考点。无效民事行为能力的种类一共有4种，本题考查了第一种，无民事行为能力人独立实施的行为是无效民事行为，这就涉及对民事行为能力的界定。根据《民法典》的规定：无行为能力人，即不满8周岁的未成年人和不能辨认自己行为的成年人，实施的法律行为无效；限制民事行为能力人，即8周岁以上的未成年人和不能完全辨认自己行为的成年人，只能独立实施纯获利益的法律行为以及与其年龄、智力或精神健康状况相适应的法律行为，其他法律行为应由其法定代理人代理，或征得其法定代理人同意而实施；完全民事行为能力人，即18周岁以上的成年人和16周岁以上不满18周岁但以自己的劳动收入为主要生活来源的未成年人，可以独立地实施法律行为。选项A，7周岁的小明是无民事行为能力的人，小明实施的法律行为是无效的。选项B，16周岁的小周是以自己的劳动收入为主要生活来源的未成年人，是完全民事行为能力人，他签订的自行车购买合同是有效的民事行为。选项C、D，18周岁的小刘和20周岁的小王都是成年人，是完全民事行为能力人，他们的行为是有效民事行为。

【例题2·单选题】根据民事法律制度的规定，当事人一方受胁迫实施民事法律行为，依法行使撤销权的，应自胁迫行为终止之日起一定期限内行使。该期限为（　　）。

A. 3个月　　　　B. 1年

C. 3年　　　　D. 5年

【答案】B

【解析】根据《民法典》的规定，当事人受胁迫，自胁迫行为终止之日起1年内没有行使撤销权，撤销权消灭。

【例题3·多选题】下列各项中，属于民事法律行为的有（　　）。

A. 甲商场与某电视生产企业签订购买一批彩电的合同

B. 乙捡到一台电脑

C. 丙放弃一项债权

D. 丁完成一项发明创造

【答案】AC

【解析】考核民事法律行为。民事法律行为是指公民或者法人以设立、变更、终止民事权利和民事义务为目的，以意思表示为要素，依法产生民事法律效力的合法行为。选项A、C，债务的免除属于单方法律行为，签订合同属于双方法律行为。选项B、D，属于事实行为。

【例题4·多选题】根据《民法典》的规定，下列各项中，属于可撤销合同的有（　　）。

A. 一方以欺诈的手段订立合同，损害对方利益

B. 限制民事行为能力人与他人订立的纯获利益的合同

C. 违反法律强制性规定的合同

D. 当事人在受到对方胁迫的情况下签订的合同

【答案】AD

【解析】本题考查可撤销法律行为的种类。选项A、D属于可撤销的合同；选项B属于有效合同；选项C属于无效合同。可撤销的法律行为种类一共有四种：①行为人对行为内容有重大误解的；②受欺诈的；③受胁迫的；④乘人之危、显失公平的。选项A属于第二种情况，选项D属于第三种情况，均为可撤销的法律行为。

【例题5·多选题】根据我国《民法典》的规定，下列行为中，属于可撤销民事法律行为的有（　　）。

A. 15周岁的甲瞒着父母向某网络主播打赏20万元

B. 19周岁的乙用继承的遗产购买了一架私人游艇

C. 丙受伤血流不止，打出租车上车时，司机要求加10倍车费方可同意送其上医院，丙只好同意

D. 丁误以为戊的镀金项链为纯金项链而花高价购买

【答案】CD

【解析】选项A，属于效力待定的行为，由于甲是限制民事行为能力人，其打赏的行为与其年龄、智力不相适应。选项B，乙为完全民事行为能力人，其实施的民事法律行为有效。选项C属于乘人之危、显失公平的行为，选项D属于重大误解的行为，均属于可撤销的民事法律行为。

【例题6·多选题】下列各项中，允许转委托代理的有（　　）。

A. 被代理人事先同意代理人转委托代理

B. 代理人在外地出差，与被代理人联系告知其一周后返回

C. 被代理人事后追认代理人转委托代理

D. 代理人电话告知被代理人，自己陪亲属在医院进行治疗

【答案】AC

【解析】只有在下列两种情况下才允许转委托代理：（1）被代理人允许，包括事先同意和事后追认；（2）出现紧急情况，如急病、通信联络中断、疫情防控等特殊原因，委托代理人自己不能办理代理事项，又不能与被代理人及时取得联系，如不及时转委托第三人代理，会给被代理人造成损失或扩大损失。

2 代理

一、考点解读

（一）代理的概念和特征

（1）代理是指代理人在代理权限内，以**被代理人的名义**与相对人**实施法律行为**，由此产生的法律后果直接由被代理人承担的法律制度。

（2）代理关系包括三种。

①被代理人与代理人之间的代理权关系；

②代理人与相对人之间实施法律行为的关系；

③被代理人与相对人之间承受代理行为法律后果的关系。

（3）代理的特征。

①代理人必须以被代理人的名义实施法律行为。

②代理人在**代理权限内**独立地向相对人进行意思表示。

③代理行为的法律后果直接归属于被代理人。

（二）代理的适用范围

适用于民事主体之间设立、变更和终止权利义务的法律行为。

提示 依照法律规定、当事人约定或者民事法律行为的性质，**应当由本人实施的民事法律行为，不得代理**，如订立遗嘱、婚姻登记、收养子女等；本人未亲自实施的，应当认定行为无效。

（三）代理种类

（1）委托代理：基于被代理人的**授权委托**而发生的代理。

（2）法定代理：法律根据一定社会关系的存在而设定的代理。

（四）代理权的行使

（1）一般要求：委托代理人应按照被代理人的**委托授权**行使代理权；法定代理人应依照**法律的规定**行使代理权。

（2）转委托代理，是指代理人为了实施其代理权限内的行为，而以自己的名义为被代理人选任代理人的代理。转委托代理以本代理的存在为前提；转委托的第三人是原代理人以自己的名义选任的代理人；转委托的第三人行使的代理权是原代理人的代理权；转委托的第三人是被代理人的代理人，而不是代理人的代理人。

只有在下列两种情况下才允许转委托代理：

①被代理人允许，包括事先同意和事后追认；

②出现紧急情况，如急病、通信联络中断、疫情防控等特殊原因，委托代理人自己不能办理代理事项，又不能与被代理人及时取得联系，如不及时转委托第三人代理，会给被代理人造成损失或扩大损失。

（3）滥用代理权的禁止。代理人不得滥用代理权。《民法典》第一百六十八条规定："代理人不得以被代理人的名义与自己实施民事法律行为，但是被代理人同意或者追认的除外。代理人不得以被代理人的名义与自己同时代理的其他人实施民事法律行为，但是被代理的双方同意或者追认的除外。"代理人滥用代理权，给被代理人及他人造成损失的，应当**承担相应的赔偿责任**。代理人和第三人串通，损害被代理人利益的，由代理人和第三人负**连带责任**。

（4）不当代理与违法代理的责任。代理人不履行或者不完全履行职责，造成被代理人损害的，应当承担民事责任。代理人和相对人恶意串通，损害被代理人合法权益的，代理人和相对人应当承担连带责任。代理人知道或者应当知道代理事项违法仍然实施代理行为，或者被代理人知道或者应当知道代理人的代理行为违法未作反对表示的，被代理人和代理人应当承担连带责任。

（五）无权代理

1. 无权代理的三种表现形式

（1）没有代理权而实施的代理；

（2）超越代理权实施的代理；

（3）代理权终止后而实施的代理。

2. 无权代理的法律后果

（1）无权代理未经被代理人追认的，对被代理人不发生效力。相对人可以催告被代理人自收到通知之日起 30 日内予以追认；被代理人未作表示的，视为拒绝追认。

（2）行为人实施的行为被追认前，善意相对人有撤销的权利，其撤销应当以通知的方式作出。行为人实施的行为未被追认的，善意相对人有权请求行为人履行债务或者就其受到的损害请求行为人赔偿，赔偿的范围不得超过被代理人追认时相对人所能获得的利益。相对人知道或者应当知道行为人无权代理的，相对人和行为人按照各自的过错承担责任。

（3）表见代理。

①表见代理的概念。行为人没有代理权、超越代理权或者代理权终止后，仍然实施代理行为，相对人有理由相信行为人有代理权的，代理行为有效。

②表见代理的情形。被代理人对相对人表示已将代理权授予他人，而实际并未授权；被代理人将某种有代理权的证明文件（如盖有公章的空白合同文本）交给他人，他人以该种文件使相对人相信其有代理权并与之进行法律行为；代理人违反被代理人的意思或者超越代理权，相对人无过失地相信其有代理权而与之进行法律行为；代理关系终止后未采取必要的措施而使相对人仍然相信行为人有代理权，并与之进行法律行为。

（六）代理关系的终止

1. 委托代理终止的法定情形

（1）代理期间届满或者代理事务完成；

（2）被代理人取消委托或代理人辞去委托；

（3）代理人丧失民事行为能力；

（4）代理人或者被代理人死亡；

（5）作为代理人或被代理人的法人、非法人组织终止。

2. 法定代理终止的法定情形

（1）被代理人取得或恢复完全民事行为能力；

（2）代理人丧失民事行为能力；

（3）代理人或者被代理人死亡；

（4）法律规定的其他情形。

二、例题点津

【例题 1·单选题】根据民事法律制度的规定，下列行为中，可以由他人代理实施的是（　　）。

A. 婚姻登记

B. 订立遗嘱

C. 签订收养子女协议

D. 签订房屋租赁合同

【答案】D

【解析】根据《民法典》的规定，依照法律规定、当事人约定或者民事法律行为的性质，应当由本人亲自实施的民事法律行为，不得代理。例如，具有人身性质的行为，结婚、离婚登记、订立遗嘱、收养子女、赡养父母、放弃继承或放弃受遗赠等，不得由代理人代理。

【例题 2·判断题】某保险公司的代理人周某向刘某推介一款保险产品，刘某认为不错，于是双方约定了签订合同的时间。订立保险合同时，刘某无法亲自到现场签字，就由周某代为签字。后刘某缴纳了保险费。此时，应视为刘某对周某代签字行为的追认。（　　）

【答案】√

【解析】投保人或投保人的代理人订立保险合同时没有亲自签字或者盖章，而由保险人或者保险人的代理人代为签字或者盖章的，对投保人不生效。但投保人已经缴纳保险费的，视为其对代签字或者盖章行为的追认。

【例题 3·判断题】被代理人甲曾对乙表示已将销售业务代理权授予丙，而实际上甲并未授权给丙。后丙以甲的名义与乙签订货物买卖合同，则甲应对丙签订该合同的行为承担法律责任。（　　）

【答案】√

【解析】本题考核表见代理的规定。无权代理过程中善意的相对人有理由相信代理人有代理权，代理人的代理被称为表见代理，在此情形下被代理人应当承担代理的后果，即代理行为对被代理人是有效的。根据规定，被代理人对第三人表示已将代理权授予他人，但实际并未授权的，属于表见代理。此时根据表见代理的法律后果，被代理人应该承担代理的法律后果。

第三单元　经济纠纷解决途径

1 经济纠纷的概念与解决途径

一、考点解读

（一）经济纠纷的概念

经济纠纷是指市场经济主体在经济活动中因一方或双方**违反法律规定或依法生效的合同**，损害对方合法权益而引起的经济争议，包括平等主体之间涉及经济内容的纠纷，以及公民、法人或者其他组织作为行政管理相对人与行政机关之间因行政管理所发生的涉及经济内容的纠纷。

（二）经济纠纷的解决途径

（1）和解：和解是经济纠纷的当事人在平等的基础上相互协商、互谅互让，进而对纠纷的解决达成协议的方式。

（2）调解：调解是经济纠纷的当事人在中立第三方的主持下，自愿进行协商、解决纠纷的办法。在我国，调解主要有民间调解、行政调解、仲裁调解和法院调解（人民法院审理行政案件不适用调解）四种形式。

（3）仲裁和民事诉讼：仲裁和民事诉讼适用于解决**横向关系**经济纠纷，即平等的民事主体之间发生的经济纠纷。仲裁是借助**社会力量**解决纠纷，诉讼是借助**国家公权力**解决纠纷。仲裁与民事诉讼是**并列**的经济纠纷解决方式，当事人**只能择其一**，即或者通过签订仲裁协议的方式通过仲裁解决纠纷，或者通过诉讼解决纠纷。

（4）行政复议和行政诉讼：行政复议和行政诉讼适用于解决**纵向关系**经济纠纷，即行政管理相对人和行政机关之间发生的经济纠纷。行政复议是通过**复议机关**的**复议程序**解决纠纷；行政诉讼是通过**人民法院**的**司法审判机制**解决纠纷。行政复议的纠纷解决范围广于行政诉讼。行政复议一般也没有最终的法律效力，行政相对人对复议决定不服，可以依法向人民法院提起行政诉讼，只有在法律规定复议裁决为终局裁决的情况下，复议才具有最终的法律效力。

二、例题点津

【例题1·单选题】 下列关于仲裁和民事诉讼的说法中，错误的是（　　）。

A. 仲裁和民事诉讼适用于解决平等的民事主体之间发生的经济纠纷

B. 仲裁是借助社会力量解决纠纷

C. 诉讼是借助国家公权力解决纠纷

D. 当事人可以同时选择仲裁与民事诉讼这两种经济纠纷解决方式

【答案】 D

【解析】 本题考核仲裁和民事诉讼这两种并列的经济纠纷解决方式。仲裁和民事诉讼适用于解决**横向关系**经济纠纷，即平等的民事主体之间发生的经济纠纷。仲裁是借助**社会力量**解决纠纷，诉讼是借助**国家公权力**解决纠纷。仲裁与民事诉讼是**并列的**经济纠纷解决方式，当事人只能择其一，即或者通过签订仲裁协议的方式通过仲裁解决纠纷，或者通过诉讼解决纠纷。

【例题2·多选题】 下列各项中，属于经济纠纷的解决途径的有（　　）。

A. 和解　　　　　　B. 调解

C. 民事诉讼　　　　D. 行政复议

【答案】 ABCD

【解析】 本题考核经济纠纷的解决途径。经济纠纷的解决途径包括和解、调解、仲裁、民事诉讼、行政复议、行政诉讼。

2 仲裁

一、考点解读

（一）仲裁的概念

（1）仲裁是指仲裁机构根据纠纷当事人之间自愿达成的协议，以**第三者**的身份对所发生的纠纷进行审理，并作出对争议各方均有约束力的裁决的纠纷解决活动。

（2）与民事诉讼相比，仲裁具有自主性、

专业性、灵活性、保密性、快捷性、经济性、独立性的特点。

（二）仲裁的基本原则

（1）自愿原则。当事人如果采取仲裁方式解决纠纷，必须首先由双方自愿达成仲裁协议，没有仲裁协议，一方申请仲裁的，仲裁组织不予受理。当事人可以自愿选择仲裁机构及仲裁员。当事人可以自行和解，达成和解协议后，可以请求仲裁庭根据和解协议作出仲裁裁决书，也可以撤回仲裁请求。当事人自愿调解的，仲裁庭应予调解。

（2）以事实为根据，以法律为准绳，公平合理地解决纠纷原则。

（3）仲裁组织依法独立行使仲裁权原则。

（4）一裁终局原则。仲裁裁决作出后，当事人就同一纠纷，不能再申请仲裁或向人民法院起诉。但是，裁决被人民法院依法裁定撤销或不予执行的，当事人可以重新达成仲裁协议申请仲裁，也可以向人民法院起诉。

（三）《仲裁法》的适用范围

（1）平等主体的公民、法人和其他组织之间发生的合同纠纷和其他财产纠纷，可以仲裁。

提示 仲裁事项必须是合同纠纷和其他财产性法律关系的争议。与人身有关的婚姻、收养、监护、扶养、继承纠纷，不能进行仲裁。

（2）仲裁事项必须是平等主体之间发生的且当事人有权处分的财产权益纠纷。由强制性法律规范调整的法律关系的争议不能进行仲裁。因此，行政争议不能仲裁。

（3）劳动争议和农业集体经济组织内部的农业承包合同纠纷不同于一般的经济纠纷，它们在解决纠纷的原则、程序等方面有自己的特点，适用专门的规定，因此，《仲裁法》不适用于解决这两类纠纷。

（四）仲裁机构

仲裁机构是有权对当事人提交的经济纠纷进行审理和裁决的机构，这一机构为仲裁委员会。仲裁委员会可以在直辖市和省、自治区人民政府所在地的市设立，也可以根据需要在其他设区的市设立，不按行政区划层层设立。

（五）仲裁协议

（1）仲裁协议是指双方当事人自愿把他们之间可能发生或者已经发生的经济纠纷提交仲裁机构裁决的书面约定，包括合同中订立的仲裁条款以及在纠纷发生前后以其他书面方式达成的请求仲裁的协议。这里所称的其他书面形式，包括合同书、信件和数据电文（包括电报、传真、电传、电子数据交换和电子邮件）等形式。

（2）仲裁协议的内容：①请求仲裁的意思表示；②仲裁事项；③选定的仲裁委员会。

（3）仲裁协议的效力。

①仲裁协议中为当事人设定的义务，不能任意更改、终止或撤销；

②合法有效的仲裁协议对双方当事人诉权的行使产生一定的限制，即在当事人双方发生协议约定的争议时，任何一方只能将争议提交仲裁，而不能向人民法院起诉；

③对于仲裁组织来说，仲裁协议具有排除诉讼管辖权的作用；

④仲裁协议具有独立性，合同的变更、解除、终止或无效，不影响仲裁协议的效力。

（4）仲裁协议无效的情形。

①约定的仲裁事项超过法律规定的仲裁范围的。

②无民事行为能力人或限制民事行为能力人订立的仲裁协议。

③一方采取胁迫手段，迫使对方订立仲裁协议的。

④仲裁协议对仲裁事项或仲裁委员会没有约定或者约定不明确的，当事人可以补充协议；达不成补充协议的，仲裁协议无效。

（六）仲裁程序

1. 仲裁申请和受理

（1）申请仲裁必须符合的条件：①有仲裁协议；②有具体的仲裁请求和事实、理由；③属于仲裁委员会的受理范围。

（2）当事人申请仲裁，应当向选定的仲裁委员会递交仲裁协议、仲裁申请书及副本。

（3）仲裁申请书应载明的事项：①当事人的姓名、性别、年龄、职业、工作单位和住所，法人或其他组织的名称、住所和法定代表人或主要负责人的姓名、职务；②仲裁请求和所根据的理由；③证据和证据来源、证人姓名和住所。

（4）仲裁委员会收到仲裁申请书之日起**5日**内，认为符合受理条件的，应当受理，并通知当事人；认为不符合受理条件的，应当书面通知当事人不予受理，并说明理由。

2. 仲裁庭的组成

（1）仲裁庭是行使仲裁权的主体。仲裁庭可以由**1名**仲裁员成立独任仲裁庭或**3名**仲裁员组成合议仲裁庭。由3名仲裁员组成的合议仲裁庭，设**首席仲裁员**。当事人约定由3名仲裁员组成仲裁庭的，应当各自选定或者各自委托仲裁委员会主任指定1名仲裁员，第3名仲裁员由当事人共同选定或者共同委托仲裁委员会主任指定，第3名仲裁员是首席仲裁员。当事人约定由1名仲裁员成立仲裁庭的，应当由当事人共同选定或者共同委托仲裁委员会主任指定仲裁员。当事人没有**在仲裁规则规定的期限内**约定仲裁庭的组成方式或者选定仲裁员的，由仲裁委员会主任指定。仲裁庭组成后，仲裁委员会应当将仲裁庭的组成情况书面通知当事人。

（2）仲裁员需要回避的情形：①是本案当事人，或者当事人、代理人的近亲属；②与本案有利害关系；③与本案当事人、代理人有其他关系，可能影响公正仲裁的；④私自会见当事人、代理人，或者接受当事人、代理人的请客送礼的。

3. 仲裁裁决

（1）开庭审理，是指在仲裁庭的主持下，由双方当事人和其他仲裁参与人参加，按照法定程序，对案件进行审理并作出裁决的方式。

（2）仲裁应当开庭进行。当事人协议不开庭的，仲裁庭可以根据仲裁申请书、答辩书以及其他材料作出裁决。

（3）仲裁一般**不公开进行**，当事人协议公开的，可以公开进行，但涉及国家秘密的除外。

（4）仲裁委员会应当在仲裁规则规定的期限内，将开庭日期通知双方当事人。申请人经书面通知，无正当理由不到庭或未经仲裁庭许可中途退庭的，可视为撤回仲裁申请；被申请人有前述情形的，可以缺席裁决。当事人有正

当理由的，可在仲裁规则规定的期限内请求延期开庭。

（5）当事人应当对自己的主张提供证据，并有权申请证据保全。仲裁庭认为有必要收集的证据可以自行收集。证据应当在开庭时出示，当事人可以质证。当事人在仲裁过程中有权进行辩论，辩论终结时，仲裁庭应当征求当事人的最后意见。

（6）申请仲裁后，当事人可以自行和解。达成和解协议的，可以请求仲裁庭根据和解协议作出裁决书，也可以撤回仲裁申请，撤回仲裁申请后反悔的，可以根据仲裁协议申请仲裁。

（7）仲裁庭在作出裁决前，可以先行调解，当事人自愿调解的，仲裁庭应当调解；调解不成的，应当及时作出裁决。调解达成协议的，应当制作调解书或根据协议的结果制作裁决书，调解书经双方当事人签收后，即发生法律效力。当事人在调解书签收前反悔的，仲裁庭应当及时作出裁决。

（8）裁决应**按多数仲裁员的意见作出**，少数仲裁员的不同意见可以记入笔录。仲裁庭不能形成多数意见时，裁决应当按首席仲裁员的意见作出。裁决书自**作出之日起**发生法律效力。

4. 仲裁效力

（1）当事人应当履行仲裁裁决。一方当事人不履行的，另一方当事人可以按照《民事诉讼法》的有关规定向人民法院申请执行，受理申请的人民法院应当执行。

（2）当事人提出证据证明裁决有依法应撤销情形的，可在收到裁决书之日起**6个月内**，向仲裁委员会所在地的中级人民法院申请撤销裁决。人民法院经组成合议庭审查核实裁决有法定撤销情形的，或认定裁决违背社会公共利益的，应当裁定撤销。

（3）仲裁裁决的法定撤销情形：①没有仲裁协议的；②裁决的事项不属于仲裁协议的范围或者仲裁委员会无权仲裁的；③仲裁庭的组成或者仲裁的程序违反法定程序的；④裁决所根据的证据是伪造的；⑤对方当事人隐瞒了足以影响公正裁决的证据的；⑥仲裁员在仲裁该案时有索贿受贿、徇私舞弊、枉法裁决行为的。

（4）当事人一方申请执行仲裁裁决，另一方申请撤销裁决的，人民法院应当裁定中止执行。人民法院裁定撤销裁决的，应当裁定终结执行。撤销裁决的申请被裁定驳回的，人民法院应当裁定恢复执行。

二、例题点津

【例题 1·单选题】 下列各项中，属于《仲裁法》适用范围的是（　　）。

A. 自然人之间因继承财产发生的纠纷

B. 农户之间因土地承包经营发生的纠纷

C. 纳税企业与税务机关因纳税发生的争议

D. 公司之间因买卖合同发生的纠纷

【答案】 D

【解析】 本题考核仲裁的适用范围。根据《仲裁法》的规定，平等主体的公民、法人和其他组织之间发生的合同纠纷和其他财产纠纷，可以仲裁，选项 D 正确；与人身有关的婚姻、收养、监护、扶养、继承纠纷是不能进行仲裁的，选项 A 不正确；仲裁事项必须是平等主体之间发生的且当事人有权处分的财产权益纠纷。由强制性法律规范调整的法律关系的争议不能进行仲裁。因此，行政争议不能仲裁，选项 C 不正确；另外，由于劳动争议和农业集体经济组织内部的农业承包合同纠纷不同于一般的经济纠纷，它们在解决纠纷的原则、程序等方面有自己的特点，应适用专门的规定，因此《仲裁法》不适用于解决这两类纠纷，选项 B 不正确。

【例题 2·多选题】 根据《仲裁法》的规定，仲裁员具有特定情形必须回避。下列情形中，属于该特定情形的有（　　）。

A. 接受本案当事人的请客送礼

B. 是本案当事人的近亲属

C. 与本案有利害关系

D. 私自会见本案代理人

【答案】 ABCD

【解析】 仲裁员应当回避的情形包括：（1）仲裁员是本案当事人或者当事人、代理人的近亲属；（2）仲裁员与本案有利害关系；（3）仲裁员与本案当事人、代理人有其他关系，可能影响公正仲裁的；（4）仲裁员私自会见当事人、代理人，或者接受当事人、代理人的请客送礼的。因此，选项 A、B、C、D 均正确。

【例题 3·判断题】 仲裁协议对仲裁事项没有约定或约定不明确的，当事人可以补充协议；达不成补充协议的，仲裁协议无效。（　　）

【答案】 √

【解析】 本题考核仲裁协议的内容及效力。根据规定，仲裁协议对仲裁事项没有约定或约定不明确的，当事人可以补充协议；达不成补充协议的，仲裁协议无效。

【例题 4·判断题】 当事人提出证据证明仲裁裁决有依法应撤销情形的，可在收到裁决书之日起 1 年内，向仲裁委员会所在地的基层人民法院申请撤销仲裁裁决。（　　）

【答案】 ×

【解析】 当事人提出证据证明裁决有依法应撤销情形的，可在收到裁决书之日起 6 个月内，向仲裁委员会所在地的中级人民法院申请撤销裁决。

3 民事诉讼

一、考点解读

（一）民事诉讼的概念

民事诉讼是指人民法院在当事人及其他诉讼参与人的参加下，依法审理并裁决平等主体之间经济纠纷案件的活动。

（二）民事诉讼的适用范围

（1）民事纠纷案件。

①由民法调整的物权关系、债权关系、知识产权关系、人身权关系引起的诉讼。

②由民法调整的婚姻家庭关系、继承关系、收养关系引起的诉讼。

③由经济法调整的经济关系中属于民事性质的诉讼。

（2）商事纠纷案件。商事纠纷案件是指由商法调整的商事关系引起的诉讼。

（3）劳动争议案件。劳动争议案件是指因劳动法调整的社会关系发生的争议，法律规定适用民事诉讼程序的案件。

（4）法律规定人民法院适用《民事诉讼法》

审理的非讼案件。

①适用特别程序审理的案件；

②适用督促程序审理的案件；

③适用公示催告程序审理的案件。

（三）基本制度

（1）合议制度。合议制度是指由**3名以上**审判人员组成审判组织，代表人民法院行使审判权，对案件进行审理并作出裁判的制度。

（2）回避制度。回避制度是指审判人员和其他有关人员，遇有法律规定的情形时，退出对某一案件的审理活动的制度。

> **提示** 审判人员、书记员、翻译人员、鉴定人、勘验人有下列情形之一的，应当自行回避：①是本案当事人或者当事人、诉讼代理人近亲属的；②与本案有利害关系的；③与本案当事人、诉讼代理人有其他关系，可能影响对案件公正审理的。

（3）公开审判制度。公开审判制度是指人民法院的审判活动依法向社会公开的制度。法律规定，人民法院审理民事案件，除涉及国家秘密、个人隐私或者法律另有规定的以外，应当公开进行。

> **提示** 离婚案件，涉及商业秘密的案件，当事人申请不公开审理的，可以不公开审理。公开审理案件，应当在开庭前公告当事人姓名、案由和开庭的时间、地点，以便群众旁听。公开审判包括审判过程公开和审判结果公开两项内容。不论案件是否公开审理，一律公开宣告判决。

（4）两审终审制度。两审终审制度是指一个诉讼案件经过两级人民法院审判后即终结的制度。按照两审终审制，一个案件经第一审人民法院审判后，当事人如果不服，有权在法定期限内向上一级人民法院提起上诉，由该上一级人民法院进行第二审。二审人民法院的判决、裁定是终审的判决、裁定。

> **提示** 两审终审制度例外情形：①适用特别程序、督促程序、公示催告程序和简易程序中的小额诉讼程序审理的案件，实行一审终审；②最高人民法院所作的一审判决、裁定，为终审判决、裁定。

（四）诉讼管辖

诉讼管辖是指各级人民法院之间以及不同地区的同级人民法院之间，受理第一审经济案件的分工和权限。

1. 地域管辖

地域管辖是指确定同级人民法院之间在各自管辖的地域内审理第一审经济案件的分工和权限。

（1）一般地域管辖。一般地域管辖是以被告住所地为依据来确定案件的管辖法院，即实行"原告就被告原则"。对公民提起的民事诉讼，由被告住所地人民法院管辖，被告住所地与经常居住地不一致的，由经常居住地人民法院管辖。对法人或者其他组织提起的民事诉讼，由被告住所地人民法院管辖。

（2）特殊地域管辖。特殊地域管辖是以被告住所地或者引起诉讼纠纷的法律事实所在地为标准来确定的一种地域管辖。适用特殊地域管辖的主要有以下情况：

①因合同纠纷提起的诉讼，由被告住所地或者合同履行地人民法院管辖。

②因保险合同纠纷提起的诉讼，由被告住所地或者保险标的物所在地人民法院管辖。

③因票据纠纷提起的诉讼，由票据支付地或者被告住所地人民法院管辖。

④因公司设立、确认股东资格、分配利润、解散等纠纷提起的诉讼，由公司住所地人民法院管辖。

⑤因铁路、公路、水上、航空运输和联合运输合同纠纷提起的诉讼，由运输始发地、目的地或者被告住所地人民法院管辖。

⑥因侵权行为提起的诉讼，由侵权行为地（包括侵权行为实施地、侵权结果发生地）或者被告住所地人民法院管辖。

⑦因铁路、公路、水上和航空事故请求损害赔偿提起的诉讼，由事故发生地或者车辆、船舶最先到达地、航空器最先降落地或者被告住所地人民法院管辖。

⑧因船舶碰撞或者其他海事损害事故请求损害赔偿提起的诉讼，由碰撞发生地、碰撞船舶最先到达地、加害船舶被扣留地或者被告住所地人民法院管辖。

⑨因海难救助费用提起的诉讼，由救助地或者被救助船舶最先到达地人民法院管辖。

⑩因共同海损提起的诉讼，由船舶最先到达地、共同海损理算地或者航程终止地人民法院管辖。

（3）专属管辖。专属管辖是指法律强制规定某类案件必须由特定的人民法院管辖，其他人民法院无权管辖，当事人也不得协议变更管辖。

（4）协议管辖。协议管辖是指双方当事人在合同纠纷或者其他财产权益纠纷发生之前或发生之后，以书面协议或者默示的方式选择解决管辖他们之间纠纷的人民法院。

（5）共同管辖和选择管辖。共同管辖和选择管辖是指两个以上人民法院都有管辖权时管辖的确定。两个以上人民法院都有管辖权（共同管辖）的诉讼，原告可以向其中一个人民法院起诉（选择管辖）；原告向两个以上有管辖权的人民法院起诉的，由最先立案的人民法院管辖。

2. 级别管辖

级别管辖是指根据案件的性质、影响范围来划分上下级人民法院受理第一审经济案件的分工和权限。基层人民法院原则上管辖第一审案件；中级人民法院管辖在本辖区有重大影响的案件、重大涉外案件及由最高人民法院确定由中级人民法院管辖的案件；高级人民法院管辖在辖区有重大影响的第一审案件；最高人民法院管辖在全国有重大影响的案件以及认为应当由它审理的案件。

（五）诉讼参加人

（1）当事人，是指公民、法人和其他组织因经济权益发生争议或受到损害，以自己的名义进行诉讼，并受人民法院调解或裁判约束的利害关系人。

（2）诉讼代理人，是指以被代理人的名义，在代理权限范围内，为了维护被代理人的合法权益而进行诉讼的人。

（六）审判程序

1. 第一审程序

第一审程序，是指各级人民法院审理第一审经济案件适用的程序。

（1）普通程序。普通程序是民事、经济案件审判中最基本的程序，主要包括以下内容：

①起诉和受理。

a. 起诉是指公民、法人或者其他组织在其民事权益受到损害或者发生争议时，向人民法院提出诉讼请求的行为。起诉必须符合下列法定条件：原告是与本案有直接利害关系的公民、法人或者其他组织；有明确的被告；有具体的诉讼请求和事实、理由；属于人民法院受理民事诉讼的范围和管辖范围。

b. 受理是指人民法院通过对当事人的起诉进行审查，对符合法定条件的决定立案审理的行为。人民法院接到起诉状或者口头起诉后，经审查认为符合起诉条件的，应当在7日内立案，并通知当事人。

②审理前的准备。

a. 人民法院应当在立案之日起5日内将起诉状副本发送被告。被告在收到之日起15日内提出答辩状。被告提出答辩状的，人民法院在收到之日起5日内将答辩状副本发送原告。被告不提出答辩状的，不影响人民法院审理。

b. 人民法院应当在开庭3日前用传票传唤当事人。

③开庭审理。开庭审理是指在审判人员主持和当事人及其他诉讼参与人的参加下，在法庭上对案件进行审理的诉讼活动。其目的是确认当事人的权利义务关系，以调解或者判决的方式解决纠纷。

提示 人民法院对于公开审理的民事案件，应当公告当事人的姓名、案由和开庭的时间、地点。庭审主要围绕当事人争议的事实、证据和法律适用等焦点问题进行，对于判决前能够调解的，还可以进行调解，调解不成的，应当依法及时判决。

（2）简易程序。简易程序是指基层人民法院及其派出的人民法庭审理简单民事案件所适用的既独立又简便易行的诉讼程序。

2. 第二审程序

第二审程序是指上级人民法院审理当事人不服第一审人民法院尚未生效的判决和裁定而提起的上诉案件所适用的程序。

（1）上诉必须具备的条件：只有第一审案件的当事人才可以提起上诉；只能对法律规定的可以上诉的判决、裁定提起上诉。

（2）第二审人民法院对上诉案件经过审理，按照下列情况分别处理：①原判决认定事实清楚，适用法律正确的，判决驳回上诉，维持原判决；②原判决适用法律错误，依法改判；③原判决认定事实错误，或者原判决认定事实不清，证据不足，裁定撤销原判决，发回原审人民法院重审，或者查清事实后改判；④原判决违反法定程序，可能影响案件正确判决的，裁定撤销原判决，发回原审人民法院重审。

提示 第二审人民法院的判决、裁定是终审的判决、裁定。当事人对重审案件的判决、裁定可以上诉。

3. 审判监督程序

审判监督程序是指有**审判监督权**的人员和机关，发现已经发生法律效力的判决、裁定确有错误的，依法提出对原案**重新进行审理**的一种特别程序。

（1）各级人民法院院长对本院已经发生法律效力的判决、裁定、调解书，发现确有错误，认为需要再审的，提交审判委员会讨论决定。

（2）最高人民法院对地方各级人民法院、上级人民法院对下级人民法院已经发生法律效力的判决、裁定、调解书，发现确有错误的，有权提审或者指令下级人民法院再审。

（3）当事人对已经发生法律效力的判决、裁定，认为有错误的，可以向上一级人民法院申请再审；当事人一方人数众多或者当事人双方为公民的案件，也可以向原审人民法院申请再审。

（4）当事人申请再审的，不停止判决、裁定的执行。当事人对已经发生法律效力的调解书申请再审，应当在调解书发生法律效力后**6个月内**提出。

（5）当事人申请再审，有下列情形之一的，人民法院不予受理：①再审申请被驳回后再次提出申请的；②对再审判决、裁定提出申请的；③在人民检察院对当事人的申请作出不予提出再审检察建议或者抗诉决定后又提出申请的。

（七）法院调解

1. 含义

（1）法院调解是一种**诉讼活动**。只要双方当事人在法院主持下就争议案件进行**自愿协商**，就可以理解为法院调解。

（2）法院调解是一种**结案方式**。作为一种解决争议的方式，法院调解需以**当事人达成协议**为条件。

2. 适用范围

（1）适用一审程序、二审程序与再审程序审理的民事案件，根据**当事人自愿**的原则，均可在事实清楚的基础上，分清是非，进行调解。

（2）适用特别程序、督促程序、公示催告程序的案件，婚姻等身份关系确认案件以及其他根据案件性质不能调解的案件，不得调解。

3. 调解书内容

调解书应当写明**诉讼请求、案件的事实和调解结果**。调解书由审判人员、书记员署名，加盖人民法院印章，送达双方当事人，经双方当事人签收后，即具有法律效力。

4. 法律效力

（1）诉讼结束，当事人不得以**同一事实和理由**再行起诉；

（2）该案的诉讼法律关系消灭；

（3）对调解书**不得上诉**；

（4）当事人在诉讼中的实体权利义务争议消灭；

（5）具有**给付内容**的调解书具有**强制执行效力**。

（八）执行程序

（1）概念。执行程序是人民法院依法对已经发生法律效力的判决、裁定及其他法律文书的规定，**强制义务人履行义务**的程序。

（2）申请执行期间。对发生法律效力的判决、裁定、调解书和其他应由人民法院执行的法律文书，当事人必须履行。一方拒绝履行的，对方当事人可以向人民法院申请执行。申请执行的期间为**2年**，从法律文书规定履行期间的**最后1日**起计算；法律文书规定分期履行的，从规定的每次履行期间的**最后1日**起计算；法律文书未规定履行期间的，从法律文书**生效之日**起计算。

（3）申请执行时效。申请执行人超过**申请执行时效期间**向人民法院申请强制执行的，人民法院应予受理。被执行人对申请执行时效期间提出异议，人民法院经审查异议成立的，裁定不予执行。被执行人履行全部或者部分义务后，又以**不知道申请执行时效期间届满为由**请求执行回转的，人民法院不予支持。

（九）诉讼时效

1. 概念

诉讼时效是指权利人不在法定期间内行使权利而**失去诉讼保护**的制度。该法定期间即诉讼时效期间。

2. 特点

（1）诉讼时效以权利人**不行使法定权利的事实状态的存在**为前提。

（2）诉讼时效期间届满时债务人**获得抗辩权**，但债权人的实体权利并不消灭。

（3）诉讼时效具有**法定性**和**强制性**。

3. 适用范围

诉讼时效主要适用于请求权。

【提示】（1）下列请求权不适用诉讼时效的规定：①请求**停止侵害、排除妨碍、消除危险**；②不动产物权和登记的动产物权的权利人请求**返还财产**；③请求支付**抚养费、赡养费**或者**扶养费**；④依法不适用诉讼时效的其他请求权。

（2）当事人对下列债权请求权提出诉讼时效抗辩的，人民法院不予支持：①支付存款本金及利息请求权；②兑付国债、金融债券以及向不特定对象发行的企业债券本息请求权；③基于投资关系产生的缴付出资请求权；④其他依法不适用诉讼时效规定的债权请求权。

4. 诉讼时效期间的种类

诉讼时效期间的种类包括**3 年**的普通时效期间和**20 年**的长期时效期间。

5. 诉讼时效期间的起算

诉讼时效期间**自权利人知道或者应当知道权利受到损害以及义务人之日**起计算。

（1）侵权行为所生之债的诉讼时效，自**权利人知道或应当知道**权利被侵害事实和加害人之时开始计算。

（2）约定履行期限之债的诉讼时效，自**履行期限届满之日**开始计算。

（3）未约定履行期限之债的诉讼时效。对于可以确定履行期限的，诉讼时效期间从**履行期限届满之日**起计算；对于不能确定履行期限的，诉讼时效期间从债权人要求债务人履行义务的**宽限期届满之日**起计算。

（4）不作为义务之债的诉讼时效，自**债权人得知或者应当知道债务人作为之时**开始计算。

（5）附条件之债的诉讼时效，自**该条件成就之日**起计算。

（6）附期限之债的诉讼时效，自**该期限届至之日**起计算。

（7）其他法律对诉讼时效起算点有特别规定的，从其规定。

6. 诉讼时效期间的中止

诉讼时效期间的中止是指诉讼时效期间**行将完成之际**，因发生一定的法定事由而使权利人不能行使请求权，**暂时停止计算**诉讼时效期间，以前经过的时效期间**仍然有效**，待阻碍时效进行的事由消失后，**继续计算**诉讼时效期间。

（1）诉讼时效期间中止的条件。在诉讼时效期间的**最后 6 个月内**，因不可抗力或者其他障碍不能行使请求权的，诉讼时效中止。

（2）诉讼时效期间中止的效力，在于使时效期间暂停计算，待中止的原因消灭后，即权利人能够行使其请求权时，再继续计算时效期间。继续计算的时效期间**不足 6 个月的**，应延长到 6 个月。《民法典》规定："自中止时效的原因消除之日起**满 6 个月**，诉讼时效期间届满。"

7. 诉讼时效期间的中断

诉讼时效期间的中断是指在诉讼时效进行中，因发生一定的法定事由，致使已经经过的时效期间统归无效，待时效中断的法定事由消除后，诉讼时效期间重新计算。

（1）事由。

①权利人向义务人提出**请求履行义务的要求**，即权利人直接向义务人请求履行义务的意思表示。

②义务人同意履行义务。

③权利人提起诉讼或者申请仲裁。

④与提起诉讼或者申请仲裁具有同等效力的其他情形。

（2）效力。诉讼时效期间中断的事由发生后，已经过的时效期间归于无效；中断事由存续期间，时效不进行；中断事由终止时，重新计算时效期间。

8. 诉讼时效期间的延长

诉讼时效期间的延长是指人民法院对已经完成的诉讼时效期间，根据特殊情况而予以延长。诉讼时效期间的延长，只适用于 **20 年长期时效期间**。

二、例题点津

【例题 1·单选题】 下列关于诉讼时效期间届满后法律后果的表述中，符合法律规定的是（　　）。

A. 权利人在诉讼时效期间届满后起诉的，人民法院不予受理

B. 诉讼时效期间届满，义务人自愿履行了义务后，可以诉讼时效期间届满为由主张恢复原状

C. 诉讼时效期间届满后，当事人自愿履行义务的，不受诉讼时效限制

D. 诉讼时效期间届满后，权利人的实体权利消灭

【答案】 C

【解析】 本题考核诉讼时效制度。选项 A，诉讼时效期间的经过，不影响债权人提起诉讼，即不丧失起诉权，人民法院应当受理。选项 B、C、D，诉讼时效期间届满并不消灭实体权利，债权人的债权并不消灭，诉讼时效期间届满后，当事人自愿履行义务的，不受诉讼时效的限制；义务人履行了义务后，又以诉讼时效期间届满为由抗辩的，人民法院不予支持。选项 C 正确。

【例题 2·单选题】 根据民事法律制度的规定，在一定期间内，债权人因不可抗力不能行使请求权的，诉讼时效中止，该期间为（　　）。

A. 诉讼时效期间的最后 6 个月

B. 诉讼时效期间的最后 9 个月

C. 诉讼时效期间届满后 6 个月

D. 诉讼时效期间届满后 9 个月

【答案】 A

【解析】 只有在诉讼时效期间的 **最后 6 个月** 内发生中止事由，才能中止诉讼时效的进行。

【例题 3·单选题】 根据基本民事法律制度的规定，下列关于诉讼时效特点的表述中，不正确的是（　　）。

A. 诉讼时效期间届满使得债权人丧失起诉权

B. 诉讼时效期间届满使得债务人获得了抗辩权

C. 诉讼时效具有法定性

D. 诉讼时效具有强制性

【答案】 A

【解析】 诉讼时效期间的经过，不影响债权人提起诉讼，即不丧失起诉权，选项 A 不正确。选项 B、C、D 正确。

【例题 4·单选题】 根据《民法典》的规定，下列请求权中，适用诉讼时效的是（　　）。

A. 请求支付抚养费

B. 房屋所有权的权利人请求返还房屋

C. 请求支付运输费用

D. 请求停止侵害

【答案】 C

【解析】 下列请求权不适用诉讼时效的规定：（1）请求停止侵害、排除妨碍、消除危险；（2）不动产物权的权利人请求返还财产；（3）登记的动产物权的权利人请求返还财产；（4）请求支付抚养费、赡养费或者扶养费；（5）依法不适用诉讼时效的其他请求权。因此，选项 C 正确。

【例题 5·多选题】 因票据纠纷提起的诉讼，应由特定地域的人民法院管辖。对该类纠纷享有管辖权的法院有（　　）。

A. 原告住所地法院　　B. 被告住所地法院

C. 票据出票地法院　　D. 票据支付地法院

【答案】 BD

【解析】 本题考核诉讼管辖权。因票据纠纷提起的诉讼，由 票据支付地 或者 被告住所地 的人民法院管辖。

【例题 6·多选题】 当事人对第二审人民法院作出的民事判决不服，拟选择的下列做法中，符合法律规定的有（　　）。

A. 执行判决，同时向原审人民法院申请再审

B. 执行判决，同时向上一级人民法院申请再审

C. 不执行判决，并向上一级人民法院申请上诉

D. 不执行判决，并向最高人民法院提起申诉

【答案】 AB

【解析】本题考核审判监督程序。根据规定，当事人对已经发生法律效力的判决、裁定，认为有错误的，可以向上一级人民法院申请再审；当事人一方人数众多或者当事人双方为公民的案件，也可以向原审人民法院申请再审。当事人申请再审的，不停止判决、裁定的执行。

4 行政复议

一、考点解读

（一）行政复议的概念和特征

1. 行政复议的概念

行政复议是指国家行政机关在依照法律、法规的规定履行对社会的行政管理职责过程中，作为行政主体的行政机关一方与作为行政相对人的公民、法人或者其他组织一方，对于法律规定范围内的行政行为发生争议，由行政相对人向行政复议机关提出申请，由行政复议机关对引起争议的行政行为的合法性、适当性进行审查并作出相应决定的活动和制度。

2. 行政复议的特征

行政复议兼具行政监督、行政救济和行政司法行为的特征与属性。

（二）行政复议与行政裁决的区别

区别	行政复议	行政裁决
性质不同	既有行政机关解决纠纷的行政司法性质，又有行政机关内部监督的性质	仅仅是一种行政司法行为
解决事项不同	解决的是行政机关与行政相对人之间的争议	解决的是与行政管理职权相关的特定民事纠纷，自然资源权属、知识产权侵权和补偿、政府采购活动等为行政裁决纠纷的多发领域
法律关系不同	所涉纠纷的基础法律关系是行政法律关系	所涉纠纷的基础法律关系是民事法律关系
法律依据不同	由行政复议机关依据《行政复议法》赋予的权力对行政行为作出复议决定	由行政裁决机关依据有关法律，如《政府采购法》《土地管理法》赋予的职权对纠纷进行裁决
解决方式不同	当事人对所涉纠纷的行政复议决定不服，可以提起行政诉讼	当事人对所涉纠纷的行政裁决不服，既可以就裁决所涉纠纷提起民事诉讼，也可以对行政裁决行为提起行政复议或者行政诉讼，并申请在行政复议或者行政诉讼中一并解决裁决所涉纠纷，但是，法律规定的终局行政裁决行为不能提起复议或诉讼

（三）行政复议范围

1. 可以申请行政复议的事项

（1）对行政机关作出的行政处罚决定不服；

（2）对行政机关作出的行政强制措施、行政强制执行决定不服；

（3）申请行政许可，行政机关拒绝或者在法定期限内不予答复，或者对行政机关作出的有关行政许可的其他决定不服；

（4）对行政机关作出的确认自然资源的所有权或者使用权的决定不服；

（5）对行政机关作出的征收、征用决定及其补偿决定不服；

（6）对行政机关作出的赔偿决定或者不予赔偿决定不服；

（7）对行政机关作出的不予受理工伤认定申请的决定或者工伤认定结论不服；

（8）认为行政机关侵犯其经营自主权或者农村土地承包经营权、农村土地经营权；

（9）认为行政机关滥用行政权力排除或者限制竞争；

（10）认为行政机关违法集资、摊派费用或者违法要求履行其他义务；

（11）申请行政机关履行保护人身权利、财产权利、受教育权利等合法权益的法定职责，行政机关拒绝履行、未依法履行或者不予答复；

（12）申请行政机关依法给付抚恤金、社会保险待遇或者最低生活保障等社会保障，行政机关没有依法给付；

（13）认为行政机关不依法订立、不依法履行、未按照约定履行或者违法变更、解除政府特许经营协议、土地房屋征收补偿协议等行政协议；

（14）认为行政机关在政府信息公开工作中侵犯其合法权益；

（15）认为行政机关的其他行政行为侵犯其合法权益。

提示　公民、法人或者其他组织认为行政机关的行政行为所依据的下列规范性文件不合法，在对行政行为申请行政复议时，可以一并向行政复议机关提出对该规范性文件的附带审查申请：①国务院部门的规范性文件；②县级以上地方各级人民政府及其工作部门的规范性文件；③乡、镇人民政府的规范性文件；④法律、法规、规章授权的组织的规范性文件。这一规范性文件的审查不含规章。

2. 行政复议的排除事项

（1）国防、外交等国家行为。

（2）行政法规、规章或者行政机关制定、发布的具有普遍约束力的决定、命令等规范性文件。

（3）行政机关对行政机关工作人员的奖惩、任免等决定。

（4）行政机关对民事纠纷作出的调解。

（四）行政复议参加人和行政复议机关

项目	内容	详解
行政复议参加人	申请人 申请行政复议的公民、法人或者其他组织是申请人	（1）有权申请行政复议的公民死亡的，其近亲属可以申请行政复议。 （2）有权申请行政复议的法人或者其他组织终止的，其权利义务承受人可以申请行政复议。 （3）有权申请行政复议的公民为无民事行为能力人或者限制民事行为能力人的，其法定代理人可以代为申请行政复议。 （4）同一行政复议案件申请人人数众多的，可以由申请人推选代表人参加行政复议；代表人参加行政复议的行为对其所代表的申请人发生效力，但是，代表人变更行政复议请求、撤回行政复议申请、承认第三人请求的，应当经被代表的申请人同意
	被申请人 作出行政行为的行政机关或者法律、法规、规章授权的组织是被申请人	（1）两个以上行政机关以共同的名义作出同一行政行为的，共同作出行政行为的行政机关是被申请人。 （2）行政机关委托的组织作出行政行为的，委托的行政机关是被申请人。 （3）作出行政行为的行政机关被撤销或者职权变更的，继续行使其职权的行政机关是被申请人
	第三人 申请人以外的与申请行政复议的行政行为或者行政复议案件处理结果有利害关系的公民、法人或者其他组织是第三人	（1）第三人可以申请参加行政复议，行政复议机构可以通知第三人参加行政复议。 （2）第三人不参加行政复议，不影响行政复议案件的审理

续表

项目	内容	详解
行政复议机关	履行行政复议职责的行政机关是行政复议机关。县级以上各级人民政府以及其他依照《行政复议法》履行行政复议职责的行政机关是行政复议机关	（1）在行政复议中，行政复议机关本身就是行政机关，行使行政职能，但却有裁判机构的性质，然而又不同于司法机关，而是行政纠错机制中的裁判机关，同时具备行政司法、行政监督的特点。 （2）行政复议机构是行政复议机关办理行政复议事项的机构。行政复议机构与行政复议机关是两个不同的概念，不应混淆。行政复议机构同时组织办理行政复议机关的行政应诉事项

（五）行政复议管辖

行政复议管辖是行政复议机关受理行政复议申请的权限和分工，即某一行政争议发生后，应由哪一个行政机关来履行行政复议职责，行使行政复议权。

1. 地方人民政府统一管辖

（1）管辖范围。

①对本级人民政府工作部门作出的行政行为不服的；

②对下一级人民政府作出的行政行为不服的；

③对本级人民政府依法设立的派出机关作出的行政行为不服的；

④对本级人民政府或者其工作部门管理的法律、法规、规章授权的组织作出的行政行为不服的。

（2）管辖例外。

①垂直机关的复议管辖。对海关、金融、外汇管理等实行垂直领导的行政机关、税务和国家安全机关的行政行为不服的，向上一级主管部门申请行政复议。

②司法行政机关的复议管辖。对履行行政复议机构职责的地方人民政府司法行政部门的行政行为不服的，可以向本级人民政府申请行政复议，也可以向上一级司法行政部门申请行政复议。

2. 国务院部门管辖

（1）对本部门作出的行政行为不服的；

（2）对本部门依法设立的派出机构依照法律、行政法规、部门规章规定，以派出机构的名义作出的行政行为不服的；

（3）对本部门管理的法律、行政法规、部门规章授权的组织作出的行政行为不服的。

（六）行政复议的受理

1. 行政复议的受理条件

（1）有明确的申请人和符合《行政复议法》规定的被申请人；

（2）申请人与被申请行政复议的行政行为有利害关系；

（3）有具体的行政复议请求和理由；

（4）在法定申请期限内提出；

（5）属于《行政复议法》规定的行政复议范围；

（6）属于本机关的管辖范围；

（7）行政复议机关未受理过该申请人就同一行政行为提出的行政复议申请，并且人民法院未受理过该申请人就同一行政行为提起的行政诉讼。

2. 行政复议期间行政行为停止执行的情形

（1）被申请人认为需要停止执行；

（2）行政复议机关认为需要停止执行；

（3）申请人、第三人申请停止执行，行政复议机关认为其要求合理，决定停止执行；

（4）法律、法规、规章规定停止执行的其他情形。

3. 行政复议与行政诉讼的关系

行政复议是行政系统内部的纠纷解决手段，行政诉讼是外部的司法解决纠纷手段。行政相对人具有可复议可诉讼的选择权。但在可复议可诉讼之外，还存在先复议后诉讼、只复议不诉讼和或诉讼或裁决三种情况。

（1）先复议后诉讼（复议前置）。经济纠纷发生后，行政诉讼的提起须以行政复议为前提，没有申请行政复议的，不得提起行政诉讼。

①对**当场作出**的行政处罚决定不服；

②对行政机关作出的侵犯其已经依法取得的**自然资源的所有权或者使用权**的决定不服；

③认为行政机关存在《行政复议法》规定的**未履行法定职责**情形；

④申请**政府信息公开**，行政机关不予公开；

⑤法律、行政法规规定应当先向行政复议机关申请行政复议的其他情形。

（2）只复议不诉讼（复议终局）。对于行政机关作出的行政行为只能申请复议，而不得提起诉讼，即法律不提供司法解决的途径。

（3）或诉讼或裁决。只能在诉讼和申请裁决中**选择一种**纠纷解决途径。

（七）行政复议审理

1. 普通程序

普通程序是行政复议中最基本、最核心的程序，可适用于所有行政复议案件，具有广泛适用性。涉及下列情形之一的，行政复议机构应当提请**行政复议委员会**提出咨询意见：

（1）案情重大、疑难、复杂；

（2）专业性、技术性较强；

（3）省、自治区、直辖市人民政府对本机关作出的行政行为不服的行政复议案件；

（4）行政复议机构认为有必要。行政复议机构应当记录行政复议委员会的咨询意见。

2. 简易程序

简易程序是比普通程序相对简化的一种行政复议程序。行政复议机关审理下列行政复议案件，认为**事实清楚、权利义务关系明确、争议不大**的，可以适用简易程序：

（1）被申请行政复议的行政行为是**当场作出**。

（2）被申请行政复议的行政行为是**警告**或者**通报批评**。

（3）案件涉及款额 **3 000 元**以下。

（4）属于**政府信息公开案件**。

3. 附带审查规范性文件程序

（1）依申请附带审查。申请人依法提出对有关规范性文件的附带审查申请，行政复议机关有权处理的，应当在 **30 日内**依法处理；无权处理的，应当在 **7 日内**转送有权处理的行政机关依法处理。接受转送的行政机关应当自收到转送之日起 **60 日内**，将处理意见回复转送的行政复议机关。

（2）依职权附带审查。行政复议机关在对被申请人作出的行政行为进行审查时，认为其依据不合法，本机关有权处理的，应当在 **30 日内**依法处理；无权处理的，应当在 **7 日内**转送有权处理的国家机关依法处理。接受转送的国家机关应当自收到转送之日起 **60 日内**，将处理意见回复转送的行政复议机关。

4. 举证责任

被申请人对其作出的行政行为的**合法性、适当性**负有举证责任。但是，有下列情形之一的，申请人应当提供证据：

（1）认为被申请人不履行法定职责的，提供曾经**要求被申请人履行法定职责的证据**，但是被申请人应当依职权主动履行法定职责或者申请人因正当理由不能提供的除外。

（2）提出行政赔偿请求的，提供受**行政行为侵害而造成损害的证据**，但是因被申请人原因导致申请人无法举证的，由被申请人承担举证责任。

（3）法律、法规规定需要申请人提供证据的其他情形。

（八）行政复议中止与行政复议终止

概念	定义	适用情形
行政复议中止	行政复议机关基于法定事由暂时停止对引起行政复议的行政行为审查的制度	（1）作为申请人的**公民死亡**，其近亲属尚未确定是否参加行政复议。 （2）作为申请人的**公民丧失**参加行政复议的**行为能力**，尚未确定法定代理人参加行政复议。 （3）作为申请人的公民**下落不明**。 （4）作为申请人的**法人或者其他组织终止**，尚未确定权利义务承受人。 （5）申请人、被申请人因**不可抗力**或者其他**正当理由**，不能参加行政复议。 （6）依照《行政复议法》规定进行**调解**、**和解**，申请人和被申请人同意中止。 （7）行政复议案件涉及的**法律适用问题**需要有权机关作出解释或者确认。

续表

概念	定义	适用情形
行政复议中止	行政复议机关基于法定事由暂时停止对引起行政复议的行政行为审查的制度	（8）行政复议案件审理需要以其他案件的审理结果为依据，而其他案件尚未审结。 （9）有《行政复议法》依申请或者依职权对规范性文件附带审查的情形
行政复议终止	行政复议期间由于出现某些特殊情况，行政复议无法继续进行或者没有必要继续进行的，结束行政复议程序	（1）申请人撤回行政复议申请，行政复议机构准予撤回。 （2）作为申请人的公民死亡，没有近亲属或者其近亲属放弃行政复议权利。 （3）作为申请人的法人或者其他组织终止，没有权利义务承受人或者其权利义务承受人放弃行政复议权利。 （4）申请人对行政拘留或者限制人身自由的行政强制措施不服申请行政复议后，因同一违法行为涉嫌犯罪，被采取刑事强制措施。 （5）存在上述行政复议中止的（1）、（2）、（4）情形，中止行政复议满60日，行政复议中止的原因仍未消除

（九）行政复议决定

1. 行政复议决定的作出期限

（1）普通程序：自受理申请之日起**60日内**作出行政复议决定，延长期限最多不得超过**30日**。

（2）简易程序：自受理申请之日起**30日内**作出行政复议决定。

2. 行政复议决定的作出

（1）行政复议机关依法审理行政复议案件，由行政复议机构对行政行为进行审查，提出意见，经行政复议机关的负责人同意或者集体讨论通过后，以行政复议机关的名义作出行政复议决定。

（2）经过听证的行政复议案件，行政复议机关应当根据听证笔录、审查认定的事实和证据，依法作出行政复议决定。

（3）提请行政复议委员会提出咨询意见的行政复议案件，行政复议机关应当将咨询意见作为作出行政复议决定的重要参考依据。

3. 行政复议决定的类型和履行

项目	类型	适用情形
行政复议决定的类型	变更决定	（1）事实清楚，证据确凿，适用依据正确，程序合法，但是内容不适当； （2）事实清楚，证据确凿，程序合法，但是未正确适用依据； （3）事实不清，证据不足，经行政复议机关查清事实和证据。 提示 行政复议机关不得作出对申请人更为不利的变更决定，但是第三人提出相反请求的除外
	撤销决定	（1）主要事实不清、证据不足； （2）违反法定程序； （3）适用的依据不合法； （4）超越职权或者滥用职权。 提示 行政复议机关责令被申请人重新作出行政行为的，被申请人不得以同一事实和理由作出与被申请行政复议的行政行为相同或者基本相同的行政行为，但是行政复议机关以违反法定程序为由决定撤销或者部分撤销的除外
	确认违法决定	①不撤销该行政行为，但确认该行政行为违法：a. 依法应予撤销，但是撤销会给国家利益、社会公共利益造成重大损害；b. 程序轻微违法，但是对申请人权利不产生实际影响。

续表

项目	类型	适用情形
行政复议决定的类型	确认违法决定	②不需要撤销或者责令履行，但确认该行政行为违法：a. 行政行为违法，但是**不具有可撤销内容**；b. 被申请人**改变原违法行政行为**，申请人仍要求撤销或者确认该行政行为违法；c. 被申请人不履行或者拖延履行法定职责，责令履行没有意义
	限期履职决定	被申请人不履行法定职责的，决定其在**一定期限内**履行
	确认无效决定	行政行为有实施主体**不具有行政主体资格**或者**没有依据**等重大且明显违法情形，申请人申请确认行政行为无效的，确认该行政行为无效
	维持决定	行政行为认定事实清楚，证据确凿，适用依据正确，程序合法，内容适当的，决定维持该行政行为
	驳回复议请求决定	行政复议机关受理申请人认为被申请人**不履行法定职责**的行政复议申请后，发现被申请人没有相应法定职责或者在受理前已经履行法定职责的，决定驳回申请人的行政复议请求
	影响复议审理类决定	被申请人在收到**行政复议申请书副本**或**复议申请笔录复印件**后不依法提出书面答复，提交作出行政行为的证据、依据和其他有关材料的，视为该行政行为没有证据、依据，行政复议机关决定撤销、部分撤销该行政行为，确认该行政行为违法、无效或者决定被申请人在一定期限内履行，但是行政行为涉及第三人合法权益，第三人提供证据的除外。 提示 影响复议审理类决定的作出是被申请人有**影响复议审理的行为**，这类决定由撤销决定、部分撤销决定、确认违法决定、确认无效决定、限期履职决定构成
	行政协议类决定	（1）被申请人不依法订立、不依法履行、未按照约定履行或者违法变更、解除行政协议的，决定被申请人承担**依法订立**、**继续履行**、**采取补救措施**或者**赔偿损失**等责任。 （2）被申请人变更、解除行政协议合法，但是未依法给予补偿或者补偿不合理的，决定被申请人依法给予**合理补偿**。 提示：行政协议类决定是与行政协议行为有关的决定，由依法订立协议决定、继续履行协议决定、采取补救措施决定、赔偿损失决定、补偿决定等构成
	行政赔偿类决定	（1）申请人在申请行政复议时一并提出行政赔偿请求。 ①对依照有关规定应当**不予赔偿**的，在作出行政复议决定时，应当同时决定**驳回**行政赔偿请求； ②对符合有关规定应当**给予赔偿**的，在决定撤销或者部分撤销、变更行政行为或者确认行政行为违法、无效时，应当同时决定被申请人依法**给予赔偿**； ③确认行政行为**违法**的，可以同时责令被申请人采取**补救措施**。 （2）申请人在申请行政复议时没有提出行政赔偿请求。 行政复议机关在依法决定撤销或者部分撤销、变更罚款，撤销或者部分撤销违法集资、没收财物、征收征用、摊派费用以及对财产的查封、扣押、冻结等行政行为时，应当同时责令被申请人**返还财产**，解除对财产的查封、扣押、冻结措施，或者**赔偿**相应的价款。 提示 行政赔偿类决定包括驳回行政赔偿请求决定、赔偿决定，这类决定有时不单独作出，而是将相关内容含于撤销、变更等决定之中

续表

项目	类型	适用情形
行政复议决定的履行	自觉履行	被申请人应当履行行政复议决定书、调解书、意见书
	限期履行	被申请人不履行或者无正当理由拖延履行行政复议决定书、调解书、意见书的，行政复议机关或者有关上级行政机关应当责令其限期履行，并可以约谈被申请人的有关负责人或者予以通报批评
	强制执行	申请人、第三人逾期不起诉又不履行行政复议决定书或者不履行最终裁决的行政复议决定的，按照下列规定分别处理：①维持行政行为的行政复议决定书，由作出行政行为的行政机关依法强制执行，或者申请人民法院强制执行；②变更行政行为的行政复议决定书，由行政复议机关依法强制执行，或者申请人民法院强制执行

（十）行政复议调解与行政复议和解

1. 行政复议调解

（1）概念。行政复议调解是在行政复议案件立案后，在查明事实、分清是非的基础上，由行政复议机关对行政复议双方当事人的行政争议进行的旨在使双方当事人达成合意的活动。

（2）原则。行政复议调解应当遵循合法、自愿的原则，不得损害国家利益、社会公共利益和他人合法权益，不得违反法律、法规的强制性规定。

（3）内容。

①行政复议调解不包括立案前的调解，是立案后开展的调解；

②行政复议调解不是必经程序；

③行政复议调解适用范围没有案件类型的限制；

④行政复议调解应当对行政行为合法性进行审查，是以行政行为合法为基础展开的调解；

⑤行政复议调解可以在诉请争议之外，对与诉请争议相关的申请人的实质诉求、关联民事争议等一并进行调解，实现对涉案争议的一揽子、一次性化解。

（4）执行。

①当事人经调解达成协议的，行政复议机关应当制作行政复议调解书，经各方当事人签字或者签章，并加盖行政复议机关印章，即具有法律效力。

②行政复议调解未达成协议或者调解书生效前一方反悔的，行政复议机关应当依法审查或者及时作出行政复议决定。

③行政复议调解书是强制执行的依据，申请人不履行行政复议调解书的，由行政复议机关依法强制执行，或者申请人民法院强制执行。

2. 行政复议和解

（1）概念。行政复议和解是申请人与被申请人在行政复议决定作出前，通过协商、互谅互让，达成和解协议，以撤回复议申请的方式终结行政复议案件的活动。

（2）原则。行政复议和解内容不得损害国家利益、社会公共利益和他人合法权益，不得违反法律、法规的强制性规定。

（3）适用情形。行政复议的和解利于案件事实关系或法律关系不明情况下案件的及时解决。

（4）执行。

①当事人达成和解后，由申请人向行政复议机构撤回行政复议申请。

②行政复议机构准予撤回行政复议申请、行政复议机关决定终止行政复议的，申请人不得再以同一事实和理由提出行政复议申请（申请人能够证明撤回行政复议申请违背其真实意愿的除外）。

③和解协议不属于强制执行的文书，和解风险由申请人判断，是否以和解方式终结行政复议案件由申请人选择。

二、例题点津

【例题1·单选题】下列各项中，不属于行政复议范围的是（　　）。

A. 对行政机关作出的责令停产停业决定不服的

B. 对行政机关作出的冻结财产决定不服的

C. 对地方有关行政法规不服的

D. 对行政机关作出的确认土地使用权的决定不服的

【答案】C

【解析】本题考核行政复议的范围。选项C，属于行政复议的排除事项。不服行政法规与行政规章的，规章的审查依照法律、行政法规办理。

【例题2·多选题】根据行政复议法律制度的相关规定，行政复议机构决定撤销、变更或者确认该具体行政行为违法的情形有（　　）。

A. 主要事实不清、证据不足

B. 适用的依据不合法

C. 违反法定程序

D. 超越或者滥用职权

【答案】ABCD

【解析】本题考核行政复议决定的作出。选项A、B、C、D均正确。

【例题3·判断题】对海关的具体行政行为不服的，可以向本级人民政府申请行政复议。（　　）

【答案】×

【解析】本题考核行政复议机关。对海关、金融、外汇管理等实行垂直领导的行政机关、税务和国家安全机关的行政行为不服的，向上一级主管部门申请行政复议。

5 行政诉讼

一、考点解读

（一）行政诉讼的概念

行政诉讼是指公民、法人或者其他组织认为行政机关或者法律、法规授权的组织的行政行为侵犯其合法权益，依法向人民法院请求司法保护，人民法院通过对被诉行政行为的合法性进行审查，在双方当事人和其他诉讼参与人的参与下，对该行政争议进行审理和裁判的司法活动。

（二）行政诉讼的特有原则

（1）被告负举证责任原则，是指被告应当提供作出该行政行为的证据和所依据的规范性文件。被告不提供或者无正当理由逾期提供证据，视为没有相应证据。在诉讼过程中，被告及其代理人不得自行向原告、第三人和证人收集证据。

（2）行政行为合法性审查原则，是指人民法院一般只审查行政行为的合法性问题，而不审查行政行为的适当性或称合理性问题。

（3）不适用调解原则，是指人民法院审理行政案件，不得调解，不得以调解方式结案。但是，行政赔偿、补偿以及行政机关行使法律、法规规定的自由裁量权的案件，可以调解。

（4）不停止行政行为执行原则，是指一般情况下，不得因当事人提起诉讼而停止执行行政行为，但存在例外情形，比如被告认为需要停止执行、人民法院认为该行政行为的执行会给国家利益造成重大损害，以及法律、法规规定停止执行等，裁定停止执行。

（三）适用范围

1. 行政诉讼受理范围

（1）行政处罚行为。对行政拘留、暂扣或者吊销许可证和执照、责令停产停业、没收违法所得、没收非法财物、罚款、警告等行政处罚不服的。

（2）行政强制行为。对限制人身自由或者对财产的查封、扣押、冻结等行政强制措施和行政强制执行不服的。

（3）行政许可行为。申请行政许可，行政机关拒绝或者在法定期限内不予答复，或者对行政机关作出的有关行政许可的其他决定不服的。

（4）行政确权行为。对行政机关作出的关于确认土地、矿藏、水流、森林、山岭、草原、荒地、滩涂、海域等自然资源的所有权或者使用权的决定不服的。

（5）行政征收、征用行为。对征收、征用决定及其补偿决定不服的。

（6）行政不作为。申请行政机关履行保护人身权、财产权等合法权益的法定职责，行政机关拒绝履行或者不予答复的。

（7）侵犯经营自主权、土地承包经营权、土地经营权行为。认为行政机关侵犯其经营自主权或者农村土地承包经营权、农村土地经营权的。

（8）排除或者限制竞争行为。认为行政机关滥用行政权力排除或者限制竞争的。

（9）违法要求履行义务的行为。认为行政机关违法集资、摊派费用或者违法要求履行其他义务的。

（10）行政给付行为。认为行政机关没有依法支付抚恤金、最低生活保障待遇或者社会保险待遇的。

（11）行政协议行为。认为行政机关不依法履行、未按照约定履行或者违法变更、解除政府特许经营协议、土地房屋征收补偿协议等协议的。

（12）其他侵犯人身、财产权等合法权益行为。认为行政机关侵犯其他人身权、财产权等合法权益的。

（13）除上述规定外，法院受理法律、法规规定可以提起诉讼的其他行政案件。

提示 最高人民法院曾陆续颁布了一些司法解释，对法律"侵犯其他人身权、财产权等合法权益"的规定进行了释明，将*教育行政决定案件*、*设施使用费征收案件*、*计划生育案件*等纳入了受案范围。

2. 行政诉讼不予受理范围

（1）国家行为。国防、外交等国家行为。

（2）抽象行政行为。行政法规、规章或者行政机关制定、发布的具有**普遍约束力**的决定、命令。

（3）内部行政行为。行政机关对行政机关工作人员的**奖惩、任免**等决定。

（4）终局行政裁决行为。法律规定由行政机关**最终裁决**的具体行政行为。

此外，《最高人民法院关于适用〈中华人民共和国行政诉讼法〉的解释》规定，下列行为不属于人民法院行政诉讼的受案范围：

（1）公安、国家安全等机关依照刑事诉讼法的明确授权实施的行为。

（2）**调解**行为以及法律规定的**仲裁**行为。

（3）**行政指导**行为。

（4）驳回当事人对行政行为提起申诉的重复处理行为。

（5）行政机关作出的**不产生外部法律效力**的行为。

（6）行政机关为作出行政行为而实施的准备、论证、研究、层报、咨询等过程性行为。

（7）行政机关根据人民法院的**生效裁判**、**协助执行通知**书作出的执行行为，但行政机关扩大执行范围或者采取违法方式实施的除外。

（8）上级行政机关基于**内部层级监督关系**对下级行政机关作出的听取报告、执法检查、督促履责等行为。

（9）行政机关针对**信访事项**作出的登记、受理、交办、转送、复查、复核意见等行为。

（10）对公民、法人或者其他组织权利义务不产生实际影响的行为。

（四）诉讼管辖

1. 级别管辖

（1）**基层人民法院**管辖第一审行政案件。

（2）**中级人民法院**管辖下列第一审行政案件：对国务院部门或者县级以上地方人民政府所作的行政行为提起诉讼的案件；海关处理的案件；本辖区内重大、复杂的案件；其他法律规定由中级人民法院管辖的案件。

（3）**高级人民法院**管辖本辖区内重大、复杂的第一审行政案件。

（4）**最高人民法院**管辖全国范围内重大、复杂的第一审行政案件。

2. 地域管辖

（1）一般地域管辖。行政案件由**最初作出行政行为**的行政机关所在地人民法院管辖。经复议的案件，也可以由复议机关所在地人民法院管辖。

提示 经最高人民法院批准，高级人民法院可以根据审判工作的实际情况，确定若干人民法院跨行政区域管辖行政案件。

（2）特殊地域管辖。对**限制人身自由**的行政强制措施不服提起的诉讼，由被告所在地或者原告所在地人民法院管辖。因不动产提起的行政诉讼，由不动产所在地人民法院管辖。

（3）共同管辖。两个以上人民法院都有管辖权的案件，原告可以选择其中一个人民法院提起诉讼。原告向两个以上有管辖权的人民法院提起诉讼的，由**最先立案**的人民法院管辖。

3. 裁定管辖

（1）移送管辖。人民法院发现受理的案件不属于本院管辖的，应当移送有管辖权的人民法院，受移送的人民法院应当受理。受移送的人民法院认为受移送的案件按照规定不属于本院管辖的，应当报请上级人民法院指定管辖，不得再自行移送。

（2）指定管辖。有管辖权的人民法院由于特殊原因不能行使管辖权的；由上级人民法院指定管辖。人民法院对管辖权发生争议，由争议双方协商解决；协商不成的，报它们的共同上级人民法院指定管辖。

（3）移转管辖。上级人民法院有权审理下级人民法院管辖的第一审行政案件。下级人民法院对其管辖的第一审行政案件，认为需要由上级人民法院审理或者指定管辖的，可以报请上级人民法院决定。

（五）诉讼参加人

1. 原告的确认

（1）受害人。受害人是受到公民、法人或者其他组织违法行为侵害的人。受害人并非行政行为的相对人。当受害人因受到损害要求主管行政机关追究加害人的法律责任时，可以原告身份依法提起行政诉讼。

（2）相邻权人。相邻权人是指与不动产的占有人相邻的公民、法人或者其他组织，占有人在行使物权时，可对其相邻的他人的不动产依法享有特定支配权。相邻权人并非行政行为的相对人。当其认为相邻权受到行政行为的侵害，与行政行为产生利害关系时，可以原告身份起诉。

（3）公平竞争权人。公平竞争权是经营者依法享有的要求其他经营者及相关主体公平竞争，以保障经营者合法利益的权利。公民、法人或者其他组织认为行政机关滥用行政权力排除或者限制竞争的，可以向人民法院提起行政诉讼。

（4）投资人。联营企业、中外合资或者合作企业的联营、合资、合作各方认为联营、合资、合作企业的权益或者自己一方合法权益受行政行为侵害的，可以自己的名义提起诉讼。

（5）合伙组织。合伙组织分合伙企业和个人合伙两种形式。合伙企业向人民法院提起诉讼

的，应当以核准登记的字号为原告；其他合伙组织起诉的，合伙人为共同原告。

（6）农村土地承包人。农村土地承包人等土地使用权人对行政机关处分其使用的农村土地的行为不服，可以自己的名义提起诉讼。

（7）非国有企业。非国有企业被行政机关注销、撤销、合并、强令兼并、出售、分立或者改变企业隶属关系的，该企业或者其法定代表人可以提起诉讼。

（8）股份制企业。股份制企业的股东会、董事会等认为行政机关作出的行政行为侵犯企业经营自主权的，可以企业名义提起诉讼。

（9）非营利法人的设立人。事业单位、社会团体、基金会、社会服务机构等非营利法人的出资人、设立人认为行政行为损害法人合法权益的，可以自己的名义提起诉讼。

（10）业主委员会。业主委员会对于行政机关作出的涉及业主共有利益的行政行为，可以自己的名义提起诉讼。业主委员会不起诉的，专有部分占建筑物总面积过半数或者占总户数过半数的业主可以提起诉讼。

（11）债权人。债权人以行政机关对债务人所作的行政行为损害债权实现为由提起行政诉讼的，人民法院应当告知其就民事争议提起民事诉讼，但行政机关作出行政行为时依法应予保护或者应予考虑的除外。

提示 公民因被限制人身自由而不能提起诉讼的，其近亲属可以依其口头或者书面委托以该公民的名义提起诉讼。近亲属起诉时无法与被限制人身自由的公民取得联系，近亲属可以先行起诉，并在诉讼中补充提交委托证明。

2. 被告的确认

（1）直接被告的确认。公民、法人或者其他组织直接向人民法院提起诉讼的，作出行政行为的行政机关是被告。

（2）复议案件的被告确认。经复议的案件，复议机关决定维持原行政行为的，作出原行政行为的行政机关和复议机关是共同被告；复议机关改变原行政行为的，复议机关是被告。复议机关在法定期限内未作出复议决定，公民、法人或者

其他组织起诉原行政行为的，作出原行政行为的行政机关是被告；起诉复议机关不作为的，复议机关是被告。

（3）共同被告的确认。两个以上行政机关作出同一行政行为的，共同作出行政行为的行政机关是共同被告。

（4）委托行政的被告确认。行政机关委托的组织所作的行政行为，委托的行政机关是被告。

（5）经批准的行政行为的被告确认。当事人不服经上级行政机关批准的行政行为，向人民法院提起诉讼的，以在对外发生法律效力的文书上署名的机关为被告。

（6）法律、法规、规章授权组织作为被告的确认。法律、法规、规章授权组织所作的行政行为，该授权组织是被告。法律、法规或者规章授权行使行政职权的行政机关内设机构、派出机构或者其他组织，超出法定授权范围实施行政行为，当事人不服提起诉讼的，若属于幅度越权，以实施该行为的机构或者组织为被告；若属于种类越权，以该行政机关为被告。

（7）内部机构的被告确认。行政机关组建并赋予行政管理职能但不具有独立承担法律责任能力的机构，以自己的名义作出行政行为，当事人不服提起诉讼的，以组建该机构的行政机关为被告。行政机关内设机构、派出机构在没有法律、法规或者规章授权的情况下，以自己的名义作出行政行为，当事人不服提起诉讼的，以该行政机关为被告。

（8）开发区管理机构的被告确认。对由国务院、省级人民政府批准设立的开发区管理机构作出的行政行为不服提起诉讼的，以该开发区管理机构为被告；对由国务院、省级人民政府批准设立的开发区管理机构所属职能部门作出的行政行为不服提起诉讼的，以其职能部门为被告；对其他开发区管理机构所属职能部门作出的行政行为不服提起诉讼的，以开发区管理机构为被告；开发区管理机构没有行政主体资格的，以设立该机构的地方人民政府为被告。

（9）不作为案件中的被告确认。具有法定职权且依法应当履行但拒不行使，从而侵害相对人合法权益的行政机关，可以作为被告。

（10）被告资格的转移。行政机关被撤销或者职权变更的，引发被告资格的转移，其中：行政职权依然存在的，继续行使其职权的行政机关是被告；行政职权已不复存在的，作出撤销决定的行政机关是被告。

提示 原告所起诉的被告不适格，人民法院应当通知原告变更被告；若原告不同意变更的，应当裁定驳回起诉。存在多名被告，原告只选择了部分被告起诉，对于其他被告没有起诉的，人民法院通知原告应当追加被告，应当追加被告而原告不同意追加的，人民法院应当通知其以第三人的身份参加诉讼，但行政复议机关作共同被告的除外。也就是说，对于复议维持遗漏被告的，人民法院应依职权追加遗漏的行政机关为诉讼被告，不再将遗漏的被告列为诉讼第三人。

（六）起诉和受理

1. 起诉

（1）与行政复议的衔接关系。对属于人民法院受案范围的行政案件，公民、法人或者其他组织可以先向行政机关申请复议，对复议决定不服的，再向人民法院提起诉讼；也可以直接向人民法院提起诉讼。公民、法人或者其他组织申请行政复议，行政复议机关已经依法受理的，或者法律、法规规定应当先向行政复议机关申请行政复议决定，对行政复议决定不服再向人民法院提起行政诉讼的，在法定行政复议期限内不得向人民法院提起行政诉讼。

（2）起诉的一般条件。

①原告是认为行政行为侵犯其合法权益的公民、法人或者其他组织；

②有明确的被告；

③有具体的诉讼请求和事实根据；

④属于人民法院受案范围和受诉人民法院管辖。

（3）起诉的时间条件。

①公民、法人或者其他组织直接向人民法院提起诉讼的，应当自知道或者应当知道作出行政行为之日起6个月内提出。因不动产提起诉讼的案件自行政行为作出之日起超过20年，其他案

件自行政行为作出之日起**超过 5 年**提起诉讼的，人民法院不予受理。

②公民、法人或者其他组织申请行政机关履行保护其人身权、财产权等合法权益的法定职责，行政机关在接到申请之日起**2 个月内**不履行的，公民、法人或者其他组织可以向人民法院提起诉讼。

③公民、法人或者其他组织因不可抗力或者其他不属于其自身的原因耽误起诉期限的，被耽误的时间**不计算在起诉期限内**。

（4）起诉方式。起诉应当向人民法院递交**起诉状**，并按照被告人数提出副本。

2. 受理

人民法院在接到起诉状时对符合法律规定的起诉条件的，应当登记立案。对当场不能判定是否符合法律规定的起诉条件的，应当接收起诉状，出具注明收到日期的书面凭证，并在**7 日内**决定是否立案。

（七）审理和判决

1. 第一审普通程序

（1）第一审普通程序的审理。

①人民法院审理行政案件，由审判员组成合议庭，或者由审判员、陪审员组成合议庭。合议庭的成员应当是**3 人以上的单数**。

②人民法院公开审理行政案件，但涉及国家秘密、个人隐私和法律另有规定的除外。**涉及商业秘密的案件**，当事人申请不公开审理的，可以不公开审理。

③在涉及行政许可、登记、征收、征用和行政机关对民事争议所作的裁决的行政诉讼中，当事人申请一并解决相关民事争议的，人民法院可以一并审理。

④人民法院审理行政案件，**不适用调解**。但是，行政赔偿、补偿以及行政机关行使法律、法规规定的自由裁量权的案件可以调解。

（2）第一审普通程序的判决。

①人民法院应当在立案之日起**6 个月内**作出第一审判决。

②行政行为证据确凿，适用法律、法规正确，符合法定程序的，或者原告申请被告履行法定职责或者给付义务理由不成立的，人民法院判决**驳回原告的诉讼请求**。

③行政行为有下列情形之一的，人民法院判决**撤销或者部分撤销**，并可以判决**被告重新作出行政行为**：主要证据不足；适用法律、法规错误；违反法定程序；超越职权；滥用职权；明显不当。

④人民法院经过审理，查明被告不履行法定职责的，判决被告在一定期限内履行。人民法院经过审理，查明被告依法负有给付义务的，判决被告**履行给付义务**。

⑤行政处罚明显不当，或者其他行政行为涉及对款额的确定、认定确有错误的，人民法院可以判决**变更**。

⑥人民法院判决确认被告行政行为违法或者无效的，可以同时判决责令被告**采取补救措施**；给原告造成损失的，依法判决被告**承担赔偿责任**。

2. 简易程序

（1）适用范围。

①被诉行政行为是**依法当场作出**的；

②案件涉及款额**2 000 元以下**的；

③属于**政府信息公开案件**的。

（2）审判组织与审理期限。

①审判组织：由审判员一人独任审理；

②审理期限：应当在立案之日起**45 日内**审结。

3. 第二审程序

（1）第二审程序的提起。当事人不服人民法院第一审判决的，有权在判决书送达之日起**15 日内**向上一级人民法院提起上诉；当事人不服人民法院裁定的，有权在裁定书送达之日起**10 日内**向上一级人民法院提起上诉。

（2）第二审程序的审理。人民法院对上诉案件，应当组成合议庭，**开庭审理**。人民法院审理上诉案件，应当对原审人民法院的判决、裁定和被诉行政行为进行**全面审查**。

（3）第二审程序的判决。人民法院审理上诉案件，应当在收到上诉状之日起**3 个月内**作出终审判决。

4. 审判监督程序

（1）当事人对已经发生法律效力的判决、裁定，认为确有错误的，可以向上一级人民法院**申请再审**，但判决、裁定**不停止执行**。

（2）各级人民法院院长对本院已经发生法律效力的判决、裁定，发现有法定再审事由，或者发现调解违反自愿原则或者调解书内容违法，认为需要再审的，应当提交审判委员会讨论决定。

（3）最高人民法院对地方各级人民法院已经发生法律效力的判决、裁定，上级人民法院对下级人民法院已经发生法律效力的判决、裁定，发现有法定再审事由，或者发现调解违反自愿原则或者调解书内容违法的，有权提审或者指令下级人民法院再审。

（4）最高人民检察院对各级人民法院已经发生法律效力的判决、裁定，上级人民检察院对下级人民法院已经发生法律效力的判决、裁定，发现有法定再审事由，或者发现调解书损害国家利益、社会公共利益的，应当提出抗诉。地方各级人民检察院对同级人民法院已经发生法律效力的判决、裁定，发现有法定再审事由，或者发现调解书损害国家利益、社会公共利益的，可以向同级人民法院提出检察建议，并报上级人民检察院备案；也可以提请上级人民检察院向同级人民法院提出抗诉。

（八）执行

行政机关拒绝履行判决、裁定、调解书的，第一审人民法院可以采取下列措施：

（1）对应当归还的罚款或者应当给付的款额，通知银行从该行政机关的账户内划拨。

（2）在规定期限内不履行的，从期满之日起，对该行政机关负责人按日处 50 元至 100 元的罚款。

（3）将行政机关拒绝履行的情况予以公告。

（4）向监察机关或者该行政机关的上一级行政机关提出司法建议。

（5）拒不履行判决、裁定、调解书，社会影响恶劣的，可以对该行政机关直接负责的主管人员和其他直接责任人员予以拘留；情节严重，构成犯罪的，依法追究刑事责任。

二、例题点津

【例题 1·单选题】下列各项中，不属于行政诉讼特有原则的是（　　）。

A. 被告负举证责任原则

B. 当事人诉讼地位平等原则

C. 行政行为合法性审查原则

D. 不适用调解原则

【答案】B

【解析】本题考核行政诉讼的特有原则。行政诉讼的特有原则包括被告负举证责任原则、行政行为合法性审查原则、不适用调解原则、不停止行政行为执行原则。选项 A、C、D 均属于行政诉讼的特有原则。

【例题 2·多选题】根据《行政诉讼法》的规定，公民、法人或其他组织对下列事项提起的诉讼中，属于人民法院行政诉讼受理范围的有（　　）。

A. 认为行政机关侵犯其经营自主权的

B. 认为行政机关未依法支付抚恤金的

C. 认为国务院部门制定的规章不合法的

D. 认为行政机关不依法履行土地房屋征收补偿协议的

【答案】ABD

【解析】本题考核行政诉讼的受理范围。选项 C，制定行政法规、规章是立法行为，不由法院监督，因此不能对行政法规、规章提起行政诉讼。法院可以应请求对行政行为所依据的国务院部门和地方人民政府及其部门制定的规范性文件（不含规章）进行审查，经审查认为不合法的，可以通过司法建议形式，建议制定机关修改或者废止。

【例题 3·多选题】下列关于行政诉讼原告的表述，正确的有（　　）。

A. 非国有企业被行政机关强令改变企业隶属关系，该企业法定代表人可以作为原告提起诉讼

B. 公民对行政机关对其工作人员的任免决定不服的，可以作为原告提起诉讼

C. 股份制企业的股东大会认为行政机关作出的行政行为侵犯企业经营自主权，该企业可以作为原告提起诉讼

D. 业主委员会对于行政机关作出的涉及业主共有利益的行政行为，可以作为原告提起诉讼

【答案】ACD

【解析】本题考核行政诉讼原告的确认。选项 B，属于内部行政行为，不属于行政诉讼受理范围。

【例题 4·判断题】行政机关在规定期限内

不履行人民法院发生法律效力的判决的，从期满之日起，对该行政机关负责人按日处 100 元至 150 元的罚款。（　　）

【答案】×

【解析】本题考核行政诉讼的执行。行政机关在规定期限内不履行人民法院发生法律效力的判决的，从期满之日起，对该行政机关负责人按日处 50 元至 100 元的罚款。

【例题 5·判断题】行政诉讼的原告对作出的行政行为负有举证责任。（　　）

【答案】×

【解析】行政诉讼的被告对作出的行政行为负有举证责任。

【例题 6·判断题】人民法院审理所有行政案件都可适用调解。（　　）

【答案】×

【解析】人民法院审理行政案件，不适用调解。但是，行政赔偿、补偿以及行政机关行使法律、法规规定的自由裁量权的案件可以调解。

本章考点巩固练习题

一、单项选择题

1. 下列关于法律体系的表述，错误的是（　　）。
   A. 法律体系的组成部分是法律部门
   B. 法律体系属于社会规范体系范畴
   C. 法律体系包含法制体系
   D. 法律体系侧重描述静态的法律规范本身的体系构成

2. 下列各项中，不属于社会法的是（　　）。
   A. 《中华人民共和国劳动法》
   B. 《中华人民共和国社会保险法》
   C. 《中华人民共和国土地管理法》
   D. 《中华人民共和国未成年人保护法》

3. 甲欠乙 10 万元未还，乙索债时，甲对乙称：若不免除债务，必以硫酸毁乙容貌，乙恐惧，遂表示免除其债务。根据民事法律制度的规定，下列关于该债务免除行为效力的表述中，正确的是（　　）。
   A. 有效
   B. 可撤销
   C. 效力待定
   D. 无效

4. 下列民事法律行为中，属于附条件的民事法律行为的是（　　）。
   A. 赵某承诺如果外甥钱某考上研究生，则赠与钱某一台笔记本电脑
   B. 孙某承诺在其去世后将生前收藏的一个古董花瓶赠与李某

C. 周某和吴某订立赠与合同，约定合同自签订之日起三个月后生效
D. 郑某承诺 2024 年 6 月 1 日赠与王某一块手表

5. 根据《民法典》的规定，下列各项中，不属于可撤销的民事法律行为的是（　　）。
   A. 行为人与相对人以虚假的意思表示实施的民事法律行为
   B. 行为人对行为内容有重大误解的
   C. 一方利用对方处于困难状态、无法作出判断等情形，致使民事法律行为成立时有失公平的
   D. 一方以胁迫的手段，使对方在违背真实意思的情况下实施的民事法律行为

6. 根据代理法律制度的规定，下列行为中，可以代理的是（　　）。
   A. 订立遗嘱　　　　B. 婚姻登记
   C. 收养子女　　　　D. 签订买卖合同

7. 根据民事法律制度的规定，下列关于代理制度的表述中，正确的是（　　）。
   A. 代理人和第三人恶意串通，损害被代理人合法权益的，代理人和第三人应当承担连带责任
   B. 代理行为包括传递信息等非独立进行意思表示的行为
   C. 代理行为的法律后果直接归属于代理人
   D. 代理人必须以自己的名义实施法律行为

8. 王某为乙牛奶厂业务员，负责某小区的订奶业务多年，每月月底在小区摆摊，更新订奶户并收取下月订奶款。2023 年 5 月 29 日，王某从乙牛奶厂辞职。5 月 30 日，王某仍照常前往小区摆摊收取订奶款，订奶户不知内情，照例交款，王某也如常开出盖有乙牛奶厂公章的订奶款收据，之后王某下落不明。根据民事法律制度的规定，下列表述中，正确的是（　　）。

A. 王某的行为构成无权处分，应由乙牛奶厂向订奶户承担损害赔偿责任后，再向王某追偿

B. 王某的行为构成狭义无权代理，应由王某向订奶户承担损害赔偿责任

C. 王某的行为与乙牛奶厂无关，应由王某向订奶户承担合同履行义务

D. 王某的行为构成表见代理，应由乙牛奶厂向订奶户承担合同履行义务

9. 根据《仲裁法》的规定，下列关于仲裁一裁终局原则的表述中，正确的是（　　）。

A. 仲裁裁决生效后，当事人就同一纠纷，不能再申请仲裁，但可以向人民法院提起诉讼

B. 仲裁裁决被人民法院撤销后，当事人既可以重新达成仲裁协议申请仲裁，也可以向人民法院起诉

C. 仲裁裁决被人民法院撤销后，当事人不得依据重新达成的仲裁协议申请仲裁，只能向人民法院起诉

D. 仲裁裁决被人民法院裁定不予执行后，当事人可以重新达成仲裁协议申请仲裁，但不能向人民法院起诉

10. 下列争议中，可以适用《仲裁法》进行仲裁的是（　　）。

A. 甲公司与职工李某因解除劳动合同发生的争议

B. 乙与其弟弟因财产继承发生的争议

C. 丙学校因购买电脑的质量问题与某商场发生的争议

D. 丁因不服某公安局对其作出的罚款决定与该公安局发生的争议

11. 根据《仲裁法》的规定，当事人有证据证明仲裁裁决依法应当撤销的，可向仲裁委员会

所在地的中级人民法院申请撤销裁决的期限是（　　）。

A. 裁决书作出之日起 6 个月内

B. 裁决书作出之日起 1 年内

C. 收到裁决书之日起 6 个月内

D. 收到裁决书之日起 1 个月内

12. 张某与李某因合同纠纷达成仲裁协议，张某选定甲仲裁员，李某选定乙仲裁员，另由仲裁委员会主任指定 1 名首席仲裁员，3 人组成仲裁庭。仲裁庭在作出裁决时产生了 3 种不同意见。根据《仲裁法》的规定，仲裁庭应当采取的做法是（　　）。

A. 按多数仲裁员的意见作出裁决

B. 按首席仲裁员的意见作出裁决

C. 提请仲裁委员会作出裁决

D. 提请仲裁委员会主任作出裁决

13. 根据民事诉讼法律制度的规定，当事人不服人民法院第一审判决的，有权在法定期限内向上一级人民法院提起上诉，该法定期限是（　　）。

A. 判决书作出之日起 10 日内

B. 判决书作出之日起 15 日内

C. 判决书送达之日起 10 日内

D. 判决书送达之日起 15 日内

14. 根据《民事诉讼法》的规定，下列关于第二审程序的表述中，不正确的是（　　）。

A. 只有第一审案件的当事人才可以提起上诉

B. 当事人应当通过原审人民法院提交上诉状

C. 当事人对重审案件的判决和裁定不可以上诉

D. 第二审人民法院的判决和裁定是终审的判决和裁定

15. 根据民事诉讼法律制度的规定，下列关于审判监督程序的表述中，不正确的是（　　）。

A. 当事人申请再审的，不停止判决的执行

B. 再审申请被驳回后，当事人再次提出申请的，人民法院不予受理

C. 当事人对已经发生法律效力的判决，认为有错误的，只能向上一级人民法院申请再审

D. 最高人民法院对地方各级人民法院已经发生法律效力的判决，发现确有错误的，有

权提审

16. 根据民事法律制度的规定,下列情形中,可导致诉讼时效中止的是 ( )。
   A. 债权人向人民法院申请支付令
   B. 债务人向债权人请求延期履行
   C. 未成年债权人的监护人在一次事故中遇难,尚未确定新的监护人
   D. 债权人向人民法院申请债务人破产

17. 根据《行政复议法》规定,下列各项中,不属于行政复议范围的是 ( )。
   A. 甲公司对甲地市场监督管理局作出的吊销营业执照决定不服
   B. 乙公司对乙县环保局作出的罚款决定不服
   C. 张某对丙市公安局作出的行政拘留决定不服
   D. 钱某对丁税务局作出的撤职处分决定不服

18. 根据行政复议法律制度的规定,下列各项中,符合行政复议的受理条件的是 ( )。
   A. 申请人与被申请行政复议的行政行为无利害关系
   B. 申请人向行政机关提出具体的行政复议请求和理由
   C. 申请人超出法定期限提出行政复议请求
   D. 申请人提出的行政复议请求不属于本机关的管辖范围

19. 根据行政复议法律制度的规定,下列各项中,不符合行政复议中止条件的是 ( )。
   A. 作为申请人的法人或者其他组织终止,同时确定权利义务承受人
   B. 作为申请人的公民死亡,其近亲属尚未确定是否参加行政复议
   C. 行政复议案件审理需要以其他案件的审理结果为依据,而其他案件尚未审结
   D. 行政复议案件涉及的法律适用问题需要有权机关作出解释或者确认

20. 甲公司因抗税被税务机关处以所纳税款的3倍罚款,甲公司认为处罚过重,为此与税务机关产生争议,其解决争议应当选择的方式是 ( )。
   A. 行政诉讼　　　B. 民事诉讼
   C. 行政复议　　　D. 仲裁

二、多项选择题

1. 下列各项中,属于商法的有 ( )。
   A. 《中华人民共和国反垄断法》
   B. 《中华人民共和国证券法》
   C. 《中华人民共和国海商法》
   D. 《中华人民共和国票据法》

2. 下列选项中,不属于多方民事法律行为的有 ( )。
   A. 甲与乙订立商务合作合同
   B. 甲免除乙对自己所负的全部债务
   C. 甲撤销乙对自己的全部委托代理
   D. 甲授权乙以自己的名义购买艺术品

3. 下列自然人精神状态均无异常,其中属于限制民事行为能力人的有 ( )。
   A. 5周岁的小王　　B. 8周岁的小李
   C. 14周岁的小张　　D. 19周岁的小黎

4. 下列情形中,不属于有效法律行为的有 ( )。
   A. 5周岁的小美将其母亲价值2 000元的项链送给自己幼儿园同学
   B. 甲、乙双方约定,若乙将与甲有宿怨的丙殴伤,甲愿付乙酬金5 000元
   C. 甲因妻子病重,急需医药费,遂向乙筹款。乙提出,可按市场价买下甲的祖传清代青花瓷瓶,甲应允
   D. 甲欠乙80万元到期未还,为避免被强制执行,甲虚假地将房子卖给自己的朋友丙。

5. 下列行为属于可撤销的法律行为的有 ( )。
   A. 受欺诈而为的法律行为
   B. 受胁迫而为的法律行为
   C. 乘人之危、显失公平的法律行为
   D. 违背公序良俗的法律行为

6. 根据《民法典》的规定,被代理人死亡后,下列情形中,委托代理人实施的代理行为有效的有 ( )。
   A. 被代理人死亡前已经实施,为了被代理人的继承人的利益继续代理的
   B. 授权中明确代理权在代理事务完成时终止
   C. 被代理人的继承人予以承认的
   D. 代理人不知道且不应当知道被代理人死亡

7. 根据《民法典》的规定，下列情形中，法定代理终止的有（　　）。

   A. 代理人死亡

   B. 被代理人死亡

   C. 代理人丧失完全民事行为能力的

   D. 被代理人取得完全民事行为能力的

8. 乙设计公司拥有一项专利，甲和乙公司签订了代理合同，甲代理乙公司将该专利出售。甲的下列情况中属于滥用代理权的有（　　）。

   A. 以被代理人的名义把专利转让给自己

   B. 与丁恶意串通，将专利低价卖给丁，损害了乙的利益

   C. 以被代理人的名义卖出，甲以丙的名义买入

   D. 代理权被收回后，甲仍以乙的名义把专利转让给丁公司

9. 根据《民法典》的规定，下列各项中，属于委托代理终止的情形有（　　）。

   A. 代理人丧失民事行为能力

   B. 代理人死亡

   C. 被代理人死亡

   D. 代理人辞去委托

10. 根据《仲裁法》的规定，下列属于仲裁基本原则的有（　　）。

    A. 自愿原则

    B. 以事实为根据，以法律为准绳，公平合理地解决纠纷原则

    C. 仲裁组织依法独立行使仲裁权原则

    D. 一裁终局原则

11. 根据《仲裁法》的规定，下列情形中，属于仲裁裁决的法定撤销情形的有（　　）。

    A. 仲裁庭的组成违反法定程序

    B. 裁决的事项不属于仲裁协议的范围

    C. 仲裁员在仲裁该案时有枉法裁决行为

    D. 对方当事人隐瞒了足以影响公正裁决的证据

12. 下列争议中，不适用《仲裁法》进行仲裁的有（　　）。

    A. 张某与其妻欲离婚，双方对财产分割产生争议

    B. 李某因车祸去世，其子女因遗产继承产

生争议

    C. 丁某与其供职的公司因对劳动合同中的工资待遇条款理解不一致产生争议

    D. 王某因股权转让问题与其他投资人之间产生争议

13. 上海的甲公司和广州的乙公司于 2023 年 6 月 1 日在深圳签订一买卖合同。合同约定，甲公司向乙公司提供一批货物，双方应于 2023 年 12 月 1 日在杭州交货付款。双方就合同纠纷管辖权未作约定。其后，甲公司依约交货，但乙公司拒绝付款。经交涉无效，甲公司准备对乙公司提起诉讼。根据民事诉讼法关于地域管辖的规定，下列各地方的人民法院中，对甲公司拟提起的诉讼有管辖权的有（　　）。

    A. 上海　B. 广州　C. 深圳　D. 杭州

14. 第二审法院对上诉案件经过审理后所作出的下列裁判中，正确的有（　　）。

    A. 原判决认定事实清楚，适用法律正确，判决驳回上诉，维持原判决

    B. 原判决适用法律错误，裁定撤销原判决，发回原审法院重审

    C. 原判决认定事实错误，裁定撤销原判决，发回原审法院重审

    D. 原判决违反法定程序，可能影响案件正确判决，裁定撤销原判决，发回原审法院重审

15. 根据基本民事法律制度的规定，下列各项中，属于诉讼时效中断法定事由的有（　　）。

    A. 申请支付令

    B. 申请仲裁

    C. 申请宣告义务人死亡

    D. 权利被侵害的无民事行为能力人没有法定代理人

16. 甲公司与乙公司因买卖合同发生纠纷，经其所在市北城区市场监督管理局调解，双方对合同的履行达成协议。后甲公司认为调解结果对自己不利，则甲公司应（　　）。

    A. 申请调解

    B. 申请仲裁

    C. 申请行政复议

    D. 向人民法院提起诉讼

17. 甲市南城区公安局所辖派出所以张某制造噪声干扰他人正常生活为由，处以 500 元罚款。张某不服，申请复议，下列机关中可以作为复议机关的有（　　）。
   A. 南城区公安局　　　B. 南城区人民政府
   C. 甲市公安局　　　　D. 甲市政府

18. 下列属于行政复议范围的有（　　）。
   A. 对行政机关作出的罚款决定不服的
   B. 对行政机关作出的限制人身自由决定不服的
   C. 对行政机关作出的工伤认定结论不服的
   D. 对行政机关解除政府特许经营协议的决定不服的

19. 根据行政复议法律制度的规定，下列各项中，可以作为行政复议参加人的有（　　）。
   A. 申请人
   B. 被申请人
   C. 第三人
   D. 被申请人上一级主管部门

20. 根据《行政诉讼法》的规定，公民、法人或者其他组织对下列事项提起的诉讼中，属于人民法院行政诉讼受理范围的有（　　）。
   A. 认为国务院部门制定的规章不合法
   B. 对没收违法所得的行政处罚决定不服
   C. 申请行政许可，行政机关拒绝
   D. 认为行政机关滥用行政权力限制竞争的

三、判断题

1. 法学体系以一国的现行法为限，而法律体系包含对全部法律现象的理论、历史、比较分析等内容的研究。（　　）

2. 根据我国《民法典》规定，十周岁以下的未成年人是无民事行为能力人。（　　）

3. 行为人与相对人以虚假的意思表示实施的民事法律行为无效。（　　）

4. 针对可撤销的民事法律行为，当事人自民事法律行为发生之日起 3 年内没有行使撤销权的，撤销权消灭。（　　）

5. 代理是代理人在代理权限内，以自己的名义从事民事法律行为，法律后果直接归于被代理人的法律制度。（　　）

6. 行为人超越代理权实施代理行为，相对人有理由相信行为人有代理权的，代理行为有效。（　　）

7. 适用简易程序审理的民事案件，由审判员独任审判。（　　）

8. 张某对李某有一货款债权，但诉讼时效已届满。李某向张某支付了货款，其后以不知诉讼时效届满为由请求张某返还。法律应支持李某的请求。（　　）

9. 债务人否认对债权人负有债务能导致诉讼时效中断。（　　）

10. 张某为无民事行为能力人，其法定代理人王某于 2022 年 2 月 5 日知道张某的权利受到侵害，但一直未对侵权人赵某提起诉讼。2022 年 5 月 20 日，王某因突发心脏病死亡，直到 2022 年 9 月 5 日才由有关机关为张某指定新的监护人丁某。已知该项诉讼时效期间为 1 年，根据《民法典》的规定，丁某应当在 2023 年 9 月 5 日之前对赵某提起诉讼。（　　）

11. 当事人对已经发生法律效力的判决，认为有错误的，只要向原审人民法院申请再审，该判决就应停止执行。（　　）

12. 上级人民法院对下级人民法院已发生法律效力的判决，发现确有错误的，有权令下级人民法院再审。（　　）

13. 只有在诉讼时效期间的最后 6 个月内发生诉讼时效中止的法定事由，才能中止时效的进行，诉讼时效中止的法定事由发生之后，已经经过的时效期间统归无效。（　　）

14. 公民、法人或者其他组织认为具体行政行为侵犯其合法权益的，可以自知道该具体行政行为之日起 90 日内提出行政复议申请。（　　）

15. 行政复议机关责令被申请人重新作出具体行政行为的，被申请人可以同一事实和理由作出与原具体行政行为相同或者基本相同的具体行政行为。（　　）

16. 经复议的案件，复议机关决定维持原行政行为的，作出原行政行为的行政机关是被告；复议机关改变原行政行为的，作出原行政行为的行政机关和复议机关是共同被告。（　　）

17. 公民认为行政机关侵犯其农村土地承包经营权的，可以提起行政诉讼。（ ）
18. 经行政复议的行政诉讼案件，只能由行政复议机关所在地人民法院管辖。（ ）
19. 行政诉讼的被告对作出的行政行为负有举证责任。（ ）
20. 对限制人身自由的行政强制措施不服提起的诉讼，由被告所在地上一级人民法院管辖。（ ）

本章考点巩固练习题参考答案及解析

一、单项选择题

1.【答案】C
【解析】本题考查法律体系的概念。法律体系是指由一国现行的全部法律规范按照不同的法律部门分类组合而形成的有机联系的统一整体。法制体系是指法制运转机制和运转环节的全系统，包括立法体系、执法体系、司法体系、法律监督体系等。从相互关系来讲，法制体系包含法律体系，法律体系整合在法制体系中。

2.【答案】C
【解析】社会法的内容主要包括：劳动法（选项A）；社会保障法（选项B）；特殊群体权益保障法（选项D）；社会公益事业法。选项C属于经济法中的自然资源和能源法类。

3.【答案】B
【解析】因欺诈、胁迫或乘人之危而订立的合同，如果不损害国家利益的，不属于无效合同，而应当属于可撤销合同；本题中乙受到甲以硫酸毁容的胁迫，并违背真实意思作出免除债务的行为属于可撤销法律行为。

4.【答案】A
【解析】选项A，"考上研究生"不一定会成就，属于附条件的法律行为。选项B、C、D，属于附期限的法律行为。附条件的民事法律行为，条件不一定会成就。附期限的民事法律行为，期限一定会到来。

5.【答案】A
【解析】选项B、C、D属于可撤销的民事法律行为；选项A属于无效的民事法律行为。

6.【答案】D
【解析】依照法律规定或按照双方当事人约定，应当由本人实施的民事法律行为，不得代理，如订立遗嘱、婚姻登记、收养子女等。

7.【答案】A
【解析】非独立进行意思表示的行为，如传递信息、中介行为等不属于代理行为，选项B不正确；代理行为的法律后果直接归属于被代理人，选项C不正确；代理人必须以被代理人的名义实施法律行为，选项D不正确。

8.【答案】D
【解析】本题考查表见代理。行为人没有代理权、超越代理权或者代理权终止后以被代理人名义订立合同，相对人有理由相信行为人有代理权的，该代理行为有效。

9.【答案】B
【解析】根据《仲裁法》的规定，仲裁实行一裁终局的制度。裁决作出后，当事人就同一纠纷再申请仲裁或者向人民法院起诉的，仲裁委员会或者人民法院不予受理。裁决被人民法院依法裁定撤销或者不予执行的，当事人就该纠纷可以根据双方重新达成的仲裁协议申请仲裁，也可以向人民法院起诉。

10.【答案】C
【解析】本题考核点是仲裁的适用范围。劳动争议纠纷适用《劳动争议调解仲裁法》进行仲裁，选项A错。根据规定，下列纠纷不能仲裁：婚姻、收养、监护、扶养、继承纠纷，选项B错误。选项D，属于依法应当由行政机关处理的行政争议。本题正确答案为选项C。

11.【答案】C

【解析】当事人提出证据证明仲裁裁决有依法应当撤销情形的，可在收到裁决书之日起6个月内，向仲裁委员会所在地中级人民法院申请撤销裁决。

12.【答案】B

【解析】本题考核点是仲裁的裁决。裁决应按多数仲裁员的意见作出，少数仲裁员的不同意见可以记入笔录。本题中，3名仲裁员产生3种不同意见，按首席仲裁员的意见作出裁决。

13.【答案】D

【解析】当事人不服人民法院第一审判决的，有权在判决书送达之日起15日内向上一级人民法院提起上诉。

14.【答案】C

【解析】当事人对重审案件的判决和裁定可以上诉，选项C不正确。

15.【答案】C

【解析】当事人对已经发生法律效力的判决、裁定，认为有错误的，可以向上一级人民法院申请再审；当事人一方人数众多或者当事人双方为公民的案件，也可以向原审人民法院申请再审，选项C不正确。

16.【答案】C

【解析】本题考核诉讼时效中止的法定事由。中止诉讼时效的事由有两类：一是不可抗力；二是其他障碍。其他障碍包括：权利被侵害的无民事行为能力人、限制民事行为能力人没有法定代理人，或者代理人死亡、丧失行为能力。选项C属于诉讼时效的中止事由。第一，提起诉讼。提起诉讼是指通过司法程序行使请求权。下列事项均与提起诉讼具有同等诉讼时效中断的效力：申请仲裁；申请支付令；申请破产、申报破产债权；为主张权利而申请宣告义务人失踪或死亡；申请诉前财产保全、诉前临时禁令等诉前措施；申请强制执行；申请追加当事人或者被通知参加诉讼；在诉讼中主张抵销。第二，当事人一方提出请求。第三，义务人同意履行义务。选项A、B、D属于诉讼时效的中断事由。

17.【答案】D

【解析】本题考查行政复议的范围。行政复议适用的是行政管理相对人对行政管理机关的具体行政行为不服时可以采取的解决争议的一种方法，不适用于行政管理机关内部的人事管理关系。

18.【答案】B

【解析】行政复议的受理条件包括：（1）有明确的申请人和符合《行政复议法》规定的被申请人；（2）申请人与被申请行政复议的行政行为有利害关系；（3）有具体的行政复议请求和理由；（4）在法定申请期限内提出；（5）属于《行政复议法》规定的行政复议范围；（6）属于本机关的管辖范围；（7）行政复议机关未受理过该申请人就同一行政行为提出的行政复议申请，并且人民法院未受理过该申请人就同一行政行为提起的行政诉讼。选项A、C、D均错误。

19.【答案】A

【解析】行政复议中止的条件为：（1）作为申请人的公民死亡，其近亲属尚未确定是否参加行政复议（选项B）。（2）作为申请人的公民丧失参加行政复议的行为能力，尚未确定法定代理人参加行政复议。（3）作为申请人的公民下落不明。（4）作为申请人的法人或者其他组织终止，尚未确定权利义务承受人。（5）申请人、被申请人因不可抗力或者其他正当理由，不能参加行政复议。（6）依照《行政复议法》规定进行调解、和解，申请人和被申请人同意中止。（7）行政复议案件涉及的法律适用问题需要有权机关作出解释或者确认（选项D）。（8）行政复议案件审理需要以其他案件的审理结果为依据，而其他案件尚未审结（选项C）。（9）有《行政复议法》依申请或者依职权对规范性文件附带审查的情形。选项A，作为申请人的法人或者其他组织终止，同时确定权利义务承受人，这种情形不属于行政复议中止的条件。

20.【答案】C

【解析】本题考查行政复议与行政诉讼。甲

公司与税务机关的处罚争议属于行政争议，处罚争议可以选择诉讼，也可以选择复议，但本案争议焦点是处罚的适当性，处罚的适当性问题不在人民法院诉讼审查的范围，故甲公司应当选择行政复议解决该罚款争议。

二、多项选择题

1. 【答案】BCD

【解析】本题考核商法与经济法的概念区分。商法调整商事主体之间的商事关系，遵循民法的基本原则，同时秉承保障商事交易自由、等价有偿、便捷安全等原则。经济法是调整因国家从社会整体利益出发对经济活动实行干预、管理或调控所产生的社会经济关系的法律规范的总和。选项A，《中华人民共和国反垄断法》属于经济法范畴。选项B、C、D，属于商法范畴。

2. 【答案】BCD

【解析】选项B、C、D属于单方民事法律行为；选项A属于多方民事法律行为。请考生注意题干的迷惑性。

3. 【答案】BC

【解析】精神状态无异常的情况下，本题主要考查自然人民事行为能力的年龄界限，大于等于8周岁，小于16周岁的均属于限制民事行为能力人。18周岁以上的成年人和16周岁以上不满18周岁但以自己的劳动收入为主要生活来源的未成年人，为完全民事行为能力人。

4. 【答案】ABD

【解析】选项A，5周岁的小美为无民事行为能力人，无民事行为能力人独立实施的法律行为无效；选项B，一切与法律的强制性或者禁止性规定相抵触的、违反公序良俗和社会公共利益的行为，均属无效；选项C，乘人之危的民事行为，须严重损害了处于危难境地的当事人的利益，在本题中，乙以市场价买下该青花瓷瓶，并未损害甲的利益；选项D，甲与丙的房屋买卖行为属于通谋虚假表示实施的法律行为，对于双方当事人而言，

均无真实的意思表示，故其实施的法律行为无效。

5. 【答案】ABC

【解析】可撤销法律行为包括以下几种：（1）行为人对行为内容有重大误解的。（2）受欺诈的。（3）受胁迫的。（4）乘人之危、显失公平的。选项A、B、C，属于可撤销的法律行为。选项D，属于无效法律行为。

6. 【答案】ABCD

【解析】根据《民法典》的规定，被代理人死亡后，有下列情形之一的，委托代理人实施的代理行为仍有效：（1）代理人不知道并且不应当知道被代理人死亡；（2）被代理人的继承人予以承认；（3）授权中明确代理权在代理事务完成时终止；（4）被代理人死亡前已经实施，为了被代理人的继承人的利益继续代理的。

7. 【答案】ABCD

【解析】法定代理终止的法定情形有：（1）被代理人取得或恢复民事行为能力；（2）被代理人或代理人死亡；（3）代理人丧失民事行为能力；（4）由其他原因引起的被代理人和代理人之间的监护关系消灭。

8. 【答案】ABC

【解析】本题考查代理。滥用代理权包括：自己代理、双方代理、代理人与第三人恶意串通，损害被代理人的利益。选项A、B、C正确。选项D属于无权代理。

9. 【答案】ABCD

【解析】委托代理终止的法定情形有：（1）代理期间届满或者代理事务完成；（2）被代理人取消委托或者代理人辞去委托；（3）代理人或者被代理人死亡；（4）代理人丧失民事行为能力；（5）作为代理人或被代理人的法人、非法人组织终止。

10. 【答案】ABCD

【解析】根据《仲裁法》的规定，仲裁应遵循以下基本原则：（1）自愿原则；（2）以事实为根据，以法律为准绳，公平合理地解决纠纷原则；（3）仲裁组织依法独立行使仲裁权原则。（4）一裁终局原则。因此，选项

A、B、C、D均正确。

11.【答案】ABCD

【解析】仲裁裁决的法定撤销情形包括：（1）没有仲裁协议的；（2）裁决的事项不属于仲裁协议的范围或者仲裁委员会无权仲裁的；（3）仲裁庭的组成或者仲裁的程序违反法定程序的；（4）裁决所根据的证据是伪造的；（5）对方当事人隐瞒了足以影响公正裁决的证据的；（6）仲裁员在仲裁该案时有索贿受贿、徇私舞弊、枉法裁决行为的。因此，选项A、B、C、D均正确。

12.【答案】ABC

【解析】根据规定，下列纠纷不能仲裁：（1）婚姻、收养、监护、扶养、继承纠纷；（2）依法应当由行政机关处理的行政争议。因此，选项A、B不适用。土地承包合同纠纷适用《中华人民共和国农村土地承包经营纠纷调解仲裁法》进行仲裁，劳动争议纠纷适用《劳动争议调解仲裁法》进行仲裁，因此选项C不适用。选项D是财产权益纠纷，可以仲裁。

13.【答案】BD

【解析】本题考核诉讼管辖。根据规定，因合同纠纷引起的诉讼，由被告住所地或合同履行地人民法院管辖。本题中，合同履行地（交货付款地）为杭州，被告住所地（乙公司所在地）为广州。

14.【答案】ACD

【解析】本题考核审判程序。根据规定，原判决适用法律错误，依法改判。因此选项B说法错误。

15.【答案】ABC

【解析】本题考核诉讼时效期间中断的事由，第一，权利人向义务人提出请求履行义务的要求，即权利人直接向义务人作出请求履行义务的意思表示。第二，义务人同意履行义务。同意履行义务的方式包括义务人作出分期履行、部分履行、请求延期履行、支付利息、提供履行担保等承诺。第三，权利人提起诉讼或申请仲裁。权利人依诉讼程序主张权利，请求人民法院给予保护。第四，与提

起诉讼或者申请仲裁具有同等效力的其他情形。具体包括：申请支付令、申请破产、申报破产债权；为主张权利而申请宣告义务人失踪或死亡；申请诉前财产保全、诉前临时禁令等诉前措施；申请强制执行；申请追加当事人或者被通知参加诉讼；在诉讼中主张抵销等。还包括：权利人向人民调解委员会以及其他依法有权解决相关民事纠纷的国家机关、事业单位、社会团体等社会组织提出保护相应民事权利的请求；权利人向公安机关、人民检察院、人民法院报案或者控告，请求保护其民事权利。选项A、B、C属于诉讼时效的中断事由。中止诉讼时效的事由有两类：一是不可抗力；二是其他障碍。其他障碍包括：权利被侵害的无民事行为能力人、限制民事行为能力人没有法定代理人，或者代理人死亡、丧失行为能力。选项D属于诉讼时效的中止事由。

16.【答案】BD

【解析】本题考查经济纠纷的解决途径。不服行政机关对民事纠纷作出的调解处理，不属于行政复议范围，当事人可依法申请仲裁或者向人民法院提起诉讼。

17.【答案】AB

【解析】本题考查行政复议机关。对政府工作部门依法设立的派出机构依照法律、法规或者规章规定，以自己的名义作出的具体行政行为不服的，向设立该派出机构的部门或者该部门的本级地方人民政府申请行政复议。本案派出所是南城区公安局的派出机构，而南城区公安局所在地的人民政府是南城区人民政府，因此，可以作为复议机关的是南城区公安局和南城区人民政府。

18.【答案】ABCD

【解析】《行政复议法》规定，有下列情形之一的，公民、法人或其他组织可以申请行政复议：（1）对行政机关作出的行政处罚决定不服；（2）对行政机关作出的行政强制措施、行政强制执行决定不服；（3）申请行政许可，行政机关拒绝或者在法定期限内不予答复，或者对行政机关作出的有关行政许

可的其他决定不服；（4）对行政机关作出的确认自然资源的所有权或者使用权的决定不服；（5）对行政机关作出的征收、征用决定及其补偿决定不服；（6）对行政机关作出的赔偿决定或者不予赔偿决定不服；（7）对行政机关作出的不予受理工伤认定申请的决定或者工伤认定结论不服；（8）认为行政机关侵犯其经营自主权或者农村土地承包经营权、农村土地经营权；（9）认为行政机关滥用行政权力排除或者限制竞争；（10）认为行政机关违法集资、摊派费用或者违法要求履行其他义务；（11）申请行政机关履行保护人身权利、财产权利、受教育权利等合法权益的法定职责，行政机关拒绝履行、未依法履行或者不予答复；（12）申请行政机关依法给付抚恤金、社会保险待遇或者最低生活保障等社会保障，行政机关没有依法给付；（13）认为行政机关不依法订立、不依法履行、未按照约定履行或者违法变更、解除政府特许经营协议、土地房屋征收补偿协议等行政协议；（14）认为行政机关在政府信息公开工作中侵犯其合法权益；（15）认为行政机关的其他行政行为侵犯其合法权益。因此，选项A、B、C、D均正确。

19.【答案】ABC

【解析】行政复议参加人包括申请人、被申请人和第三人。选项A、B、C正确。

20.【答案】BCD

【解析】制定行政法规、规章是立法行为，不由法院监督，因此不能对行政法规、规章提起行政诉讼。法院可以应请求对行政行为所依据的国务院部门和地方人民政府及其部门制定的规范性文件（不含规章）进行审查，经审查认为不合法的，可以通过司法建议形式，建议制定机关修改或者废止。

三、判断题

1.【答案】×

【解析】法律体系以一国的现行法为限，而法学体系包含对全部法律现象的理论、历史、比较分析等内容的研究。法律体系是法学体系形成、建立的前提和基础。

2.【答案】×

【解析】根据《民法典》的规定：无行为能力人，即不满8周岁的未成年人和不能辨认自己行为的成年人，实施的法律行为无效；限制民事行为能力人，即8周岁以上的未成年人和不能完全辨认自己行为的成年人，只能独立实施纯获利益的法律行为以及与其年龄、智力或精神健康状况相适应的法律行为，其他法律行为应由其法定代理人代理，或征得其法定代理人同意而实施；完全民事行为能力人，即18周岁以上的成年人和16周岁以上不满18周岁但以自己的劳动收入为主要生活来源的未成年人，可以独立地实施法律行为。

3.【答案】√

【解析】《民法典》规定："行为人与相对人以虚假的意思表示实施的民事法律行为无效。"此类行为在现实生活中大量存在，如债权人为避免财产被强制执行，虚假地将房子卖给自己的朋友。通谋虚假表示实施的法律行为之所以无效，主要是因为对于双方当事人而言，均无真实的意思表示。

4.【答案】×

【解析】《民法典》规定："当事人自民事法律行为发生之日起五年内没有行使撤销权的，撤销权消灭。"

5.【答案】×

【解析】代理是代理人在代理权限内，以被代理人的名义与第三人实施法律行为，由此产生的法律后果直接由被代理人承担的一种法律制度。

6.【答案】√

【解析】行为人没有代理权、超越代理权或者代理权终止后，仍然实施代理行为，相对人有理由相信行为人有代理权的，代理行为有效。

7.【答案】√

【解析】适用简易程序审理的民事案件，由审判员独任审判。

8.【答案】×

【解析】本题考核的是诉讼时效。根据规定，时效届满后，当事人自愿履行义务的，不受诉讼时效限制。义务人履行了义务后，又以超过诉讼时效为由反悔的，法院不予支持。

9.【答案】×

【解析】债务人通过一定的方式向债权人作出愿意履行义务的意思表示，才导致诉讼时效中断。

10.【答案】×

【解析】本题考核诉讼时效期间的中止。根据我国法律规定，在诉讼时效期间的最后6个月内，因不可抗力或者其他障碍不能行使请求权的，诉讼时效期间中止。也就是说，法定事由发生于或存续至诉讼时效期间的最后6个月内，诉讼时效方可中止，如果在诉讼时效期间的最后6个月前发生上述法定事由，到最后6个月开始时法定事由已消除的，则不能发生诉讼时效期间中止，但如果该法定事由到最后6个月开始时仍然继续存在，则应自最后6个月开始时中止诉讼时效期间，直到该障碍消除。本题题干表明该诉讼时效期间为1年，则诉讼时效期间自2022年2月5日始至2023年2月5日止，诉讼时效期间的最后6个月应从2022年8月5日起算。此时，法定事由并未消除，诉讼时效期间中止。2022年9月5日，丁某成为张某的监护人，法定事由消除，诉讼时效期间中止1个月，自中止时效的原因消除之日起满6个月，诉讼时效届满，即2023年3月5日。

11.【答案】×

【解析】当事人对已经发生法律效力的判决、裁定，认为有错误的，可以向原审人民法院或上一级人民法院申请再审，但不停止判决、裁定的执行。

12.【答案】√

【解析】考核诉讼再审程序。最高人民法院对各级人民法院已经发生法律效力的判决和裁定，上级人民法院对下级人民法院已经发生法律效力的判决和裁定，如果发现确有错误，有权提审或者指令下级人民法院再审。

13.【答案】×

【解析】诉讼时效中止的法定事由发生之后，以前经过的时效期间仍然有效，待法定事由消失后，时效继续进行。

14.【答案】×

【解析】公民、法人或者其他组织认为具体行政行为侵犯其合法权益的，可以自知道该具体行政行为之日起60日内提出行政复议申请。

15.【答案】×

【解析】行政复议机关责令被申请人重新作出具体行政行为的，被申请人不得以同一事实和理由作出与原具体行政行为相同或者基本相同的具体行政行为。

16.【答案】×

【解析】经复议的案件，复议机关决定维持原行政行为的，作出原行政行为的行政机关和复议机关是共同被告；复议机关改变原行政行为的，复议机关是被告。

17.【答案】√

【解析】公民认为行政机关侵犯其经营自主权或者农村土地承包经营权、农村土地经营权的，可以提起行政诉讼。

18.【答案】×

【解析】经行政复议的行政诉讼案件，既可以由行政复议机关所在地人民法院管辖，也可以由最初作出行政行为的行政机关所在地人民法院管辖。

19.【答案】√

【解析】行政诉讼的被告对作出的行政行为负有举证责任。

20.【答案】×

【解析】对限制人身自由的行政强制措施不服提起的诉讼，由被告所在地或者原告所在地人民法院管辖。

第二章 公司法律制度

考情分析

本章为历年考试的重点章节，考生需要重点掌握。本章节内容在单选题、多选题、判断题和简答题中均有可能出现，且易与合伙企业法律制度、物权法律制度、金融法律制度、合同法律制度等章节内容结合出综合题，考试的分值预计在 15～20 分。

教材变化

2024 年本章教材依新修订的《公司法》进行了大幅修改。主要变动有：第一，修改了有限责任公司设立的条件、组织机构、股东转让股权的内容。第二，删除了一人有限责任公司的特别规定。第三，修改了国家出资公司组织机构的特别规定的内容。第四，修改了股份有限公司的设立、组织机构、上市公司组织机构的特别规定的内容。第五，修改了公司董事、监事、高级管理人员的义务的内容。第六，修改了公司股票和公司债券的内容。第七，修改了公司财务、会计中的利润分配和公积金的内容。第八，修改了公司合并、分立、增资、减资的内容。第九，修改了公司解散和清算的内容，增加了简易程序注销的内容。

考点提示

本章易混淆知识点多，需要对比、区别记忆的内容较多。请考生重点掌握公司法人财产制度、有限责任公司、股份有限公司，以及公司董监高的全部内容。

本章考点框架

公司法律制度

- 公司法律制度概述
  - 公司的概念和种类
  - 公司法人财产权
- 公司的登记管理
- 有限责任公司
  - 有限责任公司设立的条件
  - 有限责任公司设立的程序
  - 有限责任公司的股东会
  - 有限责任公司的董事会、经理
  - 有限责任公司的监事会
  - 公司决议瑕疵的法律后果
  - 有限责任公司的股东权与股权转让
  - 国家出资公司组织机构的特别规定
- 股份有限公司
  - 股份有限公司的设立
  - 股份有限公司的股东会
  - 股份有限公司的董事会、经理
  - 股份有限公司的监事会
  - 上市公司组织机构的特别规定
- 公司董事、监事、高级管理人员的资格和义务
  - 公司董事、监事、高级管理人员的资格
  - 公司董事、监事、高级管理人员的义务
  - 股东诉讼
- 公司股票和公司债券
  - 股份发行
  - 公司债券
- 公司财务、会计
  - 财务会计报告
  - 公司利润分配的顺序
  - 公积金
- 公司合并、分立、增资、减资
  - 公司合并、分立
  - 公司注册资本的增加和减少
- 公司解散和清算
  - 公司解散
  - 公司清算

考点解读及例题点津

第一单元　公司法律制度概述

1 公司的概念和种类

一、考点解读

（一）公司的概念

公司一般是指依法成立，以取得利润并分配给股东等出资人为目的的营利法人。

其特征为：

（1）**依法**设立。

（2）以**营利**为目的。

（3）以**股东投资**为基础设立。

（4）具有**独立法人**资格。

（二）公司的种类

（1）以公司资本结构和股东对公司债务承担责任的方式为标准，可以将公司分为四类：有限责任公司、股份有限公司、无限公司、两合公司。

其中，我国《公司法》规定的公司形式仅有以下两类：

①有限责任公司：股东以其**认缴**的**出资额为限**对公司承担责任，公司以其全部财产对公司的债务承担责任的公司。

②股份有限公司：将公司全部资本分为**等额股份**，股东以其**认购**的**股份**为限对公司承担责任，公司以其全部财产对公司的债务承担责任的公司。

（2）以公司的信用基础为标准分类。

①资合公司，是指以公司资本作为信用基础的公司，其典型形式为股份有限公司。

②人合公司，是指以股东个人的财力、能力和信誉作为信用基础的公司，其典型形式为无限公司。

③资合兼人合的公司，是指同时以公司资本和股东个人信用作为公司信用基础的公司，其典

型形式为两合公司。

（3）以公司组织关系为标准分类。

①母公司和子公司。母公司与子公司基于股权而存在控制与依附的关系，它们都具有法人资格，在法律上是彼此独立的企业。

②总公司与分公司。分公司是公司依法设立的以公司名义进行经营活动，其法律后果由公司承担的分支机构。

提示 子公司具有**法人资格**，依法独立承担民事责任。分公司没有独立的**公司名称**、**章程**，**没有独立的财产**，**不具有**法人资格，但**可领取**营业执照，进行经营活动，其**民事责任**由**总公司承担**。

（4）以公司除受《公司法》调整外是否还受其他特别法调整为标准，可将公司分为一般法上的公司和特别法上的公司。

（5）以公司的股票是否上市流通为标准，可将公司分为上市公司和非上市公司。

（6）以公司的国籍为标准，可将公司分为本国公司和外国公司。

二、例题点津

【例题1·单选题】 甲是乙公司依法设立的分公司。下列表述中，符合公司法律制度规定的是（　　）。

A. 甲应有自己的营业执照，并独立承担民事责任

B. 甲应有独立的法人资格，并独立承担民事责任

C. 甲应有自己的营业执照，可以没有独立的财产，但独立承担民事责任

D. 甲应有自己的营业执照，但不独立承担民事责任

【答案】 D

【解析】本题考查分公司。分公司只是总公司管理的一个分支机构，不具备法人资格，但可以依法独立从事生产经营活动，其民事责任由总公司承担。

【例题2·判断题】子公司不具有法人资格，其民事责任由母公司承担。（　　）

【答案】×

【解析】子公司具有法人资格，依法独立承担民事责任。

2 公司法人财产权

一、考点解读

公司作为企业法人享有法人财产权。法人财产权是指公司拥有由股东投资形成的法人财产，并依法对该财产行使占有、使用、收益、处分的权利。同时，公司行使法人财产权有如下限制性规定：

（一）公司向其他企业投资或者为他人提供担保的限制

公司向其他企业投资或者为他人提供担保，按照公司章程的规定，由董事会或者股东会决议；公司章程对投资或者担保的总额及单项投资或者担保的数额有限额规定的，不得超过规定的限额。

（二）公司为公司股东或者实际控制人提供担保的限制

公司为公司股东或者实际控制人提供担保的，应当经股东会决议。接受担保的股东或者受接受担保的实际控制人支配的股东，不得参加前述规定事项的表决。该项表决由出席会议的其他股东所持表决权的过半数通过。

（三）公司原则上不得成为承担连带责任的出资人

公司可以向其他企业投资；法律规定公司不得成为对所投资企业的债务承担连带责任的出资人的，从其规定。

二、例题点津

【例题·单选题】王某是甲公司的实际控制人，因向银行借款请求甲公司为其提供担保，有关甲公司为王某提供担保的下列说法中，正确的是（　　）。

A. 甲公司不得为王某提供担保，因为法律禁止公司为其股东提供担保

B. 甲公司能否为王某提供担保取决于公司章程的规定

C. 甲公司为王某提供担保应当经股东会决议，王某不得参加表决，该项决议由除王某以外的股东所持表决权的2/3以上通过

D. 甲公司为王某提供担保应当经股东会决议，王某不得参加表决，该项决议由除王某以外的股东所持表决权的过半数通过

【答案】D

【解析】法律并不禁止公司为股东或者实际控制人提供担保，且公司章程对此类担保事项的决议并无另行规定的权限，选项A、B错误。公司为公司股东或者实际控制人提供担保的，应当经股东会决议。接受担保的股东或者受接受担保的实际控制人支配的股东，不得参加前述规定事项的表决。该项表决由出席会议的其他股东所持表决权的过半数通过，选项C错误，选项D正确。

第二单元　公司的登记管理

一、考点解读

（一）登记管辖

公司登记是国家赋予公司法人资格与企业经营资格，并对公司的设立、变更、歇业、注销加

以规范、公示的法律行为。

市场监督管理机关是我国的公司登记机关。国务院市场监督管理部门主管全国市场主体登记管理工作。县级以上地方人民政府市场监督管理部门主管本辖区市场主体登记管理工作，加强统

筹指导和监督管理。

（二）登记事项

公司的一般登记事项包括：

1. 公司名称

公司只能登记一个名称，经登记的公司名称受法律保护。有限责任公司必须在公司名称中标明"有限责任公司"或者"有限公司"字样；股份有限公司必须在公司名称中标明"股份有限公司"或者"股份公司"的字样。

2. 公司主体类型

公司登记的类型包括有限责任公司和股份有限公司。

3. 公司经营范围

经营范围由公司章程规定，并应依法登记。公司可以修改公司章程，变更经营范围，但是应当办理变更登记。公司的经营范围中属于法律、行政法规规定须经批准的项目，应当依法经过批准。

4. 公司住所

公司住所是公司进行经营活动的场所，同时也是发生纠纷时确定诉讼管辖及行政管辖的依据，是向公司送达文件的法定地址。公司的住所是公司主要办事机构所在地。经公司登记机关登记的公司的住所只能有一个。

5. 公司注册资本

除法律、行政法规或者国务院决定另有规定外，公司的注册资本实行认缴登记制，以人民币表示。有限责任公司的注册资本为在公司登记机关登记的全体股东认缴的出资额。股份有限公司的注册资本为在公司登记机关登记的已发行股份的股本总额。

6. 公司法定代表人的姓名

根据《公司法》的规定，公司的法定代表人按照公司章程的规定，由代表公司执行公司事务的董事或者经理担任，并依法登记。公司法定代表人变更的，应当办理变更登记。

有下列情形之一的，不得担任公司的法定代表人：无民事行为能力或者限制民事行为能力；因贪污、贿赂、侵占财产、挪用财产或者破坏社会主义市场经济秩序被判处刑罚，执行期满未逾5年，或者因犯罪被剥夺政治权利，执行期满未逾5年，被宣告缓刑的，自缓刑考验期满之日起未逾2年；担任破产清算的公司、企业的董事或者厂长、经理，对该公司、企业的破产负有个人责任的，自该公司、企业破产清算完结之日起未逾3年；担任因违法被吊销营业执照、责令关闭的公司、企业的法定代表人，并负有个人责任的，自该公司、企业被吊销营业执照、责令关闭之日起未逾3年；个人因所负数额较大债务到期未清偿被人民法院列为失信被执行人；法律、行政法规规定的其他情形。

7. 有限责任公司股东、股份有限公司发起人的姓名或者名称

公司发起人是指创办公司的投资人，发起人在公司成立后转变为公司的股东。公司的股东可以是自然人或法人，也可以是非法人组织。

8. 法律、行政法规规定的其他事项

（三）备案事项

公司的下列事项应当向登记机关办理备案：章程；经营期限；有限责任公司股东或者股份有限公司发起人认缴的出资数额；公司董事、监事、高级管理人员；公司登记联络员；公司受益所有人相关信息；法律、行政法规规定的其他事项。

（四）登记规范

1. 设立登记

申请人申请公司设立登记，登记机关依法予以登记的，签发营业执照。营业执照签发日期为公司的成立日期。

营业执照分为正本和副本，具有同等法律效力。电子营业执照与纸质营业执照具有同等法律效力。

公司设立分支机构，应当向分支机构所在地的登记机关申请登记。

2. 变更登记

公司变更登记事项，应当自作出变更决议、决定或者法定变更事项发生之日起30日内向登记机关申请变更登记。公司变更登记事项属于依法须经批准的，申请人应当在批准文件有效期内向登记机关申请变更登记。

公司申请变更登记，应当向公司登记机关提交公司法定代表人签署的变更登记申请书、依法

作出的变更决议或者决定等文件。公司变更登记事项涉及修改公司章程的，应当提交修改后的公司章程。

公司的法定代表人在任职期间发生不得担任公司的法定代表人情形的，应当向登记机关申请变更登记。公司变更法定代表人的，变更登记申请书由**变更后的法定代表人**签署。

公司变更经营范围，属于依法须经批准的项目的，应当自批准之日起**30 日**内申请变更登记。

公司变更备案事项的，应当自作出变更决议、决定或者法定变更事项发生之日起**30 日**内向登记机关办理备案。

公司登记事项未经登记或者未经变更登记，**不得对抗善意相对人**。

3. 公司歇业

因自然灾害、事故灾难、公共卫生事件、社会安全事件等原因造成经营困难的，公司可以自主决定在一定时期内歇业。法律、行政法规另有规定的除外。

公司应当在歇业前向登记机关办理备案。

公司歇业的期限最长不得超过 3 年。公司在歇业期间开展经营活动的，视为恢复营业，公司应当通过国家企业信用信息公示系统向社会公示。

4. 注销登记

公司因解散、被宣告破产或者其他法定事由需要终止的，应当依法向登记机关申请注销登记。经登记机关注销登记，公司终止。公司注销依法须经批准的，应当经批准后向登记机关申请注销登记。

公司注销登记前依法应当清算的，清算组应当自成立之日起**10 日**内将清算组成员、清算组负责人名单通过国家企业信用信息公示系统公告。清算组可以通过国家企业信用信息公示系统发布债权人公告。清算组应当自清算结束之日起**30 日**内向登记机关申请注销登记。市场主体申请注销登记前，应当依法办理分支机构注销登记。

公司未发生债权债务或者已将债权债务清偿完结，未发生或者已结清清偿费用、职工工资、社会保险费用、法定补偿金、应缴纳税款（滞纳金、罚款），并由全体投资人书面承诺对上述

情况的真实性承担法律责任的，可以按照简易程序办理注销登记。

人民法院裁定强制清算或者裁定宣告破产的，有关清算组、破产管理人可以持人民法院终结强制清算程序的裁定或者终结破产程序的裁定，直接向登记机关申请办理注销登记。

（五）监督管理

公司应当按照国家有关规定**公示年度报告和登记相关信息**。公司应当按照规定通过国家企业信用信息公示系统公示下列事项：有限责任公司股东认缴和实缴的出资额、出资方式和出资日期，股份有限公司发起人认购的股份数；有限责任公司股东、股份有限公司发起人的股权、股份变更信息；行政许可取得、变更、注销等信息；法律、行政法规规定的其他信息。公司应当确保上述公示信息真实、准确、完整。

登记机关应当根据公司的信用风险状况实施分级分类监管。登记机关应当优化公司登记办理流程，提高公司登记效率，加强信息化建设，推行网上办理等便捷方式，提升公司登记便利化水平。

二、例题点津

【例题 1·多选题】下列人员中，不得担任公司法定代表人的有（　　）。

A. 赵某，刚过完 12 周岁生日

B. 钱某，因贪污被判处刑罚，执行期已满 6 年

C. 孙某，个人所负数额较大的债务到期未清偿被人民法院列为失信被执行人

D. 李某，担任破产清算的公司的董事，对该公司的破产无个人责任

【答案】AC

【解析】有下列情形之一的，不得担任公司的法定代表人：无民事行为能力或者限制民事行为能力（选项 A）；因贪污、贿赂、侵占财产、挪用财产或者破坏社会主义市场经济秩序被判处刑罚，执行期满未逾 5 年（选项 B），或者因犯罪被剥夺政治权利，执行期满未逾 5 年，被宣告缓刑的，自缓刑考验期满之日起未逾 2 年；担任破产清算的公司、企业的董事或者厂长、经理，

对该公司、企业的破产负有个人责任的，自该公司、企业破产清算完结之日起未逾3年（选项D）；担任因违法被吊销营业执照、责令关闭的公司、企业的法定代表人，并负有个人责任的，自该公司、企业被吊销营业执照、责令关闭之日起未逾3年；个人因所负数额较大债务到期未清偿被人民法院列为失信被执行人（选项C）；法律、行政法规规定的其他情形。

【例题2·多选题】根据公司法律制度的规定，下列关于公司变更登记的说法中，正确的有（　　）。

A. 公司登记事项未经变更登记，不得对抗善意相对人

B. 公司变更法定代表人的，变更登记申请书由变更前的法定代表人签署

C. 公司变更登记事项，应当自作出变更决议、决定或者法定变更事项发生之日起20日内向登记机关申请变更登记

D. 公司变更登记事项涉及修改公司章程的，应当提交修改后的公司章程

【答案】AD

【解析】公司变更法定代表人的，变更登记申请书由变更后的法定代表人签署。选项B错误。公司变更登记事项，应当自作出变更决议、决定或者法定变更事项发生之日起30日内向登记机关申请变更登记，选项C错误。

第三单元　有限责任公司

1 有限责任公司设立的条件

一、考点解读

条件		具体内容
股东符合法定人数		有限责任公司由 **1 个以上 50 个** 以下股东出资设立。 股东既可以是自然人，也可以是法人或者非法人主体
有符合公司章程规定的全体股东认缴的出资额	注册资本	（1）有限责任公司的注册资本为在公司登记机关登记的**全体股东认缴**的出资额。 （2）全体股东认缴的出资额由股东按照公司章程的规定**自公司成立之日**起 **5 年内**缴足。 （3）法律、行政法规以及国务院决定对有限责任公司注册资本实缴、注册资本最低限额、股东出资期限另有规定的，从其规定
	股东出资方式	（1）可以出资的财产：股东可以用货币出资，也可以用实物、知识产权、土地使用权、股权、债权等可以用货币估价并可以依法转让的非货币财产作价出资；但是，法律、行政法规规定不得作为出资的财产除外。 （2）不得出资的财产：**土地所有权、非法的财产（如毒品）、劳务、信用、自然人姓名、商誉、特许经营权、设定担保的财产**。 （3）出资人以**非货币财产**出资，未依法评估作价，公司、其他股东或者公司债权人请求认定出资人未履行出资义务的，人民法院应当委托具有合法资格的评估机构对该财产评估作价。评估确定的价额显著低于公司章程所定价额的，人民法院应当认定出资人未依法全面履行出资义务。出资人以符合法定条件的非货币财产出资后，因市场变化或者其他客观因素导致出资财产贬值，公司、其他股东或者公司债权人请求该出资人承担补足责任的，人民法院不予支持，但是，当事人另有约定的除外。 （4）出资人以**划拨土地使用权**出资，或者以设定权利负担的土地使用权出资，公司、其他股东或者公司债权人主张认定出资人未履行出资义务的，人民法院应当责令当事人在指定的合理期间内办理土地变更手续或者解除权利负担；逾期未办理或者未解除的，人民法院应当认定出资人未依法全面履行出资义务。

续表

条件		具体内容
有符合公司章程规定的全体股东认缴的出资额	股东出资方式	(5) 出资人以**房屋、土地使用权或者需要办理权属登记的知识产权**等财产出资，已经交付公司使用但未办理权属变更手续，公司、其他股东或者公司债权人主张认定出资人未履行出资义务的，人民法院应当责令当事人在指定的合理期间内办理权属变更手续；在前述期间内办理了权属变更手续的，人民法院应当认定其已经履行了出资义务；出资人主张自其实际交付财产给公司使用时享有相应股东权利的，人民法院应予支持。出资人已经就前述财产出资，办理权属变更手续但未交付给公司使用，公司或者其他股东主张其向公司交付，并在实际交付之前不享有相应股东权利的，人民法院应予支持
股东共同制定公司章程		(1) 设立有限责任公司必须由股东共同依法制定公司章程。股东应当在公司章程上签名或者盖章。公司章程对公司、股东、董事、监事、高级管理人员具有约束力。 (2) 有限责任公司章程应当载明下列事项：①公司名称和住所；②公司经营范围；③公司注册资本；④股东的姓名或者名称；⑤股东的出资额、出资方式和出资日期；⑥公司的机构及其产生办法、职权、议事规则；⑦公司法定代表人的产生、变更办法；⑧股东会认为需要规定的其他事项
有公司名称，建立符合有限责任公司要求的组织机构		(1) 公司的名称是公司的标志。公司确立自己的名称时，必须符合法律、法规的规定。 (2) 公司应当设立符合有限责任公司要求的组织机构，即股东会、董事会或者董事、监事会或者监事、董事会审计委员会等
有公司住所		公司以其**主要办事机构所在地**为住所

二、例题点津

【例题1·单选题】甲、乙两公司与郑某、张某欲共同设立一个有限责任公司，并在拟订公司章程时约定了各自的出资方式。下列有关各股东的部分出资方式中，正确的是（   ）。

A. 甲公司以其获得的某知名品牌特许经营权评估作价20万元出资

B. 乙公司以其企业商誉评估作价30万元出资

C. 郑某以其享有的某项专利权评估作价40万元出资

D. 张某以其设定了抵押权的某房产作价50万元出资

【答案】C

【解析】本题考查股东出资方式。股东可以用货币出资，也可以用实物、知识产权、土地使用权、股权、债权等可以用货币估价并可以依法转让的非货币财产作价出资；但是，法律、行政法规规定不得作为出资的财产除外。土地所有权、非法的财产（如毒品）不能出资；劳务、信用、自然人姓名、商誉、特许经营权或者设定担保的财产等，股东不得作价出资。

【例题2·单选题】根据公司法律制度的规定，下列关于有限责任公司设立条件的说法中，正确的是（   ）。

A. 有限责任公司由50个以下股东出资设立

B. 全体股东认缴的出资额由股东按照公司章程的规定自公司成立之日起10年内缴足

C. 公司章程对公司、股东、董事、监事、高级管理人员具有约束力

D. 可以设立没有住所的公司

【答案】C

【解析】有限责任公司由1个以上50个以下股东出资设立，选项A错误。有限责任公司的注册资本为在公司登记机关登记的全体股东认缴的出资额。全体股东认缴的出资额由股东按照公司章程的规定自公司成立之日起5年内缴足，选项B错误。设立公司必须有住所。没有住所的公司，不得设立，选项D错误。

【例题3·多选题】根据公司法律制度的规定，下列各项中，属于有限责任公司的公司章程应当载明的事项有（   ）。

A. 股东的出资额、出资方式和出资日期

B. 公司法定代表人的产生、变更办法

C. 公司经营范围

D. 公司注册资本

【答案】ABCD

【解析】根据《公司法》的规定，有限责任公司章程应当载明下列事项：（1）公司名称和住所；（2）公司经营范围；（3）公司注册资本；（4）股东的姓名或者名称；（5）股东的出资额、出资方式和出资日期；（6）公司的机构及其产生办法、职权、议事规则；（7）公司法定代表人的产生、变更办法；（8）股东会认为需要规定的其他事项。

2　有限责任公司设立的程序

一、考点解读

（一）设立时的股东发起

有限责任公司只能采用**发起设立**。设立时的股东有数人时，应签订设立协议或作成发起人会议决议。协议或决议是明确设立时的股东各自在公司设立过程中权利义务的书面文件。

有限责任公司设立时的股东**为设立公司**从事的民事活动，其法律后果由**公司**承受。公司未成立的，其法律后果由**公司设立时的股东**承受；设立时的股东为 2 人以上的，享有**连带**债权，承担连带债务。设立时的股东为设立公司以自己的名义从事民事活动产生的民事责任，第三人有权选择请求公司或者公司设立时的股东承担。设立时的股东因履行公司设立职责造成他人损害的，公司或者无过错的股东承担赔偿责任后，可以向有过错的股东追偿。

（二）制定公司章程

公司章程是公司最基本的法律文件。它是公司组织处理内外关系和经营活动的基本规则。公司章程记载事项依是否具有法律强制性规定可分为：绝对必要记载事项、相对必要记载事项和任意记载事项。

提示 如果章程中关于绝对必要记载事项的规定违法，将导致整个章程无效，从而导致公司不能成立。

（三）必要的行政审批

法律、行政法规规定设立公司必须报经批准的，应当在公司登记前依法办理批准手续。

（四）股东缴纳出资

规定	具体内容
一般规定	（1）股东应当**按期足额缴纳**公司章程中规定的各自所认缴的出资额。股东以货币出资的，应当将货币出资足额存入有限责任公司在银行开设的账户；以非货币财产出资的，应当依法办理其财产权的转移手续（过户手续）。 （2）股东不按照规定缴纳出资的，该股东应当向公司足额缴纳，还应当对给公司造成的损失承担**赔偿责任**。该赔偿责任除出资部分外，还包括**未出资的利息**。 （3）公司不能清偿到期债务的，公司或者已到期债权的债权人有权要求已认缴出资但未届出资期限的股东提前缴纳出资
股东未实际缴纳出资或者实际出资的非货币财产的实际价额显著低于所认缴的出资额的规定	（1）有限责任公司成立时，股东未按照公司章程规定实际缴纳出资，或者实际出资的非货币财产的实际价额显著低于所认缴的出资额的，设立时的其他股东与该股东在**出资不足的范围内承担连带责任**。 （2）股东在公司设立时未履行或者未全面履行出资义务，发起人与被告股东承担连带责任；公司的发起人承担责任后，可以向被告股东**追偿**。 （3）有限责任公司成立后，董事会应当对股东的出资情况进行核查，发现股东未按期足额缴纳公司章程规定的出资的，应当由公司向该股东发出书面催缴书，催缴出资。未及时履行上述义务，给公司造成损失的，负有责任的董事应当承担赔偿责任。股东未按照公司章程规定的出资日期缴纳出资，公司依照前述规定发出书面催缴书催缴出资的，可以载明缴纳出资的宽限期；宽限期自公司发出催缴书之日起，不得少于**60 日**。宽限期届满，股东仍未履行出资义务的，公司经董事会决议可以向该股东发出失权通知，通知应当以书面形式发出。自通知发出之日起，该股东丧失其未缴纳出资的股权。依照前述规定丧失的股权应当依法转让，或者相应减少注册资本并注销该股权；**6 个月内**未转让或者注销的，由公司其他股东按照其出资比例足额缴纳相应出资。股东对失权有异议的，应当自接到失权通知之**日起 30 日内**，向人民法院提起诉讼

续表

规定	具体内容
股东**转让已认缴出资但未届出资期限**的股权的规定	（1）股东转让已认缴出资但未届出资期限的股权的，由**受让人承担缴纳该出资**的义务；受让人未按期足额缴纳出资的，转让人对受让人未按期缴纳的出资承担**补充责任**。 （2）未按照公司章程规定的出资日期缴纳出资或者作为出资的非货币财产的实际价额显著低于所认缴的出资额的股东转让股权的，转让人与受让人在出资不足的范围内承担**连带责任**；受让人不知道且不应当知道存在前述情形的，由转让人承担责任
股东**未履行或未全面履行出资义务**即转让股权的规定	有限责任公司的股东未履行或者未全面履行出资义务即转让股权，受让人对此知道或者应当知道，公司可以请求该股东履行出资义务、受让人对此承担**连带责任**
以**违法犯罪所得货币出资**的规定	以贪污、受贿、侵占、挪用等违法犯罪所得的货币出资后取得股权的，对违法犯罪行为予以追究、处罚时，应当采取**拍卖或者变卖**的方式处置其股权
抽逃出资的规定	（1）有限责任公司成立后，股东抽逃出资的，应当**返还抽逃**的出资；给公司造成损失的，负有责任的董事、监事、高级管理人员应当与该股东承担**连带赔偿责任**。公司的发起人、股东在公司成立后，抽逃其出资的，由公司登记机关责令改正，处以所抽逃出资金额5%以上15%以下的罚款；对直接负责的主管人员和其他直接责任人员处以3万元以上30万元以下的罚款。 （2）公司成立后，公司、股东或者公司债权人以相关股东的行为符合下列情形之一且损害公司权益为由，请求认定该股东抽逃出资的，人民法院应予支持：①制作虚假财务会计报表虚增利润进行分配；②通过虚构债权债务关系将其出资转出；③利用关联交易将出资转出；④其他未经法定程序将出资抽回的行为。 （3）股东抽逃出资，公司或者其他股东可以请求其向公司返还出资本息，协助抽逃出资的其他股东、董事、高级管理人员或者实际控制人对此承担连带责任。公司债权人可以请求抽逃出资的股东在抽逃出资本息范围内对公司债务不能清偿的部分承担补充赔偿责任、协助抽逃出资的其他股东、董事、高级管理人员或者实际控制人对此承担连带责任；抽逃出资的股东已经承担前述责任，其他债权人提出相同请求的，人民法院不予支持
股东**未履行或未全面履行出资义务或抽逃出资的权利限制**的规定	股东未履行或者未全面履行出资义务或者抽逃出资，公司根据公司章程或者股东会决议对其**利润分配请求权、新股优先认购权、剩余财产分配请求权**等股东权利作出相应的**合理限制**，该股东请求认定该限制无效的，人民法院不予支持。 有限责任公司的股东未履行出资义务或者抽逃全部出资，经公司催告缴纳或者返还，其在合理期间内仍未缴纳或者返还出资，公司以股东会决议解除该股东的股东资格，该股东请求确认该解除行为无效的，人民法院不予支持
股东**未履行或未全面履行出资义务或抽逃出资的诉讼时效抗辩**的规定	公司股东未履行或者未全面履行出资义务或者抽逃出资，公司或者其他股东请求其向公司全面履行出资义务或者返还出资，被告股东以诉讼时效为由进行抗辩的，人民法院不予支持。公司债权人的债权未过诉讼时效期间，其依照规定请求未履行或者未全面履行出资义务或者抽逃出资的股东承担赔偿责任，被告股东以出资义务或者返还出资义务超过诉讼时效期间为由进行抗辩的，人民法院不予支持

（五）申请设立登记

股东认足公司章程规定的出资后，由全体股东指定的代表或者共同委托的代理人向公司登记机关报送公司登记申请书、公司章程等文件，申请设立登记。

（六）登记发照

公司登记机关对设立登记申请进行审查，对符合法律、法规规定条件的，予以核准登记，发给公司营业执照；对不符合法律、法规规定条件的，不予登记。公司经核准登记后，领取营业执照，公司营业执照签发日期为公司成立日期。

根据我国《公司法》的规定，有限责任公司成立后，应当向股东签发出资证明书。

有限责任公司应当置备股东名册。股东名册是公司为记载股东情况及其资本事项而设置的簿册。记载于股东名册的股东，可以依股东名册主张行使股东权利。公司应当将股东的姓名或者名称向公司登记机关登记，登记事项发生变更的，应当办理变更登记。未经登记或者变更登记的，不得对抗善意相对人。

二、例题点津

【例题1·单选题】甲、乙、丙共同投资设立大华有限责任公司（以下简称"大华公司"），大华公司成立后，丁受让丙部分股权加入大华公司；丁加入大华公司后发现，甲串通大华公司总经理戊虚构债权债务关系将出资悄悄转出。大华公司提出的下列主张中，符合规定的是（　　）。

A. 甲应当返还抽逃出资的本息，戊承担连带责任

B. 甲应当返还抽逃出资的本息，乙、丙承担连带责任

C. 甲应当返还抽逃出资的本息，乙、丙、丁承担连带责任

D. 甲应当返还抽逃出资的本息，乙、丙、丁、戊承担连带责任

【答案】A

【解析】股东抽逃出资，公司或者其他股东有权请求其向公司返还出资本息，协助抽逃出资的其他股东、董事、高级管理人员或者实际控制人对此承担连带责任；在本题中，乙、丙、丁均无协助抽逃出资的行为，无须承担连带责任。

【例题2·多选题】甲、乙、丙在设立A有限责任公司（以下简称"A公司"）的过程中，下列说法正确的有（　　）。

A. A公司只能采取发起设立的方式

B. 甲为设立A公司从事的民事活动，法律后果由A公司承受

C. 若A公司未成立，则其法律后果由甲、乙、丙承受，三人享有连带债权，承担连带债务

D. A公司设立应签订设立协议或作成发起人会议决议

【答案】ABCD

【解析】有限责任公司只能采用发起设立，设立时的股东有数人时，应签订设立协议或作成发起人会议决议，选项A、D正确。有限责任公司设立时的股东为设立公司从事的民事活动，其法律后果由公司承受，选项B正确。公司未成立的，其法律后果由公司设立时的股东承受；设立时的股东为2人以上的，享有连带债权，承担连带债务，选项C正确。

【例题3·判断题】A有限责任公司（以下简称"A公司"）成立后，董事会发现股东甲未按期足额缴纳公司章程规定的出资，A公司向股东甲发出书面催缴书催缴出资，可以在催缴书中设定自公司发出催缴书之日起30日的宽恕期。（　　）

【答案】×

【解析】根据《公司法》规定，有限责任公司成立后，董事会应当对股东的出资情况进行核查，发现股东未按期足额缴纳公司章程规定的出资的，应当由公司向该股东发出书面催缴书，催缴出资。股东未按照公司章程规定的出资日期缴纳出资，公司依照前述规定发出书面催缴书催缴出资的，可以载明缴纳出资的宽限期；宽限期自公司发出催缴书之日起，不得少于60日。

3 有限责任公司的股东会

一、考点解读

（一）股东会的职权

股东会是公司的权力机构，依法行使下列职权：（1）选举和更换董事、监事，决定有关董事、监事的报酬事项；（2）审议批准董事会的报告；（3）审议批准监事会的报告；（4）审议批准公司的利润分配方案和弥补亏损方案；（5）对公司增加或者减少注册资本作出决议；（6）对发行公司债券作出决议；（7）对公司合并、分立、解散、清算或者变更公司形式作出决议；（8）修改公司章程；（9）公司章程规定的其他职权。

股东会可以授权董事会对发行公司债券作出

决议。对前述股东会职权中所列事项股东以书面形式一致表示同意的，可以不召开股东会会议，直接作出决定，并由全体股东在决定文件上签名或者盖章。

只有一个股东的有限责任公司不设股东会。股东作出前述所列事项的决定时，应当采用书面形式，并由股东签名或者盖章后置备于公司。

（二）股东会会议的两种形式

（1）定期会议：按照公司章程的规定按时召开。

（2）临时会议：代表 **1/10** 以上表决权的股东，**1/3** 以上的董事或者监事会提议召开临时会议的，应当召开临时会议。

（三）股东会会议的召开

（1）首次会议：由 **"出资最多"** 的股东召集和主持。

（2）以后的会议：公司设立董事会的，由董事会召集，董事长主持；董事长不能履行职务或者不履行职务的，由副董事长主持；副董事长不能履行职务或者不履行职务的，由过半数的董事共同推举 1 名董事主持。公司不设董事会的，由董事召集和主持。董事会或者董事不能履行或者不履行召集股东会会议职责的，由监事会或者不设监事会的公司的监事召集和主持；监事会或者监事不召集和主持的，代表 1/10 以上表决权的股东可以自行召集和主持。召开股东会会议，应当于会议召开 15 日前通知全体股东；但是，公司章程另有规定或者全体股东另有约定的除外。股东会应当对所议事项的决定作成会议记录，出席会议的股东应当在会议记录上签名或者盖章。

（四）股东会的决议

股东会会议由股东按照出资比例行使表决权；但是，公司章程另有规定的除外。股东会作出普通决议，应当经代表过半数表决权的股东通过。股东会会议作出**修改公司章程**、**增加或者减少注册资本**的决议，以及公司**合并**、**分立**、**解散或者变更**公司形式的决议，必须**经代表 2/3 以上表决**权的股东通过。

二、例题点津

【例题 1·单选题】张某、王某、李某、赵某出资设立甲有限责任公司，出资比例分别为 5%、15%、36% 和 44%。公司章程对股东会召开及表决的事项无特别规定。下列关于甲公司股东会召开和表决的表述中，符合公司法律制度规定的是（ ）。

A. 张某、王某和李某行使表决权赞成即可通过修改公司章程的决议

B. 张某有权提议召开股东会临时会议

C. 王某和李某行使表决权赞成即可通过解散公司的决议

D. 首次股东会会议由赵某召集和主持

【答案】 D

【解析】选项 A、C，修改公司章程和解散公司都是特殊决议事项，须经代表 2/3 以上表决权的股东同意才能通过；张某、王某、李某合计持股 56%，王某和李某合计持股 51%，均未达 2/3。选项 B，张某持有的股权比例仅为 5%，未达 10%，无权提议召开股东会临时会议。选项 D，有限公司首次股东会会议由出资最多的股东召集和主持。赵某出资比例最大，所以由他召集和主持。

【例题 2·多选题】根据《公司法》的规定，下列关于有限责任公司股东会职权的说法中，正确的有（ ）。

A. 选举和更换公司董事、监事，决定有关董事、监事的报酬

B. 审议批准董事会、监事会的报告

C. 审议批准公司的利润分配方案和弥补亏损方案

D. 对公司增加或者减少注册资本作出决议

【答案】 ABCD

【解析】本题考核股东会职权。选项 A、B、C、D 均为正确表述。

4 有限责任公司的董事会、经理

一、考点解读

（一）董事会

项目	内容
董事会的组成	（1）有限责任公司设董事会，其成员为**3人以上**，其成员中**可以有公司职工代表**。职工人数**300人以上**的有限责任公司，除依法设监事会并有公司职工代表的外，其董事会成员中**应当有公司职工代表**。董事会中的职工代表由公司职工通过职工代表大会、职工大会或者其他形式民主选举产生。 （2）董事会设**董事长1人**，可以设副董事长。董事长、副董事长的产生办法由公司章程规定。董事任期由公司章程规定，但每届任期不得超过**3年**，连选可以连任。董事辞任的，应当以书面形式通知公司，公司收到通知之日辞任生效。股东会可以决议解任董事，决议作出之日解任生效。无正当理由，在任期届满前解任董事的，该董事可以要求公司予以赔偿。 （3）**股东人数较少或者规模较小的**有限责任公司，可以不设董事会，**设一名董事**，行使董事会的职权。该董事可以兼任公司经理。 （4）有限责任公司可以按照公司章程的规定在董事会中设置由董事组成的审计委员会，行使监事会的职权，不设监事会或者监事。公司董事会成员中的职工代表可以成为审计委员会成员
董事会的职权	董事会对股东会负责，行使下列职权：（1）召集股东会会议，并向股东会报告工作；（2）执行股东会的决议；（3）决定公司的经营计划和投资方案；（4）制订公司的利润分配方案和弥补亏损方案；（5）制订公司增加或者减少注册资本以及发行公司债券的方案；（6）制订公司合并、分立、解散或者变更公司形式的方案；（7）决定公司内部管理机构的设置；（8）决定聘任或者解聘公司经理及其报酬事项，并根据经理的提名决定聘任或者解聘公司副经理、财务负责人及其报酬事项；（9）制定公司的基本管理制度；（10）公司章程规定或者股东会授予的其他职权。公司章程对董事会职权的限制不得对抗善意相对人
董事会会议的召开	董事会会议由**董事长**召集和主持；董事长不能履行职务或者不履行职务的，由**副董事长**召集和主持；副董事长不能履行职务或者不履行职务的，由**过半数的董事共同推举1名**董事召集和主持
董事会的决议	（1）董事会会议应当有**过半数的董事**出席方可举行。董事会作出决议，应当经全体董事的**过半数通过**。 （2）董事会应当对所议事项的决定作成会议记录，出席会议的董事应当在会议记录上签名。董事会决议的表决，实行一人一票

（二）经理

有限责任公司可以设经理，由董事会决定聘任或者解聘。

经理对董事会负责，根据公司章程的规定或者董事会的授权行使职权。经理列席董事会会议。

提示 股东会、董事会和经理都有公司内部的决策权，其职权划分标准是层级越高的机构权限越抽象。

二、例题点津

【例题·单选题】根据公司法律制度的规定，下列各项中，有权制订公司的利润分配方案和弥补亏损方案的是（ ）。

A. 总经理　　　　B. 董事会

C. 监事会　　　　D. 股东大会

【答案】B

【解析】公司的利润分配方案和弥补亏损方案由董事会制订，股东会审议批准，选项B正确。

5 有限责任公司的监事会

一、考点解读

监事会是公司的监督机构。

（一）监事会的组成

除《公司法》另有规定外，有限责任公司设立监事会，其成员为 **3 人以上**。股东人数较少或者规模较小的有限责任公司，可以不设监事会，**设 1 名监事**；经全体股东一致同意，也可以不设监事。

监事会成员应当包括股东代表和适当比例的公司职工代表，其中，职工代表的比例**不得低于1/3**，具体比例由公司章程规定。监事会中的职工代表由公司职工通过职工代表大会、职工大会或者其他形式民主选举产生。

监事会设主席 1 人，由全体监事过半数选举产生。监事会主席召集和主持监事会会议；监事会主席不能履行职务或者不履行职务的，由**过半数**的监事共同推举 1 名监事召集和主持监事会会议。

董事、高级管理人员**不得兼任**监事。

监事的任期每届为 **3 年**。监事任期届满，连选可以连任。

（二）监事会的职权

监事会、不设监事会的公司的监事行使下列职权：（1）检查公司财务；（2）对董事、高级管理人员执行职务的行为进行监督，对违反法律、行政法规、公司章程或者股东会决议的董事、高级管理人员提出解任的建议；（3）当董事、高级管理人员的行为损害公司的利益时，要求董事、高级管理人员予以纠正；（4）提议召开临时股东会会议，在董事会不履行《公司法》规定的召集和主持股东会会议职责时召集和主持股东会会议；（5）向股东会会议提出提案；（6）依照《公司法》的规定，对董事、高级管理人员提起诉讼；（7）公司章程规定的其他职权。

监事可以列席董事会会议，并对董事会决议事项提出**质询或者建议**。

监事会可以要求董事、高级管理人员提交执行职务的报告。董事、高级管理人员应当如实向监事会提供有关情况和资料，不得妨碍监事会或者监事行使职权。

（三）监事会的决议

监事会每年度至少召开一次会议，监事可以提议召开临时监事会会议。监事会的议事方式和表决程序，除《公司法》有规定的外，由公司章程规定。

监事会决议应当经全体监事的**过半数**通过。监事会决议的表决，应当**一人一票**。监事会应当对所议事项的决定作成会议记录，出席会议的监事应当在会议记录上签名。

公司股东会、董事会、监事会召开会议和表决可以采用**电子通信**方式，公司章程另有规定的除外。

二、例题点津

【例题·单选题】 根据公司法律制度的规定，下列关于有限责任公司监事会及监事的表述中，正确的是（　　）。

A. 监事会主席由股东会选举产生

B. 公司章程可以规定监事的任期为每届 5 年

C. 高级管理人员可以兼任监事

D. 规模较小的公司可以不设监事会

【答案】 D

【解析】 有限责任公司监事会主席由全体监事过半数选举产生，选项 A 不正确；监事每届任期 3 年，每届任期届满，连选可以连任，选项 B 不正确；董事、高级管理人员不得兼任监事，选项 C 不正确。股东人数较少或者规模较小的有限责任公司，可以设 1 名监事，不设立监事会，选项 D 正确。

6 公司决议瑕疵的法律后果

一、考点解读

公司决议瑕疵是指公司决议存在无效、可撤销、不成立等情形。

决议类型	具体规定
决议无效	公司股东会、董事会的决议内容**违反法律、行政法规**的无效
决议**可撤销**	（1）公司股东会、董事会的会议召集程序、表决方式**违反法律、行政法规或者公司章程**，或者决议内容违反公司章程的，股东自决议作出之日起**60日内**，可以请求人民法院撤销。但会议召集程序或者表决方式仅有轻微瑕疵，对决议未产生实质影响的除外。 （2）股东会、董事会的会议召集程序或者表决方式违反法律、行政法规或者公司章程，或者决议内容违反公司章程的，股东自决议作出之日起60日内，可以请求人民法院撤销。 未被通知参加股东会会议的股东自知道或者应当知道股东决议作出之日起60日内，可以请求人民法院撤销；自决议作出之日起**1年内**没有行使撤销权的，撤销权消灭
决议**不成立**	有下列情形之一的，公司股东会、董事会的决议不成立： （1）**未召开**股东会、董事会会议作出决议； （2）股东会、董事会会议**未对决议事项进行表决**； （3）出席会议的人数或者所持表决权数未达到《公司法》或者公司章程规定的**人数或者所持表决权数**； （4）同意决议事项的人数或者所持表决权数未达到《公司法》或者公司章程规定的人数或者所持表决权数。 公司股东会、董事会决议被人民法院宣告无效、撤销或者确认不成立的，公司应当向公司登记机关申请撤销根据该决议已办理的登记。股东会、董事会决议被人民法院宣告无效、撤销或者确认不成立的，公司根据该决议与善意相对人形成的民事法律关系不受影响

提示 请求撤销股东会、董事会决议的原告，应当在起诉时具有公司股东资格。原告请求确认股东会、董事会决议不成立、无效或者撤销决议的案件，应当列**公司为被告**。对决议涉及的其他利害关系人，可以依法列为**第三人**。一审法庭辩论终结前，其他有原告资格的人以相同的诉讼请求申请参加前述规定诉讼的，可以列为共同原告。

二、例题点津

【例题·多选题】 根据公司法律制度的规定，A有限责任公司作出的下列决议中，不成立的有（　　）。

A. 决议内容违反行政法规

B. 决议内容违反公司章程

C. 股东会会议未对决议事项进行表决

D. 未召开董事会会议作出决议

【答案】CD

【解析】选项A属于决议无效，公司股东会、董事会的决议内容违反法律、行政法规的无效。选项B属于决议可撤销，公司股东会、董事会的会议召集程序、表决方式违反法律、行政法规或者公司章程，或者决议内容违反公司章程的，股东自决议作出之日起60日内，可以请求人民法院撤销。选项C、D属于决议不成立。

7 有限责任公司的股东权与股权转让

一、考点解读

（一）共益权和自益权

股东权	概念	内容
共益权	股东依法参加公司事务的决策和经营管理的权利，它是股东基于**公司利益**同时**兼为自己的利益**而行使的权利	包括股东会议参加权、提案权、质询权，在股东会会议的表决权、累积投票权，股东会会议召集请求权和自行召集权，了解公司事务、查阅公司账簿和其他文件的知情权，提起诉讼权等权利
自益权	自益权是指股东仅以**个人利益**为目的而行使的权利，即依法从公司取得收益、财产或处分自己股权的权利	包括股利分配请求权、剩余财产分配权、新股认购优先权、股份质押权和股份转让权等

提示 股东有权查阅、复制公司章程、股东名册、股东会会议记录、董事会会议决议、监事会会议决议和财务会计报告。股东可以要求查阅公司会计账簿、会计凭证。股东要求查阅公司会计账簿、会计凭证的，应当向公司提出书面请求，说明目的。公司有合理根据认为股东查阅会计账簿、会计凭证有不正当目的，可能损害公司合法利益的，可以拒绝提供查阅，并应当自股东提出书面请求之日起15日内书面答复股东并说明理由。公司拒绝提供查阅的，股东可以向人民法院提起诉讼。股东查阅前述材料，可以委托会计师事务所、律师事务所等中介机构进行。股东及其委托的会计师事务所、律师事务所等中介机构查阅、复制有关材料，应当遵守有关保护国家秘密、商业秘密、个人隐私、个人信息等法律、行政法规的规定。股东要求查阅、复制公司全资子公司相关材料，适用前述规定。

有限责任公司有证据证明股东存在下列情形之一的，人民法院应当认定股东有上述"不正当目的"：（1）股东自营或者为他人经营与公司主营业务有实质性竞争关系业务的，但公司章程另有规定或者全体股东另有约定的除外；（2）股东为了向他人通报有关信息查阅公司会计账簿，可能损害公司合法利益的；（3）股东在向公司提出查阅请求之日前的3年内，曾通过查阅公司会计账簿，向他人通报有关信息损害公司合法利益的；（4）股东有不正当目的的其他情形。

（二）股东滥用股东权的责任

1. 一般规定

公司股东滥用股东权利给公司或者其他股东造成损失的，应依法承担赔偿责任。

公司股东滥用公司法人独立地位和股东有限责任，逃避债务，严重损害公司债权人利益的，应当对公司债务承担连带责任。

股东利用其控制的两个以上公司实施前述行为的，各公司应当对任一公司的债务承担连带责任。

只有一个股东的公司，股东不能证明公司财产独立于股东自己的财产的，应当对公司债务承担连带责任。

2. 公司法人人格否认

公司股东滥用公司法人独立地位和股东有限责任，逃避债务，严重损害公司债权人利益的，应当对公司债务承担连带责任。

《全国法院民商事审判工作会议纪要》指出，实践中常见的可能导致法人人格否认的情形有人格混同、过度支配与控制、资本显著不足等。

项目	内容
人格混同的认定	认定公司人格与股东人格是否存在混同，最根本的判断标准是公司是否具有独立意思和独立财产，最主要的表现是公司的财产与股东的财产是否混同且无法区分。 在认定是否构成人格混同时，应当综合考虑以下因素： （1）股东无偿使用公司资金或者财产，不作财务记载的； （2）股东用公司的资金偿还股东的债务，或者将公司的资金供关联公司无偿使用，不作财务记载的； （3）公司账簿与股东账簿不分，致使公司财产与股东财产无法区分的； （4）股东自身收益与公司盈利不加区分，致使双方利益不清的； （5）公司的财产记载于股东名下，由股东占有、使用的； （6）人格混同的其他情形
过度支配与控制的认定	实践中常见的情形包括： （1）母子公司之间或者子公司之间进行利益输送的； （2）母子公司或者子公司之间进行交易，收益归一方，损失却由另一方承担的； （3）先从原公司抽走资金，然后再成立经营目的相同或者类似的公司，逃避原公司债务的； （4）先解散公司，再以原公司场所、设备、人员及相同或者相似的经营目的另设公司，逃避原公司债务的； （5）过度支配与控制的其他情形

项目	内容
资本显著不足的认定	公司设立后在经营过程中，股东实际投入公司的资本数额与公司经营所隐含的风险相比明显不匹配

3. 关联交易的规定

公司的控股股东、实际控制人、董事、监事、高级管理人员不得利用关联关系损害公司利益，违反前述规定给公司造成损失的，应当承担赔偿责任。

提示 控股股东是指其出资额占有限责任公司资本总额超过 50% 或者其持有的股份占股份有限公司股本总额 50% 以上的股东，以及出资额或者持有股份的比例虽然低于 50%，但依其出资额或者持有的股份所享有的表决权已足以对股东会的决议产生重大影响的股东。实际控制人，是指通过投资关系、协议或者其他安排，能够实际支配公司行为的人。

（三）名义股东与实际投资人

（1）实际出资人与名义股东签订的合同受《民法典》的保护。

实际出资人与名义出资人订立合同，约定由实际出资人出资并享有投资权益，以名义出资人为名义股东，实际出资人与名义股东对该合同效力发生争议的，如无《民法典》规定的合同无效或可撤销的情形，人民法院应当认定该合同有效。

当实际出资人与名义股东因投资权益的归属发生争议，实际出资人以其实际履行了出资义务为由向名义股东主张权利的，人民法院应予支持。名义股东以公司股东名册记载、公司登记机关登记为由否认实际出资人权利的，人民法院不予支持。

（2）名义股东擅自处置股份遵循善意取得制度。

名义股东将登记于其名下的股权转让、质押或者以其他方式处分，如果受让方符合善意取得的条件，受让方即可取得股权，实际出资人可以要求名义股东赔偿损失。

（3）债权人主张名义股东未尽出资义务，按股东未尽出资义务处理。

公司债权人以登记于公司登记机关的股东未履行出资义务为由，请求其对公司债务不能清偿的部分在未出资本息范围内承担补充赔偿责任，股东以其仅为名义股东而非实际出资人为由进行抗辩的，人民法院不予支持。名义股东承担赔偿责任后可以向实际出资人追偿。

（4）被冒名登记为股东的不承担任何责任，谁冒名谁担责。

冒用他人名义出资并将该他人作为股东在公司登记机关登记的，冒名登记行为人应当承担相应责任；公司、其他股东或者公司债权人以未履行出资义务为由，请求被冒名登记为股东的承担补足出资责任或者对公司债务不能清偿部分的赔偿责任的，人民法院不予支持。

提示 冒名股东不知自己被冒名，而实际投资人知道自己是实际投资人。

（四）有限责任公司股东转让股权

1. 股东之间相互转让股权

无任何限制。

2. 向股东以外的人转让股权

（1）其他股东的优先购买权：股东向股东以外的人转让股权，应当将股权转让的数量、价格、支付方式和期限等事项书面通知其他股东，其他股东在同等条件下有优先购买权。股东自接到书面通知之日起 30 日内未答复的，视为放弃优先购买权。两个以上股东行使优先购买权的，协商确定各自的购买比例；协商不成的，按照转让时各自的出资比例行使优先购买权。但是，公司章程对股权转让另有规定的，从其规定。

提示 在判断"同等条件"时，应当考虑转让股权的数量、价格、支付方式及期限等因素。股东以外的股权受让人，因股东行使优先购买权而不能实现合同目的的，可以依法请求转让股东承担相应民事责任。

（2）自然人股东死亡后，其合法继承人可以继承股东资格；但是，公司章程另有规定的除外。有限责任公司的自然人股东因继承发生变化时，其他股东主张依据《公司法》规定行使优先购买权的，人民法院不予支持，但公司章程另有规定或者全体股东另有约定的除外。

（3）股东转让股权的，应当书面通知公司，请求变更股东名册；需要办理变更登记的，并请求公司向公司登记机关办理变更登记。公司拒绝或者在合理期限内不予答复的，转让人、受让人可以依法向人民法院提起诉讼。股权转让的，受让人自记载于股东名册时起可以向公司主张行使股东权利。

3. 人民法院强制转让股东股权

（1）法院应当通知公司及全体股东；

（2）同等条件下其他股东有优先购买权；

（3）其他股东自法院通知之日起满 20 日不行使优先购买权的，视为放弃。

（五）有限责任公司股东退出公司

1. 股东退出公司的法定条件

（1）公司具备下述三种情形之一：①公司连续 5 年不向股东分配利润，而公司该 5 年连续盈利，并且符合《公司法》规定的分配利润条件；②公司合并、分立、转让主要财产；③公司章程规定的营业期限届满或者章程规定的其他解散事由出现，股东会通过决议修改章程使公司存续。

（2）该股东对股东会前述事项决议投反对票。投赞成票的股东不能以前述事项为由，要求退出公司。

（3）公司的控股股东滥用股东权利，严重损害公司利益的，其他股东有权请求公司按照合理的价格收购其股权。

2. 股东退出公司的法定程序

（1）请求公司以合理的价格收购其股权。

（2）依法向人民法院提起诉讼。自股东会会议决议作出之日起 60 日内，股东与公司不能达成股权收购协议的，股东可以自股东会会议决议作出之日起 90 日内向人民法院提起诉讼。

（3）注重调解。当事人协商一致以下列方式解决分歧，且不违反法律、行政法规的强制性规定的，人民法院应予支持：①公司回购部分股东股份；②其他股东受让部分股东股份；③他人受让部分股东股份；④公司减资；⑤公司分立；⑥其他能够解决分歧，恢复公司正常经营，避免公司解散的方式。

（4）转让或者注销股权。公司因前述情形收购的本公司股权，应当在 6 个月内依法转让或者注销。

二、例题点津

【例题 1·单选题】下列各项股东权利中，属于股东共益权的是（   ）。

A. 股利分配请求权 B. 剩余财产分配权

C. 新股认购优先权 D. 会议表决权

【答案】D

【解析】选项 A、B、C 为自益权，即股东仅以个人利益为目的而行使的权利，是依法从公司取得收益、财产或处分自己股权的权利，包括股利分配请求权、剩余财产分配权、新股认购优先权、股份质押权和股份转让权等。

【例题 2·多选题】张某、王某约定由王某代为持有张某在甲有限责任公司的股权，但投资收益由实际投资人张某享有。协议并无其他违法情形。后王某未经张某同意，将其代持的部分股权以合理价格转让给公司外的李某，李某不知道王某是名义股东。根据公司法律制度的规定，下列表述中正确的有（   ）。

A. 张某、王某之间的股权代持协议无效

B. 张某、王某之间的股权代持协议有效

C. 李某不能取得王某所转让的股权

D. 李某合法取得王某所转让的股权

【答案】BD

【解析】选项 A、B，有限责任公司的实际出资人与名义出资人订立合同，约定由实际出资人出资并享有投资权益，以名义出资人为名义股东，实际出资人与名义股东对该合同效力发生争议的，如无《民法典》规定的合同无效或可撤销的情形，人民法院应当认定该合同有效。选项 C、D，名义股东将登记于其名下的股权转让或者质押，只要受让方李某构成善意取得，交易的股权可以最终为其所有。

【例题3·多选题】根据《全国法院民商事审判工作会议纪要》的规定，下列各项中，属于认定是否构成人格混同时应当综合考虑的因素有（　　）。

A. 股东自身收益与公司盈利不加区分，致使双方利益不清的

B. 公司的财产记载于股东名下，由股东占有、使用的

C. 股东无偿使用公司资金或者财产，不作财务记载的

D. 公司账簿与股东账簿不分，致使公司财产与股东财产无法区分的

【答案】ABCD

【解析】根据《全国法院民商事审判工作会议纪要》的规定，在认定是否构成人格混同时，应当综合考虑以下因素：（1）股东无偿使用公司资金或者财产，不作财务记载的；（2）股东用公司的资金偿还股东的债务，或者将公司的资金供关联公司无偿使用，不作财务记载的；（3）公司账簿与股东账簿不分，致使公司财产与股东财产无法区分的；（4）股东自身收益与公司盈利不加区分，致使双方利益不清的；（5）公司的财产记载于股东名下，由股东占有、使用的；（6）人格混同的其他情形。

8 国家出资公司组织机构的特别规定

一、考点解读

（一）国家出资公司的概念

国家出资公司，是指国家出资的国有独资公司、国有资本控股公司，包括国家出资的有限责任公司、股份有限公司。

（二）国家出资公司组织机构的特别规定

项目	具体内容
出资人	（1）国家出资公司，由国务院或者地方人民政府分别代表国家依法履行出资人职责，享有出资人权益。 （2）国务院或者地方人民政府可以授权国有资产监督管理机构或者其他部门、机构代表本级人民政府对国家出资公司履行出资人职责（以下统称为"履行出资人职责的机构"）
中国共产党的组织	国家出资公司中中国共产党的组织，按照中国共产党章程的规定发挥领导作用，研究讨论公司重大经营管理事项，支持公司的组织机构依法行使职权
公司章程	国有独资公司章程由履行出资人职责的机构制定
股东	（1）国有独资公司不设股东会，由履行出资人职责的机构行使股东会职权。 （2）履行出资人职责的机构可以授权公司董事会行使股东会的部分职权，但公司章程的制定和修改，公司的合并、分立、解散、申请破产，增加或者减少注册资本，分配利润，应当由履行出资人职责的机构决定
董事会	（1）国有独资公司的董事会依照《公司法》规定行使职权。 （2）国有独资公司的董事会成员中，应当过半数为外部董事，并应当有公司职工代表。 （3）董事会成员由履行出资人职责的机构委派；但是，董事会成员中的职工代表由公司职工代表大会选举产生。 （4）董事会设董事长1人，可以设副董事长。董事长、副董事长由履行出资人职责的机构从董事会成员中指定
经理	（1）国有独资公司的经理由董事会聘任或者解聘。 （2）经履行出资人职责的机构同意，董事会成员可以兼任经理。 （3）国有独资公司的董事、高级管理人员，未经履行出资人职责的机构同意，不得在其他有限责任公司、股份有限公司或者其他经济组织兼职
审计委员会	国有独资公司在董事会中设置由董事组成的审计委员会行使《公司法》规定的监事会职权的，不设监事会或者监事
其他规定	国家出资公司应当依法建立健全内部监督管理和风险控制制度，加强内部合规管理

二、例题点津

【例题1·单选题】根据公司法律制度的规定，下列关于国家出资公司组织机构的表述中，不正确的是（ ）。

A. 国有独资公司不设股东会，由履行出资人职责的机构行使股东会职权

B. 国有独资公司的董事会成员中，应当过半数为外部董事，并应当有公司职工代表

C. 国有独资公司的董事、高级管理人员可以在其他有限责任公司兼职

D. 国有独资公司章程由履行出资人职责的机构制定

【答案】C

【解析】国有独资公司的董事、高级管理人员，未经履行出资人职责的机构同意，不得在其他有限责任公司、股份有限公司或者其他经济组织兼职，选项C错误。

【例题2·判断题】国有独资公司不设股东会，由履行出资人职责的机构行使股东会职权。履行出资人职责的机构可以授权公司董事会行使股东会的所有职权。（ ）

【答案】×

【解析】国有独资公司不设股东会，由履行出资人职责的机构行使股东会职权。履行出资人职责的机构可以授权公司董事会行使股东会的部分职权，但公司章程的制定和修改，公司的合并、分立、解散、申请破产，增加或者减少注册资本，分配利润，应当由履行出资人职责的机构决定。

第四单元　股份有限公司

1 股份有限公司的设立

一、考点解读

（一）股份有限公司的设立方式

（1）发起设立。由发起人认购设立公司时应发行的全部股份而设立公司。

（2）募集设立。由发起人认购设立公司时应发行股份的一部分，其余股份向特定对象募集或者向社会公开募集而设立公司。

（二）设立条件

（1）发起人符合法定人数：1~200人，半数以上的发起人在中国境内有住所。

（2）有符合公司章程规定的注册资本。

股份有限公司的注册资本为在公司登记的实收股本总额。发起人应当在公司成立前按照其认购的股份全额缴纳出资。

（3）股份发行、筹办事项符合法律规定。

（4）发起人制订公司章程，采用募集方式设立的须经成立大会通过。

（5）有公司名称，建立符合股份有限公司要求的组织机构。

（6）有公司住所。

（三）股份有限公司的设立程序

1. 发起设立方式设立股份有限公司的程序

程序	具体内容
认购股份	（1）发起人书面认足公司章程规定的公司设立时应发行的股份。 （2）有限责任公司变更为股份有限公司时，折合的实收股本总额不得高于公司净资产额。有限责任公司变更为股份有限公司，为增加注册资本公开发行股份时，应当依法办理
缴纳出资	（1）发起人以货币出资的，应当将货币出资足额存入股份有限公司在银行开设的账户；以非货币财产出资的，应当依法办理其财产权的转移手续。 （2）发起人不按照其认购的股份缴纳股款，或者作为出资的非货币财产的实际价额显著低于所认购的股份的，其他发起人与该发起人在出资不足的范围内承担连带责任

程序	具体内容
召开成立大会	以发起设立方式设立股份有限公司，成立大会的召开和表决程序由公司章程或者发起人协议规定。公司成立大会依法行使职权，选举董事、监事
申请设立登记	董事会应当授权代表，于公司成立大会结束后**30 日内**向公司登记机关申请设立登记

2. 募集设立方式设立股份有限公司的程序

程序	具体内容
发起人认购股份	（1）发起人认购的股份不得少于公司章程规定的公司设立时应发行股份总数的**35%**；但是法律、行政法规另有规定的，从其规定。 （2）在发起人认购的股份缴足前，不得向他人募集股份
向社会公开募集股份	（1）发起人向社会公开募集股份，应当公告招股说明书，并制作认股书。认股书由认股人填写认购的股份数、金额、住所，并签名或者盖章。认股人应当按照所认购股份足额缴纳股款。 （2）发起人向社会公开募集股份，应当由依法设立的证券公司承销，签订承销协议。发起人向社会公开募集股份，应当同银行签订代收股款协议。 （3）股份有限公司的认股人未按期缴纳所认股份的股款，经公司发起人催缴后在合理期间内仍未缴纳，公司发起人可以对该股份另行募集。认股人延期缴纳股款给公司造成损失，公司可以请求该认股人承担赔偿责任
召开成立大会	（1）向社会公开募集股份的股款缴足后，应当经依法设立的验资机构验资并出具证明。 （2）发起人应当在公司设立时应发行股份的股款缴足之日起**30 日内**主持召开公司成立大会，成立大会由发起人、认股人组成。发起人应当在成立大会召开**15 日**前将会议日期通知各认股人或者予以公告。成立大会应有**持有表决权过半数**的认股人出席，方可举行。 （3）公司成立大会行使下列职权：审议发起人关于公司筹办情况的报告；通过公司章程；选举董事、监事；对公司的设立费用进行审核；对发起人非货币财产出资的作价进行审核；发生不可抗力或者经营条件发生重大变化直接影响公司设立的，可以作出不设立公司的决议。成立大会对上述所列事项作出决议，应当经出席会议的认股人所持**表决权过半数**通过。 （4）公司设立时应发行的股份未募足，或者发行股份的股款缴足后，发起人在**30 日内**未召开成立大会的，认股人可以按照所缴股款并加算银行同期存款利息，要求发起人返还。发起人、认股人缴纳股款或者交付非货币财产出资后，除未按期募足股份、发起人未按期召开成立大会或者成立大会决议不设立公司的情形外，不得抽回其股本
申请设立登记	（1）董事会应当于成立大会结束后**30 日内**，授权代表向公司登记机关申请设立登记。 （2）股份有限公司成立后，发起人未按照公司章程的规定缴足出资的，应当补缴；其他发起人承担**连带责任**。股份有限公司成立后，发现作为设立公司出资的非货币财产的实际价额显著低于公司章程所定价额的，应当由交付该出资的发起人补足其差额；其他发起人承担**连带责任**。 （3）股份有限公司应当将公司章程、股东名册、股东会会议记录、董事会会议记录、监事会会议记录、财务会计报告、债券持有人名册置备于本公司，供股东查阅。股东有权查阅、复制公司章程、股东名册、股东会会议记录、董事会会议决议、监事会会议决议、财务会计报告，对公司的经营提出建议或者质询。**连续180 日以上单独或者合计持有公司3%以上股份**的股东要求查阅公司的会计账簿、会计凭证的，应当向公司提出书面请求，说明目的。公司有合理根据认为股东查阅会计账簿、会计凭证**有不正当目的**，可能损害公司合法利益的，可以拒绝提供查阅，并应当自股东提出书面请求之日起**15 日内**书面答复股东并说明理由。公司拒绝提供查阅的，股东可以向人民法院提起诉讼。公司章程对持股比例有较低规定的，从其规定

（四）股份有限公司发起人承担的责任

（1）公司不能成立时，对设立行为所产生的债务和费用**负连带责任**。股份有限公司的发起人为设立公司从事的民事活动，其法律后果由公司承受。公司未成立的，其法律后果由发起人承受；发起人为2人以上的，享有连带债权，承担连带债务。发起人为设立公司以自己的名义从事民事活动产生的民事责任，第三人有权选择请求公司或者发起人承担。

（2）公司不能成立时，对认股人已缴纳的股款，负返还股款并加算银行同期存款利息的连带责任。

（3）在公司设立过程中，由于发起人的过错致使公司利益受到损害的，应当对公司承担赔偿责任。发起人因履行公司设立职责造成他人损害的，公司或者无过错的股东承担赔偿责任后，可以向有过错的发起人追偿。

（五）公司设立阶段的合同责任

（1）发起人为设立公司以自己名义对外签订合同，该发起人承担合同责任；但如果公司成立并对合同认可或已经实际享有合同权利或履行合同义务的，也可由公司承担合同责任。

（2）发起人以设立中公司名义对外签订合同，公司成立后应承担合同责任；但如果有证据证明发起人利用设立中公司的名义为自己的利益与相对人签订合同，公司可以此为由主张不承担合同责任，但相对人为善意的除外。

二、例题点津

【例题1·单选题】根据公司法律制度的规定，下列关于股份有限公司发起人的表述中，正确的是（　　）。

A. 发起人的人数应为1人以上200人以下

B. 发起人只能是中国公民

C. 发起人只能是自然人

D. 发起人必须在中国境内有住所

【答案】 A

【解析】 本题考核股份有限公司的设立条件。选项A、D，股份有限公司应当有1人以上200人以下为发起人，其中，应当有半数以上的发起人在中国境内有住所。选项B、C，股份有

限公司的发起人既可以是自然人，也可以是法人；既可以是中国公民，也可以是外国公民。

【例题2·多选题】根据公司法律制度的规定，下列关于募集设立方式设立股份有限公司的程序的说法中，正确的有（　　）。

A. 发起人认购的股份不得少于公司章程规定的公司设立时应发行股份总数的35%

B. 在发起人认购的股份缴足前，不得向他人募集股份

C. 发起人应当在公司设立时应发行股份的股款缴足之日起60日内主持召开公司成立大会

D. 成立大会应有持有表决权过半数的认股人出席，方可举行

【答案】 ABD

【解析】 发起人应当在公司设立时应发行股份的股款缴足之日起30日内主持召开公司成立大会，成立大会由发起人、认股人组成，选项C错误。

2 股份有限公司的股东会

一、考点解读

（一）股东会的职权

股份有限公司股东会的职权与有限责任公司股东会的职权相同，具体而言，包括：（1）选举和更换董事、监事，决定有关董事、监事的报酬事项；（2）审议批准董事会的报告；（3）审议批准监事会的报告；（4）审议批准公司的利润分配方案和弥补亏损方案；（5）对公司增加或者减少注册资本作出决议；（6）对发行公司债券作出决议；（7）对公司合并、分立、解散、清算或者变更公司形式作出决议；（8）修改公司章程；（9）公司章程规定的其他职权。股东会可以授权董事会对发行公司债券作出决议。

只有一个股东的股份有限公司不设股东会。股东作出前述所列事项的决定时，应当采用书面形式，并由股东签名或者盖章后置备于公司。

（二）股东会的形式

1. 年会

股东会应当每年召开**1**次年会。上市公司的年度股东会会议应当于上一会计年度结束后的**6**

个月内举行。

2. 临时股东会会议

有下列情形之一的，应当在**2 个月内**召开临时股东会会议：（1）董事人数不足《公司法》规定人数或者公司章程所定人数的**2/3**时；（2）公司未弥补的亏损达股本总额**1/3**时；（3）单独或者合计持有公司**10%**以上股份的**股东**请求时；（4）**董事会**认为必要时；（5）**监事会**提议召开时；（6）公司章程规定的其他情形。

（三）股东会的召开

1. 召集和主持

股东会会议由董事会召集，董事长主持；董事长不能履行职务或者不履行职务的，由副董事长主持；副董事长不能履行职务或者不履行职务的，由过半数的董事共同推举 1 名董事主持。董事会不能履行或者不履行召集股东会会议职责的，监事会应当及时召集和主持；监事会不召集和主持的，**连续 90 日以上单独或者合计持有公司 10%以上股份的股东**可以自行召集和主持。单独或者合计持有公司 10%以上股份的股东请求召开临时股东会会议的，董事会、监事会应当在收到请求之日起**10 日内**作出是否召开临时股东会会议的决定，并书面答复股东。

2. 通知

召开股东会会议，应当将会议召开的时间、地点和审议的事项于会议召开 **20 日**前通知各股东；临时股东会会议应当于会议召开 **15 日**前通知各股东；发行无记名股票的，应当于会议召开 **30 日**前公告会议召开的时间、地点和审议事项。

3. 临时提案

单独或者合计持有公司 1%以上股份的股东，可以在股东会会议召开 10 日前提出临时提案并书面提交董事会；董事会应当在收到提案后 2 日内通知其他股东，并将该临时提案提交股东会审议；但临时提案违反法律、行政法规或者公司章程的规定，或者不属于股东会职权范围的除外。临时提案应当有明确议题和具体决议事项。股东会不得对前述通知中未列明的事项作出决议。公司不得提高提出临时提案股东的持股比例。公开发行股份的公司，应当以公告方式作出上述规定的通知。

（四）股东会的决议

股东出席股东会会议，所持每一股份有一表决权，类别股股东除外。

（1）普通决议。股东会作出决议，应当经**出席会议的股东所持表决权过半数**通过。

（2）特殊决议。**修改公司章程、增加或者减少注册资本的决议，以及公司合并、分立、解散或者变更公司形式的决议，应当经出席会议的股东所持表决权的 2/3 以上通过。**

（3）累积投票制。股东会选举董事、监事，可以按照公司章程的规定或者股东会的决议，实行累积投票制。即股东会选举董事或者监事时，每一股份拥有与应选董事或者监事人数相同的表决权，股东拥有的表决权可以集中使用。

二、例题点津

【例题 1 · 单选题】根据公司法律制度的规定，下列关于股份有限公司股东会的表述中，正确的是（　　）。

A. 股东会作出决议，应当经全体股东所持表决权过半数通过

B. 股东人数较少的股份有限公司，股东会年会可以每两年召开一次

C. 股东会可以依照公司章程的规定以累积投票制的方式选举董事

D. 股东会可以对会议通知中未列明的事项作出决议

【答案】C

【解析】股东会作出决议，应当经出席会议的股东所持表决权过半数通过，选项 A 不正确；根据公司法律制度的规定，股东会应当每年召开一次年会，选项 B 不正确；股东会不得对会议通知中未列明的事项作出决议，选项 D 不正确。

【例题 2 · 单选题】甲公司是一家以募集方式设立的股份有限公司，其注册资本为人民币 6 000 万元。公司章程规定公司董事会人数为 9 人。最大股东李某持有公司 12%的股份。根据公司法律制度的规定，下列各项中，属于甲公司应当在 2 个月内召开临时股东会会议的情形是（　　）。

A. 董事人数减至 7 人

B. 监事陈某提议召开

C. 最大股东李某请求召开

D. 公司未弥补亏损达人民币 1 600 万元

【答案】C

【解析】本题考核临时股东大会的规定。董事人数减至 7 人，不低于《公司法》规定人数或者公司章程所定人数的 2/3，选项 A 错误。临时股东会会议应由监事会提议召开，而不是某一个监事，选项 B 错误。李某作为持有公司 10% 以上股份的股东，可以请求召开临时股东大会，选项 C 正确。公司未弥补的亏损 1 600 万元尚未达到实收股本总额的 1/3（2 000 万元），选项 D 错误。

【例题 3·多选题】根据公司法律制度的规定，股份有限公司股东会会议所议下列事项中，必须经出席会议的股东所持表决权 2/3 以上通过的有（　　）。

A. 增加公司注册资本

B. 修改公司章程

C. 发行公司债券

D. 公司合并

【答案】ABD

【解析】根据《公司法》的规定，股份有限公司股东会作出修改公司章程、增加或者减少注册资本的决议，以及公司合并、分立、解散或者变更公司形式的决议，应当经出席会议的股东所持表决权的 2/3 以上通过，故选项 A、B、D 正确；发行公司债券属于一般决议事项，经出席会议的股东所持表决权过半数通过即可，故选项 C 错误。

3　股份有限公司的董事会、经理

一、考点解读

（一）董事会的性质和组成

股份有限公司的董事会是股东会的执行机构，对股东会负责。

股份有限公司设董事会，其成员为 **3 人以上**。董事会成员中**可以有公司职工代表**，职工人数 300 人以上的股份有限公司，除依法设监事会并有公司职工代表的外，其董事会成员中应当有公司职工代表。董事会中的职工代表由公司职工通过职工代表大会、职工大会或者其他形式民主选举产生。

股份有限公司的董事任期由公司章程规定，但每届任期不得超过 **3 年**。董事任期届满，连选可以连任。

（二）董事会的职权

与有限责任公司基本相同。

股份有限公司可以按照公司章程的规定在董事会中设置**由董事组成的审计委员会**，行使监事会的职权，不设监事会或者监事。审计委员会成员为 **3 名以上**，过半数成员不得在公司担任除董事以外的其他职务，且不得与公司存在任何可能影响其独立客观判断的关系。公司董事会成员中的职工代表可以成为审计委员会成员。审计委员会作出决议，应当经审计委员会成员的过半数通过。

（三）董事会会议的召开

（1）定时会议：董事会每年度至少召开 **2 次**会议。每次会议应当于会议召开 **10 日**以前通知全体董事和监事。

（2）临时会议：**代表 1/10 以上表决权的股东、1/3 以上的董事或者监事会**，可以提议召开临时董事会会议。

（四）董事会的决议

（1）董事会会议应当有**过半数**的董事出席方可举行。

（2）董事会作出决议，应当经全体董事的**过半数通过**。

（3）董事会会议，应当董事本人出席；董事因故不能出席，可以**书面委托**其他董事代为出席，委托书应当载明授权范围。

（五）董事的责任

董事会的决议违反法律、行政法规或者公司章程、股东会决议，给公司造成严重损失的，**参与决议的董事**对公司负赔偿责任。但经证明在表决时**曾表明异议并记载于会议记录的**，该董事可以免除责任。

（六）经理

股份有限公司设经理，由董事会决定聘任或者解聘。经理对董事会负责，根据公司章程的规定或者董事会的授权行使职权。经理列席董事会会议。公司董事会可以决定由董事会成员兼任公司经理。

（七）其他规定

规模较小或者股东人数较少的股份有限公司，可以不设董事会，设一名董事，行使《公司法》规定的董事会的职权。该董事可以兼任公司经理。

公司应当定期向股东披露董事、监事、高级管理人员从公司获得报酬的情况。

二、例题点津

【例题 1 · 单选题】甲股份有限公司在董事会中设置了审计委员会，下列说法中，正确的是（　）。

A. 审计委员会行使《公司法》规定的监事会的职权

B. 审计委员会成员为 2 名

C. 审计委员会成员王某在公司担任法务经理

D. 审计委员会作出决议，应当经审计委员会成员的 1/3 以上通过

【答案】A

【解析】股份有限公司可以按照公司章程的规定在董事会中设置由董事组成的审计委员会，行使《公司法》规定的监事会的职权，不设监事会或者监事，选项 A 正确。审计委员会成员为 3 名以上，过半数成员不得在公司担任除董事以外的其他职务，且不得与公司存在任何可能影响其独立客观判断的关系，选项 B、C 错误。审计委员会作出决议，应当经审计委员会成员的过半数通过，选项 D 错误。

【例题 2 · 单选题】某股份有限公司董事会成员共 9 名，监事会成员共 3 名。下列关于该公司董事会召开的情形中，符合公司法律制度规定的是（　）。

A. 经 2 名董事提议可召开临时董事会会议

B. 公司董事长、副董事长不能履行职务时，可由 4 名董事共同推举 1 名董事履行职务

C. 经 2 名监事提议可召开临时董事会会议

D. 董事会每年召开 2 次会议，并在会议召开 10 日前通知全体董事和监事

【答案】D

【解析】本题考核股份公司的董事会。根据规定，代表 1/10 以上表决权的股东、1/3 以上董事或者监事会，可以提议召开临时董事会会议。董事长应当自接到提议后 10 日内，召集和主持董事会会议，因此，选项 A、C 表述错误。董事长召集和主持董事会会议，检查董事会决议的实施情况。副董事长协助董事长工作，董事长不能履行职务或者不履行职务的，由副董事长履行职务；副董事长不能履行职务或者不履行职务的，由过半数的董事共同推举 1 名董事履行职务，因此，选项 B 表述错误。

4 股份有限公司的监事会

一、考点解读

股份有限公司设监事会，《公司法》另有规定的除外，监事会为公司的监督机构。规模较小或者股东人数较少的股份有限公司，可以不设监事会，设一名监事，行使《公司法》规定的监事会的职权。

（一）监事会的组成

（1）股份有限公司监事会成员为 3 人以上，监事会成员应当包括股东代表和适当比例的公司职工代表，其中，职工代表的比例不得低于 1/3，具体比例由公司章程规定。

（2）董事、高级管理人员不得兼任监事。

（3）监事的任期每届为 3 年。监事任期届满，连选可以连任。

（二）监事会的职权

（1）股份有限公司监事会的职权与有限责任公司监事会的职权基本相同。

（2）监事会可以要求董事、高级管理人员提交执行职务的报告。董事、高级管理人员应当如实向监事会提供有关情况和资料，不得妨碍监事会或者监事行使职权。

（三）监事会的召开

（1）监事会设主席 1 人，可以设副主席。监事会主席和副主席由全体监事过半数选举产生。监事会主席召集和主持监事会会议；监事会主席不能履行职务或者不履行职务的，由监事会

副主席召集和主持监事会会议；监事会副主席不能履行职务或者不履行职务的，由过半数的监事共同推举 1 名监事召集和主持监事会会议。

（2）监事会每 6 个月至少召开 1 次会议。监事可以提议召开临时监事会会议。监事会决议应当经全体监事的过半数通过。

二、例题点津

【例题·判断题】股份有限公司监事会成员为 3 人以上，监事会成员可以包括股东代表和适当比例的公司职工代表。（　　）

【答案】×

【解析】股份有限公司监事会成员为 3 人以上，监事会成员应当包括股东代表和适当比例的公司职工代表，其中，职工代表的比例不得低于 1/3，具体比例由公司章程规定。

5 上市公司组织机构的特别规定

一、考点解读

（一）股东会特别决议事项

上市公司在 1 年内购买、出售重大资产或者向他人提供担保的金额超过公司资产总额 30% 的，应当由股东会作出决议，并经出席会议的股东所持表决权的 2/3 以上通过。

（二）上市公司设立独立董事

规定	具体内容
人数	上市公司独立董事占董事会成员的比例不得低于 1/3，且至少包括一名会计专业人士
审计委员会	上市公司应当在董事会中设置审计委员会。审计委员会成员应当为不在上市公司担任高级管理人员的董事，其中独立董事应当过半数，并由独立董事中的会计专业人士担任召集人
担任条件	（1）根据法律、行政法规和其他有关规定，具备担任上市公司董事的资格； （2）符合《上市公司独立董事管理办法》规定的独立性要求； （3）具备上市公司运作的基本知识，熟悉相关法律法规和规则； （4）具有 5 年以上履行独立董事职责所必需的法律、会计或者经济等工作经验； （5）具有良好的个人品德，不存在重大失信等不良记录； （6）法律、行政法规、中国证监会规定、证券交易所业务规则和公司章程规定的其他条件
不得担任	（1）在上市公司或者其附属企业任职的人员及其配偶、父母、子女、主要社会关系； （2）直接或者间接持有上市公司已发行股份 1% 以上或者是上市公司前 10 名股东中的自然人股东及其配偶、父母、子女； （3）在直接或者间接持有上市公司已发行股份 5% 以上的股东或者在上市公司前 5 名股东任职的人员及其配偶、父母、子女； （4）在上市公司控股股东、实际控制人的附属企业任职的人员及其配偶、父母、子女； （5）与上市公司及其控股股东、实际控制人或者其各自的附属企业有重大业务往来的人员，或者在有重大业务往来的单位及其控股股东、实际控制人任职的人员； （6）为上市公司及其控股股东、实际控制人或者其各自附属企业提供财务、法律、咨询、保荐等服务的人员，包括但不限于提供服务的中介机构的项目组全体人员、各级复核人员、在报告上签字的人员、合伙人、董事、高级管理人员及主要负责人； （7）最近 12 个月内曾经具有（1）至（6）所列举情形的人员； （8）法律、行政法规、中国证监会规定、证券交易所业务规则和公司章程规定的不具备独立性的其他人员。 前述第（4）至（6）中的上市公司控股股东、实际控制人的附属企业，不包括与上市公司受同一国有资产管理机构控制且按照相关规定未与上市公司构成关联关系的企业
职责	（1）参与董事会决策并对所议事项发表明确意见； （2）对《上市公司独立董事管理办法》所列上市公司与其控股股东、实际控制人、董事、高级管理人员之间的潜在重大利益冲突事项进行监督，促使董事会决策符合上市公司整体利益，保护中小股东合法权益； （3）对上市公司经营发展提供专业、客观的建议，促进提升董事会决策水平； （4）法律、行政法规、中国证监会规定和公司章程规定的其他职责

续表

规定	具体内容
特别职权	（1）独立聘请中介机构，对上市公司具体事项进行审计、咨询或者核查； （2）向董事会提议召开临时股东会； （3）提议召开董事会会议； （4）依法公开向股东征集股东权利； （5）对可能损害上市公司或者中小股东权益的事项发表独立意见； （6）法律、行政法规、中国证监会规定和公司章程规定的其他职权。 独立董事行使前述（1）至（3）所列职权的，应当经全体独立董事过半数同意。独立董事行使（1）所列职权的，上市公司应当及时披露

（三）上市公司章程及审计委员会的特别规定

上市公司的公司章程应当依照法律、行政法规的规定载明董事会专门委员会的组成、职权以及董事、监事、高级管理人员薪酬考核机制等事项。

上市公司在董事会中设置审计委员会的，董事会对下列事项作出决议前应当经审计委员会全体成员过半数通过：（1）聘用、解聘承办公司审计业务的会计师事务所；（2）聘任、解聘财务负责人；（3）披露财务会计报告；（4）国务院证券监督管理机构规定的其他事项。

（四）上市公司设立董事会秘书

上市公司董事会秘书是公司的高级管理人员，承担法律、行政法规以及公司章程对公司高级管理人员所要求的义务，享有相应的工作职权，获得相应的报酬。

上市公司设立董事会秘书，负责公司股东会和董事会会议的筹备、文件保管以及公司股东资料的管理，办理信息披露事务等事宜。

（五）关联关系董事的表决权排除制度

（1）回避制度：上市公司董事与董事会会议决议事项所涉及的企业或者个人有关联关系的，该董事应当及时向董事会书面报告。有关联关系的董事不得对该项决议行使表决权，也不得代理其他董事行使表决权。

（2）召开条件及表决通过：由过半数的无关联关系董事出席即可举行，董事会会议所作决议须经无关联关系董事过半数通过。

（六）信息披露与持股的特别规定

上市公司应当依法披露股东、实际控制人的信息，相关信息应当真实、准确、完整。禁止违反法律、行政法规的规定代持上市公司股票。

上市公司控股子公司不得取得该上市公司的股份。上市公司控股子公司因公司合并、质权行使等原因持有上市公司股份的，不得行使所持股份对应的表决权，并应当及时处分相关上市公司股份。

二、例题点津

【例题1·单选题】甲公司是一家上市公司，根据有关规定，下列人员中可以担任独立董事的是（　　）。

A. 担任甲公司附属企业总经理的赵某

B. 甲公司第三大股东钱某的儿子小钱某

C. 持有甲公司已发行股份3%的丙公司董事孙某的儿子

D. 持有甲公司2%股份的李某

【答案】C

【解析】本题考查独立董事的任职资格。选项A，在上市公司或者其附属企业任职的人员及其配偶、父母、子女、主要社会关系，不得担任独立董事；选项B、D，直接或者间接持有上市公司已发行股份1%以上或者是上市公司前10名股东中的自然人股东及其配偶、父母、子女，不得担任独立董事。在直接或者间接持有上市公司已发行股份5%以上的股东或者在上市公司前5名股东任职的人员及其配偶、父母、子女，选项C正确。

【例题2·多选题】根据公司法律制度的规定，下列事项中，属于独立董事职权的有（　　）。

A. 参与董事会决策并对所议事项发表明确意见

B. 独立聘请中介机构，对上市公司具体事项进行审计、咨询或者核查

C. 提议召开临时股东会

D. 对可能损害上市公司或者中小股东权益

的事项发表独立意见

【答案】ABD

【解析】选项 A 属于独立董事的职责；选项 B、D 属于独立董事的特别职权；选项 C，独立董事可以向董事会提议召开临时股东会，而不能直接提议召开临时股东会。

第五单元　公司董事、监事、高级管理人员的资格和义务

1 公司董事、监事、高级管理人员的资格

一、考点解读

根据《公司法》规定，不得担任公司的董事、监事、高级管理人员的情形：

（1）无民事行为能力或者限制民事行为能力。无民事行为能力的人包括不满 8 周岁的未成年人和不能辨认自己行为的成年人。限制民事行为能力的人包括 8 周岁以上的未成年人和不能完全辨认自己行为的成年人，但 16 周岁以上的未成年人，以自己的劳动收入为主要生活来源的，视为完全民事行为能力人。

（2）因贪污、贿赂、侵占财产、挪用财产或者破坏社会主义市场经济秩序，被判处刑罚，或者因犯罪被剥夺政治权利，执行期满未逾 5 年，被宣告缓刑的，自缓刑考验期满之日起未逾 2 年。

（3）担任破产清算的公司、企业的董事或者厂长、经理，对该公司、企业的破产负有个人责任的，自该公司、企业破产清算完结之日起未逾 3 年。

（4）担任因违法被吊销营业执照、责令关闭的公司、企业的法定代表人，并负有个人责任的，自该公司、企业被吊销营业执照、责令关闭之日起未逾 3 年。

（5）个人因所负数额较大债务到期未清偿被人民法院列为失信被执行人。

公司违反《公司法》的前述规定选举、委派董事、监事或者聘任高级管理人员的，该选

举、委派或者聘任无效。公司董事、监事、高级管理人员在任职期间出现前述所列情形的，公司应当解除其职务。

二、例题点津

【例题 1 · 单选题】根据公司法律制度的规定，下列人员中，符合公司董事、监事、高级管理人员任职资格的是（　　）。

A. 张某，曾为甲大学教授，现已退休

B. 王某，曾为乙企业董事长，因其决策失误导致乙企业破产清算，自乙企业破产清算完毕之日起未逾 3 年

C. 李某，曾为丙公司董事，因贷款炒股，个人负到期债务 1 000 万元尚未偿还，被列为失信被执行人

D. 赵某，曾担任丁国有企业总会计师，因贪污罪被判处有期徒刑，执行期满未逾 5 年

【答案】A

【解析】担任破产清算的公司、企业的董事或者厂长、经理，对该公司、企业的破产负有个人责任的，自该公司、企业破产清算完毕之日起未逾 3 年的，不得担任董事、监事、高级管理人员，故选项 B 错误；个人因所负数额较大债务到期未清偿被人民法院列为失信被执行人，不得担任董事、监事、高级管理人员，故选项 C 错误；因贪污、贿赂、侵占财产、挪用财产或者破坏社会主义经济秩序，被判处刑罚，执行期满未逾 5 年，或者因犯罪被剥夺政治权利，执行期满未逾 5 年，被宣告缓刑的，自缓刑考验期满之日起未逾 2 年，不得担任董事、监事、高级管理人员，故选项 D 错误。

【例题 2·单选题】甲股份有限公司 2024 年 6 月召开股东大会，选举公司董事。根据《公司法》的规定，下列人员中，不得担任该公司董事的是（　　）。

A. 张某，因挪用财产被判处刑罚，执行期满已逾 6 年

B. 吴某，原系乙有限责任公司董事长，因其个人责任导致该公司破产，清算完结已逾 5 年

C. 储某，系丙有限责任公司控股股东，因决策失误，导致公司负有 300 万元到期不能清偿的债务

D. 杨某，原系丁有限责任公司法定代表人，因其个人责任导致该公司被吊销营业执照未逾 2 年

【答案】D

【解析】本题考核董事、监事、高管的任职资格。根据规定，担任因违法被吊销营业执照、责令关闭的公司、企业的法定代表人，并负有个人责任的，自该公司、企业被吊销营业执照之日起未逾 3 年的，不得再担任董事，选项 D 正确。

2 公司董事、监事、高级管理人员的义务

一、考点解读

（一）忠实义务与勤勉义务

义务	项目	具体内容
忠实义务	概念	董事、监事、高级管理人员在执行公司业务时应该以公司利益作为自己行为的最高准则，不得追求自己和他人利益的义务
	违反行为	（1）董事、监事、高级管理人员不得有下列行为：①侵占公司财产、挪用公司资金；②将公司资金以其个人名义或者以其他个人名义开立账户存储；③利用职权贿赂或者收受其他非法收入；④接受他人与公司交易的佣金归己有；⑤擅自披露公司秘密；⑥违反对公司忠实义务的其他行为。 （2）董事、监事、高级管理人员，不得利用职务便利为自己或者他人谋取属于公司的商业机会。但是，有下列情形之一的除外：①向董事会或者股东会报告，并按照公司章程的规定经董事会或者股东会决议通过；②根据法律、行政法规或者公司章程的规定，公司不能利用该商业机会。 （3）董事、监事、高级管理人员未向董事会或者股东会报告，并按照公司章程的规定经董事会或者股东会决议通过，不得自营或者为他人经营与其任职公司同类的业务
	违反后果	（1）公司董事、高级管理人员违反忠实义务所得的收入应当归公司所有。 （2）公司董事、监事、高级管理人员执行职务违反法律、行政法规或者公司章程的规定，给公司造成损失的，应当承担赔偿责任
勤勉义务	概念	董事、监事、高级管理人员必须尽职尽责地对公司履行其作为董事、监事、高级管理人员的职责
	内容	（1）公司股东会要求董事、监事、高级管理人员列席会议的，董事、监事、高级管理人员应当列席并接受股东的质询。 （2）董事、高级管理人员应当如实向公司监事会提供有关情况和资料，不得妨碍监事会行使职权

提示 董事、监事、高级管理人员，直接或者间接与本公司订立合同或者进行交易，应当就与订立合同或者进行交易有关的事项向董事会或者股东会报告，并按照公司章程的规定经董事会或者股东会决议通过。董事、监事、高级管理人员的近亲属，董事、监事、高级管理人员或者其近亲属直接或者间接控制的企业，以及与董事、监事、高级管理人员有其他关联关系的关联人，

与公司订立合同或者进行交易，适用前述规定。

提示 公司的控股股东、实际控制人不担任公司董事但实际执行公司事务的，适用前述规定。

（二）董事、高级管理人员职务行为的赔偿责任

董事、高级管理人员执行职务，给他人造成损害的，公司应当承担赔偿责任；董事、高级管理人员存在故意或者重大过失的，也应当承担赔偿责任。公司的控股股东、实际控制人指示董事、高级管理人员从事损害公司或者股东利益的行为的，与该董事、高级管理人员承担连带责任。

公司可以在董事任职期间为董事因执行公司职务承担的赔偿责任投保责任保险。公司为董事投保责任保险或者续保后，董事会应当向股东会报告责任保险的投保金额、承保范围及保险费率等内容。

二、例题点津

【例题1·单选题】甲有限责任公司董事张某的妻子拟与甲公司订立合同。根据公司法律制度的规定，张某的妻子与甲公司订立合同必须满足的条件是（　　）。

A. 就与订立合同或者进行交易有关的事项向董事会或者股东会报告

B. 经董事会或者股东会决议通过

C. 就与订立合同或者进行交易有关的事项向董事会或者股东会报告，并按照公司章程的规定经董事会或者股东会决议通过

D. 经总经理同意

【答案】C

【解析】董事、监事、高级管理人员，直接或者间接与本公司订立合同或者进行交易，应当就与订立合同或者进行交易有关的事项向董事会或者股东会报告，并按照公司章程的规定经董事会或者股东会决议通过。董事、监事、高级管理人员的近亲属与公司订立合同或者进行交易，适用前述规定，选项C正确。

【例题2·判断题】董事、监事、高级管理人员，任何时候都不得利用职务便利为自己或者他人谋取属于公司的商业机会。（　　）

【答案】×

【解析】董事、监事、高级管理人员，不得利用职务便利为自己或者他人谋取属于公司的商业机会。但是，有下列情形之一的除外：（1）向董事会或者股东会报告，并按照公司章程的规定经董事会或者股东会决议通过；（2）根据法律、行政法规或者公司章程的规定，公司不能利用该商业机会。

3 股东诉讼

一、考点解读

（一）股东代表诉讼

股东代表诉讼，也称股东间接诉讼，是指当董事、监事、高级管理人员或者他人违反法律、行政法规或者公司章程的行为给公司造成损失，公司拒绝或者怠于向该违法行为人请求损害赔偿时，具备法定资格的股东有权代表其他股东，代替公司提起诉讼，请求违法行为人赔偿公司损失的行为。

1. 股东代表诉讼的主体

（1）有限公司：任何股东。

（2）股份公司：**连续180日以上**单独或者合计持有公司**1%**以上股份的股东，即"连续180日以上持股"＋"单独或者合计持股1%以上"。

2. 股东代表诉讼的前置程序

（1）董事、高级管理人员违法先找监事。

公司**董事、高级管理人员**执行职务时违反法律、行政法规或者公司章程的规定，给公司造成损失的，具备法定资格的股东可以书面请求**监事会**向人民法院提起诉讼。

（2）监事违法先找董事。

公司**监事**执行职务违反法律、行政法规或者公司章程的规定，给公司造成损失的，具备法定资格的股东可以书面请求**董事会**向人民法院提起诉讼。

3. 股东对董事、监事、高级管理人员提起诉讼

（1）触发条件。

监事会或者董事会收到具备法定资格股东的

书面请求后，有下列情形之一的，该股东有权为了公司的利益，以**自己的名义**直接向人民法院提起诉讼。

①**拒绝**提起诉讼。

②自收到请求之日起**30日**内未提起诉讼。

③**情况紧急**、不立即提起诉讼将会使公司利益受到**难以弥补的损害**。

（2）诉讼当事人。

①股东代表诉讼中，股东直接对董事、监事、高级管理人员或者他人提起诉讼的，应当列公司为第三人参加诉讼。

②一审法庭辩论终结前，符合《公司法》规定条件的其他股东，以相同的诉讼请求申请参加诉讼的，应当列为共同原告。

（3）利益归属。

①股东直接提起诉讼的案件，胜诉利益归属于公司，股东请求被告直接向其承担民事责任的，人民法院不予支持。

②股东诉讼请求部分或者全部得到人民法院支持的，公司应当承担股东因参加诉讼支付的合理费用。

提示 公司董事、监事、高级管理人员以外的其他人侵犯公司合法权益，给公司造成损失的，具备法定资格的股东，可以通过监事会、董事会向人民法院提起诉讼，或者直接向人民法院提起诉讼。提起诉讼的具体程序，依照前述股东对公司董事、监事、高级管理人员给公司造成损失的行为提起诉讼的程序进行。

4. 股东对全资子公司的代表诉讼

公司全资子公司的董事、监事、高级管理人员执行职务违反法律、行政法规或者公司章程的规定，给公司造成损失的，或者他人侵犯公司全资子公司合法权益造成损失的，具备法定资格的股东可以依照前述规定书面请求全资子公司的监事会、董事会向人民法院提起诉讼或者以自己的名义直接向人民法院提起诉讼。

（二）股东直接诉讼

股东直接诉讼，是指股东对董事、高级管理人员违反规定损害股东利益的行为提起的诉讼。《公司法》规定，公司董事、高级管理人员违反

法律、行政法规或者公司章程的规定，损害股东利益的，股东可以依法直接向人民法院提起诉讼。

二、例题点津

【例题1·单选题】2023年5月，甲股份有限公司（以下简称"甲公司"）董事长王某违反公司章程规定将公司800万元资金投入某网络借贷平台。2024年7月，该平台倒闭，甲公司损失惨重，部分股东书面请求甲公司监事会对王某提起诉讼，监事会拒绝。该部分股东因此拟单独向人民法院提起股东代表诉讼，其中有资格提起股东代表诉讼的是（　　）。

A. 已经连续90日持有甲公司5%股份的郑某

B. 已经连续100日持有甲公司3%股份的赵某

C. 已经连续200日持有甲公司1.2%股份的乙有限责任公司

D. 已经连续200日持有甲公司0.8%股份的李某

【答案】C

【解析】本题考查有权提起股东代表诉讼的股东资格。对于有限责任公司来说，任意股东都可以；但对于股份有限公司来说有两个条件：（1）连续持股时间180日以上；（2）持股比例1%以上（单独或者合计）。

【例题2·多选题】根据《公司法》的规定，监事会或者董事会收到具备法定资格股东的书面请求后，在一定情形下股东可以为了公司利益，以自己的名义直接向人民法院提起诉讼。下列各项中，属于该情形的有（　　）。

A. 股东书面请求公司董事会向人民法院提起诉讼遭到拒绝

B. 股东书面请求公司监事会向人民法院提起诉讼，情况紧急、不立即提起诉讼将会使公司利益受到难以弥补的损害的

C. 股东书面请求公司监事会向人民法院提起诉讼遭到拒绝

D. 股东书面请求公司监事会向人民法院提起诉讼，监事会自收到请求之日起30日内未提起诉讼

【答案】ABCD

【解析】本题考核股东代表诉讼。根据规定，监事会或者董事会收到有限责任公司的股东、股份有限公司连续180日以上单独或合计持有公司1%以上股份的股东的书面请求后，拒绝提起诉讼，或者自收到请求之日起30日内未提起诉讼，或者情况紧急、不立即提起诉讼将会使公司利益受到难以弥补的损害的，前述股东有权为了公司的利益，以自己的名义直接向人民法院提起诉讼，因此，选项A、B、C、D正确。

第六单元　公司股票和公司债券

1 股份发行

一、考点解读

（一）股票的种类

1. 普通股和类别股

（1）普通股。

享有普通权利、承担普通义务的股份，普通股股东享有决策参与权、利润分配权、优先认股权和剩余资产分配权。

（2）类别股。

享有优先权或者权利受到限制的股份。

①公司可以按照公司章程的规定发行下列与普通股权利不同的类别股：a. 优先或者劣后分配利润或者剩余财产的股份；b. 每一股的表决权数多于或者少于普通股的股份；c. 转让须经公司同意等转让受限的股份；d. 国务院规定的其他类别股。

②发行类别股的公司，应当在公司章程中载明以下事项：a. 类别股分配利润或者剩余财产的顺序；b. 类别股的表决权数；c. 类别股的转让限制；d. 保护中小股东权益的措施；e. 股东会认为需要规定的其他事项。

③发行类别股的公司，修改公司章程、增加或者减少注册资本，以及公司合并、分立、解散或者变更公司形式等可能影响类别股股东权利的，除应当经出席会议的股东所持表决权的2/3以上通过外，还应当经出席类别股股东会议的股东所持表决权的2/3以上通过。

（3）优先股。

①优先股是典型的类别股，公司对优先股的股利须按约定的股利率支付，有特别约定时，当年可供分配股利的利润不足以按约定的股利率支付优先股股利的，还可由以后年度可供分配股利的利润补足。在公司进行清算时，优先股股东先于普通股股东取得公司剩余财产。

②上市公司发行优先股，最近3个会计年度实现的年均可分配利润应当不少于优先股1年的股息。上市公司已发行的优先股不得超过公司普通股股份总数的50%，且筹资金额不得超过发行前净资产的50%，已回购、转换的优先股不纳入计算。

2. 国有股、发起人股和社会公众股

这是按照投资主体性质的不同进行的分类。

3. 记名股票和无记名股票

公司发行的股票，应当为记名股票，不再允许发行无记名股票。

（二）股份的发行原则

股份的发行，实行公平、公正的原则，同类别的每一股份应当具有同等权利。同次发行的同类别股份，每股的发行条件和价格应当相同；认购人所认购的股份，每股应当支付相同价额。

（三）股票发行价格

面额股可以平价发行与溢价发行，但不能折价发行。无面额股股票则无所谓平价发行或者溢价发行。

提示　公司的全部股份，根据公司章程的规定择一采用面额股或者无面额股。采用面额股的，每一股的金额相等。公司可以根据公司章程的规定将已发行的面额股全部转换为无面额股或者将无面额股全部转换为面额股。采用无面额股的，应当将发行股份所得股款的1/2以上计入注册资本。

（四）公司发行新股

公司章程或者股东会可以授权董事会在 3 年内决定发行不超过已发行股份 **50%** 的股份。但以非货币财产作价出资的应当经股东会决议。

公司章程或者股东会授权董事会决定发行新股的，董事会决议应当经**全体董事 2/3 以上**通过。

（五）股份转让

1. 股份转让的法律规定

（1）股份转让自由。

（2）股份转让的地点：在依法设立的证券交易场所进行或者按照国务院规定的其他方式进行。

（3）股份转让的方式：股东以背书方式或者法律、行政法规规定的其他方式进行。

2. 对公开发行股份前已发行股份转让的限制

公司公开发行股份前已发行的股份，自公司股票在**证券交易所上市交易之日起 1 年内**不得转让。法律、行政法规或者国务院证券监督管理机构对上市公司的股东、实际控制人转让其所持有的本公司股份另有规定的，从其规定。

3. 对公司董事、监事、高级管理人员转让股份的限制

项目	内容
转让限制	（1）向公司申报所持有的本公司的股份及其变动情况，在就任时确定的任职期间每年转让的股份不得超过其所持有本公司股份总数的 **25%**。 （2）所持本公司股份**自公司股票上市交易之日起 1 年内**不得转让。 （3）**离职后半年内**，不得转让其所持有的本公司股份。 提示：①上市公司董事、监事和高级管理人员所持股份**不超过 1 000 股**的，可一次全部转让，不受前述转让比例的限制。②因司法强制执行、继承、遗赠、依法分割财产等导致股份变动的，不受限制
上市公司的期间限制	上市公司董事、监事和高级管理人员在下列期间**不得买卖**本公司股票： （1）上市公司年度报告、半年度报告公告前 **30 日内**。 （2）上市公司季度报告、业绩预告、业绩快报公告前 **10 日内**。 （3）自可能对本公司证券及其衍生品种交易价格产生较大影响的重大事件发生之日或在决策过程中，至依法披露之日内。 （4）证券交易所规定的其他期间

4. 对公司收购自身股票的限制

项目	情形	要求
公司可以收购本公司股票的情形	减少公司注册资本	应当经股东会决议；应当自收购之日起 **10 日内**注销
	与持有本公司股份的其他公司合并	应当经股东会决议；应当在 **6 个月内**转让或者注销
	将股份用于员工持股计划或者股权激励	依照公司章程或者股东会的授权，**经 2/3 以上董事出席的董事会会议决议**；公司合计持有的本公司股份数**不得超过本公司已发行股份总数的 10%**，并应当在 **3 年内**转让或者注销
	股东因对股东会作出的公司合并、分立决议持异议，要求公司收购其股份	应当在 **6 个月内**转让或者注销

续表

项目	情形	要求
公司可以收购本公司股票的情形	将股份用于转换公司发行的可转换为股票的公司债券	依照公司章程的规定或者股东大会的授权，**经2/3以上董事出席的董事会会议决议**；公司合计持有的本公司股份数不得超过本公司已发行股份总数的**10%**，并应当在**3年内**转让或者注销
	上市公司为维护公司价值及股东权益所必需	依照公司章程的规定或者股东大会的授权，**经2/3以上董事出席的董事会会议决议**；公司合计持有的本公司股份数**不得超过本公司已发行股份总数的10%**，并应当在**3年内**转让或者注销
	提示 有下列情形之一的，对股东会该项决议投反对票的股东可以请求公司按照合理的价格收购其股份，公开发行股份的公司除外：（1）公司连续5年不向股东分配利润，而公司该5年连续盈利，并且符合《公司法》规定的分配利润条件。（2）公司转让主要财产。（3）公司章程规定的营业期限届满或者章程规定的其他解散事由出现，股东会通过决议修改章程使公司存续。自股东会决议作出之日起60日内，股东与公司不能达成股份收购协议的，股东可以自股东会决议作出之日起90日内向人民法院提起诉讼。公司因前述情形收购的本公司股份，应当在6个月内依法转让或者注销	

5. 对公司股票质押的限制

公司不得接受本公司的股份作为质权的标的。股份在法律、行政法规规定的限制转让期限内出质的，质权人不得在限制转让期限内行使质权。

6. 禁止对他人取得本公司及其母公司股份提供财务资助

公司不得为他人取得本公司或者其母公司的股份提供赠与、借款、担保以及其他财务资助，公司实施员工持股计划的除外。

为公司利益，经股东会决议，或者董事会按照公司章程或者股东会的授权作出决议，公司可以为他人取得本公司或者其母公司的股份提供财务资助，但财务资助的累计总额不得超过已发行股本总额的**10%**。董事会作出决议应当经**全体董事的2/3以上**通过。违反前述规定，给公司造成损失的，负有责任的董事、监事、高级管理人员应当承担**赔偿责任**。

二、例题点津

【例题1·单选题】某股份有限公司于2023年8月在上海证券交易所上市，公司章程对股份转让的限制未作特别规定。该公司有关人员的下列股份转让行为中，符合公司法律制度规定的是（　　）。

A. 王某于2024年4月转让了其所持本公司公开发行股份前已发行的股份

B. 董事郑某于2024年9月将其所持本公司全部股份800股一次性转让

C. 董事张某共持有本公司股份10 000股，2024年9月通过协议转让了其中的2 600股

D. 总经理李某于2025年1月离职，2025年3月转让了其所持本公司股份总数的25%

【答案】B

【解析】公司公开发行股份前已发行的股份，自公司股票在证券交易所上市交易之日起1年内不得转让，选项A错误。选项B中，董事郑某所持股票一共800股，不到1 000股，因此不受每年25%的限制，且2024年9月距上市已满1年，郑某可以一次性转让所持全部股份。选项C中，2024年9月距上市时间已满1年，董事张某可以转让股票，但每年转让数量不超过持股总数的25%，即2 500股，张某拟转让的股份数量超过该限制，选项C错误。选项D中，总经理李某离职不到半年，不得转让该公司股份，选项D错误。

【例题2·判断题】甲股份有限公司有董事

12 人，为公司利益，甲股份有限公司决定为自然人张某提供已发行股份总数 20% 的财务资助，在全体董事出席的董事会会议上，7 人投赞成票，决议通过，这一决定不违反法律的强制性规定。（ ）

【答案】×

【解析】为公司利益，经股东会决议，或者董事会按照公司章程或者股东会的授权作出决议，公司可以为他人取得本公司或者其母公司的股份提供财务资助，但财务资助的累计总额不得超过已发行股本总额的 10%。董事会作出决议应当经全体董事的 2/3 以上通过。

2 公司债券

一、考点解读

项目		内容
公司债券的发行	条件	公司债券可以公开发行，也可以非公开发行。公司债券的发行和交易应当符合《证券法》和《公司债券发行与交易管理办法》规定的发行条件与程序
	募集办法	公开发行公司债券，应当经国务院证券监督管理机构注册，公告公司债券募集办法。 公司以纸面形式发行公司债券的，应当在债券上载明公司名称、债券票面金额、利率、偿还期限等事项，并由法定代表人签名，公司盖章
	置备公司债券持有人名册	公司债券，全部为记名债券。公司发行公司债券应当置备公司债券持有人名册。发行可转换为股票的公司债券，应当在债券上标明可转换公司债券字样，并在公司债券持有人名册上载明可转换公司债券的数额
公司债券的转让		(1) 公司债券可以转让，转让价格由转让人与受让人约定。 (2) 公司债券由债券持有人以背书方式或者法律、行政法规规定的其他方式转让，受让人一经持有该债券，即成为公司的债权人。 (3) 发行可转换为股票的公司债券的，公司应当按照其转换办法向债券持有人换发股票，但债券持有人对转换股票或者不转换股票有选择权。法律、行政法规另有规定的除外
债券持有人会议		(1) 公开发行公司债券的，应当为同期债券持有人设立债券持有人会议，并在债券募集办法中对债券持有人会议的召集程序、会议规则和其他重要事项作出规定。 (2) 债券持有人会议可以对与债券持有人有利害关系的事项作出决议。除公司债券募集办法另有约定外，债券持有人会议决议对同期全体债券持有人发生效力
债券受托管理人		(1) 公开发行公司债券的，发行人应当为债券持有人聘请债券受托管理人。 (2) 债券受托管理人应当勤勉尽责，公正履行受托管理职责，不得损害债券持有人利益。受托管理人与债券持有人存在利益冲突可能损害债券持有人利益的，债券持有人会议可以决议变更债券受托管理人。债券受托管理人违反法律、行政法规或者债券持有人会议决议，损害债券持有人利益的，应当承担赔偿责任

二、例题点津

【例题·判断题】公司债券应为记名债券。
（ ）

【答案】×

【解析】公司债券，可以为记名债券，也可以为无记名债券。

第七单元　公司财务、会计

1 财务会计报告

一、考点解读

公司应当在每一会计年度终了时编制财务会计报告，并依法经会计师事务所审计。财务会计报告应当依照法律、行政法规和国务院财政部门的规定制作。

有限责任公司按照公司章程规定的期限，将公司财务会计报告送交各股东。

股份有限公司在召开股东会年会的 20 日前将财务会计报告置备于本公司，供股东查阅。

二、例题点津

【例题·判断题】股份有限公司在召开股东会年会的 30 日前将财务会计报告置备于本公司，供股东查阅。（　　）

【答案】×

【解析】股份有限公司应在召开股东会年会的 20 日前将财务会计报告置备于本公司，供股东查阅，而不是 30 日前。

2 公司利润分配的顺序

一、考点解读

公司应当按照如下顺序进行利润分配：

（1）弥补以前年度的亏损，但不得超过税法规定的弥补期限。

（2）缴纳所得税。

（3）弥补在税前利润弥补亏损之后仍存在的亏损。

（4）提取法定公积金。

（5）提取任意公积金。

（6）向股东分配利润。

提示 ①公司弥补亏损和提取公积金后所余税后利润，有限责任公司按照股东实缴的出资比例分配利润，但全体股东约定不按照出资比例分

配利润的除外；股份有限公司按照股东所持有的股份比例分配利润，公司章程另有规定的除外。

②公司违反《公司法》规定向股东分配利润的，股东应当将违反规定分配的利润退还公司；给公司造成损失的，股东及负有责任的董事、监事、高级管理人员应当承担赔偿责任。公司持有的本公司股份不得分配利润。股东会作出分配利润的决议的，董事会应当在股东会决议作出之日起 6 个月内进行分配。

二、例题点津

【例题·判断题】公司利润分配应当首先弥补以前年度的亏损。（　　）

【答案】√

【解析】公司应当按照如下顺序进行利润分配：（1）弥补以前年度的亏损，但不得超过税法规定的弥补期限；（2）缴纳所得税；（3）弥补在税前利润弥补亏损之后仍存在的亏损；（4）提取法定公积金；（5）提取任意公积金；（6）向股东分配利润。

3 公积金

一、考点解读

（一）种类

1. 盈余公积金

（1）法定公积金。公司分配当年**税后利润**时，应当提取利润的**10%**列入公司法定公积金。当公司法定公积金累计额为公司注册资本的**50%以上**时，可以不再提取。

（2）任意公积金。经股东会决议，可以从税后利润中提取任意公积金。

2. 资本公积金

资本公积金包括股份有限公司以超过股票票面金额的发行价格发行股份所得的溢价款、发行无面额股所得股款未计入注册资本的金额以及国务院财政部门规定列入资本公积金的其他项目。

（二）用途

（1）**弥补公司亏损**。公积金弥补公司亏损，应当先使用任意公积金和法定公积金；仍不能弥补的，可以按照规定使用资本公积金。

（2）**扩大公司生产经营**。

（3）**转为增加公司注册资本**。对用任意公积金转增资本的，法律没有限制，但用法定公积金转增资本时，《公司法》规定，法定公积金转为增加注册资本时，所留存的该项公积金不得少于转增前公司注册资本的 **25%**。

二、例题点津

【例题·多选题】下列关于股份有限公司公积金的表述中，符合《公司法》规定的有（　　）。

A. 公司分配当年税后利润时，应当提取利润的 8% 列入公司法定公积金

B. 公司法定公积金累计额为公司注册资本的 50% 以上时，可以不再提取

C. 公积金弥补公司亏损，应当先使用资本公积金；仍不能弥补的，可以按照规定使用任意公积金和法定公积金

D. 公司发行无面额股所得股款未计入注册资本的金额，应列为资本公积金

【答案】BD

【解析】公司分配当年税后利润时，应当提取利润的 10% 列入公司法定公积金。当公司法定公积金累计额为公司注册资本的 50% 以上时，可以不再提取，选项 A 错误，选项 B 正确。公积金弥补公司亏损，应当先使用任意公积金和法定公积金；仍不能弥补的，可以按照规定使用资本公积金，选项 C 的说法错误。股份有限公司以超过股票票面金额的发行价格发行股份所得的溢价款、发行无面额股所得股款未计入注册资本的金额以及国务院财政部门规定列入资本公积金的其他项目，应当列为公司资本公积金，选项 D 正确。

第八单元　公司合并、分立、增资、减资

1 公司合并、分立

一、考点解读

（一）公司合并

公司合并是指两个以上的公司依照法定程序变为一个公司的行为。

其形式有两种：一是吸收合并，指一个公司吸收其他公司，被吸收的公司解散；二是新设合并，指两个以上公司合并设立一个新的公司，合并各方解散。

1. 合并决议

（1）有限责任公司的股东会在对公司合并作出决议时，应当经代表 **2/3 以上表决权**的股东通过。

（2）股份有限公司的股东大会在对公司合并作出决议时，应当经**出席会议的股东所持表决权的 2/3 以上**通过。

（3）国有独资公司的合并决议，由履行出资人职责的机构决定。

提示 公司与其持股 90% 以上的公司合并，被合并的公司不需经股东会决议，但应当通知其他股东，其他股东有权请求公司按照合理的价格收购其股权或者股份。公司合并支付的价款不超过本公司净资产 10% 的，可以不经股东会决议；但是，公司章程另有规定的除外。公司依照前述规定合并不经股东会决议的，应当经董事会决议。

2. 通知债权人

公司应当自作出合并决议之日起 **10 日内**通知债权人，并于 **30 日内**在报纸上或者国家企业信用信息公示系统公告。债权人自接到通知之日起 **30 日内**，未接到通知的自公告之日起 **45 日内**，可以要求公司清偿债务或者提供相应的担保。

3. 依法进行登记

公司合并后，登记事项发生变更的，应当依法向公司登记机关办理变更登记；公司解散的，应当依法办理公司注销登记；设立新公司的，应当依法办理公司设立登记。公司合并时，合并各

方的债权、债务，应当由合并后存续的公司或者新设的公司承继。

（二）公司分立

公司分立是指一个公司依法分为两个以上的公司。

其形式有两种：一是存续分立，即公司以其部分财产和业务另设一个新的公司。在存续分立中，原公司继续存在，原公司的债权债务可由原公司与新公司分别承担，也可按协议归原公司独立承担，新公司取得法人资格。二是新设分立，即公司以其全部财产设立两个以上的新公司，原公司解散。

公司分立，其财产作相应的分割。公司分立，应当编制资产负债表及财产清单。公司应当自作出分立决议之日起 10 日内通知债权人，并于 30 日内在报纸上或者国家企业信用信息公示系统公告。公司分立前的债务由分立后的公司承担**连带责任**。但是，公司在分立前与债权人就债务清偿达成的书面协议另有约定的除外。

二、例题点津

【例题·判断题】公司应当自作出合并决议之日起 10 日内通知债权人，并于 20 日内在报纸上或者国家企业信用信息公示系统公告。债权人自接到通知之日起 30 日内，未接到通知的自公告之日起 45 日内，可以要求公司清偿债务或者提供相应的担保。（　）

【答案】×

【解析】公司应当自作出合并决议之日起 10 日内通知债权人，并于 30 日内在报纸上或者国家企业信用信息公示系统公告。债权人自接到通知之日起 30 日内，未接到通知的自公告之日起 45 日内，可以要求公司清偿债务或者提供相应的担保。

2 公司注册资本的增加和减少

一、考点解读

（一）公司注册资本的减少

公司减少注册资本时，应当自作出减少注册资本决议之日起 10 日内通知债权人，并于 30 日内在报纸上或者国家企业信用信息公示系统公告。债权人自接到通知之日起 30 日内，未接到通知的自公告之日起 45 日内，有权要求公司清偿债务或者提供相应的担保。

公司减少注册资本，应当**按照股东出资或者持有股份的比例相应减少出资额或者股份**，法律另有规定、有限责任公司全体股东另有约定或者股份有限公司章程另有规定的除外。

公司依照《公司法》的规定弥补亏损后，仍有亏损的，可以减少注册资本弥补亏损。减少注册资本弥补亏损的，公司不得向股东分配，也不得免除股东缴纳出资或者股款的义务。公司依照前述规定减少注册资本后，在法定公积金和任意公积金累计额**达到公司注册资本 50%前**，不得分配利润。

违反《公司法》规定减少注册资本的，股东应当退还其收到的资金，减免股东出资的应当恢复原状；给公司造成损失的，股东及负有责任的董事、监事、高级管理人员应当承担赔偿责任。

（二）公司注册资本的增加

有限责任公司增加注册资本时，股东在**同等条件下**有权优先**按照实缴的出资比例认缴出资**。但是，**全体股东**约定不按照出资比例优先认缴出资的除外。股份有限公司为增加注册资本发行新股时，股东不享有优先认购权，公司章程另有规定或者股东会决议决定股东享有优先认购权的除外。

二、例题点津

【例题·判断题】有限责任公司增加注册资本时，股东在同等条件下有权优先按照实缴的出资比例认缴出资。但是，过半数股东约定不按照出资比例优先认缴出资的除外。（　）

【答案】×

【解析】有限责任公司增加注册资本时，股东在同等条件下有权优先按照实缴的出资比例认缴出资。但是，全体股东约定不按照出资比例优先认缴出资的除外。

第九单元 公司解散和清算

1 公司解散

一、考点解读

项目	内容
公司解散的原因	（1）公司章程规定的营业期限届满或者公司章程规定的其他解散事由出现； （2）股东会决议解散； （3）因公司合并或者分立需要解散； （4）依法被吊销营业执照、责令关闭或者被撤销； （5）人民法院依法予以解散。 公司出现前述解散事由，应当在10日内将解散事由通过国家企业信用信息公示系统予以公示。 提示 公司有前述第（1）、（2）项情形，且尚未向股东分配财产的，可以通过修改公司章程或者经股东会决议而存续。公司依照前述规定修改公司章程或者经股东会决议，有限责任公司须经持有2/3以上表决权的股东通过，股份有限公司须经出席股东会会议的股东所持表决权的2/3以上通过
公司司法解散	单独或者合计持有公司**10%**以上表决权的股东，有权以下列事由之一提起解散公司诉讼： （1）公司**持续2年**以上无法召开股东会，公司经营管理发生**严重困难**的； （2）股东表决时无法达到法定或者公司章程规定的比例，持续**2年以上不能作出有效的股东会决议**，公司经营管理发生严重困难的； （3）公司**董事长期冲突**，且无法通过股东会解决，公司经营管理发生严重困难的； （4）经营管理发生其他严重困难，公司继续存续会使股东利益受到重大损失的情形
	股东以知情权、利润分配请求权等权益受到损害，或者公司亏损、财产不足以偿还全部债务，以及公司被吊销企业法人营业执照未进行清算等为由，提起解散公司诉讼的，人民法院不予受理。 经人民法院调解公司收购原告股份的，公司应当自调解书生效之日起**6个月内**将股份转让或者注销。股份转让或者注销之前，原告不得以公司收购其股份为由对抗公司债权人。公司被依法宣告破产的，依照有关企业破产的法律制度实施破产清算

二、例题点津

【例题1·单选题】 张某、王某、董某设立甲有限责任公司，持股比例分别为30%、30%、40%，张某以下列（　　）提起解散公司的诉讼法院应该受理。

A. 以公司被吊销企业法人营业执照而未进行清算为由

B. 以公司经营管理发生严重困难，继续存续会使股东利益受到重大损失为由

C. 以其知情权受到损害为由

D. 以公司管理层严重侵害其利益分配请求权，其股东利益受到重大损失为由

【答案】 B

【解析】 根据《公司法》规定，公司持续2年以上无法召开股东会，公司经营管理发生严重困难的；股东表决时无法达到法定或者公司章程规定的比例，持续2年以上不能作出有效的股东

会决议，公司经营管理发生严重困难的；公司董事长期冲突，且无法通过股东会解决，公司经营管理发生严重困难的；经营管理发生其他严重困难，公司继续存续会使股东利益受到重大损失的情形，股东可以向人民法院提起解散公司的诉讼，故选项B正确。

【例题2·多选题】根据公司法律制度的规定，下列关于公司解散的说法中，不正确的有（　　）。

A. 甲有限责任公司的公司章程规定的营业期限届满后，已向股东分配了财产，仍可以通过修改公司章程存续

B. 乙有限责任公司依法被吊销营业执照，应当解散

C. 丙有限责任公司股东会决议解散，应当在10日内将解散事由通过国家企业信用信息公

示系统予以公示

D. 丁有限责任公司的公司章程规定的营业期限届满，经过半数表决权的股东通过，可以继续存续

【答案】 AD

【解析】 公司章程规定的营业期限届满或者公司章程规定的其他解散事由出现，且尚未向股东分配财产的，可以通过修改公司章程或者经股东会决议而存续。公司依照前述规定修改公司章程或者经股东会决议，有限责任公司须经持有2/3以上表决权的股东通过，选项A、D错误。

2 公司清算

一、考点解读

（一）清算组

项目	内容
组成	（1）董事为公司清算义务人，应当在解散事由出现之日起15日内组成清算组进行清算。清算组由董事组成，但是公司章程另有规定或者股东会决议另选他人的除外。清算义务人未及时履行清算义务，给公司或者债权人造成损失的，应当承担赔偿责任。 （2）清算组成员可以从下列人员或者机构中产生：①公司股东、董事、监事、高级管理人员；②依法设立的律师事务所、会计师事务所、破产清算事务所等社会中介机构；③依法设立的律师事务所、会计师事务所、破产清算事务所等社会中介机构中具备相关专业知识并取得执业资格的人员。 **提示** 公司依照上述规定应当清算，逾期不成立清算组进行清算或者成立清算组后不清算的，利害关系人可以申请人民法院指定有关人员组成清算组进行清算。人民法院应当受理该申请，并及时组织清算组进行清算。公司因依法被吊销营业执照、责令关闭或者被撤销而解散的，作出吊销营业执照、责令关闭或者撤销决定的部门或者公司登记机关，可以申请人民法院指定有关人员组成清算组进行清算
职权	（1）清理公司财产，分别编制资产负债表和财产清单；（2）通知、公告债权人；（3）处理与清算有关的公司未了结的业务；（4）清缴所欠税款以及清算过程中产生的税款；（5）清理债权、债务；（6）分配公司清偿债务后的剩余财产；（7）代表公司参与民事诉讼活动。 清算组在公司清算期间代表公司进行一系列民事活动，全权处理公司经济事务和民事诉讼活动。 **提示** 清算组成员履行清算职责，负有忠实义务和勤勉义务。清算组成员怠于履行清算职责，给公司造成损失的，应当承担赔偿责任；因故意或者重大过失给债权人造成损失的，应当承担赔偿责任

（二）公司清算的程序

程序	内容
组织清算组	公司应当在解散事由出现之日起**15日内**成立清算组。 有下列情形之一，债权人、公司股东、董事或其他利害关系人申请人民法院指定清算组进行清算的，人民法院应予受理：（1）公司解散逾期不成立清算组进行清算的；（2）虽然成立清算组但故意拖延清算的；（3）违法清算可能严重损害债权人或者股东利益的

续表

程序	内容
清理公司财产，编制资产负债表和财产清单	清算组应当对公司财产进行清理，编制资产负债表和财产清单，制订清算方案。 清算方案应当报股东会或者人民法院确认。 清算组执行未经确认的清算方案给公司或者债权人造成损失，公司、股东或者债权人有权要求清算组人员承担赔偿责任
公告和通知公司债权人	清算组应当自成立之日起**10日内通知债权人**，并于60日内在报纸上公告。 债权人应当自接到通知之日起30日内，未接到通知的自公告之日起45日内，向清算组申报其债权
登记债权、编制清算方案	债权人在规定的期限内未申报债权，在公司清算程序终结前补充申报的，清算组应予登记。 债权人补充申报的债权，可以在公司尚未分配财产中依法清偿。 清算组未按照前述规定履行通知和公告义务，导致债权人未及时申报债权而未获清偿，清算组成员对因此造成的损失承担赔偿责任。 债权人申报债权，应当说明债权的有关事项，并提供证明材料。清算组应当对债权进行登记。 在申报债权期间，清算组不得对债权人进行清偿
收取债权、清偿债务，分配剩余财产	公司全部财务（包括收取的债权）在分别支付清算费用、职工的工资、社会保险费用和法定补偿金，缴纳所欠税款，清偿公司债务后的剩余财产，有限责任公司按照股东的出资比例分配，股份有限公司按照股东持有的股份比例分配。 清算期间，公司存续，但不得开展与清算无关的经营活动。公司财产在未按前述规定清偿前，不得分配给股东
制作清算报告，进行公司注销登记	公司清算结束后，清算组应当制作清算报告，报股东会、股东大会或者人民法院确认，并报送公司登记机关，申请注销公司登记，公告公司终止。 公司未经清算即办理注销登记，导致公司无法进行清算，债权人有权要求有限责任公司的股东、股份有限公司的董事和控股股东，以及公司的实际控制人对公司债务承担清偿责任
简易程序注销	公司在存续期间未产生债务，或者已清偿全部债务的，经全体股东承诺，可以按照规定通过简易程序注销公司登记。 通过简易程序注销公司登记，应当通过国家企业信用信息公示系统予以公告，公告期限不少于20日。 公告期限届满后，未有异议的，公司可以在20日内向公司登记机关申请注销公司登记。 公司通过简易程序注销公司登记，股东对前述规定的内容承诺不实的，应当对注销登记前的债务承担连带责任
公司登记机关注销公司登记	公司被吊销营业执照、责令关闭或者被撤销，满3年未向公司登记机关申请注销公司登记的，公司登记机关可以通过国家企业信用信息公示系统予以公告，公告期限不少于60日。 公告期限届满后，未有异议的，公司登记机关可以注销公司登记。 依照前述规定注销公司登记的，原公司股东、清算义务人的责任不受影响

二、例题点津

【例题·多选题】根据公司法律制度的规定，下列关于公司清算的说法中，正确的有（ ）。

A. 董事为公司清算义务人，应当在解散事由出现之日起15日内组成清算组进行清算

B. 公司在存续期间未产生债务，经2/3以上股东承诺，可以按照规定通过简易程序注销公司登记

C. 清算组制订清算方案应当报董事会或者人民法院确认

D. 债务清偿方案经全体债权人确认且不损害其他利害关系人利益的，人民法院可依清算组

的申请裁定予以认可

【答案】AD

【解析】公司在存续期间未产生债务，或者已清偿全部债务的，经全体股东承诺，可以按照规定通过简易程序注销公司登记，选项 B 错误。清算组应当对公司财产进行清理，编制资产负债表和财产清单，制订清算方案。清算方案应当报股东会或者人民法院确认，选项 C 错误。

本章考点巩固练习题

一、单项选择题

1. 根据公司法律制度的规定，下列关于公司法人财产权的限制的说法中，不正确的是（   ）。

   A. 公司向其他企业投资或者为他人提供担保，按照公司章程的规定，由董事会或者股东会决议

   B. 公司为公司股东或者实际控制人提供担保的，应当经股东会决议

   C. 公司为公司股东或者实际控制人提供担保的，接受担保的股东或者受接受担保的实际控制人支配的股东，可以参加前述规定事项的表决

   D. 公司可以向其他企业投资；法律规定公司不得成为对所投资企业的债务承担连带责任的出资人的，从其规定

2. 根据公司法律制度的规定，下列有关公司变更登记的表述中，正确的是（   ）。

   A. 公司合并的，应当自公告之日起 60 日后申请变更登记

   B. 公司减少注册资本的，应当自公告之日起 60 日内申请变更登记

   C. 有限责任公司股东转让股权的，应当自转让股权之日起 60 日内申请变更登记

   D. 公司变更名称的，应当在作出变更决议或决定作出之日起 30 日内申请变更登记

3. 甲、乙、丙、丁四个自然人拟共同出资设立 A 有限责任公司。根据公司法律制度的规定，下列出资方式中，正确的是（   ）。

   A. 甲以劳务作价出资

   B. 乙以特许经营权作价出资

   C. 丙以商标权作价出资

   D. 丁以其微信上的姓名出资

4. 赵某、钱某、孙某、谢某共同出资设立甲有限责任公司。股东谢某以房屋出资，经评估价值为 1 000 万元，已经办理了权属变更手续，公司章程和股东之间的协议未对出资事项作特别约定。公司设立后，丙加入甲公司。之后谢某出资的房屋因市场原因贬值，经评估价值为 800 万元，丙要求谢某承担补足出资责任，下列说法中正确的是（   ）。

   A. 谢某应承担补足出资责任

   B. 赵某、钱某、孙某承担连带责任

   C. 谢某不承担补足出资责任

   D. 赵某、钱某、孙某承担补充责任

5. 根据公司法律制度的规定，下列属于甲有限责任公司公司章程的相对必要记载事项的是（   ）。

   A. 公司经营范围

   B. 公司设立费用及其支付方法

   C. 公司法定代表人的产生及变更办法

   D. 公司注册资本

6. 夏某、刘某和吴某共同出资设立申顺物流有限公司，张某担任公司监事，高某担任公司总经理。股东夏某按规定缴清出资后，认为公司刚成立，不需要太多现金。于是，在高某的协助下，通过银行熟人将该笔出资转入其妻子的理财账户购买理财产品，刘某和吴某对此并不知情。申顺公司因经营管理需要，向甲银行借款 600 万元，借款到期后，顺达公司无力偿还该借款。此时，夏某抽逃出资的本息共计 5 250 万元。对此，下列说法正确的是（   ）。

A. 顺达公司可要求夏某返还抽逃出资，并要求高某承担连带责任

B. 顺达公司可要求夏某返还抽逃出资，并要求张某承担连带责任

C. 甲银行有权请求夏某清偿顺达公司所欠200万元债务

D. 公司登记机可以对夏某处以所抽逃出资金额3%以上10%以下的罚款

7. 根据公司法律制度的规定，下列各项中，属于有限责任公司董事会职权的是（   ）。

A. 修改公司章程

B. 对公司增加注册资本作出决议

C. 审议批准公司的利润分配方案

D. 决定公司内部管理机构的设置

8. 甲有限责任公司股东王某认为公司董事会作出的一项决议内容违反公司章程，向人民法院提起诉讼，请求撤销该项决议，王某提起诉讼的被告应当是（   ）。

A. 董事长

B. 总经理

C. 董事会

D. 甲有限责任公司

9. 下列关于国有独资公司董事会的表述中，不符合公司法律制度规定的是（   ）。

A. 董事会成员中，应当过半数为外部董事

B. 董事会成员中，应当有公司职工代表

C. 董事会成员均由履行出资人职责的机构委派

D. 董事会设董事长1人

10. 下列关于股份有限公司设立的表述中，不符合公司法律制度规定的是（   ）。

A. 股份有限公司的注册资本为在公司登记机关登记的已发行股份的股本总额

B. 股份有限公司可以采取发起设立或者募集设立的方式设立

C. 股份有限公司采取发起设立方式设立的，发起人书面认足公司章程规定的公司设立时应发行的股份

D. 股份有限公司的发起人中须有半数以上为中国公民

11. 以募集设立方式设立股份有限公司的需要召开成立大会，下列关于成立大会的表述中，符合《公司法》规定的是（   ）。

A. 发起人应当在公司设立时应发行股份的股款缴足之日起60日内主持召开公司成立大会

B. 发起人应当在成立大会召开30日前将会议日期通知各认股人或者予以公告

C. 成立大会应有持有表决权过半数的认股人出席，方可举行

D. 成立大会对通过公司章程作出决议，应当经出席会议的认股人所持表决权2/3以上通过

12. 根据公司法律制度的规定，在公司章程对临时股东会会议召开未作特别规定时，股份有限公司发生的下列情形中，应当在2个月内召开临时股东会会议的是（   ）。

A. 甲股份有限公司章程规定董事人数为19人，现实有董事15人

B. 乙股份有限公司实收股本总额为5 000万元，目前未弥补的亏损为1 000万元

C. 持有丙股份有限公司5%股份的股东提议召开临时股东大会

D. 丁股份有限公司监事会提议召开临时股东大会

13. 甲上市公司根据公司章程的规定，就甲上市公司向乙有限责任公司投资事项召开董事会会议。甲上市公司董事长王某之妻林某在乙有限责任公司担任董事长。下列关于甲上市公司董事会会议的表述中，正确的是（   ）。

A. 王某可以就该项投资决议行使表决权

B. 董事会会议所作决议须经无关联关系董事2/3以上通过

C. 王某可以代理其他董事就该项投资决议行使表决权

D. 若出席会议的无关联关系董事只有2人，甲公司应将该事项提交股东会审议

14. 某上市公司拟聘请独立董事。根据公司法律制度的规定，下列人员中，可以担任该上市公司独立董事的是（   ）。

A. 该上市公司的分公司的经理

B. 该上市公司董事会秘书配偶的弟弟

C. 持有该上市公司已发行股份2%的股东郑某的岳父

D. 持有该上市公司已发行股份10%的甲公司的某董事的配偶

15. 下列关于公司减少注册资本的表述中，不符合公司法律制度规定的是（　　）。

A. 公司需要减少注册资本时，应当编制资产负债表和财产清单

B. 公司减少注册资本时，应当自作出减少注册资本决议之日起10日内通知债权人，并于30日内在报纸上或者国家企业信用信息公示系统公告

C. 减少注册资本弥补亏损的，公司可以向股东分配

D. 公司减资的，债权人有权要求公司清偿债务或者提供担保

二、多项选择题

1. 根据公司法律制度的规定，下列关于分公司的法律地位，正确的有（　　）。

A. 分公司从事经营活动的民事责任可以先以该分支机构管理的财产承担，不足承担的，由法人承担

B. 分公司独立承担民事责任

C. 分公司可以依法独立从事生产经营活动

D. 分公司从事经营活动的民事责任由其总公司承担

2. 根据公司法律制度的规定，下列各项中，可以作为财产出资的有（　　）。

A. 股权　　　　　B. 债权

C. 土地使用权　　D. 劳务

3. 根据公司法律制度的规定，下列关于有限责任公司股东缴纳出资的表述中，正确的有（　　）。

A. 股东不按规定缴纳出资的，应向已按期足额缴纳出资的股东承担违约责任

B. 股东以货币出资的，应当将货币出资足额存入有限责任公司在银行设立的账户

C. 股东不按照规定缴纳出资的，应向公司足额缴纳

D. 股东以非货币财产出资的，应当依法办理

其财产权的转移手续

4. 某有限责任公司有职工500人，设董事会，董事会成员有10人，设监事会，监事会成员有5人，监事会成员无职工代表，下列章程约定事项中，符合《公司法》相关规定的有（　　）。

A. 临时股东会可以由2名监事提议召开

B. 董事任期为3年，可连任

C. 监事任期为2年，可连任

D. 董事会成员中应该有职工代表

5. 甲、乙、丙三人共同出资设立A有限责任公司（以下简称"A公司"），在设立过程中甲、乙、丙分别以公司的名义，向B有限责任公司（以下简称"B公司"）购买了若干辆公司用车未付款，签订了一整层写字楼的租赁合同，购买了若干台电脑。以下说法中正确的有（　　）。

A. 若A公司未成立，对于设立过程产生的债务由甲、乙、丙承担连带责任

B. 若A公司未成立，B公司只能向有过错导致公司不能成立的发起人要求清偿债务

C. 甲、乙、丙为设立公司从事的民事活动，其法律后果由A公司承受

D. 如果因为甲的过错导致公司不能成立，乙、丙承担赔偿责任后，有权向甲追偿

6. 根据公司法律制度的规定，股东应当按照法律和公司章程的规定，向公司按期足额缴纳出资。股东违反出资义务的，公司有权通过章程或者股东会决议对该类股东的特定权利予以限制。下列属于该特定权利的有（　　）。

A. 利润分配请求权

B. 查阅账簿请求权

C. 剩余财产分配请求权

D. 新股优先认购权

7. 根据《公司法》的规定，下列各项中，属于有限责任公司监事会职权的有（　　）。

A. 检查公司财务

B. 解聘公司财务负责人

C. 提议召开临时股东会会议

D. 建议罢免违反公司章程的经理

8. 王某拟与李某、赵某设立A有限责任公司，

由于王某与其妻子正在闹离婚，为避免可能的纠纷，遂与其弟刘某商定，由刘某出面设立公司，但出资与相应的投资权益均归王某。在公司登记机关登记的股东为刘某、李某和赵某。关于王某与刘某的约定以及股东资格，下列表述正确的有（　　）。

A. 二人间的约定有效

B. 王某与刘某因投资权益的归属发生争议，王某可以以其实际履行了出资义务为由向刘某主张权利

C. 刘某以自己为登记机关登记的股东为由将其股权转让给公司以外的张某，且张某知道刘某代王某持股，张某可以取得股权

D. 若刘某未履行出资义务，公司债权人可以要求刘某对公司债务不能清偿的部分在未出资本息范围内承担补充赔偿责任

9. A 有限责任公司（以下简称"A 公司"）章程规定，股权对外转让必须经所有股东一致同意方有效。A 公司有甲和乙两名自然人股东。甲持股比例为 52%，乙持股比例为 48%。2023 年 6 月，甲拟将其持有的公司股权转让给丙，乙不同意。2024 年 3 月，甲拟将其持有的公司 1% 的股权转让给丙，乙表示同意。2024 年 4 月，甲与丙完成 1% 的股权转让后，甲未经乙同意就将其持有的公司剩余全部股权转让给了丙，且已经完成股权登记。下列关于甲股权转让的表述中，正确的有（　　）。

A. 甲的第一次股权转让有效

B. 甲的第一次股权转让无效

C. 甲的第二次股权转让有效

D. 甲的第二次股权转让无效

10. 某重要的国有独资公司作出的下列事项中，符合公司法律制度规定的有（　　）。

A. 增加注册资本应由履行出资人职责的机构决定

B. 履行出资人职责的机构可以授权董事会修改公司章程

C. 履行出资人职责的机构可以授权董事会对发行公司债券作出决议

D. 与某国有企业合并由履行出资人职责的机构决定

11. 根据公司法律制度的规定，股份有限公司股东大会所议下列事项中，必须经出席会议的股东所持表决权 2/3 以上通过的有（　　）。

A. 增加公司注册资本

B. 修改公司章程

C. 发行公司债券

D. 与其他公司合并

12. 根据公司法律制度的规定，下列有关股份有限公司组织机构的说法中，正确的有（　　）。

A. 股东会应当每年召开 1 次年会

B. 董事会每年度至少召开 2 次会议

C. 监事会每 6 个月至少召开 1 次会议

D. 股份公司董事会的成员为 2 人以上

13. 根据公司法律制度的规定，下列候选人中，不得担任 A 上市公司独立董事的有（　　）。

A. 甲是 A 上市公司的全资子公司的法律顾问

B. 乙自己创办的 B 公司为 A 上市公司主要原材料供应商

C. 丙是 A 上市公司的总经理的弟弟

D. 丁因侵占财产被判刑，3 年后刑满释放

14. 根据《公司法》的规定，股份有限公司发生特殊情况时，可以收购本公司的股份，下列关于收购本公司股份的说法中，正确的有（　　）。

A. 减少公司注册资本时，可以收购本公司的股份，收购本公司股份后，应当自收购之日起 10 日内注销

B. 与持有本公司股份的其他公司合并时，可以收购本公司的股份，但应当经股东会决议

C. 将股份用于员工持股计划时，可以收购本公司的股份，但公司合计持有的本公司股份数不得超过本公司已发行股份总数的 10%，并应当在 3 年内转让或者注销

D. 股东因对股东会作出的公司合并、分立决议持异议，要求公司收购其股份的，可以收购本公司的股份，但收购后应当在 6 个月内转让或者注销

15. 根据规定，单独或者合计持有公司 10% 以上表决权的股东，因出现一定事由提起解散公

司诉讼的，人民法院应予以受理。该事由包括（ ）。

A. 公司持续 2 年以上无法召开股东会，公司经营管理发生严重困难的

B. 股东表决时无法达到法定或者公司章程规定的比例，持续 2 年以上不能作出有效的股东会决议，公司经营管理发生严重困难的

C. 经营管理发生其他严重困难，公司继续存续会使股东利益受到重大损失的

D. 公司董事长期冲突，且无法通过股东会解决，公司经营管理发生严重困难的

三、判断题

1. A 有限责任公司的法定代表人按照公司章程的规定，只能由代表公司执行公司事务的董事担任，并依法登记。（ ）

2. 有限责任公司的注册资本为在公司登记机关登记的全体股东认缴的出资额。全体股东认缴的出资额由股东按照公司章程的规定自公司成立之日起 10 年内缴足。（ ）

3. 张某、李某和王某共同投资设立一家有限责任公司，张某以自己的房屋作价 300 万元出资，并自公司设立时办理了产权转移手续，但直至公司成立 1 年后才将房屋实际交付给公司使用，李某、王某主张张某在实际交付房屋之前不享有相应股东权利。则李某和王某的主张是合法的。（ ）

4. 公司股东会、董事会的会议召集程序、表决方式违反法律、行政法规或者公司章程，或者决议内容违反公司章程的，股东自决议作出之日起 45 日内，可以请求人民法院撤销。（ ）

5. 公司股东滥用公司法人独立地位和股东有限责任，逃避债务，严重损害公司债权人利益的，应当对公司债务承担连带责任。（ ）

6. 设立股份有限公司，应当有 2 人以上 200 人以下为发起人，其中，应当有半数以上的发起人在中国境内有住所。（ ）

7. 股份有限公司采取发起方式设立的，注册资本为在公司登记机关登记的已发行股份的股本总和，采用募集方式设立的，注册资本为在公司登记机关登记的实收股本总额。（ ）

8. 甲为 A 股份有限公司的股东，持股比例为 2%，连续持股已满 1 年，甲有权查阅 A 股份有限公司的会计账簿。（ ）

9. 上市公司在 1 年内购买、出售重大资产或者向他人提供担保的金额超过公司资产总额 30% 的，应当由股东会作出决议，并经出席会议的股东所持表决权的过半数通过。（ ）

10. 甲持有某有限责任公司全部股东表决权的 9%，因公司管理人员拒绝向其提供公司账本，甲以其知情权受到损害为由，提起解散公司的诉讼。为此，人民法院不予受理。（ ）

四、简答题

1. 2023 年 8 月 21 日，甲有限责任公司（以下简称"甲公司"）由赵某、钱某、孙某和乙公司实缴出资设立。赵某以一套商铺评估作价 200 万元出资，钱某以一组机器设备评估作价 100 万元出资，孙某以货币 40 万元出资，乙公司以土地使用权评估作价 90 万元出资。甲公司章程规定股东按照出资比例行使表决权和分红权，对其他事项未作特别规定。

2024 年 9 月 8 日，甲公司向丙公司采购一批货物，约定 1 个月内支付 1 000 万元货款。2024 年 10 月 8 日，丙公司了解到甲公司的经营状况不佳，遂要求甲公司尽快支付货款。甲公司表示账面仅有 200 万元，无力支付全部货款，请求丙公司宽限几个月。丙公司拟请求甲公司提供担保，调查后发现：

（1）赵某虽然于 2023 年 9 月 1 日将上述商铺交付甲公司使用，但一直未办理不动产物权转移登记手续；

（2）钱某出资的机器设备因为市场变化发生贬值，2024 年 10 月的公允价仅为 50 万元；

（3）乙公司的出资形式为划拨土地使用权。

2024 年 10 月 20 日，甲公司向人民法院提起诉讼，请求：

（1）认定赵某未履行出资义务，要求其补足出资；

（2）认定钱某出资额为 50 万元，要求其补足

出资；

（3）认定乙公司未全面履行出资义务，要求其全面履行出资义务。

人民法院审理后，责令赵某和乙公司于15日内予以纠正。在该期限内，赵某办理了权属变更手续，乙公司未办理土地变更手续。

要求： 根据上述资料和公司法律制度的规定，不考虑其他因素，回答下列问题。

（1）丙公司请求认定赵某未履行出资义务，人民法院是否应予支持？简要说明理由。

（2）丙公司请求钱某补足出资，人民法院是否应予支持？简要说明理由。

（3）丙公司请求认定乙公司未全面履行出资义务，人民法院是否应予支持？简要说明理由。

2. 2022年1月10日，甲有限责任公司（以下简称"甲公司"）与赵某、钱某、孙某、李某分别认缴出资300万元、350万元、280万元、100万元和20万元成立乙有限责任公司（以下简称"乙公司"）。乙公司章程对股东会会议的议事方式、表决程序和对外担保等事项均未作特别规定。乙公司设董事会，赵某、钱某和孙某担任董事，董事会选举赵某为董事长；不设监事会，李某担任监事。

2024年2月1日，甲公司因办公室装修需以一张票面金额为20万元的商业承兑汇票支付装修款。该汇票的出票人为丙公司，承兑人为丁公司，持票人为甲公司。应装修公司的要求，甲公司请求乙公司为其所持上述汇票提供担保。乙公司为此召开股东会会议，在表决时，赵某、钱某和孙某同意，李某未参加会议也未表决。乙公司随后在甲公司提供的上述汇票上以保证人的身份签章，但未记载被保证人。

2024年2月10日，李某得知上述担保决议后认为乙公司提供担保有损乙公司利益，遂提议召开股东会临时会议审议乙公司提供担保的合法性，乙公司召开了临时股东会会议。

2024年5月，李某认为其在乙公司的权益无法得到保护，遂将股权转让给股东孙某，同时向乙公司提出辞去监事职务。赵某认为李某转让股权无效，理由是李某转让股权给孙某既未通知其他股东，也未经其同意。另外要求其继续履行监事职务，直至改选出新的监事。

要求： 根据上述资料和公司法律制度的规定，不考虑其他因素，回答下列问题。

（1）乙公司股东会为甲公司提供担保的决议程序是否符合法律规定？说明理由。

（2）李某召开股东会临时会议的提议是否符合法律规定？说明理由。

（3）李某未经其他股东同意便将乙公司股权转让给孙某是否符合法律规定？说明理由。

（4）赵某要求李某继续履行监事职务是否符合法律规定？说明理由。

本章考点巩固练习题参考答案及解析

一、单项选择题

1.【答案】C

【解析】本题考查公司法人财产权。根据规定，公司为公司股东或者实际控制人提供担保的，应当经股东会决议。接受担保的股东或者受接受担保的实际控制人支配的股东，不得参加前述规定事项的表决。该项表决由出席会议的其他股东所持表决权的过半数通

过，选项C错误。

2.【答案】D

【解析】本题考查公司登记。根据规定，公司变更登记事项，应当自作出变更决议、决定或者法定变更事项发生之日起30日内向登记机关申请变更登记，选项D正确。

3.【答案】C

【解析】本题考查股东出资方式。根据规定，劳务（选项A）、信用、自然人姓名（选项

D）、商誉、特许经营权（选项 B）、设定担保的财产不得作为股东出资的财产。

4.【答案】C

【解析】本题考查股东未尽出资义务的认定。出资人以符合法定条件的非货币财产出资后，因市场变化或者其他客观因素导致出资财产贬值，公司、其他股东或者公司债权人请求该出资人承担补足出资责任的，人民法院不予支持。但是，当事人另有约定的除外。

5.【答案】B

【解析】本题考查有限责任公司的公司章程。根据规定，公司章程记载事项依是否具有法律强制性规定可分为：绝对必要记载事项、相对必要记载事项和任意记载事项，选项 A、C、D 属于绝对必要记载事项，选项 B 属于相对必要记载事项。

6.【答案】A

【解析】本题考查抽逃出资。选项 A、B：有限责任公司成立后，股东不得抽逃出资。违反该规定的，股东应当返还抽逃的出资；给公司造成损失的，负有责任的董事、监事、高级管理人员应当与该股东承担连带赔偿责任。本题中，只有作为总经理的高某进行了协助，因此，只能要求高某承担连带责任。选项 C：公司债权人甲银行有权请求抽逃出资的股东夏某对公司不能清偿的债务，在抽逃出资的本息范围内承担补充赔偿责任，因此，对公司不能清偿的 200 万元债务，夏某只承担 120 万元。选项 D：公司的发起人、股东在公司成立后，抽逃其出资的，由公司登记机关责令改正，处以所抽逃出资金额 5% 以上 15% 以下的罚款。

7.【答案】D

【解析】本题考查有限责任公司董事会的职权。董事会对股东会负责，行使下列职权：（1）召集股东会会议，并向股东会报告工作；（2）执行股东会的决议；（3）决定公司的经营计划和投资方案；（4）制订公司的利润分配方案和弥补亏损方案；（5）制订公司增加或者减少注册资本以及发行公司债券的方案；（6）制订公司合并、分立、解散或者变更公

司形式的方案；（7）决定公司内部管理机构的设置；（8）决定聘任或者解聘公司经理及其报酬事项，并根据经理的提名决定聘任或者解聘公司副经理、财务负责人及其报酬事项；（9）制定公司的基本管理制度；（10）公司章程规定或者股东会授予的其他职权。因此，选项 A、B、C 属于股东会职权，选项 D 属于董事会职权。

8.【答案】D

【解析】本题考查有限责任公司公司决议瑕疵的法律后果。根据规定，股东请求确认股东会或者股东大会、董事会决议不成立、无效或者撤销决议的案件，应当列公司为被告。对决议涉及的其他利害关系人，可以依法列为第三人，因此，选项 D 正确。

9.【答案】C

【解析】本题考查国有独资公司。根据规定，国有独资公司的董事会成员中，应当过半数为外部董事，并应当有公司职工代表，选项 A、B 正确。董事会成员由履行出资人职责的机构委派；但是，董事会成员中的职工代表由公司职工代表大会选举产生，选项 C 错误。董事会设董事长 1 人，可以设副董事长，选项 D 正确。

10.【答案】D

【解析】本题考查股份有限公司设立。股份有限公司的注册资本为在公司登记机关登记的已发行股份的股本总额，选项 A 正确。股份有限公司可以采取发起设立或者募集设立的方式设立，选项 B 正确。股份有限公司采取发起设立方式设立的，发起人书面认足公司章程规定的公司设立时应发行的股份，选项 C 正确。股份有限公司设立条件之一为"应当有半数以上的发起人在中国境内有住所"，并不要求半数以上的发起人为中国公民，选项 D 错误。

11.【答案】C

【解析】本题考查成立大会。根据规定，发起人应当在公司设立时应发行股份的股款缴足之日起 30 日内主持召开公司成立大会，而不是 60 日，故选项 A 错误。发起人应当

在成立大会召开 15 日前将会议日期通知各认股人或者予以公告，故选项 B 错误。创立大会对通过公司章程作出决议，应当经出席会议的认股人所持表决权过半数通过，而不是 2/3 以上，故选项 D 错误。

12.【答案】D
【解析】本题考查股份有限公司的临时股东会会议。股份有限公司有下列情形之一的，应当在 2 个月内召开临时股东会会议：（1）董事人数不足《公司法》规定人数或者公司章程所定人数的 2/3 时（选项 A）；（2）公司未弥补的亏损达资本总额 1/3 时（选项 B）；（3）单独或者合计持有公司 10% 以上股份的股东请求时（选项 C）；（4）董事会认为必要时；（5）监事会提议召开时（选项 D）；（6）公司章程规定的其他情形。

13.【答案】D
【解析】本题考查上市公司。选项 A、C，上市公司董事与董事会会议决议事项所涉及的企业或者个人有关联关系的，有关联关系的董事不得对该项决议行使表决权，也不得代理其他董事行使表决权。选项 B，董事会会议由过半数的无关联关系董事出席即可举行，董事会会议所作决议须经无关联关系董事过半数通过。选项 D，出席董事会会议的无关联关系董事人数不足 3 人的，应将该事项提交上市公司股东会审议。

14.【答案】C
【解析】本题考查上市公司组织机构的特别规定。选项 A、B：在上市公司或其附属企业任职的人员及其配偶、父母、子女、主要社会关系不得担任该上市公司的独立董事；选项 C：直接或间接持有上市公司已发行股份 1% 以上或者是上市公司前 10 名股东中的自然人股东及其配偶、父母、子女不得担任该上市公司的独立董事，岳父不在限制的范围内；选项 D：在直接或者间接持有上市公司已发行股份 5% 以上的股东或者在上市公司前 5 名股东任职的人员及其配偶、父母、子女不得担任该上市公司的独立董事。

15.【答案】C

【解析】根据规定，公司需要减少注册资本时，应当编制资产负债表及财产清单，故选项 A 正确；公司减少注册资本时，应当自作出减少注册资本决议之日起 10 日内通知债权人，并于 30 日内在报纸上或者国家企业信用信息公示系统公告，故选项 B 正确；公司减资的，债权人有权要求公司清偿债务或者提供担保，故选项 D 正确；减少注册资本弥补亏损的，公司不得向股东分配，也不得免除股东缴纳出资或者股款的义务，故选项 C 错误。

二、多项选择题

1.【答案】ACD
【解析】本题考查公司的种类。分公司只是总公司管理的分支机构，不具有法人资格，但可以依法独立从事生产经营活动。分支机构以自己的名义从事民事活动，产生的民事责任由法人承担；也可以先以该分支机构管理的财产承担，不足承担的，由法人承担。因此 B 选项是错误的。

2.【答案】ABC
【解析】本题考查股东出资方式。股东可以用货币出资，也可以用实物、知识产权、土地使用权、股权、债权等可以用货币估价并可以依法转让的非货币财产作价出资。股东不得以土地所有权、非法的财产、劳务、信用、自然人姓名、商誉、特许经营权（选项 D）或者设定担保的财产等作价出资。

3.【答案】ABCD
【解析】本题考查股东缴纳出资。股东以货币出资的，应当将货币出资足额存入有限责任公司在银行开设的账户；以非货币财产出资的，应当依法办理其财产权的转移手续。对于股东不按照规定缴纳出资的，《公司法》规定，除该股东应当向公司足额缴纳外，还应当对给公司造成的损失承担赔偿责任。

4.【答案】BD
【解析】有限责任公司的临时股东会会议应由代表 1/10 以上表决权的股东，1/3 以上的董事或者监事会提议召开，选项 A 错误。董事、监事任期每届为 3 年，连选可以连任，选项 B 正确，选项 C 错误。职工人数 300 人以上的有限责任公司，除依法设监事会并有公司职工代表的外，其董事会成员中应当有公司职工代表，选项 D 正确。

5.【答案】ACD
【解析】公司未成立的，其法律后果由公司设立时的股东承受；设立时的股东为 2 人以上的，享有连带债权，承担连带债务，选项 A 正确、选项 B 错误。有限责任公司设立时的股东为设立公司从事的民事活动，其法律后果由公司承受，选项 C 正确。设立时的股东因履行公司设立职责造成他人损害的，公司或者无过错的股东承担赔偿责任后，可以向有过错的股东追偿，选项 D 正确。

6.【答案】ACD
【解析】本题考查股东缴纳出资。根据规定，股东违反出资义务的，公司有权通过章程或者股东会决议对该类股东的利润分配请求权、新股优先认购权、剩余财产分配请求权等权利予以限制。因此选项 A、C、D 正确。

7.【答案】ACD
【解析】本题考查监事会的职权。根据规定，监事会、不设监事会的公司的监事行使下列职权：（1）检查公司财务（选项 A）；（2）对董事、高级管理人员执行职务的行为进行监督，对违反法律、行政法规、公司章程或者股东会决议的董事、高级管理人员提出解任的建议（选项 D）；（3）当董事、高级管理人员的行为损害公司的利益时，要求董事、高级管理人员予以纠正；（4）提议召开临时股东会会议，在董事会不履行《公司法》规定的召集和主持股东会会议职责时召集和主持股东会会议（选项 C）；（5）向股东会会议提出提案；（6）依照《公司法》的规定，对董事、高级管理人员提起诉讼；（7）公司章程规定的其他职权。选项 B，"董事会"有权决定聘任或者解聘公司经理及其报酬事项，并根据经理的提名决定聘任或者解聘公司副经理、财务负责人及其报酬事项。

8.【答案】ABD

【解析】本题考查名义股东与实际出资人。根据规定，有限责任公司的实际出资人与名义出资人订立合同，约定由实际出资人出资并享有投资权益，以名义出资人为名义股东，实际出资人与名义股东对该合同效力发生争议的，如无合同无效或可撤销的情形，人民法院应当认定该合同有效，选项 A 正确。当实际出资人与名义股东因投资权益的归属发生争议，实际出资人以其实际履行了出资义务为由向名义股东主张权利的，人民法院应予支持，选项 B 正确。名义股东将登记于其名下的股权转让、质押或者以其他方式处分，须张某构成善意取得，交易的股权才可最终为其所有，选项 C 错误。公司债权人以登记于公司登记机关的股东未履行出资义务为由，请求其对公司债务不能清偿的部分在未出资本息范围内承担补充赔偿责任，股东以其仅为名义股东而非实际出资人为由进行抗辩的，人民法院不予支持，选项 D 正确。

9.【答案】AC
【解析】有限责任公司股东转让股权。甲的第一次股权转让经过了乙的同意，满足了公司章程规定的股权对外转让的条件，且已办理股权转让手续，所以转让有效。甲的第二次股权转让，属于内部转让，有限责任公司的股东之间可以相互转让全部或者部分股权，无论乙是否同意。因此，选项 A、C 正确。

10.【答案】ACD
【解析】本题考查国家出资公司。根据规定，国有独资公司章程由履行出资人职责的机构制定。国有独资公司不设股东会，由履行出资人职责的机构行使股东会职权。履行出资人职责的机构可以授权公司董事会行使股东会的部分职权，选项 C 正确。但公司章程的制定和修改，公司的合并、分立、解散、申请破产，增加或者减少注册资本，分配利润，应当由履行出资人职责的机构决定，选项 A、D 正确，选项 B 错误。

11.【答案】ABD
【解析】股份有限公司股东会作出决议，应当经出席会议的股东所持表决权过半数通过。

但是，股东会作出修改公司章程、增加或者减少注册资本的决议，以及公司合并、分立、解散或者变更公司形式的决议，应当经出席会议的股东所持表决权的2/3以上通过。

12.【答案】ABC

【解析】本题考查股份有限公司组织机构。选项A正确，股份有限公司的股东会分为年会和临时股东会会议两种，股东会应当每年召开1次年会。选项B、C正确，股份有限公司董事会每年度至少召开2次会议，监事会每6个月至少召开1次会议。选项D错误，股份有限公司设董事会，其成员为3人以上。

13.【答案】ACD

【解析】根据《公司法》规定，为上市公司及其控股股东、实际控制人或者其各自附属企业提供财务、法律、咨询、保荐等服务的人员不得担任独立董事（选项A）。在上市公司或者其附属企业任职的人员及其配偶、父母、子女、主要社会关系不得担任独立董事（选项C）。因贪污、贿赂、侵占财产、挪用财产或者破坏社会主义市场经济秩序，被判处刑罚，执行期满未逾5年的，不得担任董事、监事、高级管理人员（选项D）。

14.【答案】ABCD

【解析】根据《公司法》的规定，公司不得收购本公司股份。但是，有下列情形之一的除外：（1）减少公司注册资本；（2）与持有本公司股份的其他公司合并；（3）将股份用于员工持股计划或者股权激励；（4）股东因对股东会作出的公司合并、分立决议持异议，要求公司收购其股份；（5）将股份用于转换公司发行的可转换为股票的公司债券；（6）上市公司为维护公司价值及股东权益所必需。公司因上述（1）项、第（2）项规定的情形收购本公司股份的，应当经股东会决议；公司因上述第（3）项、第（5）项、第（6）项规定的情形收购本公司股份的，可以按照公司章程或者股东会的授权，经2/3以上董事出席的董事会会议决议。公司收购本公司股份，可以通过公开的集中交易

方式，或者法律法规和中国证监会认可的其他方式进行。公司依照上述规定收购本公司股份后，属于第（1）项情形的，应当自收购之日起10日内注销；属于第（2）项、第（4）项情形的，应当在6个月内转让或者注销；属于第（3）项、第（5）项、第（6）项情形的，公司合计持有的本公司股份数不得超过本公司已发行股份总数的10%，并应当在3年内转让或者注销。

15.【答案】ABCD

【解析】本题考查公司司法解散。根据规定，单独或者合计持有公司10%以上表决权的股东，以下列事由之一提起解散公司诉讼，并符合《公司法》有关规定的，人民法院应予受理：（1）公司持续2年以上无法召开股东会，公司经营管理发生严重困难的；（2）股东表决时无法达到法定或者公司章程规定的比例，持续2年以上不能作出有效的股东会决议，公司经营管理发生严重困难的；（3）公司董事长期冲突，且无法通过股东会解决，公司经营管理发生严重困难的；（4）经营管理发生其他严重困难，公司继续存续会使股东利益受到重大损失的情形。四个选项均为正确选项。

三、判断题

1.【答案】×

【解析】公司的法定代表人按照公司章程的规定，由代表公司执行公司事务的董事或者经理担任，并依法登记。公司法定代表人变更的，应当办理变更登记。

2.【答案】×

【解析】有限责任公司的注册资本为在公司登记机关登记的全体股东认缴的出资额。全体股东认缴的出资额由股东按照公司章程的规定自公司成立之日起5年内缴足。

3.【答案】√

【解析】根据规定，出资人以房屋、土地使用权或者需要办理权属登记的知识产权等财产出资，已经办理权属变更手续但未交付给公司使用的，公司或者其他股东主张其向公司

交付，并在实际交付之前不享有相应股东权利的，人民法院应予支持。

4.【答案】×

【解析】公司股东会、董事会的会议召集程序、表决方式违反法律、行政法规或者公司章程，或者决议内容违反公司章程的，股东自决议作出之日起60日内，可以请求人民法院撤销。

5.【答案】√

【解析】本题考查股东滥用股东权的责任。本题所述正确。

6.【答案】×

【解析】设立股份有限公司，应当有1人以上200人以下为发起人，其中，应当有半数以上的发起人在中国境内有住所。

7.【答案】×

【解析】股份有限公司的注册资本为在公司登记机关登记的已发行股份的股本总额。在发起人认购的股份缴足前，不得向他人募集股份。

8.【答案】×

【解析】股份有限公司连续180日以上单独或者合计持有公司3%以上股份的股东要求查阅公司的会计账簿、会计凭证的，应当向公司提出书面请求，说明目的。

9.【答案】×

【解析】上市公司在1年内购买、出售重大资产或者向他人提供担保的金额超过公司资产总额30%的，应当由股东会作出决议，并经出席会议的股东所持表决权的2/3以上通过。

10.【答案】√

【解析】股东以知情权、利润分配请求权等权益受到损害，或者公司亏损、财产不足以偿还全部债务，以及公司被吊销企业法人营业执照未进行清算等为由，提起解散公司诉讼的，人民法院不予受理。

四、简答题

1.【答案】

（1）人民法院不予支持。根据规定，出资人以房屋出资，已经交付公司使用但未办理权属变更手续，公司、其他股东或者公司债权人主张认定出资人未履行出资义务的，人民法院应当责令当事人在指定的合理期间内办理权属变更手续；在前述期间内办理了权属变更手续的，人民法院应当认定其已经履行了出资义务。本题中，赵某在人民法院指定的合理期间内办理了权属变更手续，人民法院应当认定其已经履行了出资义务。

（2）人民法院不予支持。根据规定，出资人以符合法定条件的非货币财产出资后，因市场变化或者其他客观因素导致出资财产贬值，公司、其他股东或者公司债权人请求该出资人承担补足出资责任的，人民法院不予支持，但当事人另有约定的除外。

（3）人民法院应予支持。根据规定，出资人以划拨土地使用权出资，公司、其他股东或者公司债权人主张认定出资人未履行出资义务的，人民法院应当责令当事人在指定的合理期间内办理土地变更手续；逾期未办理的，人民法院应当认定出资人未依法全面履行出资义务。本题中，乙公司未在人民法院指定的合理期间内办理土地变更手续，人民法院应当认定其未依法全面履行出资义务。

2.【答案】

（1）符合法律规定。根据规定，公司为公司股东或者实际控制人提供担保的，应当经股东会决议。接受担保的股东或者受接受担保的实际控制人支配的股东，不得参加前述规定事项的表决。该项表决由出席会议的其他股东所持表决权的过半数通过。本题中，该事项由出席会议的其他股东赵某、钱某和孙某一致同意，因此乙公司股东会为甲公司提供担保的决议程序符合法律规定。

（2）不符合法律规定。根据规定，对于有限责任公司，代表1/10以上表决权的股东，1/3以上的董事或者监事会提议召开临时会议的，应当召开临时会议。股东会会议由股东按照出资比例行使表决权；但是，公司章程另有规定的除外。本题中，在乙公司章程未作特别规定的情况下，李某持股比例不足1/10，不符合条件，因此李某召开股东会临时会议的提议不符合法律规定。

（3）符合法律规定。根据规定，有限责任公司的股东之间可以相互转让其全部或者部分股权。因此，本题中，李某将乙公司股权转让给股东孙某不需要征得其他股东同意，其股权转让行为符合法律规定。

（4）符合法律规定。根据规定，有限责任公司监事任期届满未及时改选，或者监事在任期内辞任导致监事会成员低于法定人数的，在改选出的监事就任前，原监事仍应当依照法律、行政法规和公司章程的规定，履行监事职务。本题中乙公司仅李某一名监事，因此在改选出的监事就任前，李某仍应当依照法律、行政法规和公司章程的规定，履行监事职务。

第三章 合伙企业法律制度

考情分析

在近三年的考试中，本章的平均分值为 10 分。考试中本章多以客观题形式出现，涉及单选题、多选题、判断题，但在近些年的考试中，也常常出现简答题，考生务必做好充分准备。

教材变化

2024 年度教材本章无实质性内容变化。

考点提示

本章考点难度不大，复习重点是普通合伙企业的设立、事务执行、与第三人的关系、入伙和退伙、与有限合伙的区别、有限合伙企业合伙事务执行、入伙与退伙的特殊规定等。

本章考点框架

合伙企业法律制度
- 合伙企业法律制度概述
  - 合伙企业的概念
  - 合伙企业的分类
  - 合伙企业法的基本原则
- 普通合伙企业
  - 普通合伙企业的特点
  - 普通合伙企业的设立
  - 普通合伙企业的财产
  - 普通合伙企业的事务执行
  - 合伙企业与第三人的关系
  - 入伙与退伙
  - 特殊的普通合伙企业
- 有限合伙企业
  - 有限合伙企业的设立
  - 有限合伙企业的事务执行
  - 有限合伙人财产份额出质与转让、债务清偿的特殊规定
  - 有限合伙人的入伙和退伙
  - 合伙人性质转变的特殊规定
- 合伙企业的解散和清算
  - 合伙企业的解散
  - 合伙企业的清算

考点解读及例题点津

第一单元　合伙企业法律制度概述

1 合伙企业的概念

一、考点解读

合伙企业，是指自然人、法人和其他组织依照《中华人民共和国合伙企业法》（以下简称《合伙企业法》）在中国境内设立的普通合伙企业和有限合伙企业。

采取合伙制的非企业专业服务机构（如律师事务所、会计师事务所等）的合伙人，其合伙人承担责任的形式可以适用《合伙企业法》

关于特殊的普通合伙企业合伙人承担责任的规定。外国企业或者个人在中国境内设立合伙企业的管理办法由国务院规定。

提示　外国企业或者个人在中国境内设立合伙企业的管理办法由国务院规定。

二、例题点津

·【例题1·单选题】下列关于合伙制会计师事务所的说法，正确的是（　　）。

A. 其合伙人承担责任形式适用有限合伙企业的规定

B. 其合伙人承担责任形式适用特殊的普通合伙企业的规定

C. 其合伙人承担责任形式适用普通合伙企业的规定

D. 其合伙人承担责任形式为以其出资额为限承担有限责任

【答案】B

【解析】律师事务所、会计师事务所等非企业专业服务机构依据有关法律采取合伙制的，其合伙人承担责任的形式可以适用《合伙企业法》关于特殊的普通合伙企业合伙人承担责任的规定。

【例题2·多选题】根据合伙企业法律制度的规定，下列关于合伙企业特征的表述中，正确的有（　　）。

A. 合伙企业缴纳企业所得税

B. 合伙企业具有法人资格

C. 合伙企业的内部治理高度灵活

D. 合伙企业的信用基础最终取决于普通合伙人的偿付能力

【答案】CD

【解析】选项A、B，合伙企业属于非法人组织，不具有法人资格，不缴纳企业所得税。

2 合伙企业的分类

一、考点解读

合伙企业分为普通合伙企业和有限合伙企业。

项目	普通合伙企业	有限合伙企业
概念	是指由普通合伙人组成，合伙人对合伙企业债务依照《合伙企业法》规定承担无限连带责任的一种合伙企业	是指由有限合伙人和普通合伙人共同组成，普通合伙人对合伙企业债务承担无限连带责任，有限合伙人以其认缴的出资额为限对合伙企业债务承担责任的合伙组织
组成	普通合伙人	普通合伙人和有限合伙人
债务责任	对合伙企业债务承担无限连带责任	（1）普通合伙人对合伙企业债务承担无限连带责任； （2）有限合伙人以其认缴的出资额为限对合伙企业债务承担责任

二、例题点津

【例题·判断题】普通合伙企业由普通合伙人组成，有限合伙企业由有限合伙人组成。（　　）

【答案】×

【解析】普通合伙企业由普通合伙人组成，但有限合伙企业由有限合伙人和普通合伙人共同组成。

3 合伙企业法的基本原则

一、考点解读

《合伙企业法》具有以下基本原则：

（1）协商原则。

合伙协议依法由全体合伙人协商一致、以书面形式订立。

（2）自愿、平等、公平、诚实信用原则。

订立合伙协议、设立合伙企业，应当遵循自愿、平等、公平、诚实信用原则。

（3）守法原则。

合伙企业及其合伙人必须遵守法律、行政法规，遵守社会公德、商业道德，承担社会责任。

（4）合法权益受法律保护原则。

合伙企业及其合伙人的合法财产及其权益受法律保护。

（5）依法纳税原则。

合伙企业的生产经营所得和其他所得，按照国家有关税收规定，由合伙人分别缴纳所得税。

二、例题点津

【例题·多选题】下列属于《合伙企业法》基本原则的有（　　）。

A. 协商原则

B. 依法纳税原则

C. 守法原则

D. 合法权益受法律保护原则

【答案】ABCD

【解析】《合伙企业法》基本原则的有协商原则、守法原则、合法权益受法律保护原则、自愿平等、公平、诚实信用原则、依法纳税原则。

第二单元　普通合伙企业

1 普通合伙企业的特点

一、考点解读

普通合伙企业具有以下特点：

（1）由普通合伙人组成。

所谓普通合伙人，是指在合伙企业中对合伙企业的债务依法承担无限连带责任的**自然人**、**法人**和**其他组织**。

提示 国有独资公司、国有企业、上市公司以及公益性的事业单位、社会团体不得成为普通合伙人。

（2）合伙人对合伙企业债务依法承担无限连带责任，法律另有规定的除外。

无限连带责任包括：

①连带责任。即所有的合伙人对合伙企业的债务都有责任向债权人偿还，不管自己在合伙协议中所确定的承担比例如何。

②无限责任。即所有的合伙人不以自己投入合伙企业的资金和合伙企业的其他资金为限对债权人承担清偿责任，在这些财产不够清偿时还要以合伙人自己所有的财产对债权人承担清偿责任。

（3）以专业知识和专门技能为客户提供有偿服务设立的普通合伙企业，合伙人承担连带责任的情况如下表所示。

债务引发性质	合伙人承担责任情况
故意或者重大过失	责任合伙人：承担**无限连带**责任
	其他合伙人：以其在合伙企业中的**财产份额为**限承担责任

续表

债务引发性质	合伙人承担责任情况
故意或者重大过失	提示 以合伙企业财产对外承担责任后，该合伙人应当按照合伙协议的约定对给合伙企业造成的损失承担赔偿责任
非故意或者重大过失	全体合伙人承担**无限连带**责任

二、例题点津

【例题1·单选题】根据合伙企业法律制度的规定，下列主体中，可以成为合伙企业普通合伙人的是（　　）。

A. 上市公司

B. 国有独资公司

C. 公益性事业单位

D. 一人有限责任公司

【答案】D

【解析】上市公司、国有独资公司、公益性事业单位，不得成为普通合伙人，选项D正确。

【例题2·判断题】特殊的普通合伙企业中，以合伙企业财产对外承担债务责任后，如系合伙人执业行为中故意引起的，该合伙人应当按照合伙协议的约定，对给合伙企业造成的损失承担赔偿责任。（　　）

【答案】√

【解析】特殊的普通合伙企业中，对合伙人执业行为中因故意或重大过失引起的合伙企业债务，以合伙企业财产对外承担责任后，该合伙人应当按照合伙协议的约定对给合伙企业造成的损失承担赔偿责任。

2 普通合伙企业的设立

一、考点解读

（一）设立条件

（1）**有两个以上的合伙人**。合伙人可以是自然人，也可以是法人或者其他组织。

不得成为合伙企业合伙人的：**无民事行为能力人**和**限制民事行为能力人**。

不得成为普通合伙人：国有独资公司、国有企业、上市公司以及**公益性的事业单位、社会团体**。

（2）有**书面合伙协议**。合伙协议的修改或者补充应当经全体合伙人一致同意，但是合伙协议另有约定的除外。合伙协议未约定或者约定不明确的事项，由合伙人协商决定；协商不成的，依照有关法律、行政法规的规定处理。

（3）有合伙人**认缴**或者**实际缴付**的出资。合伙人可以用**货币、实物、知识产权、土地使用**权或者**其他财产权利**出资，也可以用劳务出资。以非货币财产出资的，依照法律、行政法规的规定，需要办理财产权转移手续的，应当依法办理。以**劳务出资**的，其**评估办法由全体合伙人协商**确定，并在合伙协议中载明。

（4）有合伙企业的名称和生产经营场所。普通合伙企业应当在其名称中标明"普通合伙"字样，特殊的普通合伙企业应当在其名称中标明"特殊普通合伙"字样。

（5）法律、行政法规规定的其他条件。

（二）合伙企业的设立登记

（1）申请人向企业登记机关提交的相关文件有：①全体合伙人签署的设立登记申请书；②合伙协议书；③全体合伙人的身份证明；④全体合伙人指定的代表或者共同委托代理人的委托书；⑤全体合伙人对各合伙人认缴或者实际缴付出资的确认书；⑥经营场所证明；⑦其他法定的证明文件。

提示 法律、行政法规规定设立特殊的普通合伙企业需要提交合伙人的职业资格文件的，提交相应材料。

（2）普通合伙企业**登记、备案**事项。普通合伙企业应当依法登记下列事项：名称、类型、经营范围、主要经营场所、出资额、执行事务合伙人名称或者姓名，合伙人名称或者姓名、住所、承担责任方式。执行事务合伙人是法人或者其他组织的，登记事项还应当包括其委派的代表姓名。普通合伙企业应当依法备案下列事项：合伙协议、合伙期限、合伙人认缴或者实际缴付的出资数额、缴付期限和出资方式、登记联络员、外商投资合伙企业法律文件送达接受人、合伙企业受益所有人相关信息。

（3）合伙企业的**营业执照签发日期**，为合伙企业的**成立日期**。合伙企业登记事项发生变更的，执行合伙事务的合伙人应当自作出变更决定或者发生变更事由之日起**15日内**，向企业登记机关申请办理变更登记。

二、例题点津

【例题1·单选题】下列关于普通合伙企业设立条件的表述中，不符合合伙企业法律制度规定的是（　　）。

A. 合伙人可以用知识产权出资

B. 合伙协议经全体合伙人签名、盖章后生效

C. 合伙人可以是公益性的事业单位

D. 合伙协议中应载明合伙人以劳务出资时由全体合伙人协商确定的评估办法

【答案】C

【解析】国有独资公司、国有企业、上市公司以及公益性的事业单位、社会团体不得成为普通合伙人，因此，选项C正确。合伙协议经全体合伙人签名、盖章后生效，故选项B不正确。合伙人以劳务出资的，其评估办法由全体合伙人协商确定，并在合伙协议中载明，故选项D不正确。合伙人可以用货币、实物、知识产权、土地使用权或者其他财产权利出资，也可以用劳务出资，故选项A不正确。

【例题2·单选题】根据合伙企业法律制度的规定，下列出资形式中，只能由全体合伙人协商确定价值评估办法的是（　　）。

A. 实物　　　　B. 土地使用权

C. 知识产权　　D. 劳务

【答案】D

【解析】选项A、B、C，合伙人以实物、知识产权、土地使用权或者其他财产权利出资，需要评估作价的，可以由全体合伙人协商确定，也可以由全体合伙人委托法定评估机构评估。选项D，合伙人以劳务出资的，其评估办法由全体合伙人协商确定，并在合伙协议中载明。

【例题3·多选题】根据合伙企业法律制度的规定，下列关于普通合伙企业设立条件的表述中，正确的有（　　）。

A. 有合伙企业的名称和生产经营场所

B. 有书面或者口头的合伙协议

C. 有2个以上合伙人

D. 有合伙人认缴或者实际缴付的出资

【答案】ACD

【解析】设立普通合伙企业的条件有：有2个以上合伙人；有合伙企业的名称和生产经营场所；有书面的合伙协议；有合伙人认缴或者实际缴付的出资。因此，选项A、C、D正确。

【例题4·多选题】自然人甲、乙与某有限责任公司拟共同设立一家普通合伙企业，下列关于该合伙企业设立的表述中，正确的有（　　）。

A. 应当有合伙协议

B. 该有限责任公司可以是国有企业

C. 甲、乙均应当具有完全民事行为能力

D. 名称中必须包含"普通合伙"字样

【答案】ACD

【解析】国有独资公司、国有企业、上市公司以及公益性的事业单位、社会团体不得成为普通合伙人，选项B错误。

【例题5·多选题】根据合伙企业法律制度的规定，下列关于合伙企业设立登记的表述中，正确的有（　　）。

A. 合伙企业申请人须向登记机关提交合伙协议书及全体合伙人的身份证明

B. 普通合伙企业应当依法备案合伙人认缴或者实际缴付的出资数额

C. 合伙协议约定委托一个合伙人执行合伙事务的，应当向登记机关提交全体合伙人的委托书

D. 合伙企业的成立日期为合伙协议签订之日

【答案】ABC

【解析】选项D，合伙企业的营业执照签发日期为合伙企业的成立日期。合伙企业领取营业执照前，合伙人不得以合伙企业名义从事合伙业务。

【例题6·判断题】合伙企业与公司都是依据章程设立的。（　　）

【答案】×

【解析】合伙企业是依据合伙协议设立的，公司是依据章程设立的。

3 普通合伙企业的财产

一、考点解读

（一）合伙企业财产的构成

合伙企业的财产由以下三部分构成：

（1）合伙人的出资，需注意合伙企业的原始财产是合伙人"认缴"的财产。

（2）以合伙企业名义取得的收益，如未分配盈余、合伙企业债权等。

（3）依法取得的其他财产，如合法接受的赠与财产等。

（二）合伙企业财产的性质

（1）独立性，合伙企业的财产独立于合伙人，合伙人出资以后便丧失了对其作为出资部分的财产的所有权或者持有权、占有权，合伙企业的财产权主体是合伙企业。

（2）完整性，合伙企业的财产作为一个完整的统一体而存在，合伙人对合伙企业的财产权益表现为依照合伙协议所确定的财产收益份额或者比例。

提示 合伙人在合伙企业清算前私自转移或者处分合伙企业财产的，合伙企业"不得以此对抗善意第三人"。

（三）合伙人财产份额的转让

（1）对外转让：合伙人向合伙人以外的人转让其在合伙企业中的全部或者部分财产份额时，须经其他合伙人一致同意。（2）对内转让：合伙人之间转让在合伙企业中的全部或者部分财

产份额时，应当**通知其他合伙人**。（3）对外转让，但有优先购买权的情况：合伙人向合伙人以外的人转让其在合伙企业中的财产份额的，在同等条件下，其他合伙人有**优先购买权**；但是，合伙协议另有约定的除外。

（四）财产份额的出质

（1）合伙人以其在合伙企业中的财产份额出质的，须经其他合伙人**一致同意**。（2）未经其他合伙人一致同意，其行为**无效**。（3）由此给善意第三人造成损失的，由行为人依法**承担赔偿**责任。

二、例题点津

【例题1·单选题】根据合伙企业法律制度的规定，下列各项中，不属于合伙企业财产的是（   ）。

A. 合伙人的出资

B. 合伙企业取得的专利权

C. 合伙企业接受的捐赠

D. 合伙企业承租的设备

【答案】 D

【解析】 本题考核合伙企业的财产。因租赁占有的财产，所有权并没有发生转移，仍然属于出租人，因此选项D不属于合伙企业的财产。

【例题2·单选题】下列关于普通合伙企业的合伙人财产份额转让的表述中，符合合伙企业法律制度规定的是（   ）。

A. 合伙人向合伙企业以外的人转让其在合伙企业中的部分财产份额时，须通知其他合伙人，除非合伙协议另有约定

B. 合伙人向合伙企业以外的人转让其在合伙企业中的全部财产份额的，须经其他合伙人一致同意，除非合伙协议另有约定

C. 合伙人向合伙企业以外的人转让其在合伙企业中的财产份额的，即使合伙企业另有约定，其他合伙人也享有在同等条件下的优先购买权

D. 合伙人之间转让其在合伙企业中的全部财产份额的，须通知其他合伙人，除非合伙企业另有约定

【答案】 B

【解析】 根据合伙企业法律制度的规定，除

合伙协议另有约定外，合伙人向合伙人以外的人转让其在合伙企业中的全部或者部分财产份额时，须经其他合伙人一致同意。合伙人之间转让在合伙企业中的全部或者部分财产份额时，应当通知其他合伙人。合伙人向合伙人以外的人转让其在合伙企业中的财产份额的，在同等条件下，其他合伙人有优先购买权；但合伙协议另有约定的除外。因此，选项B正确。

【例题3·单选题】某普通合伙企业合伙人李某因个人借款，拟将其合伙财产份额质押给债权人王某。根据合伙企业法律制度的规定，为使该质押行为有效，应当经（   ）。

A. 1/3以上合伙人同意

B. 过半数合伙人同意

C. 2/3以上合伙人同意

D. 其他合伙人一致同意

【答案】 D

【解析】 普通合伙人以其在合伙企业中的财产份额出质的，须经其他合伙人一致同意。

4 普通合伙企业的事务执行

一、考点解读

（一）合伙事务执行的形式

（1）全体合伙人共同执行合伙事务。

全体合伙人共同执行合伙事务是合伙事务执行的基本形式。在采取这种形式的合伙企业中，按照合伙协议的约定，各个合伙人都直接参与经营，处理合伙企业的事务，对外代表合伙企业。

（2）委托一个或者数个合伙人执行合伙事务。

委托一个或者数个合伙人执行合伙事务的，其他合伙人不再执行合伙事务。

除合伙协议另有约定外，合伙企业的下列事项应当**经全体合伙人一致同意**：①**改变合伙企业的名称**；②改变合伙企业的**经营范围、主要经营场所的地点**；③**处分**合伙企业的**不动产**；④**转让或者处分**合伙企业的**知识产权和其他财产权利**；⑤**以合伙企业名义为他人提供担保**；⑥**聘任合伙人以外的人担任合伙企业的经营管理人员**。

（二）合伙人在执行合伙事务中的权利

（1）合伙人对执行合伙事务享有同等的权利。

（2）执行合伙事务的合伙人对外代表合伙企业。

（3）不执行合伙事务的合伙人的监督权利。

（4）合伙人查阅合伙企业会计账簿等财务资料的权利。

（5）合伙人有提出异议的权利和撤销委托的权利。

（三）合伙人在执行合伙事务中的义务

（1）合伙事务执行人向不参加执行事务的合伙人报告企业经营状况和财务状况。

（2）合伙人不得自营或者同他人合作经营与本合伙企业相竞争的业务。

（3）合伙人不得同本合伙企业进行交易。

（4）合伙人不得从事损害本合伙企业利益的活动。

（四）合伙事务执行的决议办法

（1）由合伙协议对决议办法作出约定。

这种决议办法需满足的两个前提：

①不与法律相抵触，即法律有规定的按照法律的规定执行，法律未作规定的可在合伙协议中约定；②合伙协议中作出的约定，应当由全体合伙人协商一致共同作出。

（2）实行合伙人一人一票并经全体合伙人过半数通过的表决办法（这种办法实施的前提是合伙协议未约定或者约定不明确的）。

（3）全体合伙人一致同意（法定事项）。

（五）合伙企业的损益分配

分配原则：合伙企业的利润分配、亏损分担，按照合伙协议的约定办理→合伙协议未约定或者约定不明确的，由合伙人协商决定→协商不成的，由合伙人按照实缴出资比例分配、分担→无法确定出资比例的，由合伙人平均分配、分担。

提示 合伙协议不得约定将全部利润分配给部分合伙人或者由部分合伙人承担全部亏损。

（六）非合伙人参与经营管理

（1）除合伙协议另有约定外，经全体合伙人一致同意，可以聘任合伙人以外的人担任合伙企业的经营管理人员。

（2）被聘任的经营管理人员，仅是合伙企业的经营管理人员，不是合伙企业的合伙人，因而不具有合伙人的资格。

（3）被聘任的经营管理人员的职责主要有：①被聘任的合伙企业的经营管理人员应当在合伙企业授权范围内履行职务；②被聘任的合伙企业的经营管理人员，超越合伙企业授权范围履行职务，或者在履行职务过程中因故意或者重大过失给合伙企业造成损失的，依法承担赔偿责任。

二、例题点津

【例题1·单选题】甲普通合伙企业（以下简称"甲企业"）的合伙协议对决议规则没有特别约定，下列事项中，不需要经过全体合伙人一致同意的是（　　）。

A. 甲企业合伙人为甲企业提供担保

B. 改变甲企业的名称

C. 转让甲企业的知识产权

D. 改变甲企业的经营范围

【答案】A

【解析】除合伙协议另有约定外，合伙企业的下列事项应当经全体普通合伙人一致同意：（1）改变合伙企业的名称；（2）改变合伙企业的经营范围、主要经营场所的地点；（3）处分合伙企业的不动产；（4）转让或者处分合伙企业的知识产权和其他财产权利；（5）以合伙企业名义为他人提供担保；（6）聘任合伙人以外的人担任合伙企业的经营管理人员。

【例题2·单选题】下列有关普通合伙企业合伙事务执行的表述中，符合《合伙企业法》规定的是（　　）。

A. 合伙人执行合伙企业事务享有同等的权利

B. 合伙人可以自营与合伙企业相竞争的业务

C. 不执行合伙企业事务的合伙人无权查阅合伙企业会计账簿

D. 聘用非合伙人担任经营管理人员的，其在被聘用期间具有合伙人资格

【答案】A

【解析】在普通合伙企业中，各合伙人无论其出资多少，都有权平等享有执行合伙企业事务

的权利，选项 A 正确。普通合伙人不得自营或者同他人合作经营与本合伙企业相竞争的业务，选项 B 错误。合伙人有权查阅合伙企业会计账簿等财务资料，选项 C 错误。合伙企业聘用的经营管理人员仅是合伙企业的经营管理人员，不是合伙企业的合伙人，因而不具有合伙人的资格，选项 D 错误。

【例题 3 · 单选题】 甲为某普通合伙企业的合伙人，该合伙企业经营手机销售业务。甲拟再设立一家经营手机销售业务的个人独资企业。下列关于甲能否设立该个人独资企业的表述中，符合《合伙企业法》规定的是（　　）。

A. 甲经其他合伙人一致同意，可以设立该个人独资企业

B. 甲可以设立该个人独资企业，除非合伙协议另有约定

C. 甲如不执行合伙企业事务，就可以设立该个人独资企业

D. 甲只要具有该合伙企业合伙人的身份，就不可以设立该个人独资企业

【答案】 D

【解析】 本题考核普通合伙人的义务。根据规定，合伙人不得自营或者同他人合作经营与本合伙企业相竞争的业务，故选项 D 的说法正确。

【例题 4 · 多选题】 下列关于合伙企业利润分配与亏损承担的表述中，正确的有（　　）。

A. 合伙企业对利润分配、亏损分担未约定的，由合伙人协商确定

B. 普通合伙企业的合伙协议不得约定将全部利润分配给部分合伙人

C. 有限合伙企业的合伙协议可以约定由普通合伙人享有全部企业利润

D. 无论是普通合伙企业还是有限合伙企业，均不得约定由部分合伙人承担全部亏损

【答案】 BCD

【解析】 选项 A，合伙企业的利润分配、亏损分担，按照合伙协议的约定办理；合伙协议未约定或者约定不明确的，由合伙人协商决定；协商不成的，由合伙人按照实缴出资比例分配、分担；无法确定出资比例的，由合伙人平均分配、分担。

【例题 5 · 多选题】 根据合伙企业法律制度的规定，下列说法不正确的有（　　）。

A. 合伙企业的经营管理人员不必须具有合伙人身份

B. 聘任合伙人以外的人担任合伙企业的经营管理人员，须经 2/3 以上合伙人通过

C. 被聘任的合伙企业的经营管理人员无须授权即可履行合伙企业一切职务

D. 被聘任的合伙企业的经营管理人员超越合伙企业授权范围履行职务，要承担赔偿责任

【答案】 BC

【解析】 选项 A、B，除合伙协议另有约定外，经全体合伙人一致同意，可以聘任合伙人以外的人担任合伙企业的经营管理人员；被聘任的经营管理人员，仅是合伙企业的经营管理人员，不是合伙企业的合伙人，因而不具有合伙人的资格。选项 C、D，被聘任的合伙企业的经营管理人员应当在合伙企业授权范围内履行职务；被聘任的合伙企业的经营管理人员，超越合伙企业授权范围履行职务，或者在履行职务过程中因故意或者重大过失给合伙企业造成损失的，依法承担赔偿责任。

【例题 6 · 判断题】 甲是某普通合伙企业的合伙人，该合伙企业需要购买一批生产用原材料，甲正好有同样一批原材料想要出售，甲在其他合伙人一致同意的情况下，可以进行该笔交易。（　　）

【答案】 √

【解析】 本题考核合伙事务执行。除合伙协议另有约定或者经全体合伙人一致同意外，合伙人不得同本合伙企业进行交易。题目中说"甲在其他合伙人一致同意的情况下"，则可以进行该笔交易。

【例题 7 · 判断题】 合伙人对合伙企业有关事项作出决议，须按照合伙人一人一票并经全体合伙人过半数通过的表决办法。（　　）

【答案】 ×

【解析】 《合伙企业法》规定，合伙人对合伙企业有关事项作出决议，按照合伙协议约定的表决办法办理。合伙协议未约定或者约定不明确的，实行合伙人一人一票并经全体合伙人过半数

通过的表决办法。实行合伙人一人一票并经全体合伙人过半数通过的表决办法有一个前提，即合伙协议未约定或者约定不明确的，而非必须采取此种决议方式。

5 合伙企业与第三人的关系

一、考点解读

（一）合伙企业对外代表权

（1）可以取得合伙企业对外代表权的合伙人的三种情况。

①由全体合伙人共同执行合伙企业事务的，全体合伙人都有权对外代表合伙企业，即全体合伙人都取得了合伙企业的对外代表权；

②由部分合伙人执行合伙企业事务的，只有受委托执行合伙企业事务的那一部分合伙人有权对外代表合伙企业，而不参加执行合伙企业事务的合伙人则不具有对外代表合伙企业的权利；

③由于特别授权在单项合伙事务上有执行权的合伙人，依照授权范围可以对外代表合伙企业。

（2）合伙企业对外代表权的限制：合伙企业对合伙人执行合伙事务以及对外代表合伙企业权利的限制，不得对抗善意第三人。

（二）合伙企业和合伙人的债务清偿

（1）合伙企业的债务清偿与合伙人的关系。

合伙企业财产优先清偿→合伙企业不能清偿到期债务的，合伙人承担无限连带责任→合伙人由于承担无限连带责任，清偿数额超过规定的其亏损分担比例的，有权向其他合伙人追偿。

合伙人追偿权应当具备的三个条件。

①追偿人已经实际承担连带责任，并且其清偿数额超过了其应当承担的数额；

②被追偿人未实际承担或者未足额承担其应当承担的数额；

③追偿的数额不得超过追偿人超额清偿部分的数额或被追偿人未足额清偿部分的数额。

（2）合伙人的债务清偿与合伙企业的关系（与合伙企业无关的债务）。

①合伙人发生与合伙企业无关的债务，相关债权人不得以其债权抵销其对合伙企业的债务；

也不得代位行使合伙人在合伙企业中的权利。

②合伙人的自有财产不足清偿其与合伙企业无关的债务的，该合伙人可以其从合伙企业中分取的收益用于清偿；债权人也可以依法请求人民法院强制执行该合伙人在合伙企业中的财产份额用于清偿。

③人民法院强制执行合伙人的财产份额时，应当通知全体合伙人，其他合伙人有优先购买权；其他合伙人未购买，又不同意将该财产份额转让给他人的，依照《合伙企业法》的规定为该合伙人办理退伙结算，或者办理削减该合伙人相应财产份额的结算。

二、例题点津

【例题1·单选题】甲、乙、丙三人共同出资设立某普通合伙企业。合伙协议约定了认缴出资的比例，但实缴的出资比例与约定的比例不符。事务执行人甲在执行合伙企业事务时因为重大过失造成合伙企业亏损。合伙协议未约定合伙企业亏损分担比例，合伙人之间也不能通过协议达成一致。根据合伙企业法律制度的规定，下列关于合伙企业亏损分担的表述中，正确的是（　　）。

A. 由甲承担无限责任，乙、丙以其认缴的出资额为限承担有限责任

B. 甲、乙、丙三人平均分担

C. 按甲、乙、丙三人的实缴出资比例分担

D. 按甲、乙、丙三人的认缴出资比例分担

【答案】C

【解析】合伙协议对损益分配未约定或者约定不明确的，由合伙人协商决定；协商不成的，由合伙人按照实缴出资比例分配、分担；无法确定出资比例的，由合伙人平均分配、分担。因此，选项C正确。

【例题2·单选题】普通合伙企业有甲、乙、丙、丁四位合伙人，合伙协议约定，合伙企业债务由各合伙人平均承担。现该合伙企业无力清偿到期债务12万元，甲向债权人清偿了9万元，乙向债权人清偿了3万元。根据合伙企业法律制度的规定，下列关于合伙企业债务内部追偿的表述中，正确的是（　　）。

A. 甲无权向丙或丁追偿

B. 甲可以向乙追偿 3 万元

C. 甲可以向丙追偿 6 万元

D. 甲可以向丁追偿 3 万元

【答案】D

【解析】普通合伙企业的债务首先由合伙企业财产优先清偿；合伙企业不能清偿到期债务的，全体合伙人承担无限连带责任；合伙人承担责任后，超过规定的亏损分担比例的，有权向其他合伙人追偿。本题中，约定债务由各合伙人平均承担，因此，每人应承担 3 万元（12/4），甲多承担了 6 万元，乙刚好承担了 3 万元，因此，甲多承担的 6 万元只能向丙和丁各追偿 3 万元。

【例题 3·单选题】甲普通合伙企业的合伙人赵某欠个体工商户王某 10 万元债务，王某欠甲合伙企业 5 万元债务已到期。赵某的债务到期后一直未清偿。王某的下列做法中，符合《合伙企业法》规定的是（　　）。

A. 代位行使赵某在甲合伙企业中的权利

B. 自行接管赵某在甲合伙企业中的财产份额

C. 请求人民法院强制执行赵某在甲合伙企业中的财产份额用于清偿

D. 主张以其债权抵销其对甲合伙企业的债务

【答案】C

【解析】根据法律规定，合伙人发生与合伙企业无关的债务，相关债权人不得以其债权抵销其对合伙企业的债务；也不得代位行使合伙人在合伙企业中的权利，因此选项 A、D 错误；合伙人的自有财产不足清偿其与合伙企业无关的债务的，该合伙人可以其从合伙企业中分取的收益用于清偿；债权人也可以依法请求人民法院强制执行该合伙人在合伙企业中的财产份额用于清偿，因此选项 B 错误、选项 C 正确。

【例题 4·多选题】某普通合伙企业内部规定，有对外代表权的合伙人甲在签订合同时，须经乙和丙两个执行事务的合伙人同意。2024 年 3 月，甲自作主张没有征求乙和丙的同意，与丁、戊各签订了一份买卖合同，丁明知甲无权签订合同，而戊不知道合伙企业内部对甲所作的限制，在合同的履行中，丁、戊均未从中获得不正当的

利益。下列各项中，说法正确的有（　　）。

A. 该合伙企业不能以甲无权签订合同为由，拒绝对丁履行合伙企业应承担的责任

B. 该合伙企业不能以甲无权签订合同为由，拒绝对戊履行合伙企业应承担的责任

C. 甲因该合同给丁造成的损失而言，合伙企业可以不承担责任

D. 甲因该合同给戊造成的损失而言，合伙企业可以不承担责任

【答案】BC

【解析】《合伙企业法》规定，合伙企业对合伙人执行合伙事务以及对外代表合伙企业权利的限制，不得对抗善意第三人。戊不知道合伙企业内部对甲所作的限制，在合同的履行中也没有从中获得不正当的利益，第三人戊应当为善意第三人，戊所得到的利益应当予以保护，合伙企业不得以其内部所作的在行使权利方面的限制为由，否定善意第三人戊的正当权益，拒绝履行合伙企业应承担的责任。而丁明知甲无权签订合同的事实，则不属于受保护的善意第三人。

【例题 5·判断题】全体合伙人共同执行合伙企业事务的，应由出资最多的合伙人对外代表合伙企业。（　　）

【答案】×

【解析】普通合伙人无论出资多少，都有权平等地享有执行合伙企业事务的权利，全体合伙人共同执行合伙企业事务的，全体合伙人都有权对外代表合伙企业。

6 入伙与退伙

一、考点解读

（一）入伙

（1）新合伙人入伙，除合伙协议另有约定外，应当经全体合伙人一致同意，并依法订立书面入伙协议。订立入伙协议时，原合伙人应当向新合伙人如实告知原合伙企业的经营状况和财务状况。

（2）新合伙人与原合伙人享有同等权利，承担同等责任；但是，如果原合伙人愿意以更优越的条件吸引新合伙人入伙，或者新合伙人愿意

以较为不利的条件入伙，也可以在入伙协议中另行约定；新合伙人对入伙前合伙企业的债务承担无限连带责任。

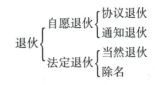

（二）退伙

（1）退伙的原因。

退伙		条　件
自愿退伙	协议退伙 约定了合伙期限	①合伙协议约定的退伙事由出现； ②经全体合伙人一致同意； ③发生合伙人难以继续参加合伙的事由； ④其他合伙人严重违反合伙协议约定的义务
	通知退伙 未约定合伙期限	①必须是合伙协议未约定合伙企业的经营期限； ②必须是合伙人的退伙不给合伙企业事务执行造成不利影响； ③必须提前30日通知其他合伙人
法定退伙	当然退伙	①作为合伙人的自然人死亡或者被依法宣告死亡； ②个人丧失偿债能力； ③作为合伙人的法人或者其他组织依法被吊销营业执照、责令关闭、撤销，或者被宣告破产； ④法律规定或者合伙协议约定合伙人必须具有相关资格而丧失该资格； ⑤合伙人在合伙企业中的全部财产份额被人民法院强制执行。 提示　当然退伙以退伙事由实际发生之日为退伙生效日
	除名	①未履行出资义务； ②因故意或者重大过失给合伙企业造成损失； ③执行合伙事务时有不正当行为； ④发生合伙协议约定的事由。 提示　被除名人接到除名通知之日，除名生效

（2）退伙的效果。

效果		具体规定
退伙财产继承	继承合伙人资格	合伙人死亡或者被依法宣告死亡的，对该合伙人在合伙企业中的财产份额享有合法继承权的继承人，按照合伙协议的约定或者经全体合伙人一致同意，从继承开始之日起，取得该合伙企业的合伙人资格
	成为有限合伙人	继承人为无民事行为能力人或者限制民事行为能力人的，经全体合伙人一致同意，可以依法成为有限合伙人；全体合伙人未能一致同意的，合伙企业应当将被继承合伙人的财产份额退还该继承人。 提示　继承人成为有限合伙人的，普通合伙企业依法转为有限合伙企业
	退还被继承合伙人的财产份额	①继承人不愿意成为合伙人； ②法律规定或者合伙协议约定合伙人必须具有相关资格，而该继承人未取得该资格； ③合伙协议约定不能成为合伙人的其他情形
	【总结】继承人取得合伙人资格的法定条件：①有合法继承权；②有合伙协议的约定或者全体合伙人的一致同意；③继承人愿意	

续表

效果	具体规定
退伙结算	①合伙人退伙，其他合伙人应当与该退伙人按照退伙时的合伙企业财产状况进行结算，退还退伙人的财产份额。如有赔偿责任，应扣减其应当赔偿的数额；如有未了结的合伙企业事务的，待该事务了结后进行结算。 ②退伙人在合伙企业中财产份额的退还办法，由合伙协议约定或者由全体合伙人决定，可以退还货币，也可以退还实物。 ③合伙人退伙时，合伙企业财产少于合伙企业债务的，退伙人应当依照法律规定分担亏损。 提示 退伙人对基于其退伙前的原因发生的合伙企业债务，承担无限连带责任

二、例题点津

【例题1·单选题】根据合伙企业法律制度的规定，下列关于普通合伙人除名的表述中，正确的是（ ）。

A. 被除名人对除名决议有异议的，应当自除名决议作出之日起15日内向人民法院起诉

B. 被除名人接到除名通知后提出异议的，除名决议不生效

C. 对合伙人的除名决议应当书面通知被除名人

D. 发生合伙协议约定事由的自动除名，无须经其他合伙人决议

【答案】C

【解析】（1）选项A，被除名人对除名决议有异议的，可以自接到除名通知之日起30日内，向人民法院起诉。（2）选项B、C，对合伙人的除名决议应当书面通知被除名人，被除名人接到除名通知之日，除名生效，被除名人退伙。（3）选项D，发生合伙协议约定的事由，经其他合伙人一致同意，可以决议将其除名。

【例题2·单选题】某普通合伙企业合伙人张某死亡，其未成年子女张子、张女是其全部合法继承人。根据合伙企业法律制度的规定，下列表述中，正确的是（ ）。

A. 张子、张女可以继承张某的财产份额，但不能成为合伙人

B. 张子、张女因继承张某的财产份额自动取得合伙人资格

C. 经全体合伙人一致同意，张子、张女可以成为有限合伙人

D. 应解散合伙企业，清算后向张子、张女

退还张某的财产份额

【答案】C

【解析】合伙人的继承人为无民事行为能力人或者限制民事行为能力人的，经全体合伙人一致同意，可以依法成为有限合伙人，普通合伙企业依法转为有限合伙企业；全体合伙人未能一致同意的，合伙企业应当将被继承合伙人的财产份额退还该继承人。选项A、B不正确，选项C正确。合伙企业不会因为某个人死亡或者退出导致解散，选项D不正确。

【例题3·单选题】根据合伙企业法律制度的规定，下列各项中，不属于合伙人通知退伙应当满足的条件是（ ）。

A. 合伙协议未约定合伙企业的经营期限

B. 退伙不给合伙企业事务执行造成不利影响

C. 提前30日通知其他合伙人

D. 经其他合伙人一致同意

【答案】D

【解析】合伙协议未约定合伙期限的，合伙人在不给合伙企业事务执行造成不利影响的情况下，可以退伙，但应当提前30日通知其他合伙人。因此，选项D正确。

【例题4·多选题】甲打算加入乙、丙的普通合伙企业。在以下各项要求中，属于甲入伙时需要满足的条件有（ ）。

A. 除合伙协议另有约定外，乙、丙应一致同意，并与甲签订书面的入伙协议

B. 乙、丙向甲告知合伙企业的经营状况和财务状况

C. 甲签订的入伙协议应当与原合伙协议事项一致，不得有变更

D. 甲对入伙前的该合伙企业的债务不承担连带责任

【答案】AB

【解析】根据规定，新合伙人入伙时，除合伙协议另有约定外，应当经全体合伙人一致同意，并依法订立书面入伙协议，选项 A 正确；订立入伙协议时，原合伙人应当向新合伙人告知原合伙企业的经营状况和财务状况，选项 B 正确；新合伙人入伙，应当依法订立书面入伙协议，入伙协议应当以原合伙协议为基础，并对原合伙协议事项作相应变更，订立入伙协议不得违反公平原则、诚实信用原则，选项 C 错误；入伙的新合伙人对入伙前的该合伙企业的债务承担无限连带责任，选项 D 错误。

【例题 5 · 判断题】合伙企业内部可以约定新合伙人以更优越的条件入伙。（　　）

【答案】√

【解析】一般来讲，入伙的新合伙人与原合伙人享有同等权利，承担同等责任。但是，如果原合伙人愿意以更优越的条件吸引新合伙人入伙，或者新合伙人愿意以较为不利的条件入伙，也可以在入伙协议中另行约定。

7 特殊的普通合伙企业

一、考点解读

特殊的普通合伙企业，是指以专业知识和专门技能为客户提供有偿服务的专业服务机构。特殊的普通合伙企业名称中应当标明"特殊普通合伙"字样。

（一）特殊的普通合伙企业的责任形式

1. 责任承担

特殊的普通合伙企业的责任形式分为两种：

（1）有限责任与无限连带责任相结合。即一个合伙人或者数个合伙人在执业活动中因故意或者重大过失造成合伙企业债务的，应当承担无限责任或者无限连带责任，其他合伙人以其在合伙企业中的财产份额为限承担责任。

（2）无限连带责任。对合伙人在执业活动中非因故意或者重大过失造成的合伙企业债务以及合伙企业的其他债务，全体合伙人承担无限连带责任。

提示 这种责任形式的前提是，合伙人在执业过程中不存在重大过错，即既没有故意，也不存在重大过失。

2. 责任追偿

合伙人执业活动中因故意或者重大过失造成的合伙企业债务，以合伙企业财产对外承担责任后，该合伙人应当按照合伙协议的约定，对给合伙企业造成的损失承担赔偿责任。

（二）特殊的普通合伙企业的执业风险防范

特殊的普通合伙企业应当建立执业风险基金、办理职业保险。执业风险基金用于偿付合伙人执业活动造成的债务。

职业保险承保各种专业技术人员因工作上的过失或者疏忽大意所造成的合同一方或者他人的人身伤害或者财产损失的经济赔偿责任的保险。

二、例题点津

【例题 1 · 单选题】下列关于特殊普通合伙企业的设立条件的说法中，正确的是（　　）。

A. 合伙企业必须有书面合伙协议

B. 合伙人人数不超过 50 人

C. 合伙企业名称中必须包含"有限公司"字样

D. 合伙企业名称中必须包含"普通合伙"字样

【答案】A

【解析】选项 B，合伙人应为 2 人以上，法律未规定人数上限。选项 C、D，合伙企业名称应当标明"特殊普通合伙"字样。

【例题 2 · 多选题】甲、乙、丙三人成立一家特殊普通合伙制会计师事务所。甲在为一客户提供审计业务服务过程中，因重大过失给客户造成损失 35 万元。下列关于对该损失承担责任的表述中，符合规定的有（　　）。

A. 甲、乙、丙对此损失承担无限连带责任

B. 甲对此损失承担无限责任

C. 乙、丙对此损失不承担责任

D. 乙、丙以其在会计师事务所中的财产份额为限承担责任

【答案】BD

【解析】《合伙企业法》规定，在特殊普通合伙企业中，一个合伙人或者数个合伙人在执业活动中因故意或者重大过失造成合伙企业债务的，应当承担无限责任或者无限连带责任，其他合伙人以其在合伙企业中的财产份额为限承担责任。因此选项B、D正确。

【例题3·判断题】特殊的普通合伙企业应当建立执业风险基金，用于偿付合伙人执业活动造成的债务。（　　）

【答案】√

【解析】特殊的普通合伙企业应当建立执业风险基金、办理职业保险。执业风险基金用于偿付合伙人执业活动造成的债务。

第三单元　有限合伙企业

1 有限合伙企业的设立

一、考点解读

（一）有限合伙企业的合伙人

有限合伙企业由2人以上50人以下合伙人设立，合伙人中至少应当有**1个普通合伙人**。

国有独资公司、国有企业、上市公司、公益性事业单位和社会团体不得成为普通合伙人，可以成为有限合伙人。

（二）有限合伙企业名称

有限合伙企业名称中应当标明"有限合伙"字样，不能标明"普通合伙""特殊普通合伙""有限公司""有限责任公司"等字样。

（三）有限合伙企业协议

有限合伙企业协议符合普通合伙企业合伙协议的规定外，还应当载明下列事项：（1）普通合伙人和有限合伙人的姓名或者名称、住所；（2）执行事务合伙人应具备的条件和选择程序；（3）执行事务合伙人权限与违约处理办法；（4）执行事务合伙人的除名条件和更换程序；（5）有限合伙人入伙、退伙的条件、程序以及相关责任；（6）有限合伙人和普通合伙人相互转变程序。

（四）有限合伙人出资形式

有限合伙人可以用货币、实物、知识产权、土地使用权或者其他财产权利作价出资。有限合伙人不得以劳务出资。

（五）有限合伙人出资义务

合伙人应按合伙协议约定期足额缴纳出资；否则应当承担**补缴**义务，并对其他合伙人承

担**违约责任**。

（六）有限合伙企业登记事项

《合伙企业法》规定，有限合伙企业登记事项中应当载明有限合伙人的姓名或者名称及认缴的出资数额。

二、例题点津

【例题1·单选题】甲、乙、丙、丁拟共同投资设立一有限合伙企业，甲、乙为普通合伙人，丙、丁为有限合伙人。四人草拟了一份合伙协议。该合伙协议的下列内容中，符合合伙企业法律制度规定的是（　　）。

A. 丙任执行事务合伙人

B. 甲以房屋作价30万元出资，乙以专利技术作价15万元出资，丙以劳务作价20万元出资，丁以现金50万元出资

C. 丙、丁可以将其在合伙企业中的财产份额出质

D. 合伙企业名称为"四合商贸有限公司"

【答案】C

【解析】选项A，有限合伙人丙不得执行合伙事务，这是法律的强制性规定。选项B，有限合伙人丙不得以劳务出资，也是法律的强制性规定。选项C，有限合伙人丙、丁以其财产份额出质的，可以在合伙协议中约定。选项D，有限合伙企业名称中必须标明"有限合伙"字样，这也是法律的强制性规定。因此选项C正确。

【例题2·多选题】下列关于有限合伙企业设立的表述中，正确的有（　　）。

A. 有限合伙企业由100个以下合伙人设立

B. 有限合伙企业中至少应有1个普通合伙人

C. 有限合伙企业仅剩有限合伙人的，应当解散

D. 法人和其他组织可以设立有限合伙企业

【答案】BCD

【解析】选项A，有限合伙企业由2个以上50个以下合伙人设立，但是法律另有规定的除外。

【例题3·判断题】有限合伙企业的合伙协议中应当载明有限合伙人的身份。（　）

【答案】√

【解析】有限合伙企业协议除符合普通合伙企业合伙协议的规定外，还应当载明下列事项：（1）普通合伙人和有限合伙人的姓名或者名称、住所；（2）执行事务合伙人应具备的条件和选择程序；（3）执行事务合伙人权限与违约处理办法；（4）执行事务合伙人的除名条件和更换程序；（5）有限合伙人入伙、退伙的条件、程序以及相关责任；（6）有限合伙人和普通合伙人相互转变程序。

【例题4·判断题】有限合伙人未按期足额缴纳出资的，补缴后则不必对其他合伙人承担违约责任。（　）

【答案】×

【解析】合伙人未按照协议的约定履行缴纳出资义务的，首先应当承担补缴出资的义务，同时还应对其他合伙人承担违约责任。

2 有限合伙企业的事务执行

一、考点解读

（一）有限合伙企业事务执行人

有限合伙企业由普通合伙人执行合伙事务。执行事务合伙人可以要求在合伙协议中确定执行事务的报酬及报酬提取方式。如合伙协议约定数个普通合伙人执行合伙事务，这些普通合伙人均为合伙事务执行人。如合伙协议无约定，全体普通合伙人是合伙事务的共同执行人。合伙事务执行人除享有一般合伙人相同的权利外，还有接受其他合伙人的监督和检查、谨慎执行合伙事务的义务，若因自己的过错造成合伙财产损失的，应向合伙企业或其他合伙人负赔偿责任。

（二）禁止有限合伙人执行合伙事务

有限合伙人不执行合伙事务，不得对外代表有限合伙企业。有限合伙人的下列行为，不视为执行合伙事务：（1）参与决定普通合伙人入伙、退伙；（2）对企业的经营管理提出建议；（3）参与选择承办有限合伙企业审计业务的会计师事务所；（4）获取经审计的有限合伙企业财务会计报告；（5）对涉及自身利益的情况，查阅有限合伙企业财务会计账簿等财务资料；（6）在有限合伙企业中的利益受到侵害时，向有责任的合伙人主张权利或者提起诉讼；（7）执行事务合伙人怠于行使权利时，督促其行使权利或者为了本企业的利益以自己的名义提起诉讼；（8）依法为本企业提供担保。

提示 ①第三人有理由相信有限合伙人为普通合伙人并与其交易的，该有限合伙人对该笔交易承担与普通合伙人同样的责任。

②有限合伙人未经授权以有限合伙企业名义与他人进行交易，给有限合伙企业或者其他合伙人造成损失的，该有限合伙人应当承担赔偿责任。

（三）有限合伙企业利润分配

有限合伙企业不得将全部利润分配给部分合伙人，但合伙协议另有约定的除外。

（四）有限合伙人权利

（1）有限合伙人可以同本企业进行交易。

（2）有限合伙人可以经营与本企业相竞争的业务。与普通合伙人不同，有限合伙人一般不承担竞业禁止义务。普通合伙人如果禁止有限合伙人自营或者同他人合作经营与本有限合伙企业相竞争的业务，应当在合伙协议中作出约定。

二、例题点津

【例题1·单选题】根据合伙企业法律制度的规定，下列关于有限合伙企业合伙事务执行人的表述中，正确的是（　）。

A. 合伙协议无约定的情况下，全体普通合伙人是合伙事务的共同执行人

B. 合伙协议可以约定由有限合伙人担任合伙事务执行人

C. 合伙事务执行人执行合伙事务造成合伙财产损失的，应向合伙企业或其他合伙人承担赔偿责任

D. 合伙事务执行人不得要求合伙企业就执行事务的劳动付出支付报酬

【答案】A

【解析】选项B，有限合伙人不执行合伙事务，不得对外代表有限合伙企业，这是法律的强制性规定，合伙协议不得约定由有限合伙人担任合伙事务执行人。选项C，合伙事务执行人若因自己的过错造成合伙企业财产损失的，应向合伙企业或其他合伙人负赔偿责任（如果没有过错，则无须承担赔偿责任）。选项D，由于执行事务合伙人较不执行事务合伙人对有限合伙企业要多付出劳动，因此，执行事务的合伙人可以就执行事务的劳动付出要求企业支付报酬。

【例题2·单选题】李某为甲有限合伙企业的有限合伙人，合伙协议未就合伙人权利义务作特别约定。下列关于李某权利义务的表述中，正确的是（　　）。

A. 可以执行甲有限合伙企业的合伙事务

B. 不可以自营与甲有限合伙企业相竞争的业务

C. 可以对外代表甲有限合伙企业

D. 可以同甲有限合伙企业进行交易

【答案】D

【解析】有限合伙人不执行合伙事务，不得对外代表有限合伙企业，选项A、C不正确。有限合伙人可以自营或同他人合作经营与本有限合伙企业相竞争的业务；但合伙协议另有约定的除外，选项B不正确。

【例题3·单选题】甲、乙、丙、丁四人为某有限合伙企业的合伙人，其中，甲、乙、丙为普通合伙人，丁为有限合伙人。下列关于该合伙企业合伙事务执行人的表述中，符合合伙企业法律制度规定的是（　　）。

A. 合伙协议可以约定由丁担任合伙事务执行人

B. 合伙协议无约定的情况下，甲、乙、丙是合伙事务的共同执行人

C. 合伙事务执行人执行合伙事务造成合伙财产损失的，应当向合伙企业或其他合伙人承担赔偿责任

D. 合伙事务执行人不得要求合伙企业就执行事务的劳动付出报酬

【答案】B

【解析】有限合伙人不执行合伙事务，仅承担有限责任，选项A不正确。如合伙协议无约定，全体普通合伙人是合伙事务的共同执行人，选项B正确。若因执行事务合伙人的"过错"造成合伙财产损失的，应向合伙企业或其他合伙人负赔偿责任，选项C不正确。执行事务人可以要求企业支付报酬，对于报酬的支付方式及其数额，应由合伙协议规定或全体合伙人讨论决定，选项D不正确。

【例题4·多选题】《合伙企业法》的规定，有限合伙人的下列行为，不视为执行合伙事务的有（　　）。

A. 参与决定普通合伙人入伙事宜

B. 参与选择承办有限合伙企业审计业务的会计师事务所

C. 就有限合伙企业中的特定事项对外代表本合伙企业

D. 对合伙企业经营管理提出建议

【答案】ABD

【解析】有限合伙人的下列行为，不视为执行合伙事务：（1）参与决定普通合伙人入伙、退伙，选项A符合；（2）对企业的经营管理提出建议，选项D符合；（3）参与选择承办有限合伙企业审计业务的会计师事务所，选项B符合；（4）获取经审计的有限合伙企业财务会计报告；（5）对涉及自身利益的情况，查阅有限合伙企业财务会计账簿等财务资料；（6）在有限合伙企业中的利益受到侵害时，向有责任的合伙人主张权利或者提起诉讼；（7）执行事务的合伙人怠于行使权利时，督促其行使权利或者为了本企业的利益以自己的名义提起诉讼；（8）依法为本企业提供担保。有限合伙企业由"普通合伙人"执行合伙事务，"有限合伙人"不执行合伙事务，不得对外代表有限合伙企业，选项C视为执行合伙事务。

【例题5·多选题】某产业投资基金的组织

形式为有限合伙企业，其有限合伙人的下列行为中，符合合伙企业法律制度规定的有（　　）。

A. 担任该基金总经理

B. 参与选择承办该基金审计业务的会计师事务所

C. 依法为该基金提供担保

D. 对该基金的经营管理提出建议

【答案】BCD

【解析】选项 A，有限合伙人不得执行合伙事务（担任该基金总经理）。选项 B、C、D，不视为执行合伙事务。

3 有限合伙人财产份额出质与转让、债务清偿的特殊规定

一、考点解读

（一）有限合伙人财产份额出质

有限合伙人**可以**将其在有限合伙企业中的**财产份额出质**；但是，合伙协议**另有约定的除外**。

（二）有限合伙人财产份额转让

有限合伙人可以按照合伙协议的约定**向合伙人以外的人转让**其在有限合伙企业中的财产份额，但应当**提前 30 日通知其他合伙人**。

提示　有限合伙人对外转让其在有限合伙企业的财产份额时，有限合伙企业的**其他合伙人有优先购买权**。

（三）有限合伙人债务清偿的特殊规定

有限合伙人清偿其与合伙企业无关的债务时，首先应当以自有财产进行清偿，只有自有财产不足清偿时，有限合伙人才可以使用其在有限合伙企业中分取的收益进行清偿，也只有在有限合伙人的自有财产不足清偿其与合伙企业无关的债务时，人民法院才可以应债权人请求强制执行该合伙人在有限合伙企业中的财产份额用于清偿。

提示　人民法院强制执行有限合伙人的财产份额时，应当通知全体合伙人，且在**同等条件下，其他合伙人有优先购买权**。

二、例题点津

【例题 1·单选题】甲为某有限合伙企业的有限合伙人，欲将其财产份额出质。合伙协议对

该类事项的批准方式未作约定。下列关于该事项批准方式的表述中，符合合伙企业法律制度规定的是（　　）。

A. 其他合伙人一致同意

B. 普通合伙人一致同意

C. 有限合伙人一致同意

D. 无须其他合伙人同意

【答案】D

【解析】合伙协议没有约定的情况下，有限合伙人可以将其在有限合伙企业中的财产份额出质，无须其他合伙人同意。

【例题 2·多选题】有限合伙人清偿与合伙企业无关的债务时，下列表述中正确的有（　　）。

A. 有限合伙人可以以其从有限合伙企业中分取的收益用于清偿

B. 债权人可以依法请求人民法院强制执行有限合伙人在有限合伙企业中的财产份额用于清偿

C. 人民法院强制执行有限合伙人的财产份额时，应当通知全体合伙人

D. 有限合伙人以其在有限合伙企业中分取的收益进行清偿前应当先以自有财产进行清偿

【答案】ABCD

【解析】有限合伙人的自有财产不足清偿其与合伙企业无关的债务的，该合伙人可以以其从有限合伙企业中分取的收益用于清偿；债权人也可以依法请求人民法院强制执行该合伙人在有限合伙企业中的财产份额用于清偿。人民法院强制执行有限合伙人的财产份额时，应当通知全体合伙人。在同等条件下，其他合伙人有优先购买权。

【例题 3·判断题】有限合伙人不得将其在有限合伙企业中的财产份额出质。（　　）

【答案】×

【解析】有限合伙人可以将其在有限合伙企业中的财产份额出质；但是，合伙协议另有约定的除外。

4 有限合伙人的入伙和退伙

一、考点解读

（一）入伙

新入伙的有限合伙人**对入伙前**有限合伙企业

的债务，以其认缴的出资额为限承担责任。

提示 在普通合伙企业中，新入伙的合伙人对入伙前合伙企业的债务承担连带责任。

（二）退伙

1. 有限合伙人当然退伙

有限合伙人当然退伙的情形：

（1）作为合伙人的自然人死亡或者被依法宣告死亡；

（2）作为合伙人的法人或者其他组织依法被吊销营业执照、责令关闭、撤销，或者被宣告破产；

（3）法律规定或者合伙协议约定合伙人必须具有相关资格而丧失该资格；

（4）合伙人在合伙企业中的全部财产份额被人民法院强制执行。

2. 有限合伙人丧失民事行为能力的处理

作为有限合伙人的自然人在有限合伙企业存续期间丧失民事行为能力的，其他合伙人不得因此要求其退伙。

3. 有限合伙人继承人的权利

作为有限合伙人的自然人死亡、被依法宣告死亡或者作为有限合伙人的法人及其他组织终止时，其继承人或者权利承受人可以依法取得该有限合伙人在有限合伙企业中的资格。

4. 有限合伙人退伙后的责任承担

退伙后，对基于其退伙前的原因发生的有限合伙企业债务，以其退伙时从有限合伙企业中取回的财产承担责任。

二、例题点津

【例题1·单选题】根据《合伙企业法》的规定，有限合伙人出现一定情形时当然退伙，下列不属于有限合伙人当然退伙情形的是（　　）。

A. 有限合伙人丧失民事行为能力

B. 有限合伙人死亡

C. 有限合伙人被宣告破产

D. 有限合伙人在合伙企业中的全部财产份额被人民法院强制执行

【答案】A

【解析】本题考核有限合伙人当然退伙。根

据规定，有限合伙人出现下列情形之一的，当然退伙：（1）作为合伙人的自然人死亡或者被依法宣告死亡，选项B符合；（2）作为合伙人的法人或者其他组织依法被吊销营业执照、责令关闭、撤销，或者被宣告破产，选项C符合；（3）法律规定或者合伙协议约定合伙人必须具有相关资格而丧失该资格；（4）合伙人在合伙企业中的全部财产份额被人民法院强制执行，选项D符合。作为有限合伙人的自然人在有限合伙企业存续期间丧失民事行为能力的，其他合伙人不得因此要求其退伙，选项A不属于当然退伙。

【例题2·单选题】有限合伙人李某从甲有限合伙企业退伙。关于李某退伙后责任承担的下列表述中，正确的是（　　）。

A. 李某退伙后，对基于其退伙前的原因发生的合伙企业债务承担责任，但以其加入合伙企业时投入的财产为限

B. 李某退伙后，不再对合伙企业债务承担责任

C. 李某退伙后，仍需对合伙企业全部债务承担责任，但以其加入合伙企业时投入的财产为限

D. 李某退伙后，对基于其退伙前的原因发生的合伙企业债务承担责任，但以其退伙时从合伙企业中取回的财产为限

【答案】D

【解析】本题考核有限合伙企业的退伙责任。《合伙企业法》规定，有限合伙人退伙后，对基于其退伙前的原因发生的有限合伙企业债务，以其退伙时从有限合伙企业中取回的财产承担责任。

【例题3·多选题】根据合伙企业法律制度的规定，下列关于有限合伙人入伙与退伙的表述中，不正确的有（　　）。

A. 新入伙的有限合伙人对入伙前合伙企业的债务承担连带责任

B. 新入伙的有限合伙人对入伙前合伙企业的债务以其实缴的出资额为限承担责任

C. 有限合伙人被依法宣告死亡，其继承人为限制民事行为能力人的，不得继承合伙人资格

D. 有限合伙人被依法宣告死亡，其继承人可以依法取得该有限合伙人在有限合伙企业中的

资格

【答案】ABC

【解析】选项 A、B，新入伙的有限合伙人对入伙前有限合伙企业的债务，以其认缴的出资额为限承担责任；普通合伙企业中，新入伙的合伙人对入伙前合伙企业的债务承担连带责任。选项 C、D，作为有限合伙人的自然人死亡、被依法宣告死亡或者作为有限合伙人的法人及其他组织终止时，其继承人或者权利承受人可以依法取得该有限合伙人在有限合伙企业中的资格。

5 合伙人性质转变的特殊规定

一、考点解读

（一）条件

除合伙协议另有约定外，普通合伙人转变为有限合伙人，或者有限合伙人转变为普通合伙人，应当经全体合伙人一致同意。

（二）责任

（1）有限合伙人转变为普通合伙人的，对其作为有限合伙人期间有限合伙企业发生的债务承担无限连带责任。

（2）普通合伙人转变为有限合伙人的，对其作为普通合伙人期间合伙企业发生的债务承担

无限连带责任。

二、例题点津

【例题1·单选题】根据合伙企业法律制度的规定，有限合伙人转变为普通合伙人的，对其作为有限合伙人期间有限合伙企业发生的债务应承担责任。该责任为（　　）。

A. 有限责任，以其认缴的出资额为限

B. 有限责任，以其实缴的出资额为限

C. 无限连带责任

D. 有限责任，以其在有限合伙企业的财产份额为限

【答案】C

【解析】有限合伙人转变为普通合伙人的，对其作为有限合伙人期间有限合伙企业发生的债务承担无限连带责任。因此，选项 C 正确。

【例题2·判断题】普通合伙人转变为有限合伙人的，对其作为普通合伙人期间合伙企业发生的债务以其在合伙企业中的财产份额为限承担责任。（　　）

【答案】×

【解析】普通合伙人转变为有限合伙人的，对其作为普通合伙人期间合伙企业发生的债务承担无限连带责任。

第四单元　合伙企业的解散和清算

1 合伙企业的解散

一、考点解读

合伙企业有下列情形之一的，应当解散：

（1）合伙期限届满，合伙人决定不再经营；

（2）合伙协议约定的解散事由出现；

（3）全体合伙人决定解散；

（4）合伙人已不具备法定人数满 30 日；

（5）合伙协议约定的合伙目的已经实现或者无法实现；

（6）依法被吊销营业执照、责令关闭或者被撤销；

（7）法律、行政法规规定的其他原因。

二、例题点津

【例题1·单选题】根据合伙企业法律制度的规定，下列各项中，属于合伙企业应当解散的法定情形是（　　）。

A. 合伙人已不具备法定人数满 15 天

B. 过半数合伙人提议解散

C. 合伙企业严重亏损

D. 合伙期限届满，合伙人决定不再经营

【答案】D

【解析】选项 A，合伙企业解散需合伙人已不具备法定人数满 30 日。选项 B，合伙企业解

散须全体合伙人决定解散。选项 C，严重亏损不属于合伙企业应当解散的情形。

【例题 2·单选题】根据《合伙企业法》的规定，下列各项中，不属于合伙企业应当解散情形的是（　　）。

A. 合伙人因决策失误给合伙企业造成重大损失

B. 合伙协议约定的合伙目的无法实现

C. 合伙企业的合伙人已不具备法定人数满 30 天

D. 合伙企业被依法吊销营业执照

【答案】 A

【解析】根据规定，选项 B、C、D 均属于合伙企业解散的情形。

【例题 3·多选题】甲、乙、丙三人设立一家普通合伙企业，下列情形中，合伙企业应当解散的有（　　）。

A. 甲、乙退出合伙企业，30 天没有其他人入伙

B. 甲、乙同意解散合伙企业，丙不同意

C. 合伙企业的营业执照被吊销

D. 合伙协议约定的合伙目的已经实现

【答案】 ACD

【解析】选项 B，全体合伙人决定解散，合伙企业应当解散。

2 合伙企业的清算

一、考点解读

（1）确定清算人。

由全体合伙人担任；经全体合伙人过半数同意，可以自合伙企业解散事由出现后 **15 日内指定**一个或者数个合伙人，或者委托第三人担任清算人；自合伙企业解散事由出现之日起 15 日内**未确定清算人的**，合伙人或者其他利害关系人可以申请人民法院**指定清算人**。

（2）清算人职责。

①清理合伙企业财产，分别编制资产负债表和财产清单；

②处理与清算有关的合伙企业未了结事务；

③清缴所欠税款；

④清理债权、债务；

⑤处理合伙企业清偿债务后的剩余财产；

⑥代表合伙企业参加诉讼或者仲裁活动。

（3）通知和清算债权人。

清算人自被确定之日起 **10 日内**将合伙企业解散事项**通知债权人**，并于 **60 日内**在报纸上**公告**。债权人应当自接到通知书之日起 **30 日内**，未接到通知书的自公告之日起 **45 日内**，向清算人**申报**债权。

（4）清偿顺序。

支付清算费用→支付职工工资、社会保险费用、法定补偿金→支付缴纳所欠税款→清偿债务→剩余财产按协议约定分配→未约定或者约定不明确的，由合伙人协商决定→协商不成的，由合伙人按照实缴出资比例分配→无法确定出资比例的，由合伙人平均分配。

提示 清算费用包括：①管理合伙企业财产的费用，如仓储费、保管费、保险费等；②处分合伙企业财产的费用，如聘任工作人员的费用等；③清算过程中的其他费用，如通告债权人的费用、调查债权的费用、咨询费用、诉讼费用等。

（5）注销登记：清算结束，清算人应当编制清算报告，经全体合伙人签名、盖章后，在 **15 日内**向企业登记机关报送清算报告，申请办理合伙企业**注销登记**。

（6）合伙人的责任：合伙企业注销后，原普通合伙人对合伙企业**存续期间的债务仍应承担无限连带责任**。

（7）合伙企业不能清偿到期债务的，债权人可以依法向人民法院提出破产清算申请，也可以要求**普通合伙人清偿**。

二、例题点津

【例题 1·单选题】甲为普通合伙企业，该企业在清算时有关债务情况为：职工工资 12 万元、欠缴增值税税款 5 万元、清算过程中的咨询诉讼费用 3 万元、欠供应商宏远公司货款 10 万元。在财产清偿时最先支付的是（　　）。

A. 职工工资 12 万元

B. 欠缴增值税税款 5 万元

C. 清算过程中的咨询诉讼费用 3 万元

D. 欠供应商宏远公司货款 10 万元

【答案】C

【解析】合伙企业的财产首先用于支付合伙企业的清算费用。咨询诉讼费属于清算费用，所以，应最先支付清算过程中的咨询诉讼费用 3 万元，选项 C 正确。

【例题 2·单选题】根据合伙企业法律制度的规定，下列各项中，不属于合伙企业清算费用的是（ ）。

A. 仓储费

B. 聘用工作人员的费用

C. 调查债权的费用

D. 支付给职工的经济补偿金

【答案】D

【解析】选项 A、B、C 均为合伙企业的清算费用。支付给职工的经济补偿金属于合伙企业职工工资、社会保险费用和法定补偿金项目。因此，选项 D 正确。

【例题 3·单选题】根据合伙企业法律制度的规定，下列关于合伙企业清算人确定的表述中，正确的是（ ）。

A. 合伙人担任清算人必须经全体合伙人一致同意

B. 清算人只能在执行合伙企业事务的合伙人中选任

C. 合伙企业不可以委托合伙人以外的第三人担任清算人

D. 自合伙企业解散事由出现之日起 15 日内未确定清算人的，合伙人可以申请人民法院指定清算人

【答案】D

【解析】合伙企业解散，清算人可以由合伙人担任。未能由全体合伙人担任清算人的经全体合伙人过半数同意，可以自合伙企业解散后 15 日内指定 1 名或者数名合伙人，或者委托第三人，担任清算人。如果 15 日内未确定清算人的，合伙人或者其他利害关系人可以申请人民法院指定清算人。

【例题 4·多选题】下列各项中，属于合伙企业清算费用的有（ ）。

A. 因管理合伙企业财产而支付的保管费、保险费

B. 处分合伙企业财产的费用

C. 清算过程中的其他费用

D. 企业所欠缴的税款

【答案】ABC

【解析】清算费用包括：管理合伙企业财产的费用，如仓储费、保管费、保险费等；处分合伙企业财产的费用，如聘任工作人员的费用等；清算过程中的其他费用，如通告债权人的费用、调查债权的费用、咨询费用、诉讼费用等。

本章考点巩固练习题

一、单项选择题

1. 下列关于合伙企业及其类型的表述中，不正确的是（ ）。
   A. 合伙企业不具有法人资格
   B. 合伙企业的合伙人共担风险
   C. 特殊的普通合伙企业由普通合伙人和有限合伙人组成
   D. 有限合伙企业由普通合伙人和有限合伙人

组成

2. 根据合伙企业法律制度的规定，下列主体中，可以成为合伙企业普通合伙人的是（ ）。
   A. 乙上市公司
   B. 丁普通合伙企业
   C. 丙志愿者协会
   D. 甲国有独资公司

3. 根据合伙企业法律制度的规定，合伙企业登记事项变更，执行合伙事务的合伙人应在一

定期限内向企业登记机关申请变更登记。该期限是（　　）日。

A. 10　　　　　　　B. 15

C. 20　　　　　　　D. 30

4. 下列关于普通合伙企业合伙人转让其在合伙企业中的财产份额的表述中，不符合合伙企业法律制度规定的是（　　）。

A. 合伙人向合伙人以外的人转让其在合伙企业中的财产份额，其他合伙人既不同意转让也不行使优先购买权的，视为同意

B. 合伙人之间转让其在合伙企业中的财产份额的，应当通知其他合伙人

C. 合伙人向合伙人以外的人转让其在合伙企业中的财产份额的，除非合伙协议另有约定，同等条件下，其他合伙人有优先购买权

D. 合伙人向合伙人以外的人转让其在合伙企业中的财产份额的，除非合伙协议另有约定，须经其他合伙人一致同意

5. 某普通合伙企业拟变更企业名称，但合伙协议对该事项的决议规则未作约定。下列表述中，符合合伙企业法律制度规定的是（　　）。

A. 该事项经半数以上合伙人同意即可通过

B. 该事项经2/3以上合伙人同意即可通过

C. 该事项经全体合伙人一致同意方可通过

D. 该事项经出资占2/3以上的合伙人同意即可通过

6. 张某、李某、王某和赵某共同设立甲普通合伙企业（以下简称"甲企业"），下列关于甲企业事务执行的表述中，正确的是（　　）。

A. 若合伙协议约定由张某和李某执行合伙企业事务，张某对李某执行的事务提出异议时，不停止该项事务的执行

B. 若合伙协议约定由张某和李某执行合伙企业事务，王某和赵某不再执行合伙事务

C. 若合伙协议未约定合伙事务执行人，则出资最少的张某无权对外代表合伙企业

D. 若合伙协议约定由张某执行合伙企业事务，张某不按合伙协议执行事务，其他合伙人不得撤销对张某的委托

7. 合伙企业举行合伙人会议表决对外投资事项，但合伙协议对该事项的表决办法未作约定。

下列关于合伙企业表决办法的表述中，正确的是（　　）。

A. 须持有过半数财产份额的合伙人同意

B. 须全体合伙人一致同意

C. 须过半数合伙人同意

D. 须2/3以上合伙人同意

8. 根据合伙企业法律制度的规定，普通合伙企业的合伙协议中可以约定的事项是（　　）。

A. 允许合伙人自营或者同他人合作经营与本合伙企业相竞争的业务

B. 将合伙企业的全部利润分配给部分合伙人

C. 由部分合伙人承担合伙企业的亏损

D. 执行合伙事务的决议实行全体合伙人一人一票过2/3通过的表决办法

9. 根据合伙企业法律制度的规定，合伙企业利润分配的首要依据是（　　）。

A. 合伙协议约定的比例

B. 合伙人均等的比例

C. 合伙人实缴出资的比例

D. 合伙人认缴出资的比例

10. 甲、乙、丙、丁共同设立一普通合伙企业。甲从银行贷款80万元，到期无法偿还这笔贷款，银行请求人民法院强制执行甲财产份额的表述中，正确的是（　　）。

A. 甲的全部财产份额被人民法院强制执行后，甲对该合伙企业的债务不再承担连带责任

B. 人民法院强制执行甲财产份额时，其他合伙人未购买，又不同意将该财产份额转让给他人，该合伙企业应当为甲办理退伙或者削减其相应财产份额的结算

C. 人民法院强制执行甲财产份额时，其他合伙人不行使优先购买权，则银行有权自行接管甲在合伙企业中的财产份额

D. 人民法院强制执行甲财产份额时，应当取得其他合伙人的一致同意

11. 根据合伙企业法律制度的规定，下列对协议退伙应满足的条件的表述，不正确的是（　　）。

A. 合伙协议应约定合伙企业的经营期限

B. 须经其他合伙人过半数同意

C. 其他合伙人严重违反合伙协议合伙人可以协议退伙

D. 合伙人难以继续参加合伙可以协议退伙

12. 根据《合伙企业法》的规定，下列各项中，不属于合伙人当然退伙的情形是（　　）。

A. 作为合伙人的法人被宣告破产

B. 合伙人未履行出资义务

C. 合伙人个人丧失偿债能力

D. 合伙人在合伙企业中的全部财产份额被人民法院强制执行

13. 根据合伙企业法律制度的规定，下列情形中，不属于普通合伙企业的合伙人被除名的情形是（　　）。

A. 丁合伙人未履行出资义务

B. 丙合伙人个人丧失偿债能力

C. 甲合伙人在执行合伙事务中有侵占合伙企业财产的行为

D. 乙合伙人因重大过失给合伙企业造成损失

14. 甲、乙、丙各出资 10 万元开办一家经营餐饮的 A 普通合伙企业（以下简称"A 企业"），合伙期限为 5 年，A 企业经营期间，丙提出退伙，甲、乙表示同意，并约定丙放弃一切合伙权利，也不承担合伙债务，后 A 企业由于经营管理不善造成亏损，A 企业财产不足以清偿债务，合伙人对于丙是否承担退伙前 A 企业形成的债务发生争议，下列关于丙对于该债务是否承担责任的表述中，符合合伙企业法律制度规定的是（　　）。

A. 丙不承担责任

B. 丙承担无限连带责任

C. 丙承担补充责任

D. 丙以其出资额为限承担责任

15. 赵某、钱某、孙某、李某共同出资成立了甲特殊普通合伙企业。关于该合伙企业，下列说法中正确的是（　　）。

A. 赵某因故意造成合伙企业债务，钱某、孙某和李某以其合伙企业实缴出资额为限承担责任

B. 赵某因故意造成合伙企业债务，赵某、钱某、孙某、李某承担无限连带责任

C. 赵某因重大过失造成合伙企业债务，赵某承担无限责任，钱某、孙某和李某不承担责任

D. 赵某因重大过失造成合伙企业债务，赵某承担无限责任，钱某、孙某和李某以其在合伙企业中的财产份额为限承担责任

16. 国有企业甲、合伙企业乙、自然人丙拟共同投资设立一合伙企业。根据《合伙企业法》的规定，下列关于该合伙企业设立及相关事项的表述中，不正确的是（　　）。

A. 拟设立的合伙企业可以是普通合伙企业，也可以是有限合伙企业

B. 乙既可以是有限合伙人，也可以是普通合伙人

C. 三方可以约定由丙执行合伙企业事务

D. 三方可以约定不经全体合伙人一致同意而吸收新的合伙人

17. 根据合伙企业法律制度的规定，下列各项中，有限合伙人不得用于出资的是（　　）。

A. 劳务　　　　　　B. 货币

C. 不动产　　　　　D. 专利技术

18. 甲、乙、丙、丁共同投资设立一个有限合伙企业，甲、乙为普通合伙人，丙、丁为有限合伙人。下列有关合伙人以财产份额出质的表述中，不符合合伙企业法律制度规定的是（　　）。

A. 经乙、丙、丁同意，甲可以其在合伙企业中的财产份额出质

B. 如果合伙协议没有约定，即使甲、乙均不同意，丁也可以其在合伙企业中的财产份额出质

C. 合伙协议可以约定，经 2 个以上合伙人同意，乙可以其在合伙企业中的财产份额出质

D. 合伙协议可以约定，未经 2 个以上合伙人同意，丙不得以其在合伙企业中的财产份额出质

19. 根据合伙企业法律制度的规定，下列关于有限合伙人特殊规定的表述中，不正确的是（　　）。

A. 除合伙协议另有约定外，有限合伙人可以与本企业进行交易

B. 除合伙协议另有约定外，有限合伙人可

以经营与本企业相竞争的业务

C. 有限合伙人可以对本企业的经营管理提出建议

D. 有限合伙企业由有限合伙人执行合伙事务

20. 下列关于有限合伙企业中有限合伙人入伙与退伙的表述，符合《合伙企业法》规定的是（　　）。

A. 新入伙的有限合伙人对入伙前有限合伙企业的债务，以其实缴的出资额为限承担责任

B. 作为有限合伙人的自然人，有限合伙企业存续期间丧失民事行为能力的，该有限合伙人当然退伙

C. 退伙后的有限合伙人对基于其退伙前的原因发生的有限合伙企业的债务，以其退伙时从有限合伙企业中取回的财产为限承担责任

D. 退伙后的有限合伙人对基于其退伙前的原因发生的有限合伙企业的债务，以其认缴的出资额为限承担责任

21. 李某是甲有限合伙企业的有限合伙人，出资额为50万元。2023年3月，甲有限合伙企业从乙银行取得贷款500万元，贷款期限为1年。2023年5月，李某退伙，从该有限合伙企业取回100万元。2024年3月，贷款到期，但甲有限合伙企业的财产只有200万元，尚有300万元的贷款本金及相应的利息无法清偿。下列关于李某对该笔债务责任的表述中，符合合伙企业法律制度规定的是（　　）。

A. 不承担责任，因李某已经退伙

B. 以出资额50万元为限承担责任

C. 以退伙时取得的100万元为限承担责任

D. 对所欠乙银行的300万元本金及相应利息承担责任

22. 根据合伙企业法律制度的规定，下列各项中，不属于合伙企业应当解散的情形是（　　）。

A. 合伙企业被责令停业整顿

B. 合伙期限届满，合伙人决定不再经营

C. 合伙协议约定的解散事由出现

D. 合伙人已不具备法定人数满30天

二、多项选择题

1. 关于合伙企业的特征，下列说法正确的有（　　）。

A. 只能由自然人依法设立

B. 合伙企业包括普通合伙企业和有限合伙企业

C. 合伙协议依法由全体合伙人协商一致、以书面形式订立

D. 普通合伙人对合伙企业债务承担无限连带责任，有限合伙人以其认缴的出资额为限对合伙企业债务承担责任

2. 关于普通合伙企业的合伙人资格，下列说法中，错误的有（　　）。

A. 国有独资公司不能成为普通合伙人

B. 合伙人不可以是自然人

C. 限制民事行为能力人可以成为合伙人

D. 上市公司不得成为合伙人

3. 根据合伙企业法律制度的规定，下列合伙企业的事项中，不属于应当登记的有（　　）。

A. 合伙人认缴的出资数额

B. 合伙期限

C. 执行事务合伙人

D. 合伙协议

4. 甲、乙出资设立某普通合伙企业。根据合伙企业法律制度的规定，下列各项中，属于合伙企业财产的有（　　）。

A. 甲认缴的50万元，但是尚未实际缴纳

B. 乙用于出资的知识产权

C. 合伙企业的公共积累资金

D. 合伙企业合法接受的捐款

5. 甲、乙、丙共同设立一普通合伙企业。合伙企业经营期间，甲欲将其在合伙企业中的财产份额部分转让给乙，剩余部分转让给合伙人之外的第三人丁。合伙协议对合伙财产份额转让未作约定。关于甲转让财产份额，下列各项中，表述正确的有（　　）。

A. 甲将部分财产份额转让给乙须经丙同意

B. 甲将部分财产份额转让给乙，只需通知丙

C. 甲将部分财产份额转让给丁，须经乙、丙同意

D. 甲将部分财产份额转让给丁，须通知乙、丙

6. 甲、乙、丙出资设立某普通合伙企业，合伙协议约定由甲担任合伙事务执行人。根据合

伙企业法律制度的规定，在合伙协议无特别约定的情况下，下列事项中，需要全体合伙人一致同意的有（　　）。

A. 甲拟改变合伙企业的经营范围

B. 甲拟向丁出售合伙企业的一处厂房

C. 甲拟聘任乙担任合伙企业的经营管理人员

D. 甲拟向乙转让自己的合伙企业财产份额

7. 下列关于普通合伙企业事务执行的表述中，符合《合伙企业法》规定的有（　　）。

A. 除合伙协议另有约定外，处分合伙企业的不动产须经全体合伙人一致同意

B. 除合伙协议另有约定外，合伙人不得自营与本合伙企业相竞争的业务

C. 除合伙协议另有约定外，改变合伙企业的名称须经全体合伙人一致同意

D. 除合伙协议另有约定外，合伙人不得同本合伙企业进行交易

8. 根据合伙企业法律制度的规定，下列关于普通合伙企业的损益分配方式中，正确的有（　　）。

A. 平均分配利润

B. 将全部利润分配给部分合伙人

C. 按照出资比例分配利润

D. 部分合伙人承担全部亏损

9. 张某、李某和王某三人成立了一家普通合伙企业。合伙协议约定：由张某对外代表合伙企业，执行合伙事务；张某代表合伙企业签订标的额超过 50 万元的合同时，应当经过李某和王某的同意。关于该合伙企业执行合伙事务的表述中，正确的有（　　）。

A. 该合伙企业对张某对外签订合同金额的限制条款不得对抗善意第三人

B. 李某有权监督张某执行合伙事务的情况

C. 张某执行合伙事务所产生的收益直接归属于合伙人

D. 张某应当定期向李某和王某报告执行合伙事务的情况

10. 下列有关普通合伙企业及其合伙人债务清偿的表述中，符合《合伙企业法》规定的有（　　）。

A. 合伙企业对其债务，应先以其全部财产进行清偿

B. 合伙企业不能清偿到期债务的，合伙人承担无限连带责任

C. 合伙人发生与合伙企业无关的债务，债权人可代位行使该合伙人在合伙企业中的权利

D. 人民法院强制执行合伙人的财产份额时，应经全体合伙人同意

11. 根据合伙企业法律制度的规定，下列各项中，属于合伙人通知退伙应当满足的条件有（　　）。

A. 退伙不给合伙企业事务执行造成不利影响

B. 合伙协议未约定合伙企业的经营期限

C. 提前 15 日通知其他合伙人

D. 经其他合伙人过半数同意

12. 根据合伙企业法律制度的规定，下列各项中，属于普通合伙企业的合伙人当然退伙情形的有（　　）。

A. 个人丧失偿债能力

B. 经全体合伙人一致同意

C. 合伙人在合伙企业中的全部财产份额被人民法院强制执行

D. 发生合伙人难以继续参加合伙的事由

13. 根据合伙企业法律制度的规定，在合伙协议无特别约定的情况下，合伙人发生的下列情形中，属于经其他合伙人一致同意即可除名的有（　　）。

A. 未履行出资义务

B. 利用职务之便侵占合伙企业销售款

C. 合伙人全部财产份额被人民法院强制执行

D. 被依法宣告死亡

14. 张某、赵某和李某出资设立甲普通合伙企业，赵某为执行合伙人。一年后，张某不幸病故，张某 15 岁的儿子小张是其唯一法定继承人。根据合伙企业法律制度的规定，下列表述中，不正确的有（　　）。

A. 经赵某和李某的同意，小张可以继承甲普通合伙企业的合伙人身份

B. 经赵某同意，甲合伙企业可以转为有限合伙企业，小张成为有限合伙人

C. 小张有权要求甲合伙企业返还张某的财

产份额

D. 甲合伙企业必须解散清算

15. 某普通合伙企业经营期间，吸收甲入伙。甲入伙前合伙企业已负债 20 万元。甲入伙 1 年后退伙，在此期间合伙企业新增债务 10 万元，甲退伙后半年，合伙企业解散，以企业全部财产清偿债务后，尚有 80 万元债务不能清偿。根据合伙企业法律制度的规定，下列关于甲承担清偿责任的表述中，正确的有（　　）。

A. 甲对担任合伙人期间合伙企业新增加的 10 万元债务承担无限连带责任

B. 甲对合伙企业解散后尚未清偿的全部 80 万元债务承担无限连带责任

C. 甲对入伙前合伙企业的 20 万元债务承担无限连带责任

D. 甲对入伙后至合伙企业解散时新增的 60 万元债务承担无限连带责任

16. 甲、乙、丙三人成立一特殊普通合伙制会计师事务所。甲在为一客户提供审计业务服务过程中，因重大过失给客户造成损失 200 万元。下列关于对该损失承担责任的表述中，符合《合伙企业法》规定的有（　　）。

A. 甲、乙、丙对此损失承担无限连带责任

B. 甲对此损失承担无限责任

C. 乙、丙对此损失不承担责任

D. 乙、丙以其在会计师事务所中的财产份额为限承担责任

17. 某公益性社会团体与某私立学校共同出资设立一合伙企业，经营文具用品。两年后，因经营亏损，该合伙企业财产不足以清偿全部债务。下列关于各合伙人承担责任的表述中，符合《合伙企业法》规定的有（　　）。

A. 该社会团体以其认缴的出资额为限对合伙企业债务承担责任

B. 该私立学校以其认缴的出资额为限对合伙企业债务承担责任

C. 该社会团体对合伙企业债务承担无限责任

D. 该私立学校对合伙企业债务承担无限责任

18. 下列关于有限合伙人财产份额出质、转让、强制执行的表述中，正确的有（　　）。

A. 除合伙协议另有约定外，有限合伙人向合伙人以外的人转让其在有限合伙企业中的财产份额的，应经其他合伙人一致同意

B. 有限合伙人可以将其在有限合伙企业中的财产份额出质，合伙协议另有约定的除外

C. 法院强制执行有限合伙人的财产份额时，应当通知全体合伙人，且在同等条件下，其他合伙人有优先购买权

D. 有限合伙人向合伙人以外的人转让其在有限合伙企业中的财产份额的，应当提前 15 日通知其他合伙人

19. 张某、李某和王某共同设立甲有限合伙企业（以下简称"甲企业"）从事私募股权投资，合伙协议对入伙事项没有特别约定。2024 年 3 月，乙公司拟成为甲企业有限合伙人。下列关于乙公司入伙的表述中，不正确的有（　　）。

A. 对入伙前甲企业的债务，乙公司以其认缴的出资额为限承担责任

B. 经张某和王某二人同意，乙公司可成为新的有限合伙人

C. 乙公司入伙后，不得自营与甲企业相竞争的业务

D. 乙公司入伙后，不得参与选择承办甲企业审计业务的会计师事务所

20. 下列关于有限合伙人入伙和退伙责任的表述中，符合合伙企业法律制度规定的有（　　）。

A. 新入伙的有限合伙人对入伙前合伙企业的债务承担无限连带责任

B. 有限合伙人对基于其退伙前的原因发生的合伙企业债务，以其退伙时从合伙企业中取回的财产承担责任

C. 新入伙的有限合伙人对入伙前合伙企业的债务，以其认缴的出资额为限承担责任

D. 有限合伙人对基于其退伙前的原因发生的合伙企业债务，以其实缴的出资额为限承担责任

21. 根据合伙企业法律制度的规定，下列各项中，属于合伙企业应当解散的情形有（　　）。

A. 合伙人已不具备法定人数满 30 天

B. 合伙期限届满，合伙人决定不再经营

C. 合伙协议约定的解散事由出现

D. 合伙企业被责令停业整顿

22. 下列项目中，属于合伙企业清算费用的有（　　）。

A. 管理合伙企业财产的费用

B. 处分合伙企业财产的费用

C. 清算过程中的其他费用

D. 所欠缴的税款

三、判断题

1. 合伙企业中不参加事务执行的合伙人未经执行人的同意，不得查阅合伙企业的账簿和其他有关文件。（　　）

2. 合伙事务执行受到其他执行事务合伙人异议时，不停止该项事务的执行。（　　）

3. 在普通合伙企业中，由一个或数个合伙人执行合伙事务的，执行合伙事务所产生的费用和亏损由合伙企业承担。（　　）

4. 李某、王某、林某设立甲普通合伙企业，约定损益的分配和分担比例4∶3∶3。该企业欠钱某10万元，无力清偿。债权人钱某要求李某清偿10万元欠款，根据约定的损益分担比例，李某可以拒绝该请求，只承担4万元的清偿责任。（　　）

5. 合伙人个人负有债务的，其债权人可以代位行使该合伙人在合伙企业中的权利。（　　）

6. 普通合伙企业的合伙人在合伙协议中未对该合伙企业的利润分配、亏损分担进行约定的，应由合伙人平均分配、分担。（　　）

7. 有限合伙企业协议应当载明有限合伙人和普通合伙人相互转变程序。（　　）

8. 甲有限合伙企业有限合伙人李某在合伙人会议上参与表决张某能否入伙成为甲企业普通合伙人，视为执行甲企业合伙事务。（　　）

9. 第三人有理由相信有限合伙人为普通合伙人并与其交易的，该有限合伙人对该笔交易承担与普通合伙人同样的责任。（　　）

10. 某有限合伙企业约定该企业有限合伙人不得将其在有限合伙企业中的财产份额出质，该约定无效。（　　）

11. 有限合伙人可以按照合伙协议的约定向合伙人以外的人转让其在有限合伙企业中的财产份额，但应当提前30日通知其他合伙人。（　　）

12. 合伙企业新入伙的合伙人只对其入伙后的合伙企业债务承担无限连带责任。（　　）

13. 作为有限合伙人的自然人在有限合伙企业存续期间丧失民事行为能力的，其他合伙人有权要求其退伙。（　　）

14. 有限合伙企业仅剩普通合伙人的，应当解散。（　　）

15. 有限合伙人转为普通合伙人的，对其作为有限合伙人期间有限合伙企业的债务以出资额为限承担责任。（　　）

四、简答题

1. 2024年1月1日，甲、乙、丙、丁投资成立A有限合伙企业，甲、乙是普通合伙人，丙、丁是有限合伙人，合伙事务由甲、乙共同执行。A有限合伙企业成立后，发生了下列事项：

（1）2月1日，A有限合伙企业向B银行借款30万元，甲、乙、丙私下协商后，由丙以自己所有的10辆货车设定抵押。

（2）4月1日，丁未行任何程序，即与戊达成意向，将丁在A有限合伙企业的财产份额转让给戊；乙从其他渠道得知了丁、戊之间的转让意向后提出强烈反对，并表示愿意以同等条件购买丁的财产份额。

要求：根据上述资料和合伙企业法律制度的规定，回答以下问题。

（1）A有限合伙企业设立之初，约定由甲、乙共同执行合伙企业事务是否符合法律规定？简要说明理由。

（2）经甲、乙、丙私下协商，由丙以自己所有的10辆货车设定抵押的行为是否符合规定？简要说明理由。

（3）乙是否有权向丁主张行使优先购买权？简要说明理由。

2. 假设2024年3月，甲、乙、丙、丁按照我国《合伙企业法》的规定，共同投资设立经营物流的有限合伙企业，丁为普通合伙人，甲、乙、丙均为有限合伙人。合伙协议约定了相关事项，以下为其中部分事项。

(1) 甲和丁以现金出资，乙以房屋作价出资，丙以劳务作价出资。

(2) 合伙企业的事务由丙和丁执行，甲和乙不执行合伙企业事务，也不对外代表合伙企业。

(3) 合伙人向合伙人以外的人转让财产份额的，需要经过其他合伙人2/3以上同意。

要求：根据上述资料和合伙企业法律制度的规定，回答以下问题。

(1) 合伙人出资的约定是否符合规定？简要说明理由。

(2) 合伙企业事务执行方式是否符合规定？简要说明理由。

(3) 合伙人转让出资的约定是否符合法律规定？简要说明理由。

3. 2022年10月，张某、王某、李某、赵某四人出资设立甲有限合伙企业（以下简称"甲企业"），合伙协议协定：张某、王某为普通合伙人，李某、赵某为有限合伙人；张某以劳务出资；王某出资5万元；李某、赵某各出资50万元。合伙协议对其他事项未作约定。

2024年1月8日，甲企业与乙公司签订买卖合同，双方约定货款80万元，收到货物后7日内付款。2月26日甲企业如约收到货物，但因资金周转困难一直未付款。

4月，王某因发生车祸瘫痪，退出甲企业，并办理了退伙结算。7月，李某未征求其他合伙人的意见，以其在甲企业中的财产份额出质，向C银行借款15万元。

8月，经全体合伙人同意，赵某由有限合伙人转为普通合伙人。9月，乙公司向甲企业催要

上述到期货款，因甲企业无力偿还，乙公司遂要求王某承担全部责任，王某以自己已退伙为由拒绝；乙公司又要求赵某承担全部责任，赵某以债务发生时自己为有限合伙人为由拒绝。

要求：根据上述资料和合伙企业法律制度的规定，回答以下问题。

(1) 李某未经其他合伙人同意将其在甲企业中的财产份额出质是否合法？简要说明理由。

(2) 王某拒绝向乙公司承担责任的理由是否合法？简要说明理由。

(3) 赵某拒绝向乙公司承担责任的理由是否合法？简要说明理由。

4. 甲、乙、丙拟设立A有限合伙企业（以下简称"A企业"），合伙协议约定：甲为普通合伙人，以实物作价出资3万元；乙、丙为有限合伙人，各以5万元现金出资，丙自企业成立之日起2年内缴纳出资；甲执行A企业事务，并由A企业每月支付报酬3 000元；A企业定期接受审计，由甲和乙共同选定承办审计业务的会计师事务所；A企业的盈利在丙未缴纳5万元出资前全部分配给甲和乙。

要求：根据上述资料和合伙企业法律制度的规定，回答以下问题。

(1) 合伙协议可否约定每月支付甲3 000元报酬？简要说明理由。

(2) 合伙协议有关乙参与承办审计的会计师事务所的约定可否被视为乙在执行合伙企业事务？简要说明理由。

(3) 合伙协议可否约定A企业的利润全部分配给甲和乙？简要说明理由。

本章考点巩固练习题参考答案及解析

一、单项选择题

1.【答案】C

【解析】选项C，特殊的普通合伙企业属于

普通合伙企业的特殊形式，仅由普通合伙人组成。

2.【答案】B

【解析】国有独资公司、国有企业、上市公司

以及公益性的事业单位、社会团体不得成为普通合伙人。

3.【答案】B

【解析】本题考核合伙企业的登记。合伙企业登记事项发生变更的，执行合伙事务的合伙人应当自作出变更决定或者发生变更事由之日起15日内，向企业登记机关申请变更登记。

4.【答案】A

【解析】除合伙协议另有约定外，合伙人向合伙人以外的人转让其在合伙企业中的全部或者部分财产份额时，须经其他合伙人一致同意。合伙人之间转让在合伙企业中的全部或者部分财产份额时，应当通知其他合伙人。合伙人向合伙人以外的人转让其在合伙企业中的财产份额的，在同等条件下，其他合伙人有优先购买权；但合伙协议另有约定的除外。因此，选项A当选。

5.【答案】C

【解析】本题考核合伙企业事务的执行。除合伙协议另有约定外，合伙企业的下列事项应当经全体合伙人一致同意：（1）改变合伙企业的名称；（2）改变合伙企业的经营范围、主要经营场所的地点；（3）处分合伙企业的不动产；（4）转让或者处分合伙企业的知识产权和其他财产权利；（5）以合伙企业名义为他人提供担保；（6）聘任合伙人以外的人担任合伙企业的经营管理人员。

6.【答案】B

【解析】选项A，普通合伙人分别执行合伙事务的，执行事务合伙人可以对其他合伙人执行的事务提出异议，提出异议时，应当暂停该项事务的执行。选项C，普通合伙人对执行合伙事务享有同等的权利，即各普通合伙人无论其出资多少，都有权平等享有执行合伙企业事务的权利。选项D，受委托执行合伙事务的合伙人不按照合伙协议或者全体合伙人的决定执行事务的，其他合伙人可以决定撤销该委托。

7.【答案】C

【解析】本题考核合伙事务执行。合伙协议未约定或者约定不明确、法律也没有特别规定

时，实行合伙人一人一票并经"全体合伙人过半数通过"的表决办法。

8.【答案】D

【解析】选项A、B、C所述情形，合伙企业法均未规定普通合伙企业合伙协议"另有约定除外"。

9.【答案】A

【解析】合伙企业损益分配确定顺序：约定→协商→出资比例→平均。

10.【答案】B

【解析】选项A，合伙企业不能清偿到期债务的，普通合伙人承担无限连带责任。选项C、D，人民法院强制执行普通合伙人的财产份额时，应当通知全体合伙人，其他合伙人有优先购买权。其他合伙人未购买，又不同意将该财产份额转让给他人的，依法为该合伙人办理退伙结算，或者办理削减该合伙人相应财产份额的结算。

11.【答案】B

【解析】协议退伙须经其他合伙人一致同意。

12.【答案】B

【解析】《合伙企业法》规定，合伙人有下列情形之一的，当然退伙：（1）作为合伙人的自然人死亡或者被依法宣告死亡；（2）个人丧失偿债能力；（3）作为合伙人的法人或者其他组织依法被吊销营业执照、责令关闭、撤销，或者被宣告破产；（4）法律规定或者合伙协议约定合伙人必须具有相关资格而丧失该资格；（5）合伙人在合伙企业中的全部财产份额被人民法院强制执行，因此，选项A、C、D均属于当然退伙的情形；根据规定，合伙人未履行出资义务的，属于除名的情形，因此选项B是正确的。

13.【答案】B

【解析】合伙人有下列情形之一的，经其他合伙人一致同意，可以决议将其除名：（1）未履行出资义务；（2）因故意或者重大过失给合伙企业造成损失；（3）执行合伙事务时有不正当行为；（4）发生合伙协议约定的事由。

14.【答案】B

【解析】本题考核合伙人退伙后的责任承担。

退伙人对基于其退伙前的原因发生的合伙企业债务，承担无限连带责任，选项B正确。

15.【答案】D

【解析】特殊普通合伙企业中，一个合伙人或者数个合伙人在执业活动中因故意或者重大过失造成合伙企业债务的，应当承担无限责任或者无限连带责任，其他合伙人以其在合伙企业中的财产份额为限承担责任。

16.【答案】A

【解析】《合伙企业法》规定，普通合伙人，是指在合伙企业中对合伙企业的债务依法承担无限连带责任的自然人、法人和其他组织。国有独资公司、国有企业、上市公司以及公益性的事业单位、社会团体不得成为有限合伙企业的普通合伙人。本题中，甲为国有企业，只能成为有限合伙人，因此，该合伙企业只能是有限合伙企业，选项A表述错误、选项B表述正确。有限合伙企业由普通合伙人执行合伙事务，本题中，自然人丙可以成为普通合伙人，因此，选项C表述正确。新合伙人入伙，除合伙协议另有约定外，应当经全体合伙人一致同意，并依法订立书面入伙协议，因此，选项D表述正确。

17.【答案】A

【解析】普通合伙人可以劳务出资，但有限合伙人不得以劳务出资。

18.【答案】C

【解析】甲、乙是普通合伙人，丙、丁是有限合伙人。根据规定，普通合伙人以其在合伙企业中的财产份额出质的，须经其他合伙人一致同意，否则其出质行为无效；有限合伙人可以将其在有限合伙企业中的财产份额出质，但是合伙协议另有约定的除外。因此，选项C正确。

19.【答案】D

【解析】有限合伙人可以同本有限合伙企业进行交易；但是，合伙协议另有约定的除外。有限合伙人可以自营或者同他人合作经营与本有限合伙企业相竞争的业务；但是，合伙协议另有约定的除外。有限合伙人可以对本企业的经营管理提出建议属于有限合伙

人的"安全港条款"。有权执行有限合伙企业合伙事务并有权代表合伙企业的是普通合伙人，普通合伙人执行合伙事务，承担无限连带责任；有限合伙人不执行合伙事务，仅承担有限责任。可见，有限合伙人只是一种不参与具体管理事务的财务投资者。因此，选项D当选。

20.【答案】C

【解析】《合伙企业法》规定，新入伙的有限合伙人对入伙前有限合伙企业的债务，以其"认缴"的出资额为限承担责任，而不是以其实缴的出资额为限承担责任，因此选项A错误；作为有限合伙人的自然人在有限合伙企业存续期间丧失民事行为能力的，其他合伙人不得因此要求其退伙，因此选项B错误；有限合伙人退伙后，对基于其退伙前的原因发生的有限合伙企业债务，以其退伙时从有限合伙企业中取回的财产承担责任，因此选项C正确，选项D错误。

21.【答案】C

【解析】有限合伙人退伙后，对基于其退伙前的原因发生的有限合伙企业债务，以其退伙时从有限合伙企业中取回的财产承担责任。因此，选项C正确。

22.【答案】A

【解析】合伙企业依法被吊销营业执照、责令关闭或者被撤销的应当解散，责令停业整顿只是暂时停止经营，无须解散。

二、多项选择题

1.【答案】BCD

【解析】合伙企业是指自然人、法人和其他组织依照本法在中国境内设立的普通合伙企业和有限合伙企业，选项A不正确；根据合伙企业法规定，合伙协议经全体合伙人签名、盖章后生效；普通合伙人对合伙企业债务承担无限连带责任，有限合伙人以其认缴的出资额为限对合伙企业债务承担责任。

2.【答案】BC

【解析】普通合伙人是指在合伙企业中对合伙企业的债务依法承担无限连带责任的自然人、

法人和其他组织，合伙人为自然人的，应当
具有完全民事行为能力，选项B、C表述错
误；国有独资公司、国有企业、上市公司以
及公益性的事业单位、社会团体不得成为普
通合伙人，选项A、D表述正确。

3.【答案】ABD
【解析】合伙企业应当向登记机关登记以下事
项：（1）名称；（2）合伙类型；（3）经营范
围；（4）主要经营场所；（5）合伙人的出资
额；（6）执行事务合伙人；（7）合伙人名称
或者姓名、住所、承担责任方式；（8）法律、
行政法规规定的其他事项。合伙企业还应当
向登记机关备案以下事项：（1）合伙协议；
（2）合伙期限；（3）合伙人认缴或者实际缴
付的出资数额、缴付期限和出资方式；（4）合
伙企业登记联络员；（5）合伙企业受益所有
人（即最终控制或享有企业收益的人）相关
信息；（6）法律、行政法规规定的其他事项。
因此，选项C属于应当登记事项，选项A、
B、D属于应该备案的事项。

4.【答案】ABCD
【解析】本题考核合伙企业财产。合伙人的出
资（认缴而非实缴）、以合伙企业名义取得的
收益（以合伙企业名义取得的收益，主要包
括合伙企业的公共积累资金、未分配的盈余、
合伙企业债权、合伙企业取得的工业产权和
非专利技术等财产权利）和依法取得的其他
财产（如合法接受的赠与财产），均为合伙企
业的财产。

5.【答案】BC
【解析】本题考核合伙人财产份额的转让。合
伙人之间转让在合伙企业中的全部或者部分
财产份额时，应当通知其他合伙人。除合伙
协议另有约定外，合伙人向合伙人以外的人
转让其在合伙企业中的全部或者部分财产份
额时，须经其他合伙人一致同意。

6.【答案】AB
【解析】根据《合伙企业法》的规定，除合
伙协议另有约定外，合伙企业的下列事项应
当经全体合伙人一致同意：（1）改变合伙企
业的名称；（2）改变合伙企业的经营范围、

主要经营场所的地点；（3）处分合伙企业的
不动产；（4）转让或者处分合伙企业的知识
产权和其他财产权利；（5）以合伙企业名义
为他人提供担保；（6）聘任合伙人以外的人
担任合伙企业的经营管理人员。因此，选项
A、B正确，选项C错误。合伙人财产份额的
内部转让因不涉及合伙人以外的人参加，合
伙企业存续的基础没有发生实质性变更，因
此不需要经过其他合伙人一致同意，选项D
错误。

7.【答案】ACD
【解析】《合伙企业法》规定，处分合伙企业
的不动产、改变合伙企业的名称等，除合伙
协议另有约定外，应当经全体合伙人一致同
意；除合伙协议另有约定或者经全体合伙人
一致同意外，合伙人不得同本合伙企业进行
交易，因此选项A、C、D符合法律规定。普
通合伙人不得自营或者同他人合作经营与本
合伙企业相竞争的业务，该规定是法律的强
制性规定，不得由合伙协议另行约定，因此
选项B不符合法律规定。

8.【答案】AC
【解析】普通合伙企业的合伙协议不得约定将
全部利润分配给部分合伙人或由部分合伙人
承担全部亏损，选项B、D不正确。

9.【答案】ABD
【解析】由一个或者数个合伙人执行合伙事务
的，其执行合伙事务所产生的收益归合伙企
业，所产生的费用和亏损由合伙企业承担，
选项C不正确。

10.【答案】AB
【解析】根据规定，合伙人发生的与合伙企
业无关的债务，债权人不得代位行使该合伙
人在合伙企业中的权利，因此选项C的说法
是错误的；人民法院强制执行合伙人的财产
份额，不需要经过全体合伙人同意，因此选
项D的说法是错误的。

11.【答案】AB
【解析】合伙协议未约定合伙期限的，合伙
人在不给合伙企业事务执行造成不利影响的
情况下，可以退伙，但应当提前30日通知

其他合伙人。因此，选项A、B正确。

12.【答案】AC

【解析】普通合伙人当然退伙情形包括：
(1) 作为合伙人的自然人死亡或者被依法宣告死亡；(2) 个人丧失偿债能力（选项A）；(3) 作为合伙人的法人或者其他组织依法被吊销营业执照、责令关闭、撤销，或者被宣告破产；(4) 法律规定或者合伙协议约定合伙人必须具有相关资格而丧失该资格；(5) 合伙人在合伙企业中的全部财产份额被人民法院强制执行（选项C）。选项B、D属于协议退伙。

13.【答案】AB

【解析】本题考核除名退伙。根据规定，合伙人有下列情形之一的，经其他合伙人一致同意，可以决议将其除名：(1) 未履行出资义务；(2) 因故意或者重大过失给合伙企业造成损失；(3) 执行合伙事务时有不正当行为；(4) 发生合伙协议约定的事由。选项C、D属于当然退伙情形。

14.【答案】ABD

【解析】关于财产继承，《合伙企业法》规定，合伙人死亡或者被依法宣告死亡的，对该合伙人在合伙企业中的财产份额享有合法继承权的继承人，按照合伙协议的约定或者经全体合伙人一致同意，从继承开始之日起，取得该合伙企业的合伙人资格。合伙人的继承人为无民事行为能力人或者限制民事行为能力人的，经全体合伙人一致同意，可以依法成为有限合伙人，普通合伙企业依法转为有限合伙企业。继承人不愿意成为合伙人的，合伙企业应当向合伙人的继承人退还被继承合伙人的财产份额，甲合伙企业无须解散清算。

15.【答案】AC

【解析】退伙人对基于其退伙前的原因发生的合伙企业债务，承担无限连带责任，选项A正确；新合伙人对入伙前合伙企业的债务承担无限连带责任，选项C正确。

16.【答案】BD

【解析】《合伙企业法》规定，在特殊普通合伙企业中，一个合伙人或者数个合伙人在执业活动中因故意或者重大过失造成合伙企业债务的，应当承担无限责任或者无限连带责任，其他合伙人以其在合伙企业中的财产份额为限承担责任。因此，选项B、D正确。

17.【答案】AD

【解析】本题考核合伙人的责任承担。国有独资公司、国有企业、上市公司以及公益性的事业单位、社会团体不得成为普通合伙人。本题中，社会团体只能为有限合伙人，该合伙企业为有限合伙企业。有限合伙企业中，普通合伙人对合伙企业债务承担无限连带责任，选项D正确；有限合伙人以其认缴的出资额为限对合伙企业债务承担责任，选项A正确。

18.【答案】BC

【解析】选项A、D，有限合伙人可以按照合伙协议的约定向合伙人以外的人转让其在有限合伙企业中的财产份额，但应当提前30日通知其他合伙人。

19.【答案】BCD

【解析】(1) 选项B，新合伙人入伙，除合伙协议另有约定外，应当经全体合伙人一致同意；(2) 选项C，有限合伙人可以自营或者同他人合作经营与本有限合伙企业相竞争的业务；但合伙协议另有约定的除外；(3) 选项D，有限合伙人参与选择承办有限合伙企业审计业务的会计师事务所，不视为执行合伙事务。

20.【答案】BC

【解析】新入伙的有限合伙人对入伙前有限合伙企业的债务，以其认缴的出资额为限承担责任。有限合伙人退伙后，对基于其退伙前的原因发生的有限合伙企业债务，以其退伙时从有限合伙企业中取回的财产承担责任。

21.【答案】ABC

【解析】根据规定，合伙企业有下列情形之一的，应当解散：(1) 合伙期限届满，合伙人决定不再经营，选项B正确；(2) 合伙协议约定的解散事由出现，选项C正确；(3) 全体合伙人决定解散；(4) 合伙人已不具备法定人数满30天，选项A正确；（5）合伙协议约定的合伙目的已经实现或者无法实现；（6）依法被吊销营业执照、责令关闭或者被撤销；（7）法律、行政法规规定的其他原因。被责令停业整顿不属于解散的情形，选项D错误。

22.【答案】ABC

【解析】合伙企业清算费用包括：（1）管理合伙企业财产的费用，如仓储费、保管费、保险费等；（2）处分合伙企业财产的费用，如聘任工作人员的费用等；（3）清算过程中的其他费用，如通告债权人的费用、调查债权的费用、咨询费用、诉讼费用等。

三、判断题

1.【答案】×

【解析】根据《合伙企业法》的规定，合伙人有权查阅合伙企业会计账簿等财务资料，不参加事务执行的合伙人无须经执行人的同意，就可查阅合伙企业的账簿和其他有关文件。

2.【答案】×

【解析】应当暂停该项事务的执行。

3.【答案】√

【解析】《合伙企业法》规定，由一个或者数个合伙人执行合伙事务的，执行事务合伙人应当定期向其他合伙人报告事务执行情况以及合伙企业的经营和财务状况，其执行合伙事务所产生的收益归合伙企业，所产生的费用和亏损由合伙企业承担。

4.【答案】×

【解析】本题考核合伙企业的债务清偿与合伙人的关系。合伙人之间约定的损益分配的比例属于内部约定，不得对抗外部的债权人。

5.【答案】×

【解析】合伙人发生与合伙企业无关的债务，相关债权人不得以其债权抵销其对合伙企业的债务；也不得代位行使合伙人在合伙企业中的权利。

6.【答案】×

【解析】考核普通合伙企业。根据规定，合伙企业的利润分配、亏损分担，按照合伙协议

的约定办理；合伙协议未约定或者约定不明确的，由"合伙人协商决定"；协商不成的，由合伙人按照实缴出资比例分配、分担；无法确定出资比例的，由合伙人平均分配、分担。

7.【答案】√

【解析】有限合伙企业协议除符合普通合伙企业合伙协议的规定外，还应当载明下列事项：（1）普通合伙人和有限合伙人的姓名或者名称、住所；（2）执行事务合伙人应具备的条件和选择程序；（3）执行事务合伙人权限与违约处理办法；（4）执行事务合伙人的除名条件和更换程序；（5）有限合伙人入伙、退伙的条件、程序以及相关责任；（6）有限合伙人和普通合伙人相互转变程序。

8.【答案】×

【解析】有限合伙人的下列行为，不视为执行合伙事务：（1）参与决定普通合伙人入伙、退伙；（2）对企业的经营管理提出建议；（3）参与选择承办有限合伙企业审计业务的会计师事务所；（4）获取经审计的有限合伙企业财务会计报告；（5）对涉及自身利益的情况，查阅有限合伙企业财务会计账簿等财务资料；（6）在有限合伙企业中的利益受到侵害时，向有责任的合伙人主张权利或者提起诉讼；（7）执行事务合伙人怠于行使权利时，督促其行使权利或者为了本企业的利益以自己的名义提起诉讼；（8）依法为本企业提供担保。

9.【答案】√

【解析】第三人有理由相信有限合伙人为普通合伙人并与其交易的，该有限合伙人对这笔交易承担与普通合伙人同样的责任。

10.【答案】×

【解析】根据规定，有限合伙人可以将其在有限合伙企业中的财产份额出质；但是，合伙协议另有约定的除外。

11.【答案】√

【解析】《合伙企业法》规定，有限合伙人可以按照合伙协议的约定向合伙人以外的人转让其在有限合伙企业中的财产份额，但应当提前30日通知其他合伙人。

12.【答案】×

【解析】《合伙企业法》规定，对于普通合伙企业，新合伙人对入伙前合伙企业的债务承担无限连带责任；对于有限合伙企业，新入伙的有限合伙人对入伙前有限合伙企业的债务，以其认缴的出资额为限承担责任。

13.【答案】×

【解析】作为有限合伙人的自然人在有限合伙企业存续期间丧失民事行为能力的，其他合伙人不得因此要求其退伙。

14.【答案】×

【解析】有限合伙企业仅剩普通合伙人的，应当转为普通合伙企业。

15.【答案】×

【解析】有限合伙人转变为普通合伙人的，对其作为有限合伙人期间有限合伙企业发生的债务承担无限连带责任。

四、简答题

1.【答案】

（1）符合规定。根据规定，有限合伙企业由普通合伙人执行合伙事务（可以约定由一个、数个或者全体共同执行），有限合伙人不得执行合伙事务。

（2）符合规定。根据规定，有限合伙人依法为本企业提供担保的，不视为执行合伙事务。

（3）乙有权向丁主张行使优先购买权。根据规定，有限合伙人可以按照合伙协议的约定向合伙人以外的人转让其在有限合伙企业中的财产份额，但应当提前30日通知其他合伙人；有限合伙人对外转让其在有限合伙企业的财产份额时，有限合伙企业的其他合伙人有优先购买权。在本题中，丁转让财产份额应当提前30日通知甲、乙、丙，乙若愿意以同等条件购买的，丁应当将财产份额转让给乙。

2.【答案】

（1）合伙人出资的约定不符合规定。

《合伙企业法》规定，有限合伙人可以用货币、实物、知识产权、土地使用权或者其他财产权利作价出资。有限合伙人不得以劳务出资，丙为该合伙企业的有限合伙人，因此

不得以劳务作为出资。

（2）合伙企业的事务由丙和丁执行的做法不符合规定。

根据规定，有限合伙人不执行合伙企业事务，不得对外代表合伙企业，由于丙为该合伙企业的有限合伙人，因此其执行合伙企业事务，对外代表合伙企业的做法是不符合规定的。

（3）合伙人转让出资的约定符合法律规定。

根据规定，除合伙协议另有约定外，普通合伙人向合伙人以外的人转让其在合伙企业中的全部或者部分财产份额时，须经其他合伙人一致同意。按照该规定，只要合伙协议中约定了转让的方式，那么就可以按照合伙协议的约定来处理。

3.【答案】

（1）李某未经其他合伙人同意将其在甲企业中的财产份额出质合法。根据规定，有限合伙人可以将其在有限合伙企业中的财产份额出质；但是，合伙协议另有约定的除外。本题中，李某是有限合伙人，合伙协议对出质未作约定，李某可以出质。

（2）王某拒绝向乙公司承担责任的理由不合法。根据规定，退伙的普通合伙人对基于其退伙前的原因发生的合伙企业债务，承担无限连带责任。本题中，甲企业对乙公司负担的债务发生在普通合伙人王某退伙之前，王某应该承担无限连带责任。

（3）赵某拒绝向乙公司承担责任的理由不合法。根据规定，有限合伙人转变为普通合伙人的，对其作为有限合伙人期间有限合伙企业发生的债务承担无限连带责任。本题中，赵某应该对其作为有限合伙人期间有限合伙企业发生的债务承担无限连带责任。

4.【答案】

（1）可以。执行事务合伙人可以要求在合伙协议中确定执行事务的报酬。

《合伙企业法》规定，有限合伙企业由普通合伙人执行合伙事务。执行事务合伙人可以要求在合伙协议中确定执行事务的报酬及报酬提取方式。本题中，甲为普通合伙人，合伙协议约定甲执行合伙事务并向其支付报酬是

符合规定的。

（2）不视为乙在执行合伙企业事务。

根据《合伙企业法》的规定，有限合伙人的下列行为，不视为执行合伙事务：①参与决定普通合伙人入伙、退伙；②对企业的经营管理提出建议；③参与选择承办有限合伙企业审计业务的会计师事务所；④获取经审计的有限合伙企业财务会计报告；⑤对涉及自身利益的情况，查阅有限合伙企业财务会计账簿等财务资料；⑥在有限合伙企业中的利益受到侵害时，向有责任的合伙人主张权利或者提起诉讼；⑦执行事务合伙人怠于行使权利时，督促其行使权利或者为了本企业的利益以自己的名义提起诉讼；⑧依法为本企业提供担保。

（3）可以约定。《合伙企业法》规定，有限合伙企业不得将全部利润分配给部分合伙人；但是合伙协议另有约定的除外。

第三章

第四章　物权法律制度

考情分析

本章为重点章节，考试分值约为 8 ~ 10 分，需要引起考生的重视。本章表面看似晦涩，但实际是与我们日常生活最为贴近的一章。

教材变化

2024 年本章教材内容无实质变化。仅在"物的分类"中增加了"可分物与不可分物"的内容，并修改了"流押条款""流质条款"中的部分内容。

考点提示

本章属于重点章节，绝大多数考点需要准确理解，一些数字需要死记硬背。对于物权变动、担保物权（抵押权、质权、留置权）等相关知识需要掌握；物权的概念、客体、种类、效力、物权的保护制度、所有权的取得、共有、土地承包经营权、建设用地使用权、居住权、占有等知识点需要熟悉。

本章考点框架

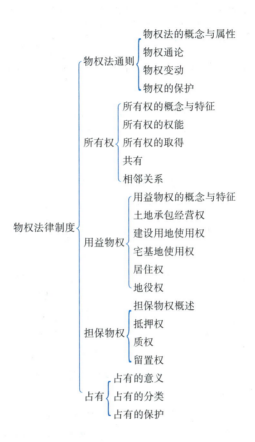

物权法律制度

- 物权法通则
  - 物权法的概念与属性
  - 物权通论
  - 物权变动
  - 物权的保护
- 所有权
  - 所有权的概念与特征
  - 所有权的权能
  - 所有权的取得
  - 共有
  - 相邻关系
- 用益物权
  - 用益物权的概念与特征
  - 土地承包经营权
  - 建设用地使用权
  - 宅基地使用权
  - 居住权
  - 地役权
- 担保物权
  - 担保物权概述
  - 抵押权
  - 质权
  - 留置权
- 占有
  - 占有的意义
  - 占有的分类
  - 占有的保护

第四章

考点解读及例题点津

第一单元　物权法通则

1 物权法的概念与属性

一、考点解读

（一）物权法的概念

物权法，是指调整人们基于对物的支配和利用而发生的财产关系的法律规范的总和。

　　狭义的物权法，又称形式意义的物权法，在我国指《民法典》物权编。广义的物权法，又称实质意义的物权法，指调整财产归属和利用关系的所有法律规范。

（二）物权法的属性

属性	具体含义
私法	物权法是对因物的归属和利用产生的民事关系进行规范的法，整体而言，物权法属于私法。但物权与社会、经济秩序具有密切关系，且需要体现公共利益和公共政策。物权法虽整体为私法，但**仍然包含诸多公法规范**
财产法	物权法是规范财产秩序的法律，属于财产法。物权法基本功能在于定纷止争，保障人们对于财产的归属和利用关系
存在大量强制性规范	物权具有对抗第三人的效力，存在大量强制性规范。但由于物权法仍然需要充分尊重当事人在物权关系上的自主意志，所以，**物权法仍然存在一定的任意性规范**
具有本土性色彩	物权法受制于并反映国家的基本政治、经济制度，因此，物权法具有较明显的本土化特征

二、例题点津

【例题1·单选题】根据物权法律制度的规定，下列关于物权法的属性的说法中，正确的是（　　）。

A. 物权法保障人们对于财产的归属和利用关系，属于财产法

B. 由于物权具有对抗第三人的效力，因此，物权法中的规范均为强制性规范

C. 物权法受制于并反映国家的基本政治、经济制度，但其并不具有本土化特征

D. 物权法属于私法，不包括公法规范

【答案】A

【解析】本题考查物权法的属性。物权法虽然存在大量强制性规范，但物权法仍然存在一定的任意性规范，选项B错误。物权法具有较强的本土特色，选项C错误。物权法虽整体为私法，但仍然包含诸多公法规范，选项D错误。

【例题2·单选题】关于物权法的概念，下列说法错误的是（　　）。

A. 物权法的目的在于保护正常的财产归属和利用关系

B. 在我国，形式意义的物权法是指《民法典》物权编

C. 物权法仅在当事人之间具有效力

D. 广义的物权法，除《民法典》物权编外，还包括其他法律、法规、司法解释有关财产归属和利用的规定

【答案】C

【解析】本题考查物权法的概念。物权法是财产法，选项A正确。形式意义的物权法，在我国，现为《民法典》物权编，选项B正确。物权具有对抗第三人的效力，选项C错误。广义的物权法，又称实质意义的物权法，指调整财产归属和利用关系的所有法律规范，选项D正确。

2 物权通论

一、考点解读

（一）物权的概念

1. 物权的界定

物权是权利人依法对特定的物享有直接支配和排他的权利，包括：

所有权：国家所有权、集体所有权和私人所有权。

用益物权：土地承包经营权、建设用地使用权、宅基地使用权、居住权、地役权，等等。

担保物权：抵押权、质权、留置权。

2. 物权的属性

属性	具体含义
支配性	物权是权利主体对于标的物直接支配的权利，而合同债权作为请求权，其实现通常需要债务人的履行行为予以配合
排他性	同一标的物上不得存在两个或两个以上不相容的物权。 对于同一标的物上容许同时存在的数个担保物权，需要通过约定或法定规则确定彼此之间效力的优先劣后顺序。 而合同债权是相对性权利，原则上不具有对抗第三人的效力
绝对性	物权的义务人是物权人之外不特定的所有其他人。物权因此被称为对世权，区别于债权原则上只能对抗债务人的对人权性质
客体特定性	物权是直接支配标的物的权利，因此，物权的客体是特定的

（二）物权的客体

1. 作为物权客体的物

物权的客体是物，是指人们能够支配和利用的物体实质和自然力。法律规定权利作为物权客体的，依照其规定。

物具有以下特征：

（1）客观物质性；

（2）有体性；

（3）可支配性；

（4）在人的身体之外。

2. 物的分类

分类	划分标准	具体类型	划分意义
动产、不动产	依据物能否移动且是否因移动而损害其价值为标准	不动产：土地、建筑物、在建房屋、纪念碑、林木、矿藏、海域、水库、停车位等	公示方法、变动要件不同。 涉诉时的裁判管辖等方面也存在区别，不动产涉诉时，由不动产所在地法院专属管辖
		动产：桌子、手机、书本、汽车、船舶、航空器等	
主物、从物	同属一人所有的两个独立存在的物，结合起来才能发挥效用的，构成主物与从物关系，如电视机与遥控器	主物，是指独立存在，与他物结合使用中有主要效用的物	除非法律有特别规定或当事人另有约定，对于主物的处分，及于从物，如此有利于发挥主物与从物配合的整体效用
		从物，指在两个独立物结合使用中处于附属地位、起辅助和配合作用的物	
原物、孳息	依据两物之间存在的原有物产生新物的来源关系为标准	原物，指依其自然属性或法律规定产生新物的物	确定孳息的归属： 天然孳息，由所有权人取得；既有所有权人又有用益物权人的，由用益物权人取得。当事人另有约定的，按照其约定。 法定孳息，当事人有约定的，按照约定取得；没有约定或者约定不明确的，按照交易习惯取得
		孳息，指原物产生的物，包括：（1）天然孳息，指果实、动物的出产物及其他按照物的使用利用方法所获得的出产物，如香蕉、鸡蛋等；（2）法定孳息，指原物依法律关系所获得的物，如利息、股利、租金等	

续表

分类	划分标准	具体类型	划分意义
可分物、不可分物	依据物是否因实物分割而变更其性质或减损其价值	可分物，是指经实物分割后，不改变其性质且不减损其价值的物，如大米、石油、牛奶等	共有财产的分割：可分共有物可采用实物分割，不可分共有物只能采取变价分割或作价补偿等方法
		不可分物，是指因实物分割将改变其性质或减损其价值的物，如一间房屋、一辆汽车、一头用于耕田的牛等	确定债的关系：对于给付标的物是不可分物的多数人之债，多数债权人或债务人通常连带地享有债权或承担债务；如果给付标的物为可分物，多数债权人或债务人可以形成按份之债

（三）物权的种类

1. 物权法定主义

物权法定主义，是指物权的类型以及各类型的内容，均以民法或其他法律所规定的为限，不允许当事人任意创设。

物权法定包含两方面的要求：

（1）**类型法定**。即当事人不得创设民法或其他法律所不承认的物权类型。

（2）**内容法定**。当事人不得创设与物权法定内容相异的内容。但这并不是指物权的所有内容都只能由法律规定，而是指影响某种物权基本属性与结构的主要内容需由法律规定；对于其他内容，当事人仍可以通过合意确定。

2. 物权的分类

（1）自物权和他物权。

根据权利人是对自有物享有物权还是对他人所有之物享有物权为标准：

①自物权，即所有权，指权利人依法对自有物享有的物权。自物权有全面、自主的支配力。

②他物权，系所有权之外的各种物权的总称，指权利人根据法律或合同的规定，对他人所有之物享有的物权。他物权仅具有某些方面的、特定的支配力。

（2）动产物权与不动产物权。

根据物权的标的是动产或不动产为标准，可分为动产和不动产。原则上，动产以占有为公示方法，以交付为变动要件，不动产则以登记为公示方法与变动要件。

（3）用益物权与担保物权。

根据限制物权以其所支配的内容为标准：

①用益物权，是指以支配标的物的使用价值为内容的物权，即以实现对标的物的占有、使用和收益为目的而设立的他物权。

②担保物权，是指以支配标的物的交换价值为内容的物权，即为担保债务履行而在债务人或第三人的物上设立的他物权。

（四）物权的效力

1. 物权的优先效力

（1）物权相互间的优先效力。

原则上应以物权成立时间的先后为标准，即**"时间在先，权利在先"**原则。

但"时间在先，权利在先"原则仍存在如下例外：

①**限制物权优先于所有权**。

②法律的特别规定。例如，先成立的动产抵押权若未登记，其效力劣后于成立在后但已登记的抵押权。

（2）物权优先于债权的效力。

物权是绝对权，具有对世效力，而债权是相对权，只具有对人效力。因此，物权优先于债权。

但是，物权优先于债权原则存在如下例外：

①**买卖不破租赁**。租赁物在承租人按照租赁合同占有期限内发生所有权变动的，不影响租赁合同的效力。

②先租后抵。抵押权设立前，抵押财产已经出租并转移占有的，原租赁关系不受该抵押权的影响。租赁权具有对抗后设立的抵押权的效力。

③经预告登记的债权。预告登记的本质是限制现时登记的权利人处分其物权，以保障请求权人实现其请求权，即预告登记具有否定其后于债权标的物上成立的相冲突物权的效力。

2. 物权的追及效力

物权设立后，其标的物不论辗转至何人之手，物权人都有权追及标的物之所在而直接支配该物的效力。

提示 抵押权的追及效力：抵押期间，抵押人将抵押物转让给第三人，若债务人到期未履行债务，抵押权人仍然可以<u>追及至第三人（房屋所有权人）</u>处行使抵押权，使得自己的债权优先受偿。

3. 物权的妨害排除力

排除他人妨害，恢复物权人对物正常支配的效力。

二、例题点津

【例题1·单选题】根据物权法律制度的规定，下列关于物的分类的表述中，不正确的是（　　）。

A. 海域属于不动产

B. 船舶属于动产

C. 汽车和轮胎属于主物和从物

D. 存款利息属于法定孳息

【答案】C

【解析】本题考查物的分类。主从关系是基于两个独立存在的物，轮胎属于汽车的一部分，不是主从物关系，因此，选项C错误。

【例题2·多选题】根据物权法律制度的规定，下列各项中，能够成为物权客体的有（　　）。

A. 月球表面　　　B. 药品

C. 土地　　　　　D. 计算机程序

【答案】BC

【解析】本题考查物权的客体。选项A，月球表面不具有可支配性，不能成为物权的客体；

选项D，智力成果（包括计算机程序）属于知识产权的客体，不能成为物权的客体。

【例题3·多选题】根据物权法律制度的规定，下列各项中，属于法定孳息的有（　　）。

A. 依股本所得的股息

B. 椰子树上长着的椰子

C. 母鸡生的鸡蛋

D. 出租房屋获得的租金

【答案】AD

【解析】本题考查原物和孳息。孳息可以分为天然孳息和法定孳息，天然孳息是指果实、动物的出产物及其他按照物的使用方法所获得的出产物；法定孳息，是指原物依法律关系所获得的物。选项A、D属于法定孳息，选项C属于天然孳息，选项B不构成孳息。

3 物权变动

一、考点解读

（一）物权变动概述

物权变动，即物权的发生、变更、消灭；从物权主体角度而言，为物权的取得、变更、丧失。

1. 物权的发生

（1）原始取得。

非依据他人既存的权利而独立取得物权。物权标的物上原存有的一切负担，均因原始取得而归于消灭。如基于无主物之先占、拾得遗失物、添附、善意取得等取得物权。

（2）继受取得。

基于他人既存的权利而取得物权。在标的物上的一切权利负担，均继续存在，由取得人承受。

继受取得，以继受方法的不同为标准，可分为移转继受取得与创设继受取得：

①移转继受取得，是指就他人既有的物权，依其原状移转而取得，实即物权主体的变更。

②创设继受取得，是指以既存物权人的权利为基础，创设限制物权而取得。

2. 物权的变更

《民法典》中物权的变更是指狭义的变更，

第四章

即物权的客体、内容的部分改变。

3. 物权的消灭

（1）绝对消灭：因标的物灭失而物权自身不存在。

（2）相对消灭：物权与原主体相分离，但物权本身并未消灭，实为物权主体的变更。

4. 物权变动的原因

（1）引起物权变动的法律行为。主要有买卖、互换、赠与、遗赠，以及设定、变更、终止他物权的各种法律行为。此外，动产物权变动另需交付；不动产物权变动还需登记。

（2）法律行为之外的法律事实。主要有添附、法定继承、无主物的取得、善意取得，以及征用、没收、罚款等。

（二）物权变动的公示与公信原则

1. 公示原则

（1）含义。

公示原则，是指物权变动行为须以法定公示方式进行才能生效的原则。

不动产物权的法定公示方法："登记"，即在国家主管机关登记变动事项。

动产物权的法定公示方法："交付"，即动产占有的移转。变动之后，动产物权的公示方法则为"占有"。

（2）内容。

物权变动经公示的，发生物权变动的效力，并受法律保护。

关于不动产物权变动，登记生效为一般性原则，但存在法律规定的如下例外：

①土地承包经营权、地役权的设定，以登记为对抗要件而非生效要件。

②非因法律行为而取得不动产物权的，不以登记为生效要件。

③依法属于国家所有的自然资源，所有权可以不登记。

提示 登记只是不动产物权变动的生效要件，并非交易合同的生效要件。对此，《民法典》第二百一十五条规定："当事人之间订立有关设立、变更、转让和消灭不动产物权的合同，除法律另有规定或者当事人另有约定外，自合同成立时生效；未办理物权登记的，不影响合同效力。"

2. 公信原则

物权变动既以登记、交付为公示方法，即使此表征与真实的权利不符，对于信赖此公示方法而为交易的善意第三人，法律应对其信赖予以保护。

公信原则，主要适用于交换关系中的物权变动。

（三）不动产物权变动

1. 基于法律行为而发生的不动产物权变动

第一，须有买卖、赠与、互换等合同作触发物权变动。

第二，不动产物权变动原则上以登记为生效要件，法律另有规定的除外。

合同属于合同法范畴，在此将重点解释不动产物权变动的公示方法——登记。

（1）不动产物权登记概述。

①不动产物权统一登记制度：统一登记的范围、登记机构和登记办法，由法律、行政法规规定。

②不动产物权登记机构：指不动产所在地的登记机构，当前登记机构的审查以形式审查为主，必要情况下可实施尽职调查。

③不动产登记簿：不动产登记簿是物权归属和内容的根据，不动产权属证书记载的事项与不动产登记簿不一致的，除有证据证明不动产登记簿确有错误外，以不动产登记簿为准。

（2）不动产物权登记的具体类型。

类型	主要规则
总登记	指登记机构对特定行政管辖区域内所有不动产进行的全部登记，包括土地总登记和建筑物所有权的第一次登记

续表

类型	主要规则
首次登记	指不动产物权的第一次登记。未经办理不动产首次登记，不得办理不动产其他类型的登记，法律、行政法规另有规定的除外
他项权利登记	又称他物权登记，如在不动产上创设建设用地使用权、地役权、抵押权等
转移登记	指不动产物权从转让人转移至受让人所办理的登记。转移登记是不动产物权转移的生效要件
变更登记	指不动产物权的分割、合并和增减时进行的登记
更正登记	①权利人、利害关系人认为不动产登记簿记载的事项错误的，可以申请更正登记。不动产登记簿记载的权利人书面同意更正或者有证据证明登记确有错误的，登记机构应当予以更正。 ②登记机构发现不动产登记簿的记载有错误的，应当通知当事人在30个工作日内办理更正登记。当事人逾期不办理的，不动产登记机构应当在公告15个工作日后，依法予以更正；但在错误登记之后已经办理了涉及不动产权利处分的登记、预告登记和查封登记的除外
异议登记	不动产登记簿记载的权利人不同意更正的，利害关系人可以申请异议登记。登记机构予以异议登记，申请人自异议登记之日起15日内不提起诉讼的，异议登记失效。异议登记不当，造成权利人损害的，权利人可以向申请人请求损害赔偿
预告登记	①预告登记的意义：当事人签订买卖房屋的协议或者签订其他不动产物权的协议，为保障将来实现物权，按照约定可以向登记机构申请预告登记。预告登记后，未经预告登记的权利人同意，处分该不动产的，不发生物权效力。 ②预告登记的失效：预告登记后，债权消灭或者自能够进行不动产登记之日起90日内未申请登记的，预告登记失效
注销登记	当事人可以申请办理注销登记情形：不动产灭失的；权利人放弃不动产权利的；不动产被依法没收、征收或者收回的；人民法院、仲裁委员会的生效法律文书导致不动产权利消灭的；法律、行政法规规定的其他情形

2. 非基于法律行为而发生的不动产物权变动

（1）因法律文书或者征收决定等而发生不动产物权变动，自法律文书或者征收决定等生效时发生效力。

（2）因继承而发生不动产物权变动，自继承开始时发生效力。

（3）因合法建造、拆除房屋等事实行为而发生不动产物权变动，自事实行为成就时发生效力。

提示 依照上述特别规定取得不动产物权，虽不以登记为生效要件，若权利人拟进一步处分据此享有的不动产物权，则需要依照法律的一般规定处理。

提示 以上非基于法律行为的不动产物权变动，均不以登记为生效要件。

（四）动产物权变动

1. 基于法律行为而发生的动产物权变动

（1）动产物权变动的一般公示方法——交付。

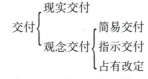

①现实交付：现实交付表现为当事人双方形成合意后，物的出让人将出让之物实际交受让人占有。

②简易交付：动产物权设立和转让前，权利人已经占有该动产的，物权自民事法律行为生效时发生效力。

③指示交付：动产物权设立和转让前，第三人占有该动产的，负有交付义务的人可以通过转让请求第三人返还原物的权利代替交付。

④占有改定：动产物权转让时，当事人又约定由**出让人继续占有**该动产的，物权自该**约定生效时**发生效力。

（2）动产物权变动公示的特别规定。

①动产抵押。

以动产抵押的，抵押权自抵押合同生效时设立；未经登记，不得对抗善意第三人。

②**特殊动产：交付生效＋登记对抗。**

船舶、航空器和机动车等的物权的设立、变更、转让和消灭，未经登记，不得对抗善意第三人。

2. 非基于法律行为而发生的动产物权变动

动产物权非基于法律行为而发生变动，除了与不动产物权变动一样，可能以继承、人民法院或仲裁机构的法律文书、人民政府的征收决定等为原因外，还包括拾得遗失物、发现埋藏物、添附、先占等事实行为作为原因。

二、例题点津

【例题1·多选题】根据物权法律制度，下列各项中，属于原始取得的有（　　）。

A. 基于无主物之先占

B. 善意取得

C. 添附

D. 拾得遗失物

【答案】ABCD

【解析】本题考查物权的发生。原始取得，是指非依据他人既存的权利而独立取得物权，又称物权的固有取得或物权的绝对发生，如基于无主物之先占、拾得遗失物、添附、善意取得等取得物权。因此，选项A、B、C、D均为正确选项。

【例题2·多选题】根据物权法律制度的规定，下列各项中，属于基于法律行为之外的法律事实而发生物权变动的有（　　）。

A. 甲合法继承其父母去世后的房屋

B. 乙将其身后的遗产全部赠送给丙

C. 丁基于善意取得制度取得的房屋

D. 戊向银行贷款，双方办理了抵押登记

【答案】AC

【解析】本题考查物权变动的原因。基于法律行为之外的法律事实而发生的物权变动，主要有添附、法定继承、无主物的取得、善意取得，以及征用、没收、罚款等。因此，选项A、C正确。

【例题3·多选题】李某和王某于4月15日订立房屋买卖合同，双方约定5月15日办理过户登记，合同签订后王某以各种理由拒绝办理登记手续，根据物权法律制度规定，下列说法错误的有（　　）。

A. 房屋买卖合同未生效

B. 房屋买卖合同自4月15日生效

C. 李某可凭有效的合同要求王某办理过户登记

D. 若5月15日办理过户登记的，合同自5月15日生效

【答案】AD

【解析】本题考查物权登记原则。当事人之间订立有关设立、变更、转让和消灭不动产物权的合同，除法律另有规定或者当事人另有约定外，自合同成立时生效；未办理物权登记的，不影响合同效力。本题于4月15日订立合同，合同自4月15日生效，王某未履行登记义务的，李某可以凭借有效的合同要求王某办理登记手续，因此选项A、D错误，选项B、C正确。

4 物权的保护

一、考点解读

物权保护方式是物权请求权，即物权所具有的旨在排除侵害或妨害的消极权能。物权请求权的发生以物权的存在为前提。其发生不以侵害人或妨害人的故意或过失为要件。

（一）标的物返还请求权

物权人对于**无权占有**标的物之人，可以请求返还该物的权利。

（二）妨害排除请求权

权利人对于妨害物权或者**可能妨害物权**的，可以请求排除妨害或者消除危险。

妨害，是指以占有侵夺与占有扣留以外的方法阻碍或侵害物权的支配可能性，包括但不限于：

（1）妨害他人所有权的行使，如停车于他

人车位；

（2）可量物或不可量物的侵入，如丢弃废料于他人庭院；

（3）未经授权使用他人之物，如在他人墙壁上悬挂广告招牌；

（4）对物之实体的侵害，如占用他人土地建房等。

提示 妨害人无论是否有过错，均负有排除妨害的义务。妨害排除请求权不是损害赔偿请求权，物权人只能请求除去妨害的因素。

（三）消除危险请求权

物权人对于有妨害其物权的危险情形，可以请求予以消除的权利。消除危险请求权旨在阻却将来可能发生的对物的危险，以危险的客观存在为前提。

二、例题点津

【例题1·单选题】张某发现邻居家的院墙受地震影响倾斜严重，估计很快倒塌并可能砸坏张某家的院墙。根据物权法律制度的规定，张某可以行使的保护方法是（　　）。

A. 妨害排除请求权

B. 消除危险请求权

C. 损害赔偿请求权

D. 恢复原状请求权

【答案】B

【解析】本题考查物权的保护。妨害尚未发生，损害更无从谈起，只是将来可能发生的危险，因此，张某可以行使消除危险请求权。

【例题2·多选题】根据物权法律制度的规定，下列关于物权请求权的做法，正确的有（　　）。

A. 甲侵占了某公司的汽车，某公司可以基于对汽车的所有权主张所有物返还请求权

B. 乙将垃圾堆放在小张的车库门口，小张可以基于对车库的所有权行使妨害排除请求权

C. 丙在自家挖地窖，可能危及小王房屋的安全，小王基于对房屋的所有权行使消除危险请求权

D. 丁公司未经授权，在小赵房屋的墙壁上悬挂广告牌，小赵可以基于对房屋的所有权行使妨害排除请求权

【答案】ABCD

【解析】本题考查物权请求权。物权人于其物权受到侵害、妨害或有被侵害的危险时，基于物权而请求侵害人为或不为一定行为，以恢复物权圆满状态的权利。物权请求权是物权所具有的旨在排除侵害或妨害的消极权能。物权请求权包括标的物返还请求权、妨害排除请求权、消除危险请求权。选项A、B、C、D均正确。

第二单元　所　有　权

① 所有权的概念与特征

一、考点解读

（一）所有权的概念

所有权，是指所有权人对自己的不动产或动产，依法享有占有、使用、收益、处分的权利。

（二）所有权的特征

特征	具体阐述
全面支配性	所有权，是权利人对于自有物全面支配的权利；而限制物权，权利人对于标的物的支配，则仅限于一定范围内

续表

特征	具体阐述
统一性（整体性）	所有权赋予权利人全面支配标的物的一切可能性。限制物权则是将所有权整体内容中的部分权能分离出去为他人设定的物权
恒久性	法律不限制所有权的存续期限，只要标的物存在，所有权就永久存在。而限制物权只在法定或约定的期限内有效
弹力性	所有权上如果设定了用益物权或担保物权，所有权的全面支配权能则相应缩小范围；当用益物权、担保物权消灭，分离出去的支配权能复归原位，所有权就恢复其圆满状态

二、例题点津

【例题·单选题】 根据物权法律制度的规定，下列不属于所有权的特征的是（　　）。

A. 全面支配性　　　B. 统一性

C. 暂时性　　　D. 弹力性

【答案】 C

【解析】 本题考查所有权的特征。所有权具有全面支配性、统一性、恒久性、弹力性的特征，选项 C 错误。

2 所有权的权能

一、考点解读

$$
权能
\begin{cases}
积极权能
\begin{cases}
占有：人对物的事实上管领，即实际控制的权能 \\
使用：依照物的性质和用途加以利用的权能 \\
收益：获取物的孳息的权能 \\
处分：所有权人变更、消灭其物或对物的权利的权能
\end{cases} \\
消极权能：排除他人不法侵夺、干扰或妨害的权能
\end{cases}
$$

提示 事实处分，是指所有权人变更或消灭其物而实现其利益的行为，导致了所有权的绝对消灭；法律处分，是指变更或消灭其对物的权利的行为，导致所有权全部或部分权能的移转。

二、例题点津

【例题1·单选题】 根据物权法律制度的规定，关于所有权的权能，下列说法不正确的是（　　）。

A. 所有权的权能仅包括积极权能

B. 所有权人有权变更、消灭其物或对物的权利

C. 所有权人有权收取物的孳息

D. 所有权具有排除他人干涉的权能

【答案】 A

【解析】 本题考查所有权的权能。积极权能包括占有、使用、收益、处分，消极权能即排除他人不法侵害、干扰或妨害。

【例题2·多选题】 根据物权法律制度的规定，下列关于所有权人的处分权能，正确的有（　　）。

A. 事实处分导致了所有权的绝对消灭

B. 法律处分导致所有权全部或部分权能的转移

C. 所有权人将房屋赠与他人属于法律处分

D. 所有权人将苹果吃掉属于法律处分

【答案】 ABC

【解析】 本题考查所有权的处分权能。事实处分，是指所有权人变更或消灭其物而实现其利

益的行为，导致所有权的绝对消灭；法律处分，是指变更或消灭其对物的权利的行为，导致所有权全部或部分权能的移转。选项 A、B、C 正确，选项 D 属于事实处分。

3　所有权的取得

一、考点解读

（一）拾得遗失物

（1）遗失物的界定。

基于占有人的意思而丧失占有，现又无人占有且非为无主的动产。

（2）拾得遗失物的法律效果。

①拾得遗失物，应当返还权利人。拾得人应当及时通知权利人领取，或者送交公安等有关部门。

②有关部门收到遗失物，知道权利人的，应当及时通知其领取；不知道的，应当及时发布招领公告，公告期为 1 年。

③拾得人在遗失物送交有关部门前、有关部门在遗失物被领取前，应当妥善保管遗失物。因故意或者重大过失使遗失物毁损、灭失的，应当承担民事责任。

④权利人领取遗失物时，应当向拾得人或有关部门支付保管遗失物等支出的必要费用。权利人悬赏寻找遗失物的，领取遗失物时应当按照承诺履行义务。拾得人侵占遗失物的，无权请求保管遗失物等支出的费用，也无权请求权利人按照承诺履行义务。

⑤遗失物自发布招领公告之日起 1 年内无人认领的，归国家所有。

（3）拾得漂流物、发现埋藏物或者隐藏物，参照适用拾得遗失物的有关规定。法律另有规定的，依照其规定。

（二）善意取得

1. 要件

（1）须让与人无权处分。如果让与人对标的物属于有权处分，只要没有其他效力瑕疵，交易履行即发生物权变动效力，无须通过善意取得制度予以救济。

（2）须受让人自无处分权人取得占有或接受转移登记。

原则上，不动产转让应当登记；动产转让不需要登记，但需要交付给受让人。

提示　对于机动车、船舶、航空器等特殊动产，法律规定登记是对抗要件，而非物权变动的生效要件。机动车等特殊动产在善意取得构成中，仍以交付作为物权变动的要件。

（3）须受让人以合理的价格有偿受让。

交易行为有偿，且具有合理的交易价格。合理的价格应当根据转让标的物的性质、数量以及付款方式等具体情况，参考转让时交易地市场价格以及交易习惯等因素综合认定。

（4）须受让人善意。

受让人受让不动产或者动产时，不知道转让人无处分权，且无重大过失的，应当认定受让人为善意。真实权利人主张受让人不构成善意的，应当承担举证证明责任。

2. 法律效果

（1）受让人取得动产或不动产的所有权。

这种所有权的取得属原始取得，但善意受让人在受让动产时知道或者应当知道动产上存在抵押权等负担的，这些负担继续存在于该动产之上。

（2）原所有权人可向让与人主张损害赔偿。

受让人善意取得所有权的，原所有权人有权向无处分权人请求损害赔偿。

3. 遗失物被无权处分的特别规定

《民法典》第三百一十二条规定："所有权人或者其他权利人有权追回遗失物。该遗失物通过转让被他人占有的，权利人有权向无处分权人请求损害赔偿，或者自知道或者应当知道受让人之日起二年内向受让人请求返还原物；但是，受让人通过拍卖或者向具有经营资格的经营者购得该遗失物的，权利人请求返还原物时应当支付受让人所付的费用。权利人向受让人支付所付费用后，有权向无处分权人追偿。"

由此，遗失物被无权处分的法律效果为：

（1）原所有权人自知道或者应当知道受让人之日起两年内，可以向受让人请求返还原物，但若未向受让人请求返还原物，受让人取得遗失物所有权。

第四章

（2）受让人通过**拍卖或者向具有经营资格的经营者购得**该遗失物的，权利人请求返还原物时应当支付受让人所付的费用。

（3）权利人向受让人支付所付费用后，有权向无处分权人追偿。

（三）添附

不同所有权人的物因结合或因加工而形成不可分割的物或具有新质的物，由于恢复原状之不可能或不合理而由一所有人取得或数所有人共同取得该物所有权，并由取得人对于他方因此所受的损失予以补偿。

1. 添附的种类

（1）附合：不同所有权人的物因密切结合而形成难以分割的新物，若分割会毁损该物或花费较大，包括动产与动产的附合以及动产与不动产的附合。

（2）混合：两个或两个以上不同所有权人的动产相互混杂合并，不能识别或识别所需费用过大，因而发生所有权变动的法律事实。

`提示` 附合的数个物通常在形体上可识别、分割，只是分离将损害附合物的价值；混合则是数个物混在一起，在事实上不能或不易区别。

（3）加工：在他人的物上进行劳作或改造，从而使其具有更高价值的活动。

2. 添附的法律效果

因加工、附合、混合而产生的物的归属，有约定的，按照**约定**；没有约定或者约定不明确的，依照**法律规定**；法律没有规定的，按照**充分发挥物的效用以及保护无过错当事人的原则**确定。因一方当事人的过错或者确定物的归属造成另一方当事人损害的，应当给予赔偿或者补偿。

二、例题点津

【例题 1 · 单选题】2024 年 3 月 1 日，王某将自己的电脑借给何某使用一个星期。3 月 5 日，何某未经过王某的同意，将电脑以市价 2 000 元出卖给不知情的孙某，孙某当日取走电脑，两人约定 3 日后付款。根据《民法典》的规定，下列表述中，正确的是（　　）。

A. 何某的行为构成无权处分，买卖合同无效

B. 王某可以向孙某追回电脑

C. 孙某支付价款后可取得电脑的所有权

D. 孙某于 3 月 5 日取得电脑的所有权

【答案】D

【解析】本题考核善意取得制度。本题中，何某的行为构成无权处分，何某与孙某之间的买卖合同自成立时生效，选项 A 错误。孙某是不知情的第三人，双方按照市价转让，即有合理对价，电脑为动产，双方已完成交付，满足善意取得的条件，不论孙某是否已经支付价款，都可依善意取得制度于交付当日即 3 月 5 日取得电脑的所有权，选项 C 错误，选项 D 正确。善意受让人依善意取得制度取得动产的所有权，原权利人丧失所有权，王某不可追回电脑，选项 B 错误。

【例题 2 · 多选题】2024 年 3 月 1 日，张某拾得吴某丢失的一幅名贵字画。4 月 10 日，张某将该字画转让给袁某。5 月 11 日，袁某将该字画交给拍卖行拍卖。5 月 15 日，李某通过拍卖取得了该字画。下列表述正确的有（　　）。

A. 吴某有权自知道或者应当知道受让人李某之日起 2 年内向李某请求返还字画

B. 张某无权将字画转让给袁某

C. 吴某无权向张某请求赔偿字画损失

D. 吴某请求李某返还字画时，李某有权请求吴某支付其购买字画的费用

【答案】ABD

【解析】拾得遗失物，应当返还权利人。拾得人应当及时通知权利人领取，或者送交公安等有关部门，选项 B 正确。所有权人或者其他权利人有权追回遗失物，该遗失物通过转让被他人占有的，权利人有权向无处分权人请求损害赔偿，或者自知道或者应当知道受让人之日起两年内向受让人请求返还原物，选项 A 正确；但是，受让人通过拍卖或者向具有经营资格的经营者购得该遗失物的，权利人请求返还原物时应当支付受让人所付的费用，选项 D 正确。权利人向受让人支付所付费用后，有权向无处分权人追偿，选项 C 错误。

【例题 3 · 多选题】乙拾得甲丢失的手机，以市场价 3 500 元转让给不知情的旧手机经销商丙。根据物权法律制度的规定，下列表述中，正

确的有（　　）。

 A. 乙拾得手机后，甲即丧失了手机的所有权

 B. 乙将手机转让给丙的行为属于无权处分

 C. 甲有权请求乙给予损害赔偿

 D. 甲有权请求丙返还手机，但应向丙支付3 500 元

【答案】BC

【解析】选项A、B，乙不能取得遗失物的所有权，乙将手机转让给丙的行为属于无权处分；选项C、D，该遗失物通过转让被他人占有的，权利人有权向无处分权人（乙）请求损害赔偿，或者自知道或者应当知道受让人之日起两年内向受让人（丙）请求无偿返还原物；但是，受让人通过拍卖或者向具有经营资格的经营者购得该遗失物的，权利人请求返还原物时应当支付受让人所付的费用。

【例题4·多选题】添附是所有权取得的特殊方式。根据物权法律制度的规定，下列各项中，属于添附的有（　　）。

 A. 先占 B. 加工

 C. 附合 D. 混合

【答案】BCD

【解析】本题考查添附。添附，是指不同所有权人的物因结合或因加工而形成不可分割的物或具有新质的物，由于恢复原状之不可能或不合理而由一所有人取得或数所有人共同取得该物所有权。

4　共有

一、考点解读

共有的法律构造是：一物之上成立一个所有权，该所有权由多个共有人共同享有。

（一）按份共有

1. 按份共有的概念

按份共有，是指数人按其应有份额，对于一物，共同享有所有权的形态。

2. 按份共有的效力

（1）对内效力（按份共有人之间）。

①共有物的管理与处分。

共有物的管理：按份共有人按照约定管理共有的不动产或者动产；没有约定或者约定不明确的，各共有人都有管理的权利和义务。共有人对共有物的管理费用以及其他负担，有约定的，按照其约定；没有约定或者约定不明确的，按照其份额负担。

共有物的处分：处分共有的不动产或者动产以及对共有的不动产或者动产作重大修缮、变更性质或者用途的，应当经占份额2/3以上的按份共有人同意，但是共有人之间另有约定的除外。

②共有份额的转让。

按份共有人可以转让其享有的共有的不动产或者动产份额。其他共有人在同等条件下享有优先购买的权利。按份共有人转让其享有的共有的不动产或者动产份额的，应当将转让条件及时通知其他共有人。其他共有人应当在合理期限内行使优先购买权。这一规定应注意以下几点：

第一，优先购买权行使的前提是按份共有人向共有人之外的人转让其份额。若是按份共有人之间转让共有份额，或者共有份额的权利主体因继承等原因发生变化时，其他按份共有人不得主张优先购买，但按份共有人之间另有约定的除外。

第二，优先购买权的行使期间，按份共有人之间有约定的，按照约定处理，没有约定或者约定不明的，如下表所示。

项目			内容
没有约定或者约定不明	有通知	载明了行使期间	≥15 日	按通知载明的时间
			<15 日	15 日
		未载明行使期间		15 日
	未通知	其他按份共有人知道或者应当知道最终确定的同等条件		知道或者应当知道最终确定的同等条件之日起15 日

续表

项目		内容	
没有约定或者约定不明	未通知	无法确定其他按份共有人知道或者应当知道最终确定的同等条件	共有份额权属转移之日起6个月

第三，"同等条件"，应当综合共有份额的转让价格、价款履行方式及期限等因素确定。

第四，按份共有人转让其享有的共有的不动产或者动产份额时，其他按份共有人以其优先购买权受到侵害为由，仅请求撤销共有份额转让合同或者认定该合同无效，不属于行使优先购买权，不予支持。

第五，两个以上其他共有人主张行使优先购买权的，协商确定各自的购买比例；协商不成的，按照转让时各自的共有份额比例行使优先购买权。

（2）对外效力（按份共有人与共有人之外的第三人之间）。

因共有的不动产或者动产产生的债权债务：

①对外：享有连带债权、承担连带债务，但是法律另有规定或者第三人知道共有人不具有连带债权债务关系的除外。

②对内：除共有人另有约定外，按份共有人按照份额享有债权、承担债务。偿还债务超过自己应当承担份额的按份共有人，有权向其他共有人追偿。

（二）共同共有

共同共有，是指共有人平等和不分份额地享有共有权的共有形态。

1. 共同共有的类型

常见的共同共有的形态主要有：夫妻共有财产、家庭共有财产、共同继承的财产。

2. 共同共有的效力

（1）对内效力。

共同共有人的权利，及于共有物全部。对于共有物的使用与管理，除法律另有规定或合同另有约定外，应经全体共有人同意。

各共有人仅在共有的基础丧失或者有重大理由需要分割时可以请求分割，各共有人亦无转让

权，但共有人另有约定的除外。

（2）对外效力。

只有依全体共有人的共同意思，对具有物的处分行为才能发生对外效力。法律保护第三人的善意取得。

因共有的不动产或者动产产生的债权债务，共同共有人享有连带债权、承担连带债务，但法律另有规定或者第三人知道共有人不具有连带债权债务关系的除外。

3. 按份共有与共同共有的确认

共有人对共有的不动产或者动产没有约定为按份共有或者共同共有，或者约定不明确的，除共有人具有家庭关系等外，视为按份共有。

（三）建筑物区分所有权

由区分所有建筑物的专有权、共有权以及共同管理权共同构成的特别所有权。

共有权是指业主依照法律或管理规约的规定或业主大会的决定，对区分所有建筑物内的住房或经营性用房等专有部分之外的共用部分所享有的占有、使用和收益的权利。

建筑物及其附属设施的费用分摊、收益分配等事项，有约定的，按照约定；没有约定或者约定不明确的，按照业主专有部分面积所占比例确定。

二、例题点津

【例题1·单选题】甲、乙分别按35%和65%的份额共有一辆汽车，二人将该汽车出租给丙。现甲欲转让自己持有的该汽车的全部份额。根据物权法律制度的有关规定，下列表述中，正确的是（   ）。

A. 乙、丙都有优先购买权，乙的购买权优先于丙的购买权

B. 乙、丙都有优先购买权，丙的购买权优

先于乙的购买权

C. 乙无优先购买权，丙有优先购买权

D. 乙有优先购买权，丙无优先购买权

【答案】D

【解析】本题考查按份共有。按份共有人可以转让其享有的共有的不动产或者动产份额，其他共有人在同等条件下享有优先购买的权利。承租人优先购买权的行使，仅限于租赁物为房屋的情形。因此，选项D正确。

【例题2·单选题】朋友6人共同出资购买一辆大货车，未约定共有形式，且每人的出资额也不能确定。部分共有人欲对外转让该大货车。为避免该转让成为无权处分，在没有其他约定的情况下，根据物权法律制度的规定，同意转让的共有人至少应当达到的人数是（　）人。

A. 3　　　　　　B. 4

C. 5　　　　　　D. 6

【答案】B

【解析】本题考查按份共有。共有人对共有的不动产或者动产没有约定为按份共有或者共同共有，或者约定不明确的，除共有人为家庭关系外，视为按份共有，因此，本题中应为按份共有。按份共有人对共有的不动产或者动产享有的份额，没有约定或者约定不明确的，按照出资额确定；不能确定出资的，视为等额享有，本题6人等额享有共有物。按份共有中，处分共有的不动产或者动产，应当经占份额2/3以上的按份共有人同意，但共有人之间另有约定的除外。本题中应为4人。

【例题3·多选题】甲、乙二人按照4∶6的份额共有一辆货车，后该货车在运输过程中将丙撞伤。对此，下列选项正确的有（　）。

A. 丙只能向甲要求承担40%的责任

B. 丙可要求甲承担全部责任

C. 甲、乙内部应当共同享有债权、承担债务

D. 如甲对丙承担了全部责任，则甲有权向乙追偿

【答案】BD

【解析】本题考查按份共有。因共有的不动产或者动产产生的债权债务，在对外关系上，共有人享有连带债权、承担连带债务。故甲、乙应对丙承担连带责任，选项A错误，选项B正确。按份共有人对内为按份责任，故部分共有人承担全部责任后，有权向其他共有人追偿，故选项D正确，选项C错误。

5 相邻关系

一、考点解读

相邻关系，是指相邻各方在对各自所有或使用的**不动产**行使所有权或使用权时，因相互间依法应当**给予对方方便或接受限制**而发生的权利义务关系。

相邻关系具体包括避免邻地地基动摇或其他危险的相邻关系；相邻用水与排水关系；相邻必要通行关系；相邻管线铺设关系；因建造建筑物利用邻地的关系；不得影响相邻方通风、采光、日照的关系；固体污染物、不可量物不得侵入的相邻关系等。

二、例题点津

【例题·多选题】根据物权法律制度的规定，下列属于相邻关系的有（　）。

A. 相邻用水与排水关系

B. 相邻管线铺设关系

C. 因建造建筑物利用邻地的关系

D. 不得影响相邻方通风、采光、日照的关系

【答案】ABCD

【解析】根据《民法典》的规定，相邻关系具体包括避免邻地地基动摇或其他危险的相邻关系；相邻用水与排水关系；相邻必要通行关系；相邻管线铺设关系；因建造建筑物利用邻地的关系；不得影响相邻方通风、采光、日照的关系；固体污染物、不可量物不得侵入的相邻关系等。

第三单元　用益物权

1 用益物权的概念与特征

一、考点解读

（一）用益物权的概念

用益物权，是指对他人所有之物享有以占有、使用、收益为内容的限制物权。

提示 用益物权人只要不违反法律规定或当事人约定，即可独占地、排他性地支配标的物，任何其他人，包括所有权人，均不得妨碍其行使权利。

（二）用益物权特征

（1）用益物权以对物的使用、收益为其主要内容，并以对物的占有为前提。

（2）用益物权是他物权、限制物权、有期限物权。

（3）用益物权是不动产物权，其标的物只限于不动产，或土地或房屋。

二、例题点津

【例题·单选题】根据物权法律制度的规定性，下列关于用益物权的说法，不正确的是（　　）。

A. 用益物权是他物权、限制物权

B. 所有权人可以妨碍用益物权人行使其物权

C. 用益物权的标的物仅限于不动产

D. 用益物权以标的物的使用价值为基础

【答案】B

【解析】本题考查用益物权概述。用益物权人只要不违反法律规定或当事人约定，即可独占地、排他性地支配标的物，任何其他人，包括所有权人，均不得妨碍其行使权利，选项B错误。

2 土地承包经营权

一、考点解读

（一）土地承包经营权概述

土地承包经营权，是指以种植、养殖、畜牧等农业目的，对集体经济组织所有或国家所有由农民集体使用的农用土地依法享有的占有、使用、收益的权利。具有以下特征：

（1）土地承包经营权的主体只能是农业经营者。

（2）土地承包经营权的客体是耕地、林地、山岭、草原、荒地、滩涂、水面等不动产。

（3）土地承包经营权的内容是权利人在他人土地上为农业性质的耕作、养殖、畜牧等用益。

提示 耕地的承包期为30年；草地的承包期为30年至50年；林地的承包期为30年至70年。承包期限届满，土地承包经营权人可以依照农村土地承包的法律规定继续承包。

（二）土地承包经营权的取得

1. 根据土地承包经营权合同设定而取得

土地承包经营权自土地承包经营权合同生效时设立。

登记机构应当向土地承包经营权人发放证书，并登记造册，确认土地承包经营权。

提示 登记是土地承包经营权的对抗要件。

2. 通过土地承包经营权的互换、转让而取得

土地承包经营权人依照法律规定，有权将土地承包经营权在本集体经济组织成员之间互换、转让。互换需进行备案，转让需要得到发包方的同意。

3. 通过招标、拍卖、公开协商等方式而取得

通过招标、拍卖、公开协商等方式承包农村土地，经依法登记取得权属证书的，可以依法采取出租、入股、抵押或者其他方式流转土地经营权。

提示 以这种方式取得土地承包经营权，其客体主要限于"四荒"土地，即荒山、荒沟、荒丘、荒滩。承包人不限于本集体经济组织成员。

（三）土地承包经营权的流转

在不改变土地所有权性质（国有或集体所有）和土地农业用途的前提下，原承包方依法将经营权或从经营权中分离出来的部分权利移转给他人。

1. 流转的原则要求

（1）土地经营权的流转应遵循平等自愿原则。

（2）土地经营权的流转，**不得改变土地所有权性质和农业用途**。

（3）土地经营权流转的期限不得超过承包期的剩余期限。

（4）流转受让方须有农业经营能力，但不限于本集体经济组织成员。

2. 流转的具体规定

土地承包经营权人可以自主决定依法采取出租、入股或者其他方式向他人流转土地经营权。流转期限为 5 年以上的土地经营权，自**流转合同生效时**设立。

二、例题点津

【例题 1·多选题】下列关于土地承包经营权的说法，不正确的有（　　）。

A. 土地承包经营权中的土地是指属于集体经济组织所有或国家所有由农民集体使用的农用土地

B. 林地的承包期为 30 年，草地的承包期为 30 年至 50 年

C. 土地承包经营权的主体为所有自然人、法人和其他组织

D. 土地承包经营权主要为了种植、养殖、畜牧等农业目的

【答案】BC

【解析】本题考查土地承包经营权。耕地的承包期为 30 年；草地的承包期为 30 年至 50 年；林地的承包期为 30 年至 70 年，选项 B 错误。土地承包经营权的主体只能是农业经营者，选项 C 错误。

【例题 2·多选题】张大与张二兄弟二人，成年后各自立户，属同一集体经济组织成员。各

自从所在村集体经济组织承包耕地若干。关于土地承包经营权，下列说法正确的有（　　）。

A. 张大向其他集体经济组织成员转让土地承包经营权的，需经发包方同意

B. 若张大向张二转让土地承包经营权的，需经发包方同意

C. 张大、张二可以互换土地承包经营权

D. 互换土地承包经营权的，未经登记，不得对抗善意第三人

【答案】BCD

【解析】本题考查土地承包经营权的设立。土地承包经营权只能在本集体经济组织之间互换、转让。故选项 A 错误，选项 C 正确。转让土地承包经营权的，需经发包方同意，选项 B 正确。土地承包经营权互换、转让的，当事人可以申请登记，未经登记，不得对抗善意第三人，选项 D 正确。

3 建设用地使用权

一、考点解读

（一）建设用地使用权概述

建设用地使用权是指以在他人土地上拥有建筑物、构筑物及其附属设施为目的的，而使用其土地的权利。具有以下特征：

（1）建设用地使用权是存在于**国家或集体所有土地**之上的权利。

（2）建设用地使用权以**建造以及保存建筑物或其他工作物**为目的。

（3）建设用地使用权是**有期限**的权利。

①以无偿划拨方式取得的建设用地使用权，除法律、法规另有规定外，没有使用期限的限制。

②以有偿出让方式取得的建设用地使用权，按用途的不同确定使用权期间：居住用地为 70 年；工业用地和教育、科技、文化、卫生、体育用地为 50 年；商业、旅游、娱乐用地为 40 年；综合或者其他用地为 50 年。

（二）建设用地使用权的取得

取得方式	具体规定
划拨	建设用地使用权人只需按照一定程序提出申请，经主管机关批准即可取得建设用地使用权，而无须向土地所有人支付租金及其他费用。土地划拨具有如下特点： （1）**公益性**。依此方式取得建设用地使用权，主要是国家机关、国防等公益事业用地。 （2）**无偿性**。 （3）取得的土地使用权的**转让受到限制**。只有依法办理相关手续并缴足土地出让金后，才可转让。 （4）**无期限性**。 （5）**行政性**。即须经严格的行政审批程序，才可划拨
出让	（1）国家以土地所有人的身份，以出让合同方式，将建设用地使用权在一定年限内让与土地使用者，向土地使用者依法收取土地使用权出让金的法律行为。 （2）出让的具体形式包括协议、招标、拍卖。其中，工业、商业、旅游、娱乐和商品住宅等经营性用地以及同一土地有两个以上意向用地者的，应当采取招标、拍卖等公开竞价的方式出让。 （3）土地使用权出让，依法须订立书面出让合同，应向登记机构申请建设用地使用权登记。**建设用地使用权自登记时设立**。登记机构应当向建设用地使用权人发放权属证书
移转	建设用地使用权人在其权利有效年限范围内，将其受让的建设用地使用权依法移转给第三人的法律行为，移转方式包括转让、互换、赠与等。 登记是建设用地使用权移转的生效条件

（三）建设用地使用权的效力

1. 建设用地使用权人的权利

（1）占有使用土地。

（2）权利处分。

①转让。建设用地使用权的转让，除非当事人有明确相反的意思表示，通常认可以下两条规则，即所谓"**房随地、地随房**"之规则。

其一，建设用地使用权转让、互换、出资或者赠与的，附着于该土地上的建筑物、构筑物及其附属设施一并处分。

其二，建筑物、构筑物及其附属设施转让、互换、出资或者赠与的，该建筑物、构筑物及其附属设施占用范围内的建设用地使用权一并处分。

②抵押。建设用地使用权可以作为抵押权之标的。建设用地使用权抵押，当事人须订立书面抵押合同，须办理抵押登记。**登记是建设用地使用权抵押的生效要件**。

提示 除非当事人有明确相反的意思表示，建设用地使用权抵押也适用"房随地、地随房"。

③出租。建设用地使用权人可以将其建设用地使用权随同地上建筑物、构筑物及其附属设施租赁给他人使用并收取租金。出租后，建设用地使用权人仍须向土地所有人履行义务。

④互换、赠与、出资。

（3）附属行为。

建设用地使用权人可以在其土地使用范围内进行非保存建筑物或其他工作物的附属行为。

（4）取得地上建筑物、构筑物及其附属设施的补偿。

住宅建设用地使用权期限届满的，**自动续期**。续期费用的缴纳或者减免，依照法律、行政法规的规定办理。

非住宅建设用地使用权期限届满后的续期，依照法律规定办理。该土地上的房屋以及其他不动产的归属，有约定的，按照约定；没有约定或者约定不明确的，依照法律、行政法规的规定办理。

在建设用地使用权期限届满前，因公共利益需要提前收回土地的，出让人应当依法对该土地上的房屋以及其他不动产给予补偿，并退还相应的出让金。

2. 建设用地使用权人义务

（1）支付土地使用费。

（2）合理使用土地。

（3）归还土地、恢复土地的原状。

二、**例题点津**

【例题1·单选题】根据物权法律制度的规

定，下列关于建设用地使用权的表述中，正确的是（　　）。

　　A. 建设用地使用权自登记时设立

　　B. 以划拨方式取得的建设用地使用权，最高使用年限为70年

　　C. 以划拨方式取得的建设用地使用权，非经国务院审批不得转让

　　D. 建设用地使用权期限届满自动续期

　　【答案】A

　　【解析】本题考查建设用地使用权的取得与期限。建设用地使用权自登记时设立，选项A正确。以无偿划拨方式取得的建设用地使用权，除法律、行政法规另有规定外，没有使用期限的限制，选项B错误。以划拨方式取得土地使用权的，转让房地产时，应当按照国务院规定，报有批准权的人民政府（而非国务院）审批，选项C错误。住宅建设用地使用权（并非所有的建设用地使用权）期限届满的，自动续期，选项D错误。

　　【例题2·多选题】根据物权法律制度的规定，下列关于建设用地使用权的取得与转让，说法错误的有（　　）。

　　A. 建设用地使用权可以通过继承取得

　　B. 国家机关可以通过划拨方式取得建设用地使用权，且其取得的建设用地使用权无期限限制

　　C. 土地使用权出让，须订立书面出让合同，自合同生效时，建设用地使用权设立

　　D. 建设用地使用权不得转让

　　【答案】CD

　　【解析】本题考查建设用地使用权取得与转让。选项A正确，不动产物权的一般取得原因，如继承，也适用于建设用地使用权。选项B正确，国家机关、国防等公益事业用地可以通过划拨方式无偿取得建设用地，且无期限限制。选项C错误，土地使用权出让，依法须订立书面出让合同，应向登记机构申请建设用地使用权登记。建设用地使用权自登记时设立。选项D错误，建设用地使用权可以转让，转让方式包括出售、交换、赠与等。

4 宅基地使用权

一、考点解读

1. 宅基地使用权的概念

宅基地使用权，是指农村村民依法享有的，在集体所有土地上建造、保有房屋及附属设施的权利。农村宅基地使用权是无偿取得的、永久性的权利，其分配坚持"一户一宅"原则。

2. 宅基地使用权的流转

原则：禁止流转，即不得买卖、赠与、投资入股、抵押等。

例外：（1）宅基地使用权可以**继承**；（2）随宅基地上的**房屋所有权的转让**而流转。但有如下限制：

①受让人只能是本集体经济组织的成员。

②根据"一户一宅"原则，农村村民出卖住房后，再申请宅基地的，不予批准，以防止新的农村耕地流失。

③受让人受让后的宅基地面积不得超过省、自治区、直辖市规定的标准，否则，不得受让。

二、例题点津

　　【例题·单选题】下列关于宅基地使用权的说法，正确的是（　　）。

　　A. 农村宅基地使用权是无偿取得的、有期限的权利

　　B. 宅基地使用权一律禁止流转

　　C. 农村村民出卖住房后，还可以再行申请宅基地

　　D. 宅基地使用权可以继承

　　【答案】D

　　【解析】本题考查宅基地使用权。农村宅基地使用权是无偿取得的、永久性的权利，选项A错误。宅基地使用权原则上禁止流转，但作为例外承认宅基地使用权可以继承，以及随宅基地上的房屋所有权的转让而流转，选项B错误。根据"一户一宅"原则，农村村民出卖住房后，再申请宅基地的，不予批准，选项C错误。

5 居住权

一、考点解读

居住权，是指按照合同约定，为了满足生活居住的需要，对他人所有的住宅得以占有、使用并排除房屋所有权人干涉的用益物权。居住权是我国民法新确立的用益物权制度。

1. 居住权的设立

当事人设立居住权，应当采用书面形式订立居住权合同，也可以以遗嘱方式设立居住权。

居住权不得转让、继承。

设立居住权的，应当向登记机构申请居住权登记。居住权自登记时设立。

2. 投资型居住权

居住权无偿设立，但是当事人另有约定的除外。

设立居住权的住宅不得出租，但是当事人另有约定的除外。

3. 居住权的消灭

居住权期限届满或者居住权人死亡的，居住权消灭。居住权消灭的，应当及时办理注销登记。

二、例题点津

【例题1·多选题】根据物权法律制度的规定，下列有关居住权的说法中，正确的有（　　）。

A. 当事人可以约定将设立居住权的房屋出租

B. 居住权期限届满或者居住权人死亡，居住权消灭

C. 居住权可以转让和继承

D. 居住权自居住权合同成立时设立

【答案】AB

【解析】本题考查居住权。设立居住权的住宅不得出租，但是当事人另有约定的除外，选项A正确。居住权期限届满或者居住权人死亡，居住权消灭，选项B正确。居住权不得转让、继承，选项C错误。设立居住权的，居住权自登记时设立，选项D错误。

【例题2·判断题】居住权自合同生效时设立。（　　）

【答案】×

【解析】设立居住权的，应当向登记机构申请居住权登记。居住权自登记时设立。

6 地役权

一、考点解读

地役权，是指为实现自己土地的利益而使用他人土地的权利。

1. 地役权的设立

当事人应当采用书面形式订立地役权合同。地役权自**地役权合同生效时**设立。

当事人要求登记的，可以向登记机构申请登记；**未经登记，不得对抗善意第三人**。

地役权的期限由当事人约定，但不得超过土地承包经营权、建设用地使用权等用益物权的剩余期限。

2. 地役权人的义务

地役权人有权在合同约定的目的范围内使用供役地。地役权人对供役地的使用应当选择损害最小的地点及方法为之。地役权人滥用地役权的，供役地权利人有权解除地役权合同。

二、例题点津

【例题·单选题】关于地役权的说法，正确的是（　　）。

A. 地役权自登记时设立

B. 地役权属于担保物权

C. 地役权人有权按照合同约定，利用他人的不动产，以提高自己不动产的效益

D. 地役权的期限由当事人任意约定

【答案】C

【解析】地役权自地役合同生效时设立，选项A错误。地役权是按照当事人的约定设立的用益物权，选项B错误。地役权，是指为实现自己土地的利益而使用他人土地的权利，选项C正确。地役权的期限由当事人约定，但不得超过土地承包经营权、建设用地使用权等用益物权的剩余期限，选项D错误。

第四单元　担保物权

1 担保物权概述

一、考点解读

（一）担保物权的含义

1. 担保物权的概念

担保物权，是指为了债务清偿，在债务人或第三人所有之物或权利上所设定的，以取得担保作用之限制物权。担保物权人在债务人不履行到期债务或者发生当事人约定的实现担保物权的情形，依法享有就担保财产优先受偿的权利。

2. 反担保

第三人为债务人向债权人提供担保的，可以要求提供反担保。

反担保人可以是债务人，也可以是债务人之外的其他人。

反担保方式可以是债务人提供的抵押或者质押，也可以是其他人提供的保证、抵押或者质押。

（二）担保物权的特性

特性	解读
从属性	担保物权从属于被担保的债权而存在，其成立以债权成立为前提，并因债权移转而移转，因债权消灭而消灭。 提示 担保物权具有法律强制性色彩，不允许当事人任意约定更改
不可分性	被担保的债权在未受全部清偿前，担保物权人可就担保物的全部行使其权利。 （1）被担保的债权被分割、部分清偿或消灭，担保物权人可以就分割、部分清偿或消灭后的担保物行使担保物权。 （2）主债务被分割或者部分转移，债务人自己提供物的担保的，债权人仍有权以担保物担保全部债务履行，但是，如果物的担保由第三人提供，担保人对未经其书面同意转移的债务不再承担担保责任。 （3）担保标的物被分割或部分灭失，分割后各部分或余存的部分担保物，仍为担保全部债权而存在
物上代位性	担保期间，担保财产毁损、灭失或者被征收等，担保物权人可以就获得的保险金、赔偿金或者补偿金等优先受偿。被担保债权的履行期限未届满的，也可以提存该保险金、赔偿金或者补偿金等
补充性	担保物权被有效设立后不能被马上行使，只有在债务人不履行到期债务或发生当事人约定的实现担保物权的情形，担保物权补充性的担保功能才会发动，保障债权的实现

（三）担保合同的无效

（1）机关法人提供担保的，担保合同无效，但是经国务院批准为使用外国政府或者国际经济组织贷款进行转贷的除外。

（2）居民委员会、村民委员会提供担保的，担保合同无效，但是依法代行村集体经济组织职能的村民委员会，依照《村民委员会组织法》规定的讨论决定程序对外提供担保的除外。

（3）以公益为目的的非营利性学校、幼儿园、医疗机构、养老机构等提供担保的，担保合同无效，但是有下列情形之一的除外：

①在购入或者以融资租赁方式承租教育设施、医疗卫生设施、养老服务设施和其他公益设施时，出卖人、出租人为担保价款或者租金实现而在该公益设施上保留所有权。

②以教育设施、医疗卫生设施、养老服务设

施和其他公益设施以外的不动产、动产或者财产权利设立担保物权。

提示 以上规定仅适用于以公益为目的的非营利性机构。登记为营利法人的学校、幼儿园、医疗机构、养老机构等提供担保，当事人不得以其不具有担保资格为由主张担保合同无效。

（四）担保合同无效的法律责任

1. 主合同有效而第三人提供的担保合同无效

（1）债权人与担保人均有过错的，担保人承担的赔偿责任不应超过债务人不能清偿部分的 **1/2**；

（2）担保人有过错而债权人无过错的，担保人对债务人不能清偿的部分承担赔偿责任；

（3）债权人有过错而担保人无过错的，担保人不承担赔偿责任。

2. 主合同无效导致第三人提供的担保合同无效

（1）担保人无过错的，不承担赔偿责任；

（2）担保人有过错的，其承担的赔偿责任不应超过债务人不能清偿部分的 **1/3**。

二、例题点津

【例题1·单选题】 下列关于担保物权的说法，错误的是（　　）。

A. 担保物权从属于被担保的债权而存在

B. 被担保的债权被分割、部分清偿或消灭，担保物权人可以就分割、部分清偿或消灭后的担保物行使担保物权

C. 担保物权一经设立，即可马上行使

D. 担保物灭失或出让，其交换价值转化为其他形态的物时，担保物权的效力及于该物

【答案】 C

【解析】 担保物权具有从属性，选项A正确。担保物权具有不可分性，选项B正确。担保物权只有在债务人不履行到期债务或者发生当事人约定的实现担保物权的情形，才可以行使，选项C错误。担保物权具有物上代位性，选项D正确。

【例题2·多选题】 根据物权法律制度的规定，下列属于无效担保合同的有（　　）。

A. 甲公立大学与乙银行签订保证合同，为丙企业的借款提供保证

B. 甲行政机关与乙银行签订担保合同，为丙公司的借款提供担保

C. 甲公立医院与乙银行签订保证合同，为丙公司的借款提供担保

D. 张某与债权人王某签订的未约定担保范围的担保合同

【答案】 ABC

【解析】 以公益为目的的非营利学校、幼儿园、医疗机构、养老机构等提供担保的，担保合同无效，选项A、C当选。机关法人提供担保的，担保合同无效，但是经国务院批准为使用外国政府或国际经济组织贷款进行转贷的除外，选项B当选。当事人对担保的范围没有约定或者约定不明确的，担保人应当对全部债务承担责任，选项D担保合同有效。

2 抵押权

一、考点解读

（一）抵押权概述

抵押权是指为担保债务的履行，债务人或者第三人**不转移财产的占有**，将该财产作为债权的担保，债务人不履行到期债务或者发生当事人约定的实现抵押权的情形，债权人有就该财产优先受偿的权利。

提示 抵押权与质权、留置权最大的不同在于，**抵押权的设立不以抵押财产的转移占有为要件**，抵押人在抵押权设立后仍可继续占有、使用抵押财产。

（二）抵押合同

1. 抵押合同概述

设立抵押权，当事人应当采取书面形式订立抵押合同。

抵押合同对被担保的**主债权种类、抵押财产**没有约定或者约定不明，根据主合同和抵押合同不能补正或者无法推定的，抵押不成立。

2. 流押条款无效

流押条款是指抵押权人在债务履行期届满

前，与抵押人约定债务人不履行到期债务时抵押财产归债权人所有的条款。如果当事人在抵押合同中约定了**流押条款，该条款无效，该条款的无效不影响抵押合同其他部分内容的效力**。债务人不履行到期债务时，抵押权人并不能直接取得抵押财产的所有权，只能依法就抵押财产**优先受偿**。

（三）抵押财产

1. 可以设立抵押权的财产

债务人或者第三人有权处分的下列财产可以抵押：

（1）建筑物和其他土地附着物；

（2）建设用地使用权；

（3）**海域使用权**；

（4）生产设备、原材料、半成品、产品；

（5）正在建造的建筑物、船舶、航空器；

（6）交通运输工具；

（7）法律、行政法规未禁止抵押的其他财产。

2. 不得设立抵押权的财产

（1）土地所有权。

（2）宅基地、自留地、自留山等**集体所有的土地使用权**，但法律规定可以抵押的除外。

（3）学校、幼儿园、医疗机构等为公益目的成立的**非营利法人**的教育设施、医疗卫生设施和其他公益设施。

（4）所有权、使用权不明或者有争议的财产。

提示 当事人以所有权、使用权不明或者有争议的财产抵押，经审查构成无权处分的，应当依照《民法典》善意取得的规定处理。

（5）依法被查封、扣押、监管的财产。

提示 ①已经设定抵押的财产被采取查封、扣押等财产保全或执行措施的，不影响抵押权的效力。②当事人以依法被查封或者扣押的财产抵押，抵押权人请求行使抵押权，经审查封或者扣押措施已经解除的，人民法院应予支持。抵押人以抵押权设立时财产被查封或者扣押为由主张抵押合同无效的，人民法院不予支持。当事人以依法被监管的财产抵押的，适用该款规定确认抵押的效力。

（6）法律、行政法规规定不得抵押的其他财产。

3. 关于抵押财产的其他规定

（1）以建筑物抵押的，该建筑物占用范围内的建设用地使用权一并抵押。以建设用地使用权抵押的，该土地上的建筑物一并抵押。

（2）以违法的建筑物抵押的，抵押合同无效，但是一审法庭辩论终结前已经办理合法手续的除外。当事人以建设用地使用权依法设立抵押，抵押人以土地上存在违法的建筑物为由主张抵押合同无效的，人民法院不予支持。

（3）抵押人以划拨建设用地上的建筑物抵押，当事人以该建设用地使用权不能抵押或者未办理批准手续为由主张抵押合同无效或者不生效的，人民法院不予支持。当事人以划拨方式取得的建设用地使用权抵押，抵押人以未办理批准手续为由主张抵押合同无效或者不生效的，人民法院不予支持。已经依法办理抵押登记，抵押权人主张行使抵押权的，人民法院应予支持。

（4）**乡镇、村企业的建设用地使用权不得单独抵押**。以乡镇、村企业的厂房等建筑物抵押的，其占用范围内的建设用地使用权一并抵押。

（5）以集体所有土地的使用权依法抵押的，实现抵押权后，未经法定程序，不得改变土地所有权的性质和土地用途。

提示 城市房地产："房随地走、地随房走"；农村集体土地：只能"地随房走"。

（四）抵押登记

1. 登记生效

以建筑物和其他土地附着物、建设用地使用权、海域使用权、正在建造的建筑物设定抵押的，应当办理抵押登记，抵押权自登记时起设立。

2. 登记对抗

当事人以生产设备、原材料、半成品、产品、交通运输工具和正在建造的船舶、航空器抵押或其他动产设定抵押，抵押权自抵押合同生效时设立；抵押权未经登记，不得对抗善意第三人。

提示 凡是属于**动产抵押**的，均以**登记**为**对抗**要件。

（五）抵押权的效力

1. 抵押权担保的范围

包括主债权及利息、违约金、损害赔偿金和

实现抵押权的费用。

抵押合同另有约定的，按照约定。

2. 抵押权效力所及的标的物的范围

类别	内容
抵押物	抵押权效力所及的标的物的范围包括抵押物本身
孳息	债务人不履行到期债务或者发生当事人约定的实现抵押权的情形，致使抵押财产被人民法院依法扣押的，自扣押之日起抵押权人有权收取该抵押财产的天然孳息或者法定孳息，但抵押权人未通知应当清偿法定孳息的义务人的除外。 孳息的清偿顺序为：（1）充抵收取孳息的费用；（2）主债权的利息；（3）主债权
从物	（1）从物产生于抵押权依法设立前，抵押权的效力及于从物，但当事人另有约定的除外。 （2）从物产生于抵押权依法设立后，抵押权的效力不及于从物，但在抵押权实现时可以一并处分
添附物	（1）抵押权依法设立后，抵押财产被添附，添附物归第三人所有的，抵押权效力及于抵押人应获得的补偿金。 （2）抵押权依法设立后，抵押财产被添附，抵押人对添附物享有所有权的，抵押权的效力及于添附物，但是添附导致抵押财产价值增加的，抵押权的效力不及于增加的价值部分。 （3）抵押权依法设立后，抵押人与第三人因添附成为添附物的共有人，抵押权的效力及于抵押人对共有物享有的份额
代位物	（1）抵押权依法设立后，抵押财产毁损、灭失或者被征收等，抵押权人可以请求按照原抵押权的顺位就保险金、赔偿金或者补偿金等优先受偿。 （2）被担保债权的履行期限未届满，可以提存该保险金、赔偿金或者补偿金等
抵押权设立后新增的建筑物	（1）建设用地使用权抵押后，该土地上新增的建筑物不属于抵押财产。该建设用地使用权实现抵押权时，应当将该土地上新增的建筑物与建设用地使用权一并处分，但新增建筑物所得的价款，抵押权人无权优先受偿。 （2）当事人仅以建设用地使用权抵押，债权人主张抵押权的效力及于土地上已有的建筑物以及正在建造的建筑物已完成部分的，人民法院应予支持。债权人主张抵押权的效力及于正在建造的建筑物的续建部分以及新增建筑物的，人民法院不予支持。 （3）当事人以正在建造的建筑物抵押，抵押权的效力范围限于已办理抵押登记的部分。当事人按照担保合同的约定，主张抵押权的效力及于续建部分、新增建筑物以及规划中尚未建造的建筑物的，人民法院不予支持

3. 抵押人的权利

（1）抵押物出租的权利。

①抵押权设立前，抵押财产已经出租并转移占有的，原租赁关系不受该抵押权的影响。

②抵押权设立后，若抵押权已在先登记，其具有对抗第三人的效力，且抵押权设立在先，则租赁权不得对抗抵押权。若抵押权未登记，抵押人将抵押财产出租给他人并移转占有，抵押权人行使抵押权的，租赁关系不受影响，但是抵押权人能够举证证明承租人知道或者应当知道已经订立抵押合同的除外。

（2）抵押物转让的权利。

抵押期间，抵押人可以转让抵押财产。当事人另有约定的，按照其约定。抵押财产转让的，抵押权不受影响。

抵押物转让遵循以下规则及限制。

情形	规则
转让规则	①抵押人转让抵押财产的，应当及时通知抵押权人。 ②抵押权人能够证明抵押财产转让可能损害抵押权的，可以请求抵押人将转让所得的价款向抵押权人提前清偿债务或者提存。转让的价款超过债权数额的部分归抵押人所有，不足部分由债务人清偿

续表

情形	规则
未将约定登记	当事人约定禁止或者限制转让抵押财产但是**未将约定登记**，抵押人违反约定转让抵押财产，抵押权人请求确认转让合同无效的，人民法院不予支持；抵押财产已经交付或者登记，抵押权人请求确认转让不发生物权效力的，人民法院不予支持，但是抵押权人有证据证明受让人知道的除外；抵押权人请求抵押人承担违约责任的，人民法院依法予以支持
已将约定登记	当事人约定禁止或者限制转让抵押财产且已经**将约定登记**，抵押人违反约定转让抵押财产，抵押权人请求确认转让**合同无效**的，人民法院不予支持；抵押财产已经交付或者登记，抵押权人主张转让**不发生物权效力**的，人民法院应予支持，但是因受让人代替债务人清偿债务导致抵押权消灭的除外

提示 以动产抵押的，不得对抗正常经营活动中已经支付合理价款并取得抵押财产的买受人。因此，"抵押财产转让的，抵押权不受影响"，这句话不可一概而论。

4. 抵押权人的权利

（1）抵押权的顺位权。

①抵押权顺位的确定标准。

同一财产向两个以上债权人抵押的，拍卖、变卖抵押财产所得的价款依照下列规定清偿：

a. 抵押权已经登记的，按照**登记的时间先后**确定清偿顺序；

b. 抵押权**已经登记的先于未登记**的受偿；

c. 抵押权未登记的，按照**债权比例**清偿。

②抵押权顺位的放弃。

债权人以自己的财产设定抵押，抵押权人放弃该抵押权、抵押权顺位或者变更抵押权的，其他担保人在抵押权人**丧失优先受偿权益的范围内免除担保责任**，但是其他担保人承诺仍然提供担保的除外。

③抵押权顺位的变更。

抵押权人与抵押人可以协议变更抵押权顺位以及被担保的债权数额等内容。但是，抵押权的变更**未经其他抵押权人书面同意**的，不得对其他抵押权人产生不利影响。

（2）抵押权的处分。

①抵押权的转让。债权转让的，担保该债权的抵押权一并转让，但法律另有规定或者当事人另有约定的除外。

②将抵押权作为担保。抵押权人可以将抵押权与其所担保的债权一并为他人债权设立担保，成立附抵押权的债权质权。

③抵押权的抛弃。债务人以自己的财产设定抵押，抵押权人放弃该抵押权的，其他担保人在抵押权人**丧失优先受偿权益的范围内免除担保责任**，但是其他担保人承诺仍然提供担保的除外。

（3）抵押权的保全。

①抵押人的行为足以使抵押财产价值减少的，抵押权人有权请求抵押人**停止**其行为。

②抵押财产价值减少的，抵押权人有权请求**恢复**抵押财产的价值，或者提供与减少的价值相应的**担保**。

5. 动产抵押权的特别效力规定

（1）动产抵押权的登记对抗。

以动产抵押的，抵押权自抵押合同生效时设立；动产抵押权未经登记，不得对抗善意第三人。

动产抵押合同订立后未办理抵押登记，动产抵押权的效力按照下列情形分别处理：

①抵押人转让抵押财产，受让人占有抵押财产后，抵押权人向受让人请求行使抵押权的，人民法院不予支持，但是抵押权人能够举证证明**受让人知道或者应当知道已经订立抵押合同**的除外；

②抵押人将抵押财产出租给他人并转移占有，抵押权人行使抵押权的，租赁关系不受影响，但是抵押权人能够举证证明**承租人知道或者应当知道已经订立抵押合同**的除外；

③抵押人的其他债权人向人民法院申请保全或者执行抵押财产，人民法院已经作出财产保全裁定或者采取执行措施，抵押权人主张对抵押财产优先受偿的，人民法院不予支持；

④抵押人破产，抵押权人主张对抵押财产优先受偿的，人民法院不予支持。

（2）动产抵押的"正常买受人"规则。

以动产抵押的，不得对抗正常经营活动中已经支付合理价款并取得抵押财产的买受人，此即"正常买受人"规则，即无论动产抵押权是否登记，也无论正常经营买受人是否善意，抵押权人均不得对抗此类买受人。

（3）价款债权抵押权的超级优先效力。

动产抵押担保的主债权是抵押物的价款，标的物交付后10日内办理抵押登记的，该抵押权人优先于抵押物买受人的其他担保物权人受偿，但是留置权人除外。此种抵押权被称为价款债权抵押权，抵押物的价款债权人就该抵押物所享有的抵押权优先于除留置权外的其他担保物权，该优先性甚至可回溯至办理抵押登记前10日，故具有超级优先效力。

同一动产上存在多个价款债权抵押权的，人民法院应当按照登记的时间先后确定清偿顺序。

（4）动产抵押、质押并存时的效力顺序。

同一财产既设立抵押权又设立质权的，拍卖、变卖该财产所得的价款按照登记、交付的时间先后确定清偿顺序。

（六）抵押权的实现

债务人不履行到期债务或者发生当事人约定的实现抵押权的情形，抵押权人可以与抵押人协议以抵押财产折价或者以拍卖、变卖该抵押财产所得的价款优先受偿。抵押权人与抵押人未就抵押权实现方式达成协议的，抵押权人可以请求人民法院拍卖、变卖抵押财产。

抵押权人应当在主债权诉讼时效期间行使抵押权。

抵押物折价或者拍卖、变卖所得的价款，当事人没有约定的，按下列顺序清偿：（1）实现抵押权的费用；（2）主债权的利息；（3）主债权。

抵押财产折价或者拍卖、变卖后，其价款超过债权数额的部分归抵押人所有，不足部分由债务人清偿。

（七）特殊抵押权

1. 最高额抵押权

最高额抵押权，是指为担保债务的履行，债务人或者第三人对一定期间内将要连续发生的债权提供担保财产，债务人不履行到期债务或者发生当事人约定的实现抵押权的情形，抵押权人有权在最高债权额限度内就该担保财产优先受偿的特殊抵押权。

（1）最高额抵押权的特征。

①抵押担保的是将来发生的债权，但最高额抵押权设立前已经存在的债权，经当事人同意，可以转入最高额抵押担保的债权范围。

②抵押担保的债权额不确定，但设有最高限制额。

③实际发生的债权是连续的、不特定的。

④债权人仅对抵押财产行使最高额限度内的优先受偿权。

⑤最高额抵押权只需首次登记即可设立。

（2）最高额抵押权相关规则。

情形	规则
债权转让	最高额抵押担保的债权确定前，部分债权转让的，最高额抵押权不得转让，但当事人另有约定的除外
债权变更	最高额抵押担保的债权确定前，抵押权人与抵押人可以通过协议变更债权确定的期间、债权范围以及最高债权额，但变更的内容不得对其他抵押权人产生不利影响
债权确定	有下列情形之一的，抵押权人的债权确定：①约定的债权确定期间届满；②没有约定债权确定期间或者约定不明确，抵押权人或者抵押人自最高额抵押权设立之日起满2年后请求确定债权；③新的债权不可能发生；④抵押权人知道或者应当知道抵押财产被查封、扣押；⑤债务人、抵押人被宣告破产或者被解散；⑥法律规定债权确定的其他情形

续表

情形	规则
最高额抵押权的行使	最高额抵押权所担保的不特定债权，债权在特定后，且已届清偿期的，最高额抵押权人可以根据普通抵押权的规定行使其抵押权。 抵押权人实现最高额抵押权时，如果实际发生的债权余额高于最高限额的，以最高限额为限，超过部分不具有优先受偿的效力；如果实际发生的债权余额低于最高限额的，以实际发生的债权余额为限对抵押物优先受偿

2. 浮动抵押权

浮动抵押权是指企业、个体工商户、农业生产经营者可以将**现有的以及将有的**生产设备、原材料、半成品、产品抵押，债务人不履行到期债务或者发生当事人约定的实现抵押权的情形，债权人有权就抵押财产确定时的动产优先受偿。

（1）浮动抵押权的效力。

①浮动抵押权的登记对抗效力。

设立浮动抵押权，抵押权人应当在中国人民银行征信中心动产融资统一登记公示系统办理登记。抵押权**自抵押合同生效时**设立；未经登记，不得对抗善意第三人。

②浮动抵押权不得对抗"正常买受人"。

浮动抵押权**无论是否办理抵押登记**，均不得对抗正常经营活动中已支付合理价款并取得抵押财产的买受人。

（2）浮动抵押财产的确定。

浮动抵押，抵押财产自下列情形之一发生时确定：

①债务履行期限届满，债权未实现；

②抵押人被宣告破产或者解散；

③当事人约定的实现抵押权的情形；

④严重影响债权实现的其他情形。

提示 严重影响债权实现的其他情形，如抵押人因经营管理不善而导致经营状况恶化或严重亏损，或抵押人为了逃避债务而故意隐匿、转移财产。

二、例题点津

【例题1·单选题】 根据物权法律制度规定，下列选项中属于禁止抵押的财产的是（ ）。

A. 土地所有权

B. 正在建造的建筑物

C. 海域使用权

D. 生产设备

【答案】 A

【解析】 本题考查抵押财产。下列财产不得抵押：（1）土地所有权。（2）宅基地、自留地、自留山等集体所有的土地使用权，但法律规定可以抵押的除外。（3）学校、幼儿园、医院等为公益目的成立的非营利法人的教育设施、医疗卫生设施和其他公益设施。（4）所有权、使用权不明或者有争议的财产。（5）依法被查封、扣押、监管的财产。（6）法律、行政法规规定不得抵押的其他财产。选项A正确。

【例题2·单选题】 2024年6月1日，张三向李四借款15万元，双方约定张三在2024年12月1日还本付息。张三以其自有的房屋作抵押并办理了抵押登记。该房在抵押前已出租给王五，租赁期为2023年1月1日至2026年12月31日。2024年12月1日，张三到期未偿还借款本息。李四在实现抵押权时与王五发生纠纷。下列关于李四实现抵押权的表述中，符合民事法律制度规定的是（ ）。

A. 李四自借款到期日起有权通知王五，要求收取租金用以偿还借款利息

B. 李四有权主张租赁关系终止，因租赁关系存在使该房屋难以出售

C. 李四有权主张租赁关系终止，因租赁关系不得对抗已登记的抵押权

D. 李四无权主张租赁关系终止，因原租赁关系不受抵押权的影响

【答案】 D

【解析】 订立抵押合同前抵押财产已出租并

转移占有的，原租赁关系不受该抵押权的影响。本案租赁发生在先，在后抵押不破在先租赁，李四无权主张租赁关系终止，因原租赁关系不受抵押权的影响。因此，选项D正确。

【例题3·单选题】根据物权法律制度的规定，抵押物折价或者拍卖、变卖所得的价款，当事人没有约定的，按（　　）顺序清偿。

A. 实现抵押权的费用，主债权的利息，主债权

B. 实现抵押权的费用，主债权，主债权的利息

C. 主债权，主债权的利息，实现抵押权的费用

D. 主债权的利息，实现抵押权的费用，主债权

【答案】A

【解析】抵押物折价或者拍卖、变卖所得的价款，当事人没有约定的，按下列顺序清偿：（1）实现抵押权的费用；（2）主债权的利息；（3）主债权。抵押财产折价或者拍卖、变卖后，其价款超过债权数额的部分归抵押人所有，不足部分由债务人清偿。选项A当选。

【例题4·多选题】生产手机的甲企业将其现有的以及将有的生产设备、原材料、半成品、产品一并抵押给乙银行，并办理抵押登记。抵押期间，甲企业未经乙银行同意以合理价格将一批手机出售给丙公司，丙公司如数支付价款后取走该批手机。后甲企业不能向乙银行履行到期债务，乙银行拟行使抵押权。根据物权法律制度规定，下列关于乙银行抵押权效力的表述中，不正确的有（　　）。

A. 该抵押权已成立且可以对抗丙公司

B. 该抵押权因未办理抵押登记而不能成立

C. 该抵押权因抵押物不特定而不能成立

D. 该抵押权已成立但不得对抗丙公司

【答案】ABC

【解析】本题考查浮动抵押。以动产抵押的（包括动产浮动抵押），不得对抗正常经营活动中已经支付合理价款并取得抵押财产的买受人

（即本题中的丙公司），选项A错误，选项D正确。动产抵押（包括动产浮动抵押），抵押权自抵押合同生效时设立，未经登记，不得对抗善意第三人，选项B错误。动产浮动抵押在设立时抵押财产的范围并不确定，选项C错误。

3　质权

一、考点解读

（一）动产质权

1. 动产质权的概念

动产质权是指为担保债务的履行，债务人或者第三人将其动产出质给债权人占有，债务人不履行到期债务或者发生当事人约定的实现质权的情形，债权人有权就该动产优先受偿的担保物权。

2. 质押合同

（1）质押合同概述。

为设立质权，当事人应当采取书面形式订立质押合同。

质押担保的范围由当事人约定；当事人未约定的，质押担保范围包括主债权及利息、违约金、损害赔偿金、质物保管费用和实现质权的费用。

（2）流质条款无效。

流质条款是指质权人在债务履行期届满前，不得与出质人约定债务人不履行到期债务时质押财产归债权人所有的条款。当事人在质押合同中约定流质条款的，流质条款无效，但债务人不影响质押合同其他部分内容的效力及质权的设立履行到期债务时，质权人并不能直接取得质押财产的所有权，只能依法就质押财产优先受偿。

3. 动产质权的生效

质押合同自成立时生效，但质权自出质人交付质押财产时设立。

提示 动产质权的设立以质物的交付为生效要件。

4. 质权人对质物的权利和责任

项目	内容
权利	孳息收取权。质权人有权收取质押财产的孳息，但合同另有约定的除外。前述孳息应当**先充抵收取孳息的费用**
	质物价值保全权。因不能归责于质权人的事由可能使质押财产毁损或者价值明显减少，足以危害质权人权利的，质权人有权要求出质人提供相应的担保；出质人不提供的，质权人可以拍卖、变卖质押财产，并与出质人通过协议将拍卖、变卖所得的价款提前清偿债务或者提存
责任	保管责任。质权人因保管不善致使质押财产毁损、灭失的，应当承担赔偿责任。质权人的行为可能使质押财产毁损、灭失的，出质人可以请求质权人将质押财产提存，或者请求提前清偿债务并返还质押财产。质物提存费用由质权人负担，出质人提前清偿债权的，应当扣除未到期部分的利息
	擅自使用、处分、转质禁止。质权人在质权存续期间，未经出质人同意，擅自使用、处分质押财产，给出质人造成损害的，应当承担赔偿责任。质权人在质权存续期间，未经出质人同意转质，造成质押财产毁损、灭失的，应当向出质人承担赔偿责任
	返还责任。债务人履行债务或者出质人提前清偿所担保的债权的，质权人应当返还质押财产

5. 质权的实现

债务人不履行到期债务或者发生当事人约定的实现质权的情形，质权人可以与出质人协议以质押财产折价，也可以就拍卖、变卖质押财产所得的价款优先受偿。质押财产折价或者变卖的，应当参照**市场价格**。

出质人请求质权人及时行使质权，因质权人怠于行使权利造成损害的，由质权人承担赔偿责任。

（二）权利质权

1. 权利质权的概述

债务人或者第三人有权处分的下列权利可以出质：

（1）汇票、支票、本票；

（2）债券、存款单；

（3）仓单、提单；

（4）可以转让的基金份额、股权；

（5）可以转让的注册商标专用权、专利权、著作权等知识产权中的财产权；

（6）**现有的以及将有的**应收账款；

（7）法律、行政法规规定可以出质的其他财产权利。

2. 以不同种类权利出质的法律规定

（1）以汇票、本票、支票、债券、存款单、仓单、提单出质的，质权自**权利凭证交付质权人**时设立；没有权利凭证的，质权自**办理出质登记**时设立。法律另有规定的，依照其规定。

①汇票：当事人以背书记载"质押"字样并在汇票上签章，汇票已经交付质权人的，质权自汇票交付质权人时设立。

②仓单：存货人或者仓单持有人在仓单上以背书记载"质押"字样，并经保管人签章，仓单已经交付质权人的，质权自仓单交付质权人时设立。没有权利凭证的仓单，依法可以办理出质登记的，仓单质权自办理出质登记时设立。

③出质人既以仓单出质，又以仓储物设立担保，按照**公示的先后**确定清偿顺序；难以确定先后的，按照**债权比例**清偿。保管人为同一货物签发多份仓单，出质人在多份仓单上设立多个质权，按照公示的先后确定清偿顺序；难以确定先后的，按照债权比例受偿。

（2）**以基金份额、股权出质的，质权自办理出质登记时**设立。基金份额、股权出质后，不得转让，但是出质人与质权人协商同意的除外。

（3）以注册商标专用权、专利权、著作权等知识产权中的财产权出质的，质权自办理出质登记时设立。知识产权中的财产权出质后，出质人不得转让或者许可他人使用，但是出质人与质权人协商同意的除外。

（4）以应收账款出质的，质权自办理出质

登记时设立。应收账款出质后，不得转让，但是出质人与质权人协商同意的除外。

①以现有的应收账款出质，应收账款债务人向质权人确认应收账款的真实性后，又以应收账款不存在或者已经消灭为由主张不承担责任的，人民法院不予支持。

②以现有的应收账款出质，应收账款债务人未确认应收账款的真实性，质权人以应收账款债务人为被告，请求就应收账款优先受偿，能够举证证明办理出质登记时应收账款真实存在的，人民法院应予支持；质权人不能举证证明办理出质登记时应收账款真实存在，仅以已经办理出质登记为由，请求就应收账款优先受偿的，人民法院不予支持。

③以现有的应收账款出质，应收账款债务人已经向应收账款债权人履行了债务，质权人请求应收账款债务人履行债务的，人民法院不予支持，但是应收账款债务人接到质权人要求向其履行的通知后，仍然向应收账款债权人履行的除外。

④以基础设施和公用事业项目收益权、提供服务或者劳务产生的债权以及其他将有的应收账款出质，当事人为应收账款设立特定账户，发生法定或者约定的质权实现事由时，质权人请求就该特定账户内的款项优先受偿的，人民法院应予支持；特定账户内的款项不足以清偿债务或者未设立特定账户，质权人请求折价或者拍卖、变卖项目收益权等将有的应收账款，并以所得的价款优先受偿的，人民法院依法予以支持。

总结：登记在物权变动中的地位。

项目	具体内容	变动规则
动产	一般动产的所有权	交付生效
	船舶、航空器、机动车的所有权	交付生效、登记对抗
	动产的抵押权	登记对抗
	动产的质权	交付生效
不动产	房屋的转让、抵押	登记生效
	建设用地使用权的设立、转让、抵押	
	海域使用权的抵押	
	土地承包经营权的设立	登记对抗
	地役权的设立	
	以家庭承包方式取得的土地经营权的抵押	
权利质押	可以转让的基金份额、股权	登记生效
	知识产权中的财产权	
	现有的以及将有的应收账款	
	票据、债券、存款单、仓单、提单	交付（登记）生效

二、例题点津

【例题1·单选题】根据物权法律制度的规定，债务人或第三人有权处分的下列权利中，不可以出质的是（ ）。

A. 支票

B. 土地承包经营权

C. 应收账款

D. 可以转让的基金份额

【答案】B

【解析】债务人或者第三人有权处分的下列权利可以出质：（1）汇票、支票、本票；（2）债券、存款单；（3）仓单、提单；（4）可以转让的基金份额、股权；（5）可以转让的注册商标专用权、专利权、著作权等知识产权中的财产权；（6）现有的以及将有的应收账款；（7）法律、行政法规定可以出质的其他财产权利。土地承包经营权只能抵押，不能质押，选项 B 当选。

【例题 2·单选题】 刘某欠王某货款 200 万元，王某要求其提供担保，刘某遂将其持有的甲有限责任公司股权质押给王某，双方签订股权质押合同。同日，甲有限责任公司的股东会作出决议，同意刘某将其股权质押给王某。次日，王某为股权质押合同办理了公证。根据物权法律制度的规定，下列表述中，正确的是（　　）。

A. 王某的质权自双方签订股权质押合同时设立

B. 王某的质权未设立

C. 王某的质权自甲有限责任公司股东会作出决议时设立

D. 王某的质权自办理公证时设立

【答案】 B

【解析】 本题考查权利质权的设定。以基金份额、股权出质的，质权自办理出质登记时设立，选项 B 正确。

【例题 3·单选题】 甲向乙借款 2 000 元，10 月 30 日双方签订了书面质押合同，约定甲将其一匹马作为质物交付给乙，11 月 1 日甲如期交付。11 月 30 日，该马产下小马一匹。根据物权法律制度的规定，下列表述中，正确的是（　　）。

A. 质押合同的生效时间是 10 月 30 日

B. 质押合同的生效时间是 11 月 1 日

C. 小马的所有权归乙享有

D. 小马不是质押标的

【答案】 A

【解析】 质押合同自成立时生效，质权自出质人交付质押财产时设立，选项 A 正确，选项 B 错误。质权人有权收取孳息，作为质押标的，但不取得孳息的所有权，选项 C、D 错误。

4　留置权

一、考点解读

留置权，是指债务人不履行到期债务，债权人可以留置已经**合法占有**的债务人的动产，并有权就该动产优先受偿的担保权利。

留置权担保的范围包括主债权及利息、违约金、损害赔偿金、留置物保管费用和实现留置权的费用。

（一）留置权的成立要件

要件	相关规定
债权人占有债务人的动产	（1）原则：动产应属于债务人所有。 （2）例外：债权人因同一法律关系留置合法占有的第三人的动产，并主张就该留置财产优先受偿的，人民法院应予支持。第三人以该留置财产并非债务人的财产为由请求返还的，人民法院不予支持
占有的动产应与债权属于同一法律关系，但**企业之间留置的除外**	（1）原则：债权人留置的动产，应当与债权属于同一法律关系。同一法律关系是指占有人交付或返还占有物之义务与留置所担保的债权属于同一法律关系。 （2）例外：企业之间留置的动产与债权并非同一法律关系，债务人以该债权不属于企业持续经营中发生的债权为由请求债权人返还留置财产的，人民法院应予支持。但企业之间留置的动产与债权并非同一法律关系，债权人留置第三人的财产，第三人请求债权人返还留置财产的，人民法院应予支持
债权已届清偿期且债务人未按规定的期限履行义务	债权人的债权未届清偿期，其交付或返回所占有的标的物的义务已届履行期的，不能行使留置权。但是，债权人能够证明债务人无支付能力的除外

（二）留置权的实现

（1）留置权人的保管义务：留置权人负有妥善保管留置财产的义务；因保管不善致使留置财产毁损、灭失的，应当承担赔偿责任。

（2）留置权人的孳息收取权：留置权人有权收取留置财产的孳息。孳息应当先充抵收取孳息的费用。

（3）留置权人与债务人应当约定留置财产后的债务履行期间；没有约定或者约定不明确的，留置权人应当给债务人 **60 日以上**履行债务的期间，但**鲜活易腐等不易保管的动产**除外。

（4）债务人逾期未履行的，留置权人可以与债务人协议以留置财产折价，也可以就拍卖、变卖留置财产所得的价款优先受偿。留置财产折价或者变卖的，应当参照市场价格。

（5）债务人可以请求留置权人在债务履行期届满后行使留置权；留置权人不行使的，债务人可以请求人民法院拍卖、变卖留置财产。留置财产折价或者拍卖、变卖后，其价款超过债权数额的部分归债务人所有，不足部分由债务人清偿。

（6）留置权人在债权未受全部清偿前，留置物为不可分物的，留置权人可以就其留置物的全部行使留置权。留置的财产为可分物的，留置物的价值应当相当于**债务的金额**。

（7）同一动产上已设立抵押权或者质权，该动产又被留置的，**留置权人优先受偿**。

（三）留置权的消灭

留置权因下列原因而消灭：

（1）留置权人对留置财产丧失占有；

（2）留置物灭失、毁损而无代位物；

（3）与留置物有同一法律关系的债权消灭；

（4）债务人另行提供价值相当的担保并被债权人接受；

（5）实现留置权。

二、例题点津

【例题1·多选题】根据物权法律制度的规定，下列情形中，甲享有留置权的有（　　）。

A. 甲为乙有偿保管录音笔，保管期限届满后，乙无正当理由拒不交付保管费，故甲将录音笔扣留

B. 甲为了迫使丙偿还货款，强行扣押其小

轿车一台

C. 甲为了确保对丁的一项未到期债权能够顺利实现，扣留了为丁保管的货物

D. 甲为戊加工了一批服装，在完成全部订单后，戊迟迟不支付尾款，甲将该批服装扣留

【答案】AD

【解析】留置权，是指债务人不履行到期债务，债权人可以留置已经合法占有的债务人的动产，并有权就该动产优先受偿的担保权利。车辆不属于"合法占有"的动产，选项B错误。留置权的成立必须是债权已届清偿期，选项C错误。

【例题2·多选题】甲公司向乙银行借款100万元，以一台机器抵押，办理了抵押登记。其后，甲公司将该机器质押给丙公司。丙公司在占有该机器期间，将其交给丁企业修理，因拖欠修理费而被丁企业留置。后乙银行、丙公司、丁企业均主张行使机器上的担保物权。下列关于各担保物权效力顺序的表述中，不正确的有（　　）。

A. 乙银行优先于丙公司受偿

B. 丙公司优先于丁企业受偿

C. 丁企业优先于乙银行受偿

D. 丙公司优先于乙银行受偿

【答案】BD

【解析】本题考查不同担保物权竞合时效力顺序问题。根据《民法典》的规定，同一动产既设立抵押权又设立质权的，拍卖、变卖该财产所得的价款按照登记、交付的时间先后确定清偿顺序。同一动产上已设立抵押权或者质权，该动产又被留置的，留置权人优先受偿。本题中的受偿顺序依次应为丁企业、乙银行、丙公司，选项B、D错误。

第五单元　占　　有

1 占有的意义

一、考点解读

占有，是指人对于物进行实际控制的事实。

占有作为法律事实，不以占有人与物有身体上接触为限，应依一般社会观念并斟酌时空关系、法律关系等而为具体认定。一般而言，对于物已有确定与继续的支配关系，或处于可排除他人干涉状态的，即可成立占有关系。

二、例题点津

【例题·多选题】 根据物权法律制度的规定，下列关于占有的表述，不正确的有（　　）。

A. 占有是权利的一种

B. 占有不以占有人与物有身体上接触为限

C. 占有物，包括动产和不动产

D. 占有只是一种状态，不受法律保护

【答案】 AD

【解析】 本题考查占有。占有，是指人对于物进行实际控制的事实。占有只是一种事实状态，不是权利，选项 A 错误。占有作为法律事实，不以占有人与物有身体上接触为限，应依一般社会观念并斟酌时空关系、法律关系等而为具体认定，选项 B 正确。被控制之物，称为占有物，包括动产和不动产，选项 C 正确。为了保护人们对占有状态的信赖，法律才特设占有制度对占有进行保护，选项 D 错误。

2　占有的分类

一、考点解读

占有的分类
- 根据占有是否具有法律依据为标准 ┥有权占有／无权占有
- 根据无权占有人是否误信为有权占有的法律依据为标准 ┥善意占有／恶意占有
- 根据占有人对物的占有是否具有所有的意思为标准 ┥自主占有／他主占有
- 根据占有人在事实上是否直接占据占有物为标准 ┥直接占有／间接占有

（一）有权占有与无权占有

有权占有，是指基于法律依据而为的占有，主要指基于各种物权或债权的占有。有权占有受法律保护，他人请求交付占有物时，占有人有权拒绝。

无权占有，是指欠缺法律依据的占有。无权占有人，无权拒绝权利人对其交还占有物的请求。因侵权行为占有他人之物，无权占有人在占有物上无权主张留置权。

（二）善意占有与恶意占有

善意占有，是指占有人误信其有占有的法律依据且无怀疑的占有。

恶意占有，是指占有人对物知其无占有的法律依据，或对于是否有权占有虽有怀疑而仍为占有。

区分善意占有与恶意占有的意义主要有：

（1）动产的善意取得，以善意受让占有为要件。

（2）占有人与恢复请求权人之间的权利义务不同。不动产或者动产被占有人占有的，权利人可以请求返还原物及其孳息；但是，应当支付善意占有人因维护该不动产或者动产支出的必要费用。

（3）是否承担损害赔偿责任有所不同。占有物因被使用遭受损害的，善意占有人无须承担赔偿责任，恶意占有人应当承担赔偿责任。

（4）是否赔偿保险金、赔偿金或补偿金不足以弥补的损失有所不同。占有的不动产或者动产毁损、灭失，该不动产或者动产的权利人请求赔偿的，占有人应当将因毁损、灭失取得的保险金、赔偿金或者补偿金等返还给权利人；权利人的损害未得到足够弥补的，**恶意占有人还应当赔偿损失**。

（三）自主占有与他主占有

自主占有，指以所有的意思对物为占有。所有的意思强调将物据为自己所有而排斥他人占有的意思，但不要求物客观上确属自己所有。虽非自己的物，但以所有的意思而占有的，仍属自主占有。

他主占有，指不以所有的意思而为占有，如承租人、借用人、质权人等对标的物的占有。

（四）直接占有与间接占有

直接占有，是指占有人事实上占有其物，即直接对物有事实上的控制。

间接占有，是指自己不直接占有其物，基于一定法律关系而对事实上占有其物之人有返还请求权，因而对其物有间接控制力。

二、例题点津

【例题 1·单选题】 根据物权法律制度的规定，下列关于占有的分类的说法中，不正确的是（　　）。

A. 质权人对质物的占有属于有权占有、他主占有、间接占有

B. 盗窃者对盗赃物的占有属于无权占有、恶意占有、自主占有

C. 承租人合同终止后对租赁物的占有属于无权占有、恶意占有、他主占有

D. 恶意占有和善意占有属于无权占有

【答案】A

【解析】选项A，直接占有是占有人对物有事实上的控制，质权人对质物属于直接占有；而出质人对质物的占有才属于间接占有，间接占有是指占有人自己不直接占有物，基于法律关系对事实上占有其物之人享有返还请求权。

【例题2·单选题】孙某将其所有的一辆小汽车出质给钱某。钱某经孙某同意，驾驶该辆小汽车与林某、赵某一起出游。林某驾驶的小汽车是其从甲公司租赁而来。赵某驾驶的小汽车为其同宿舍好友陈某所有，赵某未经陈某同意私自开走，赵某准备在陈某考试结束以后电话告知陈某。下列关于各主体占有类型的表述中，不正确的是（　　）。

A. 赵某对小汽车的占有属于恶意占有

B. 孙某对小汽车的占有属于间接占有

C. 林某对小汽车的占有属于自主占有

D. 钱某对小汽车的占有属于有权占有

【答案】C

【解析】本题考查占有的分类。选项A，恶意占有，是指占有人对物知其无占有的法律依据，或对于是否有权占有虽有怀疑而仍为占有，赵某对小汽车的占有属于恶意占有。选项B，间接占有，是指自己不直接占有其物，基于一定法律关系而对事实上占有其物之人有返还请求权，孙某对小汽车的占有属于间接占有。选项C，自主占有，是指以所有的意思对物为占有；他主占有，是指不以所有的意思而为占有，林某对小汽车的占有应为他主占有。选项D，有权占有，是指基于法律上依据而为的占有，钱某对小汽车的占有属于有权占有。

3 占有的保护

一、考点解读

《民法典》占有编专门规定了占有保护请求权，包括占有物返还请求权、占有妨害排除请求权、占有妨害防止请求权、占有损害赔偿请求权。占有的不动产或者动产被侵占的，占有人有权请求返还原物；对妨害占有的行为，占有人有权请求排除妨害或者消除危险；因侵占或者妨害造成损害的，占有人有权依法请求损害赔偿。

占有人返还原物的请求权，自**侵占发生之日起1年内**未行使的，该请求权消灭。

二、例题点津

【例题·判断题】占有保护请求权是指占有人在占有被侵害时，得请求侵害人恢复其占有状态的权利。其中，占有人返还原物的请求权，自侵占之日起2年内未行使的，该请求权消灭。（　　）

【答案】×

【解析】本题考查占有的保护。占有人返还原物的请求权，自侵占发生之日起1年内未行使的，该请求权消灭，因此该题错误。

本章考点巩固练习题

一、单项选择题

1. 根据物权法律制度的规定，下列各项中，属于动产的是（　　）。

A. 海域　　　　　B. 房屋

C. 林木　　　　　D. 车辆

2. 根据物权法律制度的规定，下列关于物权变动效力的表述中，错误的是（　　）。

A. 船舶、航空器和机动车的物权变动自登记时发生效力

B. 因法律文书或征收决定等发生的物权变动，自法律文书或征收决定生效时物权变动发生效力

C. 因继承取得物权的，自继承开始时发生效力

D. 因合法建造、拆除房屋等事实行为导致物权变动，自事实行为成就时发生效力

3. 2024 年 5 月 10 日张某出售汽车给钱某，合同当日生效。2024 年 5 月 20 日，交付价款时钱某同意将汽车借给张某使用一个月。2024 年 6 月 10 日张某交付汽车，2024 年 6 月 25 日办理产权登记。则钱某取得汽车所有权的时间是（ ）。

A. 5 月 10 日　　　　B. 5 月 20 日
C. 6 月 10 日　　　　D. 6 月 25 日

4. 2024 年 1 月 1 日，甲将笔记本电脑出租给乙使用，租期为 1 年，10 月 2 日乙将该电脑以市场价 1 万元卖给不知情的第三人丙，乙向丙交付了电脑，丙也支付了价款。根据物权法律制度的规定，下列表述中，正确的是（ ）。

A. 乙作为承租人对电脑有权占有，因此有权处分

B. 乙、丙之间的买卖合同无效

C. 丙没有取得电脑的所有权

D. 甲无权请求丙返还电脑

5. 在画家齐某举办的个人画展上，荣某看中其一幅油画，双方达成买卖合同后，荣某即支付了画款，但应齐某的请求，荣某将该画借给齐某 1 个月，待画展结束再行取画。画展最后一日，方某提出要购买该画，齐某同意。方某不知该画已经卖给荣某，遂以合理市价购买，齐某当场将画作交付给方某。下列关于本案的表述中，正确的是（ ）。

A. 齐某和荣某的买卖合同中，尚未交付买卖的画作

B. 齐某将画作出售给方某，属于有权处分

C. 方某取得该画作的所有权

D. 齐某有权向方某主张返还该画作

6. 甲在上班途中遗失手机一部，被乙拾得。甲发布悬赏广告称，愿向归还手机者支付现金

2 000 元作为酬谢。根据物权法律制度的规定，下列表述中，正确的是（ ）。

A. 返还手机是乙的法定义务，故甲虽承诺向归还手机的拾得人支付 2 000 元酬金，乙仍无权请求甲支付该酬金，仅有权要求甲支付因返还手机而发生的必要费用

B. 若乙将手机以 3 500 元的市场价格卖给不知情的丙，则甲除非向丙支付 3 500 元，否则无权请求丙返还手机

C. 若乙将手机送交公安机关，而甲未于公安机关发出招领公告之日起 6 个月内认领，则乙取得该手机的所有权

D. 若乙将手机送交公安机关，而甲未于公安机关发出招领公告之日起 1 年内认领，则该手机归国家所有

7. 甲、乙、丙、丁按份共有一栋房屋，份额相同。为提高该房屋使用价值，甲向乙、丙、丁提议拆旧翻新。在共有人之间未就该事项作出明确约定的情况下，下列表述中，符合物权法律制度规定的是（ ）。

A. 即使乙、丙、丁不同意，甲仍可以拆旧翻新

B. 只要乙、丙、丁中有一人同意，甲就可以拆旧翻新

C. 只要乙、丙、丁中有二人同意，甲就可以拆旧翻新

D. 只有乙、丙、丁均同意，甲才可以拆旧翻新

8. 王某、张某为多年朋友，他们一起买了一套住房。关于他们之间的关系的下列论述中，正确的是（ ）。

A. 如果没有约定，王某、张某对于房屋是共同共有关系

B. 该房屋出租后，因年久失修外墙倒塌，砸毁承租人李某的汽车，王某、张某各按 50% 的比例承担赔偿责任

C. 王某要出让其在房屋中的份额，但未通知张某，而且无法确定张某是否知道或者应当知道最终确定的同等条件的，张某行使优先受偿权的期限为王某的份额权属转移之日起 6 个月

D. 如果张某的优先购买权受到侵害，可以请求认定王某的共有份额转让合同无效

9. 张某与其所属的集体经济组织拟就该集体所有

的一块林地签订土地承包经营权合同，拟订的下列条款中，符合法律规定的是（   ）。

A. 张某可以将该林地用于旅游度假村的建设

B. 张某可以向甲集体经济组织以外的人员转让土地承包经营权

C. 该林地的承包期为 70 年

D. 该林地的土地承包经营权自登记时生效

10. 甲公司将一台机床做抵押向乙公司借款 100 万元，甲、乙两公司签订的书面抵押合同约定，抵押期间甲公司不得将抵押机床转让给他人。双方未办理抵押登记，也未将禁止转让抵押物的约定进行登记。在抵押期间，甲公司为了解决资金不足，将抵押给乙公司的机床以市场价格 200 万元卖给了丙公司，丙公司付款后提走机床。已知：丙公司对购买的机床为抵押物且出让人与其债权人的约定事项均不知情。借款合同到期，甲公司无力偿还乙公司借款本息，乙公司欲行使抵押权时方知抵押物已经易主，遂向法院提起诉讼，要求保护其抵押权。下列关于本案的表述中，正确的是（   ）。

A. 甲公司与丙公司之间的买卖合同无效

B. 甲公司交付给丙公司的机床不发生物权变动效力，丙公司不能取得所有权

C. 乙公司有权向丙公司主张在抵押物上实现抵押权

D. 乙公司有权请求甲公司承担违约责任

11. 根据物权法律制度的规定，下列财产中，可用于设立抵押权的是（   ）。

A. 土地所有权

B. 被法院查封的车辆

C. 可以转让的基金份额

D. 正在建造的船舶

12. 吴某拟将其对赵某的应收账款出质给林某，吴某于 2024 年 1 月 10 日将拟出质事项以电子邮件方式通知赵某，赵某于 1 月 11 日表示无异议。吴某与林某于 1 月 16 日签订质押合同，于 1 月 18 日办理了出质登记，该项质权生效的时间为（   ）。

A. 2024 年 1 月 10 日

B. 2024 年 1 月 11 日

C. 2024 年 1 月 16 日

D. 2024 年 1 月 18 日

13. 甲与乙签订借款合同，并约定由乙将自己的钻戒出质给甲，其后乙并未将钻戒如约交付给甲，而是把该钻戒卖给了丙。丙取得钻戒后，与甲因该钻戒权利归属发生纠纷。根据物权法律制度的规定，下列关于该钻戒权利归属的表述中，正确的是（   ）。

A. 丙不能取得该钻戒的所有权，因为该钻戒已质押给甲

B. 丙能取得该钻戒的所有权，但甲可依其质权向丙追偿

C. 丙能取得该钻戒的所有权，甲不能向丙要求返还该钻戒

D. 丙能否取得该钻戒的所有权，取决于甲同意与否

14. A 公司以一套价值 100 万元的设备作为抵押，向张三借款 50 万元，未办理抵押登记手续。而后 A 公司仍以该套设备作为抵押向李四借款 100 万元，并办理了抵押登记手续。A 公司欠丙货款 60 万元，又将该套设备出质给王五。王五不小心损坏了该套设备送赵六修理，因欠赵六 1 万元修理费，该套设备被赵六留置。下列关于张三、李四、王五、赵六对该套设备享有的担保物权的清偿顺序的排列中，正确的是（   ）。

A. 张三、李四、王五、赵六

B. 李四、王五、赵六、张三

C. 王五、赵六、张三、李四

D. 赵六、李四、王五、张三

15. 王某将自己的电脑送到某维修店修理，但由于电脑主板损坏，修理费用为 1 000 元，王某在电脑修好后不予支付修理费，于是该维修店将王某的电脑留置。根据物权法律制度的规定，下列选项中，正确的是（   ）。

A. 维修店只能通过起诉来追讨修理费，不能通过留置电脑来追讨修理费

B. 维修店对该电脑的占有是合法占有

C. 维修店对该电脑的占有是违法占有

D. 维修店留置后可立即变卖电脑以充抵修理费

二、多项选择题

1. 根据物权法律制度的规定，下列关于可分物与不可分物的说法中，正确的有（ ）。

A. 依据物是否因实物分割而变更其性质或减损其价值，可将物分为可分物与不可分物

B. 共有物分割时，可分共有物可采用实物分割，不可分共有物只能采取变价分割或作价补偿等方法

C. 给付标的物是不可分物的多数人之债，多数债权人或债务人通常形成按份之债

D. 给付标的物是可分物的多数人之债，多数债权人或债务人通常连带地享有债权或承担债务

2. 根据物权法律制度规定，下列物权中，自登记时设立的有（ ）。

A. 土地承包经营权　B. 建设用地使用权

C. 地役权　　　　　D. 不动产抵押权

3. 某房屋登记簿上所有权人为甲，但乙认为该房屋应当归己所有，遂提起诉讼。法院判决争议房屋归乙所有，但判决生效后甲、乙未办理过户登记手续。一个月后，乙将该房屋抵押给丙银行，签订了书面合同，但未办理抵押登记。对此，下列说法正确的有（ ）。

A. 房屋应归甲所有　B. 房屋应归乙所有

C. 抵押权成立　　　D. 抵押权未成立

4. 自然人王某死亡后，其房屋由小王继承，小王欲将该房屋出售给张某。根据物权法律制度的规定，下列各项中，表述正确的有（ ）。

A. 小王自继承之日起取得该房屋的所有权

B. 小王自继承之日起便可将房屋出售给张某

C. 小王必须先将房屋过户登记在自己名下后才能出售给张某

D. 小王如果未将房屋过户登记在自己名下才出售给张某，则小王、张某之间的房屋买卖合同无效

5. 经营首饰维修的个体工商户甲拾得乙丢失的金戒指，遂将该戒指在自己的店铺以 2 000 元的价格卖给不知情的丙。根据物权法律制度的规定，下列表述中，正确的有（ ）。

A. 甲拾得金戒指后，乙即失去金戒指所有权

B. 甲将金戒指出让给丙的行为属于无权处分

C. 乙有权请求甲给予损害赔偿

D. 乙有权在知道金戒指被丙购得的 2 年内请求丙返还金戒指，且无须支付费用

6. 王某将一部相机借给李某，李某擅自将相机卖给不知情的孙某并交付，孙某又将相机卖给不知情的丁某并交付。对此，下列说法中，不正确的有（ ）。

A. 丁某在王某追认后方可取得相机的所有权

B. 丁某基于孙某的交付取得相机所有权

C. 丁某根据善意取得制度取得相机的所有权

D. 丁某在付清全部款项后方可取得相机的所有权

7. 甲、乙、丙、丁按份共有某商铺，各自份额约定为 25%。因经营理念发生分歧，甲与丙商定将其份额以 200 万元转让给丙，通知了乙、丁；乙与第三人戊约定将其份额以 210 万元转让给戊，未通知甲、丙、丁。下列选项正确的有（ ）。

A. 乙、丁对甲的份额享有优先购买权

B. 甲、丙、丁对乙的份额享有优先购买权

C. 如丙、丁均对乙的份额主张优先购买权，双方可协商确定各自购买的份额

D. 丙、丁有权以优先购买权受到侵害为由，请求认定乙与戊之间份额转让合同无效

8. 下列关于土地承包经营权的说法中，正确的有（ ）。

A. 土地承包经营权人有权将土地承包经营权互换，互换的对象只能是本集体经济组织成员

B. 本集体经济组织之外的人可以通过招标的方式承包本集体经济组织的荒山

C. 通过招标方式承包农村土地，经依法登记取得权属证书的，可以采取出租方式流转土地经营权

D. 土地承包经营权可以向本集体经济组织之外的人转让

9. 甲公司向乙公司借款 10 万元，甲公司以自己的一辆小汽车进行抵押担保，双方于 2024 年 3 月 4 日签订书面抵押合同，并于 3 月 9 日办理了抵押登记。3 月 15 日，甲公司向丙公司借款 20 万元，约定以上述小汽车进行抵押担

保，双方于当日签订书面抵押合同，但未办理抵押登记。4月30日，甲公司向丁公司借款10万元，再次以上述小汽车进行抵押担保，双方于当日签订书面抵押合同，但未办理抵押登记。上述借款到期后，甲公司均无力清偿，相关债权人拟实现抵押权，根据物权法律制度的规定，下列说法中，不正确的有（　　）。

A. 乙公司的抵押权自3月9日登记时设立，丙公司和丁公司的抵押权因未办理抵押登记，抵押权并未设立

B. 乙、丙、丁公司的抵押权均自合同生效时设立，各个债权人应当按照抵押合同成立的先后顺序优先受偿

C. 乙、丙、丁公司的抵押权均自合同生效时设立，因为乙公司的抵押权进行了登记，应当优先受偿，丙、丁公司则按合同成立的先后顺序确定清偿顺序

D. 乙、丙、丁公司的抵押权均自合同生效时设立，因为乙公司的抵押权进行了登记，应当优先受偿，丙、丁公司则按债权比例清偿

10. 甲公司以机器设备作为抵押，向乙银行贷款500万元，双方于5月7日签订书面抵押合同，但未办理抵押登记。5月17日甲公司在未通知乙银行的情况下，将该机器设备按照市场价格卖给了不知情的丙公司并完成交付。根据物权法律制度的规定，下列表述中，正确的有（　　）。

A. 因甲、乙未办理抵押登记，抵押权未设立

B. 甲有权转让抵押物

C. 甲、丙之间的买卖合同有效，丙取得了该设备的所有权

D. 乙银行可以对丙公司占有的机器设备行使抵押权

11. 根据物权法律制度的规定，在最高额抵押中，下列属于抵押权人债权确定的情形有（　　）。

A. 新的债权不可能发生

B. 抵押权人知道或者应当知道抵押财产被查封、扣押

C. 约定的债权确定期间届满

D. 债务人、抵押人被宣告破产或者解散

12. 甲因向乙借款将自己的汽车抵押给乙，并办理了抵押登记。丙得知后，欲向甲购买该抵押汽车。根据物权法律制度的规定，下列相关表述中，正确的有（　　）。

A. 甲转让该汽车，须经乙同意

B. 甲转让该汽车，无须乙同意，及时通知乙即可

C. 乙有权要求甲将汽车转让所得的价款向其提前清偿

D. 乙能够证明汽车转让可能损害抵押权的，可以请求甲将转让所得的价款向其提前清偿

13. 2024年3月1日，周某以其所有的一辆轿车设立抵押权，向吴某借款10万元，双方签订抵押合同但未办理抵押登记。3月23日，周某为获得李某20万元的借款，又将该轿车抵押给李某，双方签订抵押合同并办理了抵押登记。4月10日，该轿车因故障需要维修，周某将其送至王某处进行维修，周某一直未支付维修费用，上述债务均已到期，因周某无力偿还，该轿车被拍卖，吴某、李某、王某均主张就轿车拍卖价款优先受偿，下列关于债权人受偿顺序的表述中，正确的有（　　）。

A. 王某优先于李某受偿

B. 李某优先于吴某受偿

C. 吴某优先于李某受偿

D. 李某优先于王某受偿

14. 甲对乙享有应收账款债权，因甲对丙有债务，甲于是将其对乙享有的应收账款债权出质给丙，与丙订立质押合同并办理了质押登记。后又将该应收账款债权转让给不知情的丁，下列说法正确的有（　　）。

A. 该质权在登记前生效，登记后可以对抗第三人

B. 甲、丙质押合同自成立时生效，不以办理出质登记为生效要件

C. 若丙不同意甲转让债权，则丙可以主张甲债权转让行为无效

D. 若丙同意甲转让，丙可以主张以该债权转让所得价款优先受偿

15. 下列权利人可以行使留置权的有（　　）。

A. 张某为王某送货约定货物送到后一周内支付运费，张某在货物运到后，立刻要求王某支付运费被拒绝，张某可留置部分货物

B. 刘某把汽车租给方某，到期后尚有部分租金未付，刘某可留置方某之前租给刘某的名牌手表

C. 何某将丁某的行李存放在火车站小件寄存处后，丁某取行李时认为寄存费过高而拒绝支付，寄存处可留置该行李

D. 甲公司加工乙公司的机器零件约定先付费后加工，付费和加工均已完成，但乙公司尚欠甲公司借款，甲公司可留置机器零件

三、判断题

1. 预告登记的本质是限制现时登记的权利人处分其物权，但未经预告登记的权利人同意，所有权人转让预告登记不动产的，该处分行为有效。　　　　　　　　　　（　　）

2. 船舶、航空器和机动车等动产的物权的设立、变更、转让和消灭，未经登记，不得对抗善意第三人。　　　　　　　　　　　（　　）

3. 钟某大学毕业，将自己的专业课书籍出售给李某，但约定继续借用该批书籍一个月。钟某的交付方式属于简易交付。　（　　）

4. 乙拾得甲丢失的手机，以市场价4 000元卖给不知情的旧手机经销商丙，甲要求丙返还手机的时间为自知道丙之日起2年内。（　　）

5. 共有人对共有的不动产或者动产没有约定为按份共有或者共同共有，或者约定不明确的，除共有人具有家庭关系等外，视为按份共有。　　　　　　　　　　　（　　）

6. 通过划拨方式取得建设用地使用权，建设用地使用权人按照一定程序提出申请，经主管机关批准即可取得建设用地使用权，并需向土地所有人支付租金及其他费用。（　　）

7. 以建筑物抵押的，该建筑物占用范围内的建设用地使用权一并抵押。以建设用地使用权抵押的，该土地上的建筑物一并抵押。当事人以建设用地使用权依法设立抵押，抵押人以土地上存在违法的建筑物为由主张抵押合同无效的，人民法院应予支持。（　　）

8. 甲以自有的一辆汽车作为抵押向乙借款50万元，并在抵押合同中约定，甲不履行到期债务时抵押财产归乙所有，到期后，甲未还款，则汽车归乙所有。　　　　（　　）

9. 甲将其一块老木料设定抵押向乙借款，丙看中甲的老木料，并将其加工成一道木门，使抵押物的价值增加，木门归甲所有，后甲不能向乙偿还借款，于是将木门变卖后所得价款乙优先受偿。　　　　　　　（　　）

10. 最高额抵押权，是指为担保债务的履行，债务人或者第三人对一定期间内将要连续发生的债权提供担保财产，债务人不履行到期债务或者发生当事人约定的实现抵押权的情形，抵押权人有权在最高债权额限度内就该担保财产优先受偿的特殊抵押权，每次新生债权都需要去登记部门办理抵押登记。　　　　　　　　　　　（　　）

11. 质押合同自成立时生效，但质权自出质人交付质押财产时设立。　　　　　（　　）

12. 留置权人无权收取留置财产的孳息。（　　）

四、简答题

1. 2022年5月20日，甲公司以自有的一辆机动车作为抵押向乙公司借款20万元，双方签订了书面借款合同和抵押合同。次日，双方办理了抵押登记。同年7月5日，甲公司将该机动车送到丙厂修理，丙厂修理后多次要求甲公司支付修理费用，未果。同年8月17日，丙厂通知甲公司，机动车已变卖，修理费已从所得价款中受偿。甲公司认为，丙厂在未与自己沟通的情况下擅自变卖机动车，于法无据。

2022年5月30日，甲公司与赵某签订租赁合同，将房屋A出租给赵某，租期5年。2022年6月5日，甲公司以房屋A为抵押向丁银行借款500万元，借期为2年，双方签订了书面借款合同和抵押合同。同年6月20日双方办理了抵押登记。

2022年6月10日，甲公司以房屋A为抵押向戊银行借款200万元，借期为2年，双方签

订了书面借款合同和抵押合同。同年 6 月 15 日双方办理了抵押登记。

2024 年 7 月，因甲公司无力偿还银行借款，丁银行诉至人民法院，请求就房屋 A 实现抵押权并从拍卖价款中优先受偿。房屋拍卖所得价款 650 万元，戊银行获悉该情况后，主张就拍卖价款优先于丁银行受偿。钱某拍得房屋 A 后，要求承租人赵某交还房屋。赵某以租期未到为由拒绝。

2024 年 10 月 5 日，钱某以 690 万元市价将房屋 A 转让给孙某。孙某无偿委托李某办理房屋所有权转移登记，工作人员误将房屋登记在李某名下。李某虽发现登记错误，仍保持沉默。

次日，李某向周某表示，愿以 200 万元的价格将房屋 A 转让周某。周某不知房屋登记错误，立即与李某签订了买卖合同，并办理登记。孙某得知后，向登记机关申请更正登记，并要求周某返还房屋，周某拒绝返还，孙某为此事支出律师费、交通费共计 2 万元。孙某随即以李某违反委托协议为由，要求李某为其讨回房屋，并赔偿已支出的律师费、交通费 2 万元。

要求：根据上述内容，分别回答下列问题。

（1）乙公司何时取得对机动车的抵押权？并说明理由。

（2）丙厂在未与甲公司事先沟通的情况下，变卖机动车并从所得价款中受偿修理费的行为是否有法律依据？并说明理由。

（3）租期未到的情况下，钱某是否有权要求赵某交还房屋 A？并说明理由。

（4）戊银行关于就拍卖价款优先于丁银行受偿的主张是否成立？并说明理由。

（5）孙某是否有权要求李某赔偿 2 万元律师

费、交通费？并说明理由。

（6）周某能否取得房屋 A 的所有权？并说明理由。

2. 2024 年 2 月 1 日，甲公司向乙银行贷款 100 万元，期限 7 个月，签订抵押合同约定甲公司以现有的和在贷款清偿前可获得的生产设备、原材料、半成品和产品为乙银行设立浮动抵押，当天合同签字生效。2024 年 2 月 10 日，办理抵押登记。

2024 年 6 月 20 日，丙公司将 M 设备赊销给甲公司。6 月 22 日，甲公司与丙公司签订抵押合同约定，在 M 设备上设立抵押权，用于担保购买 M 设备的价款。6 月 23 日，抵押合同生效。6 月 25 日丙公司交付 M 设备。6 月 27 日，办理抵押登记。

2024 年 8 月 1 日，甲公司将 M 设备出借给丁公司使用并约定由丁公司承担维修费用，丁公司在使用时出现故障，送到戊修理厂修理。8 月 25 日，丁公司不愿支付 5 万元修理费，戊将设备留置。甲主张设备不属于丁公司，戊无权留置。2024 年 9 月 1 日，甲公司无力清偿债务，乙银行和丙公司向人民法院诉讼，请求包含就 M 设备的拍卖价款优先于其他债权人受偿。

要求：根据上述资料和物权法律制度规定，不考虑其他因素，回答下列问题。

（1）丙公司抵押权设立的日期是哪一天？

（2）甲公司以丁公司并非设备的所有人为由主张戊维修厂无权对 M 设备留置，是否符合法律规定？并简要说明理由。

（3）乙银行主张对 M 设备的拍卖款优先于丙公司受偿，是否符合法律规定？并简要说明理由。

本章考点巩固练习题参考答案及解析

一、单项选择题

1.【答案】D

【解析】本题考查物的分类。依据物能否移动且是否因移动而损害其价值为标准可将物分为动产和不动产，只有选项 D 符合题意。

2.【答案】A

【解析】本题考查物权变动的效力。船舶、航空器和机动车的物权变动自交付时发生效力，未经登记不得对抗善意第三人，选项 A 当选。选项 B、C、D 均为正确表述。

3.【答案】B

【解析】动产物权转让时，当事人又约定由出让人继续占有该动产的，物权自该约定生效时发生效力。本题中，5 月 20 日约定生效，故钱某取得汽车所有权的时间是 5 月 20 日。选项 B 正确。

4.【答案】D

【解析】本题考查所有权的取得。乙只是承租人占有电脑，但无权处分，选项 A 错误。乙、丙之间的买卖合同有效，且符合善意取得要件，丙取得所有权，选项 B、C 错误。因丙取得电脑的所有权，甲无权要求其返还，但甲有权要求乙承担损害赔偿责任，选项 D 正确。

5.【答案】C

【解析】本题考查所有权的取得。齐某和荣某的买卖合同中，已交付买卖的画作，此种交付方式为占有改定，选项 A 不正确。齐某借用画作期间为合法占有，受让人方某为善意，以合理市场价格转让，且已交付，齐某与方某的买卖合同有效，虽然齐某无权处分，但方某依据善意取得制度已经拥有该画的所有权，选项 B、D 表述不正确，选项 C 表述正确。

6.【答案】D

【解析】本题考查拾得遗失物。在遗失人发出悬赏广告时，归还遗失物的拾得人享有悬赏广告所允诺的报酬请求权，选项 A 错误。遗失物通过转让被他人占有的，权利人有权向无处分权人请求损害赔偿，或者自知道或者应当知道受让人之日起两年内向受让人请求返还原物；但是，受让人通过拍卖或者向具有经营资格的经营者购得该遗失物的，权利人请求返还原物时应当支付受让人所付的费用。丙直接从乙手中购得手机（而非通过拍卖或者向具有经营资格的经营者购得），无权要求甲支付购买手机的费用，选项 B 错误。遗失物自发布招领公告之日起 1 年内无

人认领的，归国家所有，选项 C 错误，选项 D 正确。

7.【答案】C

【解析】本题考查按份共有。对共有的不动产进行重大修缮的，应当经占份额 2/3 以上（≥2/3）的按份共有人同意，但共有人之间另有约定的除外，选项 C 正确。

8.【答案】C

【解析】本题考查共有。法律规定，对于约定不明确的共有关系，除共有人具有家庭关系等之外，均视为按份共有，故选项 A 错误。不论是按份共有人还是共同共有人，因共有的财产对外造成损失的，均应当承担连带的赔偿责任，除非法律另有规定或第三人知道共有人不具有连带关系的，故选项 B 错误。优先购买权受到侵害，只能向侵害人请求侵权性质的损害赔偿救济，不能请求撤销共有份额转让合同或者认定该合同无效，故选项 D 错误。

9.【答案】C

【解析】本题考查土地承包经营权。土地承包经营权，是指以种植、养殖、畜牧等农业目的，对集体经济组织所有或国家所有由农民集体使用的农用土地依法享有的占有、使用、收益的权利。该块林地不得用于旅游度假村的建设，选项 A 错误。土地承包经营权人依照法律规定，有权将土地承包经营权互换、转让。互换、转让的对象只能是本集体经济组织成员，选项 B 错误。耕地的承包期为 30 年；草地的承包期为 30～50 年；林地的承包期为 30～70 年，选项 C 正确。土地承包经营权自土地承包经营权合同生效时设立，未经登记，不得对抗善意第三人，选项 D 错误。

10.【答案】D

【解析】本题考查抵押权。选项 A，当事人约定禁止或者限制转让抵押财产但是未将约定登记，抵押人违反约定转让抵押财产，抵押权人请求确认转让合同无效的，不予支持；选项 B，抵押财产已经交付或者登记，抵押权人请求确认转让不发生物权效力的，不予支持，但是抵押权人有证据证明受让人

知道的除外；选项 C，动产抵押合同订立后未办理登记的，抵押人转让抵押财产，受让人占有抵押财产后，抵押权人向受让人请求行使抵押权的，人民法院不予支持，但是抵押权人能够举证证明受让人知道或者应当知道已经订立抵押合同的除外；选项 D，抵押权人请求抵押人承担违约责任的，可依法予以支持。

11.【答案】D
【解析】本题考查抵押财产的范围。土地所有权、被法院查封的车辆不得设立抵押权，选项 A、B 错误。可以转让的基金份额可以用于设立权利质权，不得用于设立抵押权，选项 C 错误。正在建造的建筑物、船舶、航空器可以设立抵押权，选项 D 正确。

12.【答案】D
【解析】本题考查权利质权。现有的以及将有的应收账款自办理出质登记时设立，本题中应为 2024 年 1 月 18 日。

13.【答案】C
【解析】本题考查动产质权。根据规定，动产质权自出质人交付质押财产时设立。本题中，乙并未向甲交付钻戒，因此质权并未设立，而乙将钻戒给丙，丙取得了钻戒所有权，甲不能要求返还该钻戒，选项 C 正确。

14.【答案】D
【解析】同一动产上已设立抵押权或者质权，该动产又被留置的，留置权人优先受偿，同一财产既设定抵押权又设定质权的，拍卖、变卖该财产所得价款按照登记、交付的时间先后确定清偿顺序。因此，赵六的留置权最优先，登记的抵押权和质权，按照登记、交付时间的先后，所以李四优先于王五，张三的抵押权顺位在最后。

15.【答案】B
【解析】本题考查留置权的实现。电脑修理部合法占有陈某的电脑，在陈某不支付修理费时，电脑修理部有权依法留置该电脑，并有权就该电脑拍卖、变卖所得价款优先受偿，选项 A 错误。电脑修理部基于承揽合同关系对电脑合法占有，选项 B 正确，选项 C

错误。留置权人与债务人应当约定留置财产后的债务履行期限；没有约定或者约定不明确的，留置权人应当给债务人 60 日以上履行债务的期限，但是鲜活易腐等不易保管的动产除外，选项 D 错误。

二、多项选择题

1.【答案】AB
【解析】本题考查物的分类。对于给付标的物是不可分物的多数人之债，多数债权人或债务人通常连带地享有债权或承担债务；反之，如果给付标的的物为可分物，多数债权人或债务人可以形成按份之债。选项 C、D 错误。

2.【答案】BD
【解析】本题考查物权变动。土地承包经营权自土地承包经营权合同生效时设立，选项 A 错误。地役权自地役权合同生效时设立，选项 C 错误。

3.【答案】BD
【解析】人民法院、仲裁委员会的法律文书或者人民政府的征收决定等，导致物权设立、变更、转让或者消灭的，自法律文书或者人民政府的征收决定等生效时发生效力。本案中的裁决书已经生效，则房屋由乙所有，选项 A 错误，选项 B 正确。以不动产设定抵押的，应当办理抵押登记，抵押权自登记时设立。本题中，房屋的抵押权未登记，抵押权未成立，选项 C 错误，选项 D 正确。

4.【答案】AC
【解析】本题考查不动产物权的变动。因继承取得物权的，自继承开始时发生效力，选项 A 正确。如果小王将该房屋出售给张某，必须先将房屋过户登记在自己的名下，然后才能过户到张某的名下，选项 B 错误，选项 C 正确。如果小王未将房屋过户登记在自己名下而直接出售给张某，则小王、张某之间的房屋买卖合同有效，但不发生物权变动的效力，选项 D 错误。

5.【答案】BC
【解析】本题考查拾得遗失物。选项 A，甲拾得金戒指后，应当归还乙，乙对遗失物不丧失所有权。选项 B，甲是拾得遗失物之人，并非金戒指的所有权人，其将金戒指出让给丙的行为属于无权处分。选项 C，所有权人或者其他权利人有权追回遗失物；该遗失物通过转让被他人占有的，权利人有权向无处分权人请求损害赔偿。选项 D，所有权人或者其他权利人有权追回遗失物；该遗失物通过转让被他人占有的，权利人有权向无处分权人请求损害赔偿，或者自知道或者应当知道受让人之日起两年内向受让人请求返还原物，但受让人通过拍卖或者向具有经营资格的经营者购得该遗失物的，权利人请求返还原物时应当支付受让人所付的费用。权利人向受让人支付所付费用后，有权向无处分权人追偿。

6.【答案】ACD
【解析】本题考查善意取得。李某无权处分相机，孙某可以根据善意取得制度取得相机的所有权。孙某已经取得相机所有权，将相机卖给丁某的行为属于有权处分行为，丁某基于孙某的交付即可取得相机所有权，选项 B 正确，选项 A、C、D 错误。

7.【答案】BC
【解析】本题考查按份共有。按份共有人之间转让共有份额，其他按份共有人主张优先购买的，人民法院不予支持，但按份共有人之间另有约定的除外。在本题中，按份共有人之间并没有约定，乙、丁对甲的份额不享有优先购买权，选项 A 错误。按份共有人可以转让其享有的共有的不动产或者动产份额，其他共有人在同等条件下享有优先购买的权利，选项 B 正确。两个以上按份共有人主张优先购买且协商不成时，请求按照转让时各自份额比例行使优先购买权的，人民法院应予支持，选项 C 正确。按份共有人向共有人之外的人转让其份额，其他按份共有人以其优先购买权受到侵害为由，仅请求撤销共有份额转让合同或者认定该合同无效的，人民法院不予支持，选项 D 错误。

8.【答案】ABC
【解析】本题考查土地承包经营权。选项 A、D，土地承包经营权人依照法律规定，有权将土地承包经营权互换、转让。互换、转让的对象只能是本集体经济组织成员。选项 B、C，通过招标、拍卖、公开协商等方式承包农村土地，经依法登记取得权属证书的，可以依法采取出租、入股、抵押或者其他方式流转土地经营权。以该种方式只能取得荒山、荒沟、荒丘、荒滩的土地承包经营权，承包人不限于本集体经济组织成员，集体经济组织以外的自然人、法人或其他组织均可取得此类土地的承包经营权。

9.【答案】ABC
【解析】本题考查抵押权的顺位。选项 A，抵押财产为动产，各个债权人的抵押权均自抵押合同生效时设立。选项 B、C、D，同一个抵押财产设立多个抵押的，都登记的按照登记先后顺序确定清偿顺序；有的登记，有的未登记的，已经登记的抵押权先于未登记的抵押权，因此本题中乙公司应当优先受偿；未登记的抵押权应当按照债权比例进行清偿，本题中的丙公司和丁公司应当按照各自的债权比例进行清偿。

10.【答案】BC
【解析】本题考查抵押权。以动产设定抵押的，抵押权自抵押合同生效时设立；但未经登记，不得对抗善意第三人。即以动产设定抵押时，无论是否办理了抵押登记，抵押权均自抵押合同生效之日起设立；只是未登记的，不能对抗善意第三人。丙公司已经占有了抵押物，完成交付，取得所有权，所以乙银行不得以抵押权对抗善意第三人，选项 A、D 错误。抵押期间，抵押人可以转让抵押财产，甲、丙之间的买卖合同有效，丙取得了设备的所有权，选项 B、C 正确。

11.【答案】ABCD
【解析】本题考查最高额抵押。最高额抵押有下列情形之一的，抵押权人的债权确定：（1）约定的债权确定期间届满；（2）没有约定债权确定期间或约定不明确，抵押权人或抵押人自最高额抵押权设立之日起满两年后请求确定债权；（3）新的债权不可能发生；（4）抵押权人知道或者应当知道抵押财产被查封、扣押；(5) 债务人、抵押人被宣告破产或者解散；(6) 法律规定债权确定的其他情形。选项 A、B、C、D 均正确。

12.【答案】BD

【解析】本题考查抵押物转让及其限制。抵押期间，抵押人可以转让抵押财产。当事人另有约定的，按照其约定。抵押财产转让的，抵押权不受影响。抵押人转让抵押财产的，应当及时通知抵押权人。抵押权人能够证明抵押财产转让可能损害抵押权的，可以请求抵押人将转让所得的价款向抵押权人提前清偿债务或者提存。转让的价款超过债权数额的部分归抵押人所有，不足部分由债务人清偿。选项 B、D 正确。

13.【答案】AB

【解析】本题考查抵押权人的权利。(1) 同一动产上已设立抵押权或者质权，该动产又被留置的，留置权人优先受偿；(2) 同一财产向两个以上债权人抵押的，拍卖、变卖抵押财产所得的价款，抵押权已经登记的先于未登记的受偿；(3) 本题中，债权人的受偿顺序为：王某 > 李某 > 吴某。

14.【答案】BCD

【解析】本题考查权利质权。以应收账款出质的，权利质权自办理出质登记时设立，选项 A 错误。登记为权利质权设立的生效要件，但是未办理出质登记，只是不能发生权利质权设立的物权效力，不影响质押合同的生效，选项 B 正确。应收账款出质后不得转让，但是经出质人与质权人协商同意的除外，出质人转让应收账款所得的价款应当向质权人提前清偿债务或者提存，选项 C 正确。转让所得价款为权利质权的代位物，基于担保物权的物上代位性权利，质权人丙有权就转让所得价款优先受偿，甲对丙的债务尚未到期的，可对转让所得价款予以担保提存，选项 D 正确。

15.【答案】CD

【解析】本题考查留置权。债权需到期是留置权的成立条件，选项 A 错误。债权人留置的动产应当与债权属于同一法律关系，但是

企业之间留置的除外，选项 B 错误。

三、判断题

1.【答案】×

【解析】预告登记后，未经预告登记的权利人同意，处分该不动产的，不发生物权效力。

2.【答案】√

【解析】特殊动产，如船舶、航空器和机动车，以登记为物权变动的对抗要件。

3.【答案】×

【解析】本题考查占有改定。动产物权转让时，当事人又约定由出让人继续占有该动产的，物权自该约定生效时发生效力。这种交付方式为占有改定。

4.【答案】√

【解析】所有权人或者其他权利人有权追回遗失物。该遗失物通过转让被他人占有的，权利人有权向无处分权人请求损害赔偿，或者自知道或者应当知道受让人之日起 2 年内向受让人请求返还原物。

5.【答案】√

【解析】本题考查共有的分类。

6.【答案】×

【解析】通过划拨方式取得建设用地使用权，建设用地使用权人按照一定程序提出申请，经主管机关批准即可取得建设用地使用权，无须向土地所有人支付租金及其他费用。

7.【答案】×

【解析】当事人以建设用地使用权依法设立抵押，抵押人以土地上存在违法的建筑物为由主张抵押合同无效的，人民法院不予支持。

8.【答案】×

【解析】抵押权人在债务履行期届满前，与抵押人约定债务人不履行到期债务时抵押财产归债权人所有的，这种条款称为"流押条款"。当事人在抵押合同中约定流押条款的，债务人不履行到期债务时，抵押权人并不能直接取得抵押财产的所有权，只能依法就抵押财产优先受偿。

9.【答案】×

【解析】抵押权依法设立后，抵押财产被添

附，抵押人对添附物享有所有权的，抵押权的效力及于添附物，但是添附导致抵押财产价值增加的，抵押权的效力不及于增加的价值部分，因此乙优先受偿的部分不及于增加的价值部分。

10.【答案】×

【解析】最高额抵押权只需首次登记即可。

11.【答案】√

【解析】动产质权的设立以质物的交付为生效要件。

12.【答案】×

【解析】留置权人有权收取留置财产的孳息。

四、简答题

1.【答案】

（1）2022年5月20日，根据物权法律制度的规定，动产抵押，抵押权自抵押合同生效时设立，未经登记，不得对抗善意第三人。

（2）丙厂的行为没有法律依据。根据物权法律制度的规定，债权人与债务人应当在合同中约定留置财产后的债务履行期限；没有约定或者约定不明确的，债权人留置债务人财产后，应当确定60日以上的期限，通知债务人在该期限内履行债务（但是鲜活易腐等不易保管的动产除外）。

（3）租期未到的情况下，钱某是无权要求赵某交还房屋A。根据合同法律制度的规定，租赁物在租赁期限发生所有权变动的，不影响租赁合同的效力。

（4）戊银行的主张成立。同一抵押财产为数项债权设定抵押，抵押物拍卖或变卖金额不

足以清偿全部抵押债权时，抵押权已登记的，按照登记的先后顺序清偿。戊银行于6月15日登记，丁银行于6月20日登记，戊银行的顺位在先。

（5）孙某有权要求李某赔偿2万元律师费、交通费。根据合同法律制度的规定，无偿的委托合同，因受托人的故意或者重大过失造成委托人损失的，委托人可以请求赔偿损失。

（6）周某不能取得房屋A的所有权。周某不符合善意取得的要件；交易价格明显低于正常的市场价格，因而在价格不合理的情况下，周某不构成善意。

2.【答案】

（1）丙公司抵押权设立的日期是2024年6月23日。根据规定，以动产抵押的，抵押权自抵押合同生效时设立，未经登记，不得对抗善意第三人。本题中，6月23日抵押合同生效，此时丙公司抵押权设立。

（2）不符合法律规定。根据规定，留置权为法定优先权，债务人不履行到期债务，债权人因同一法律关系留置合法占有的第三人的动产，主张就该留置财产优先受偿，人民法院应予支持。第三人以该留置财产并非债务人的财产为由请求返还的，人民法院不予支持。

（3）不符合法律规定。根据规定，动产抵押担保的主债权是抵押物的价款，标的物交付后10日内办理抵押登记的，该抵押权人优先于抵押物买受人的其他担保物权人受偿，但是留置权人除外。本题中，丙公司设立的抵押权满足超级优先权的条件，优先于乙银行受偿。

第五章　合同法律制度

本章是历年考试的重点内容。根据近年分值分布及本章的内容，预计本年度的考核题型仍然全面，考核的分值应在 15 分左右。

教材变化

2024 年本章教材内容有以下变化：（1）在"提供格式条款一方的义务"中增加了部分内容。（2）对"专属于债务人自身的债权"的部分内容进行了调整。（3）对"撤销权的构成要件""撤销权的行使"的部分内容进行了调整。（4）对"支付违约金"的部分内容进行了调整。（5）在"商品房买卖合同"中增加了关于"商品房消费者权利保护"的内容。（6）在"保证人资格的限制"中增加了部分内容。

考点提示

本章需要重点掌握以下知识点：有关要约、要约邀请、承诺的具体规则以及合同的格式条款，效力待定合同的相关内容，合同履行中抗辩权行使的规则，尤其是不安抗辩权、代位权与撤销权制度，合同权利转让与合同义务移转的具体规则，清偿、提存、抵销、免除、混同、解除等合同消灭的具体方式，继续履行、赔偿损失、支付违约金和定金责任等违约责任方式，买卖合同、赠与合同、借款合同、保证合同、租赁合同、融资租赁合同等各种主要合同的法律规则。

本章考点框架

```
                              ┌─ 合同的概念和分类
              合同法律制度概述 ┤
                              └─ 合同编的调整范围和基本原则

                     ┌─ 合同订立的形式
                     │
                     ├─ 合同订立的方式
                     │
              合同的订立 ┤ 合同格式条款
                     │
                     ├─ 合同成立的时间和地点
                     │
                     └─ 缔约过失责任

              合同的效力 ┌─ 合同的生效
                     └─ 效力待定合同

              合同的履行 ┌─ 合同履行的规则
                     └─ 抗辩权的行使

              合同的保全 ┌─ 代位权
                     └─ 撤销权

  合同法律制度 ┤ 合同的变更和转让 ┌─ 合同的变更
                         └─ 合同的转让

                     ┌─ 合同消灭的效力
                     │
                     ├─ 清偿
                     │
                     ├─ 抵销
              合同的消灭 ┤
                     ├─ 提存
                     │
                     ├─ 免除与混同
                     │
                     └─ 合同解除

              违约责任 ┌─ 承担违约责任的形式
                    └─ 免责事由

                     ┌─ 买卖合同
                     │
                     ├─ 赠与合同
                     │
                     ├─ 借款合同
              主要合同 ┤
                     ├─ 保证合同
                     │
                     ├─ 租赁合同
                     │
                     └─ 融资租赁合同
```

第五章

考点解读及例题点津

第一单元　合同法律制度概述

1 合同的概念和分类

一、考点解读

合同是指民事主体之间设立、变更、终止民事法律关系的协议。

按照不同的标准，可以将合同划分成不同的类型，主要有以下分类：

（1）以法律是否赋予其名称并作出明确规定为标准，合同分为**有名合同**与**无名合同**。

有名合同：如《民法典》中规定的买卖合同、赠与合同、借款合同、租赁合同、融资租赁合同等。

（2）按照除双方意思表示一致外，是否尚需交付标的物才能成立为标准，合同分为**诺成合同**与**实践合同**。

诺成合同：如买卖合同、租赁合同。实践合同：如自然人之间的借贷合同、定金合同。

（3）按照法律、法规或者当事人约定是否要求合同具备特定形式和手续为标准，合同分为**要式合同**与**不要式合同**。

（4）按照双方是否互负给付义务为标准，合同分为**双务合同**与**单务合同**。

双务合同：如买卖合同、租赁合同、融资租赁合同、承揽合同等。单务合同：如赠与合同、无偿保管合同等。

（5）以合同相互间的主从关系为标准，合同分为**主合同**与**从合同**。

（6）根据合同的订立是否以订立另一合同为内容，可以将合同区分为**预约合同**与**本约合同**。

预约合同是约定将来订立相关联的另一合同的合同；本约合同是履行预约合同而订立的合同。

二、例题点津

【例题·单选题】下列各项中，属于实践合同的是（　　）。

A. 租赁合同　　　　B. 借款合同

C. 买卖合同　　　　D. 定金合同

【答案】D

【解析】实践合同，又称要物合同，是指除当事人的意思表示一致以外，尚须交付标的物或者完成其他给付才能成立的合同，如自然人之间的借贷合同、定金合同。

2 合同编的调整范围和基本原则

一、考点解读

（一）合同编的调整范围

《民法典》合同编主要调整作为平等主体的自然人、法人、非法人组织之间的经济合同关系，如买卖、租赁、借贷、赠与、融资租赁等合同关系。在政府机关参与的合同中，政府机关作为平等的主体与对方签订合同时，适用合同编的规定。

婚姻、收养、监护等有关身份关系的协议，适用有关该身份关系的法律规定；没有规定的，可以根据其性质参照适用合同编的规定。

用人单位与劳动者之间，国家机关、事业单位、社会团体和与其建立劳动关系的劳动者之间，依法订立、履行、变更、解除或者终止劳动合同的，适用《劳动合同法》。

（二）合同编的基本原则

合同编基本原则包括：平等原则、自愿原则、公平原则、诚实信用原则、不违反法律或公序良俗原则。

二、例题点津

【例题·判断题】我国境内的企业和与其建立劳动关系的劳动者之间订立的劳动合同，适用《民法典》合同编的规定。（　　）

【答案】×

【解析】我国境内的企业和与其建立劳动关系的劳动者之间订立的劳动合同，适用《劳动合同法》。

第二单元　合同的订立

1 合同订立的形式

一、考点解读

（一）书面形式

书面形式是指合同书、信件和数据电文（包括电报、电传、传真、电子数据交换和电子邮件）等可以有形地表现所载内容的形式。法律、行政法规规定或者当事人约定采用书面形式的，应当采用书面形式。

（二）口头形式

口头形式是指当事人双方就合同内容面对面或以通信设备交谈达成的协议。

（三）其他形式

1. 推定形式

推定形式，指当事人没有口头或者文字的意思表示，由特定行为间接推知其意思表示而成立合同。

举例 房屋租赁合同期限届满时，当事人双方未明确续租，但承租人继续缴纳租金，出租人接受租金，自此行为可推定房屋租赁合同继续成立有效。

2. 默示形式

默示形式，指当事人既未明示其意思，亦不能借由其他事实推知其意思，即当事人单纯沉默。沉默原则上不具有意思表示价值，除非法律有特别规定或者当事人有特别约定。

举例 试用买卖"试用期限届满，买受人对是否购买标的物未作表示的，视为购买"。该情形中，买受人对于是否购买试用标的物的单纯沉默，按照法律的特别规定被解释为"同意购买"的意思。

二、例题点津

【例题·判断题】A 公司与 B 公司通过电子邮件签订的一次性餐具供应合同，属于书面形式的合同。（　　）

【答案】√

【解析】书面形式是指合同书、信件和数据电文（包括电报、电传、传真、电子数据交换和电子邮件）等可以有形地表现所载内容的形式。

2 合同订立的方式

一、考点解读

（一）要约

要约是一方当事人以缔结合同为目的，向对方当事人提出合同条件，希望对方当事人接受的意思表示。

1. 要约应具备的条件

（1）要约须由要约人向特定相对人作出意思表示。

提示 商业广告和宣传的内容符合要约条件的，构成要约。

（2）要约的内容必须确定、完整，具有足以使合同成立的必要条款。依具体合同类型的不同，要约可能需包含标的、数量、质量、价款或者报酬等内容，一经受要约人承诺，合同即可成立。

（3）要约须表明经受要约人承诺，要约人即受该意思表示约束。要约必须是以缔结合同为目的的意思表示。

2. 要约邀请

要约邀请是希望他人向自己发出要约的表示。

要约邀请与要约不同，要约是一经承诺就成立合同的意思表示；而要约邀请的目的则是邀请他人向自己发出要约，一旦他人发出要约，要约邀请人则处于一种可以选择是否接受对方要约的承诺人地位。

提示 拍卖公告、招标公告、招股说明书、债券募集办法、基金招募说明书、商业广告和宣传、寄送的价目表等为要约邀请。

3. 要约生效时间

以对话方式作出的要约，自相对人知道其内容时生效。以非对话方式作出的要约，自到达受要约人时生效。

以非对话方式作出的采用数据电文形式的意思表示，相对人指定特定系统接收数据电文的，该数据电文进入该特定系统时生效；未指定特定系统的，相对人知道或者应当知道该数据电文进入其系统时生效。当事人对采用数据电文形式的意思表示的生效时间另有约定的，按照其约定。

4. 要约的效力

要约一经生效，要约人即受到要约的约束，不得随意撤销要约或者对要约加以限制、变更和扩张。

5. 要约的撤回、撤销与失效

（1）要约撤回是指要约在发出后、生效前，要约人使要约不发生法律效力的意思表示。原则上，只有以非对话方式作出的要约可能被撤回。撤回要约的通知应当在要约到达受要约人之前或者与要约同时到达受要约人。

（2）要约撤销是指要约人在要约生效后、受要约人承诺前，使要约丧失法律效力的意思表示。撤销要约的意思表示以对话方式作出的，该意思表示的内容应当在受要约人作出承诺之前为受要约人所知道；撤销要约的意思表示以非对话方式作出的，应当在受要约人作出承诺之前到达受要约人。

不得撤销要约的情形：①要约人以确定承诺期限或者其他形式明示要约不可撤销；②受要约人有理由认为要约是不可撤销的，并且已经为履行

合同做了合理准备工作。

举例 要约人在要约中声明"货源充足"，结合受要约人与要约人过往交易经验，此情形下总是能保证货源，如此可以判定"受要约人有理由认为要约是不可撤销的"。

（3）要约失效是指要约丧失法律效力，即要约人与受要约人均不再受其约束，要约人不再承担接受承诺的义务，受要约人也不再享有通过承诺使合同得以成立的权利。

要约失效的情形：①要约被拒绝。拒绝要约的通知到达要约人；要约被依法撤销。②要约人依法撤销要约。③承诺期限届满，受要约人未作出承诺。④受要约人对要约的内容作出实质性变更。

（二）承诺

承诺是受要约人同意要约的意思表示。

1. 承诺应当具备的条件

（1）承诺必须由受要约人作出。如由代理人作出承诺，则代理人须有合法的委托手续。（2）承诺必须向要约人作出。（3）承诺的内容必须与要约的内容一致。承诺不得对要约的内容作出实质性变更。（4）承诺必须在承诺期限内作出并到达要约人。承诺期间，即为要约存续期间。

2. 承诺的方式

承诺应当以通知的方式作出，通知的方式可以是口头的，也可以是书面的。

3. 承诺的期限

（1）承诺应当在要约确定的期限内到达要约人。

（2）要约以信件或者电报作出的，承诺期限自信件载明的日期或者电报交发之日开始计算。信件未载明日期的，自投寄该信件的邮戳日期开始计算。

（3）要约以电话、传真、电子邮件等快速通信方式作出的，承诺期限自要约到达受要约人时开始计算。

受要约人超过承诺期限发出承诺，或者在承诺期限内发出承诺，按照通常情形不能及时到达要约人的，除要约人及时通知受要约人该承诺有

效的以外，为新要约。

4. 承诺的生效

（1）承诺通知到达要约人时生效。承诺不需要通知的，根据交易习惯或者要约的要求作出承诺的行为时生效。采用数据电文形式订立合同的，承诺到达的时间同上述要约到达时间的规定相同。

（2）承诺**可以撤回**。承诺的撤回是指受要约人阻止承诺发生法律效力的意思表示。撤回承诺的通知应当在承诺通知到达要约人之前或者与承诺通知同时到达要约人。

（3）受要约人对要约的内容**作出实质性变更**的，为**新要约**。承诺对要约的内容作出非实质性变更的，除要约人及时表示反对或者要约表明承诺不得对要约的内容作出任何变更的以外，该承诺有效，合同的内容以承诺的内容为准。

二、例题点津

【例题1·单选题】根据合同法律制度的规定，下列关于采用数据电文形式订立合同的表述中，不正确的是（　　）。

A. 以电子邮件等数据电文形式订立的合同，属于采用书面形式的合同

B. 对通过电子邮件发出的要约，当事人未约定生效时间的，该要约自电子邮件发出时生效

C. 采用数据电文形式订立合同，收件人没有主营业地的，收件人的住所地为合同成立的地点

D. 当事人采用数据电文形式订立合同，在合同成立前要求签订确认书的，签订确认书时合同成立

【答案】B

【解析】以非对话方式作出的采用数据电文形式的意思表示，相对人指定特定系统接收数据电文的，该数据电文进入该特定系统时生效；未指定特定系统的，相对人知道或者应当知道该数据电文进入其系统时生效；当事人对采用数据电文形式的意思表示的生效时间另有约定的，按照其约定，选项B不正确。

【例题2·单选题】9月30日，李某以手机短信形式向刘某发出购买一台笔记本电脑的要

约，刘某于当日回短信同意要约。但由于"十一"假期期间短信系统繁忙，李某于10月3日才收到刘某的短信，并因个人原因于10月8日才阅读刘某的短信，后于10月9日回复刘某"短信收到"。根据合同法律制度的规定，李某、刘某之间买卖合同的成立时间是（　　）。

A. 9月30日　　　　B. 10月3日

C. 10月8日　　　　D. 10月9日

【答案】B

【解析】承诺到达对方时（10月3日）生效；承诺生效时合同成立，但是法律另有规定或者当事人另有约定的除外。

【例题3·单选题】赵某以信件形式向钱某发出要约，信件未载明承诺期限的开始日期，仅规定承诺期限为15天。7月4日，赵某将信件交付邮局，邮局将信件加盖7月5日的邮戳发出；7月7日，信件送达受要约人钱某的信箱；钱某因出差，直至7月15日才阅读信件内容。根据合同法律制度的规定，该承诺期限的起算日期为（　　）。

A. 7月7日　　　　B. 7月4日

C. 7月5日　　　　D. 7月15日

【答案】C

【解析】信件未载明日期的，自投寄该信件的邮戳日期（7月5日）开始计算。

3 合同格式条款

一、考点解读

（一）提供格式条款一方的义务

（1）提供格式条款的一方应当遵循公平原则确定当事人之间的权利和义务，并采取合理的方式提请对方注意免除或者限制其责任的条款，按照对方的要求，对该条款予以说明。

（2）提供格式条款的一方对格式条款中免除或者限制其责任的内容，在合同订立时应采用足以引起对方注意的文字、符号、字体等特别标识，并按照对方的要求对该格式条款予以说明。

（3）提供格式条款一方对已尽合理提示及说明义务承担举证责任。

提示《合同编通则解释》的规定：

①提供格式条款的一方在合同订立时采用通常足以引起对方注意的文字、符号、字体等明显标识，提示对方注意免除或者减轻其责任、排除或者限制对方权利等与对方有重大利害关系的异常条款的，人民法院可以认定其已经履行提示义务。

②提供格式条款的一方按照对方的要求，就与对方有重大利害关系的异常条款的概念、内容及其法律后果以书面或者口头形式向对方作出通常能够理解的解释说明的，人民法院可以认定其已经履行说明义务。

③对于通过互联网等信息网络订立的电子合同，提供格式条款的一方仅以采取了设置勾选、弹窗等方式为由主张其已经履行提示义务或者说明义务的，人民法院不予支持，但是其举证符合上述规定的除外。

（二）格式条款无效的情形

（1）提供格式条款的一方不合理地免除或者减轻其责任、加重对方责任、限制对方主要权利。

（2）提供格式条款的一方排除对方主要权利。

（3）格式条款具有《民法典》总则编第六章第三节规定的无效情形，包括使用格式条款与无民事行为能力人订立合同；行为人与相对人以虚假的意思表示订立合同；恶意串通，损害他人合法权益的合同；违反法律、行政法规的强制性规定或者违背公序良俗的合同等。

（4）格式条款具有《民法典》第五百零六条规定的无效情形，包括造成对方人身损害的免责格式条款；因故意或重大过失造成对方财产损失的免责格式条款。

（三）对格式条款的解释

对格式条款的理解发生争议的，应当**按照通常理解**予以解释。对格式条款有两种以上解释的，应当作出**不利于提供格式条款一方**的解释；格式条款和非格式条款不一致的，应当采用**非格式条款**。

二、例题点津

【例题1·多选题】根据合同法律制度的规定，提供格式条款一方拟订的下列格式条款中，属于无效的有（ ）。

A. 排除对方主要权利的格式条款

B. 恶意串通，损害他人合法权益的格式条款

C. 造成对方人身损害的免责格式条款

D. 内容理解发生争议的格式条款

【答案】ABC

【解析】选项D，对格式条款的理解发生争议的，应当按照通常理解予以解释，并不导致其无效。

【例题2·判断题】对格式条款有两种以上解释的，应当作出有利于提供格式条款一方的解释。（ ）

【答案】×

【解析】对格式条款有两种以上解释的，应当作出不利于提供格式条款一方的解释。

4 合同成立的时间和地点

一、考点解读

（一）合同成立的时间

（1）当事人采用合同书形式订立合同的，自双方当事人均**签名、盖章或者按指印**时合同成立。在签名、盖章或者按指印之前，当事人一方已经履行主要义务并且对方接受的，该合同成立。

（2）当事人采用信件、数据电文等形式订立合同的，可以在合同成立之前要求签订确认书，签订确认书时合同成立。

（3）当事人一方通过互联网等信息网络发布的商品或者服务信息符合要约条件的，对方选择该商品或者服务并提交订单成功时合同成立，但是当事人另有约定的除外。

（4）当事人以直接对话方式订立的合同，承诺人的承诺生效时合同成立；法律、行政法规规定或者当事人约定采用书面形式订立合同，当事人未采用书面形式但一方已经履行主要义务并且对方接受的，该合同成立。

（5）当事人签订要式合同的，以法律、法规规定的特殊形式要求完成的时间为合同成立时间。

（二）合同成立的地点

（1）采用**数据电文**形式订立合同的，收件人的主营业地为合同成立的地点，没有主营业地的，其住所地为合同成立的地点。

（2）当事人采用合同书、确认书形式订立合同的，双方当事人签名、盖章或者按指印的地点为合同成立的地点。双方当事人签名、盖章或者按指印不在同一地点的，最后签名、盖章或者按指印的地点为合同成立地点。

（3）合同需要完成特殊的约定或者法定形式才能成立的，以完成合同的约定形式或者法定形式的地点为合同的成立地点。

（4）当事人对合同的成立地点另有约定的，按照其约定。采用书面形式订立合同，合同约定的成立地点与实际签字或者盖章地点不符的，应当认定约定的地点为合同成立地点。

二、例题点津

【例题·单选题】 郑某和张某拟订一份书面合同。双方在甲地谈妥合同的主要条款，郑某于乙地在合同上签字，其后，张某于丙地在合同上盖章，合同的履行地为丁地。该合同成立的地点是（　　）。

A. 甲地　　　　　　B. 乙地

C. 丙地　　　　　　D. 丁地

【答案】 C

【解析】 当事人采用合同书形式订立合同的，双方当事人签名、盖章或者按指印的地点为合同成立的地点。如果双方当事人签名、盖章或者按指印不在同一地点的，则以最后签名、盖章或者按指印的地点为合同成立的地点。

5 缔约过失责任

一、考点解读

缔约过失责任是指当事人在订立合同过程中，因故意或者过失致使合同未成立、未生效、被撤销或者无效，给他人造成损失所应承担的

损害赔偿责任。缔约过失责任是当事人在缔约过程中因违反诚实信用原则应承担的民事责任。

当事人在订立合同过程中有下列情形之一，造成对方损失的，应当承担损害赔偿责任：（1）假借订立合同，恶意进行磋商；（2）故意隐瞒与订立合同有关的重要事实或者提供虚假情况；（3）有其他违背诚实信用原则的行为。

提示 在订立合同过程中知悉的商业秘密或者其他应当保密的信息，无论合同是否成立，不得泄露或者不正当地使用；泄露、不正当地使用该商业秘密或者信息，造成对方损失的，应当承担赔偿责任。

缔约过失责任与违约责任不同，违约责任产生于合同生效之后，适用于生效合同，主要赔偿的是履行利益的损失；缔约过失责任主要适用于合同不成立、无效、被撤销等情形，赔偿的是信赖利益的损失。

二、例题点津

【例题·单选题】 根据合同法律制度的规定，下列各项中，应当承担缔约过失责任的是（　　）。

A. 甲假借订立合同，恶意与乙进行磋商

B. 丙未按时履行支付租金的义务

C. 丁驾驶机动车违反交通规则撞伤行人

D. 戊辞职后违反竞业禁止约定从事同业竞争

【答案】 A

【解析】 承担缔约过失责任的情形有：（1）假借订立合同，恶意进行磋商（选项A正确）；（2）故意隐瞒与订立合同有关的重要事实或者提供虚假情况；（3）当事人泄露或者不正当地使用在订立合同过程中知悉的商业秘密或者其他应当保密的信息；（4）有其他违背诚实信用原则的行为。选项B、D应承担的是违约责任，违约责任产生于合同生效之后；选项C应承担的是侵权责任。

第三单元　合同的效力

1 合同的生效

一、考点解读

《民法典》根据合同类型的不同，分别规定了合同不同的生效时间：

（1）依法成立的合同，原则上**自成立时生效**。

（2）法律、行政法规规定应当办理批准、登记等手续生效的，**自批准、登记时生效**。

　提示　即使合同因未获批准而尚未生效，但合同中履行报批的义务条款仍已生效。

（3）当事人对合同的效力可以附条件或者附期限。附生效条件的合同，**自条件成就时生效**；附解除条件的合同，**自条件成就时失效**。

二、例题点津

【例题·判断题】依照法律、行政法规的规定，合同应当办理批准手续生效的，自批准时生效。（　　）

【答案】√

【解析】依照法律、行政法规的规定，合同应当办理批准手续的，自批准时生效。

2 效力待定合同

一、考点解读

效力待定合同是指合同订立后**尚未生效**，须经**同意权人追认**方能有效的合同。效力待定合同的效力取决于相关第三人的承认或拒绝行为，该第三人称为"**同意权人**"。同意权人若追认，追认的意思表示到达相对人时生效，合同自订立时起生效；同意权人若拒绝追认，合同自订立时起无效。

效力待定合同主要包括以下几种情形。

（1）限制民事行为能力人超出自己的行为能力范围与他人订立的合同。

①同意权人：限制民事行为能力人的法定代理人。

②经法定代理人追认后的合同自始有效。

　举例　接受赠与而形成的赠与合同。

③限制民事行为能力人订立的纯获利益的合同或者是与其年龄、智力、精神健康状况相适应的合同有效，不必经法定代理人追认。

　举例　为满足日常生活或者学习需要而购买日用品、文具的合同。

④追认权：对于此类效力待定合同，相对人可以催告法定代理人自收到催告通知之日起在30日内予以追认。法定代理人未作表示的，视为拒绝追认。

⑤撤销权：合同被追认之前，善意相对人有撤销的权利。

　提示　善意是指相对人不知与其订立合同的当事人为限制民事行为能力人。善意相对人要撤销其订立合同的意思表示，应当通知限制民事行为能力人的法定代理人。

（2）因无权代理订立的合同。

①同意权人：被代理人。

②行为人没有代理权、超越代理权或者代理权终止后以被代理人名义订立的合同，为效力待定合同。

③追认权：未经被代理人追认，该合同对被代理人不发生效力，由行为人承担责任。相对人可以催告被代理人自收到催告通知之日起在**30日内**予以追认。被代理人未作表示的，视为拒绝追认。被代理人已经开始履行合同义务或者接受相对人履行的，视为对合同的追认。

④撤销权：合同被追认之前，善意相对人有撤销的权利。撤销应当**以通知的方式**作出。

　提示　行为人实施的行为未被追认的，善意相对人有权请求行为人履行债务或者就其受到的损害请求行为人赔偿，但是赔偿的范围不得超过被代理人追认时相对人所能获得的利益。相对人知道或者应当知道行为人无权代理的，相对人和行为人按照各自的过错承担责任。

二、例题点津

【例题·单选题】 11岁的小林参加中学生科技创意大赛，其作品"烹饪定时器"获得组委会奖励。张某对此非常感兴趣，现场支付给小林5万元，买下该作品的制造方法。下列关于该合同效力的表述中，符合合同法律制度规定的是（　　）。

A. 该合同可撤销，因小林是限制民事行为能力人

B. 该合同无效，因小林是限制民事行为能力人

C. 该合同有效，因该合同对小林而言是纯获利益的

D. 该合同效力待定，因需要由小林的法定代理人决定是否追认

【答案】 D

【解析】 限制民事行为能力人订立的合同，经法定代理人追认后，该合同自始有效。但纯获利益的合同或者是与其年龄、智力、精神健康状况相适应而订立的合同有效，不必经法定代理人追认。在本题中，小林是限制民事行为能力人且订立的并不是纯获利益的合同，所以是效力待定的，选项D正确。

第四单元　合同的履行

1 合同履行的规则

一、考点解读

（一）当事人就有关合同内容约定不明确时的履行规则

合同生效后，当事人就质量、价款或者报酬、履行地点等内容没有约定或者约定不明确的，可以协议补充；不能达成补充协议的，按照合同有关条款或者交易习惯确定；仍不能确定的，适用下列规定：

（1）**质量要求不明确的**，按照强制性国家标准履行；没有强制性国家标准的，按照推荐性国家标准履行；没有推荐性国家标准的，按照行业标准履行；没有国家标准、行业标准的，按照通常标准或者符合合同目的的特定标准履行。

（2）**价款或者报酬不明确的**，按照订立合同时履行地的市场价格履行；依法应当执行政府定价或者政府指导价的，依照规定履行。

（3）**履行地点不明确**，给付货币的，在接受货币一方所在地履行；交付不动产的，在不动产所在地履行；其他标的，在履行义务一方所在地履行。

（4）**履行期限不明确的**，债务人可以随时履行，债权人也可以随时请求履行，但是应当给对方必要的准备时间。

（5）**履行方式不明确的**，按照有利于实现合同目的的方式履行。

（6）**履行费用的负担不明确的**，由履行义务一方负担；因债权人原因增加的履行费用，由债权人负担。

（二）涉及第三人的合同履行

1. 向第三人履行的合同

向第三人履行的合同又称利他合同，指双方当事人约定，由债务人向第三人履行债务的合同。

债务人向第三人履行的合同的法律效力为：（1）法律规定或者当事人约定第三人可以直接请求债务人向其履行债务，第三人表示接受该权利或者未在合理期限内明确拒绝，债务人未向第三人履行债务或者履行债务不符合约定的，第三人可以请求债务人承担违约责任。（2）债务人对于合同债权人可行使的一切抗辩权，对该第三人均可行使。（3）因向第三人履行债务增加的费用，除双方当事人另有约定外，由债权人承担。

2. 由第三人履行的合同

由第三人履行的合同又称第三人负担的合同，指双方当事人约定债务由第三人履行的合同，该债务履行的约定必须征得第三人同意。该合同以债权人、债务人为合同双方当事人，第三人不是合同的当事人。

由第三人履行的合同的法律效力为：（1）第三人不履行债务或者履行债务不符合约定的，债务人应当向债权人承担违约责任。（2）第三人向债权人履行债务所增加的费用，除合同另有约定外，一般由债务人承担。

二、例题点津

【例题1·单选题】 根据我国合同法律制度的规定，当事人对合同价款约定不明确，又没有政府定价或指导价可供参照时，合同价款的确定规则是（　　）。

A. 按照订立合同时履行地的市场价格履行

B. 按照履行合同时履行地的市场价格履行

C. 按照纠纷发生时履行地的市场价格履行

D. 按照订立合同时订立地的市场价格履行

【答案】 A

【解析】 根据规定，合同的价款或者报酬条款不明确的，按照订立合同时履行地的市场价格履行。

【例题2·判断题】 合同生效后，当事人就质量、价款或者报酬、履行地点等内容没有约定或者约定不明确的，可以协议补充；不能达成补充协议的，应解除合同。（　　）

【答案】 ×

【解析】 合同生效后，当事人就质量、价款或者报酬、履行地点等内容没有约定或者约定不明确的，可以协议补充；不能达成补充协议的，按照合同相关条款或者交易习惯确定。

2 抗辩权的行使

一、考点解读

（一）同时履行抗辩权

当事人互负债务，没有先后履行顺序的，应当同时履行。一方在对方履行之前有权拒绝其履行请求。一方在对方履行债务不符合约定时，有权拒绝其相应的履行请求。

1. 同时履行抗辩权行使的条件

（1）双方因同一双务合同互负债务。（2）双方债务已届清偿期。（3）行使抗辩权之当事人无先为给付义务，即双方的互负债务没有先后履行顺序。（4）须对方当事人未履行或者未适当履行合同债务。

> **提示** 对方当事人未履行或者未适当履行的债务应与抗辩权人抗辩同时履行的债务具有给付与对待给付的对价关系，若对方当事人未履行或者未适当履行合同附随义务或无对价关系的从属义务，则不得主张给付义务的同时履行抗辩。

2. 同时履行抗辩权的效力

同时履行抗辩权只是暂时阻止对方当事人请求权的行使，而不是永久地消灭对方当事人的请求权。当对方当事人完全履行了合同义务，同时履行抗辩权即告消灭，主张抗辩权的当事人就应当履行自己的义务。当事人因行使同时履行抗辩权致使合同迟延履行的，迟延履行责任由对方当事人承担。

（二）后履行抗辩权

合同当事人互负债务，有先后履行顺序，先履行一方未履行的，后履行一方有权拒绝其履行要求。先履行一方履行债务不符合约定的，后履行一方有权拒绝其相应的履行要求。

1. 后履行抗辩权行使的条件

（1）当事人基于同一双务合同，互负债务。（2）当事人的履行有先后顺序。（3）应当先履行的当事人不履行合同或者不适当履行合同。（4）后履行抗辩权的行使人是履行义务顺序在后的一方当事人。

2. 后履行抗辩权的效力

后履行抗辩权不是永久性的，它的行使只是暂时阻止了当事人请求权的行使。先履行一方的当事人如果完全履行了合同义务，则后履行抗辩权消灭，后履行当事人就应当按照合同约定履行自己的义务。

（三）不安抗辩权

当事人互负债务，有先后履行顺序的，先履行的一方有确切证据证明另一方丧失履行债务能力时，在对方没有履行或者没有提供担保之前，有拒绝自己履行的权利。

1. 不安抗辩权行使的条件

（1）当事人基于同一双务合同，互负债务。（2）当事人的履行有先后顺序。（3）不安抗辩权的行使人是履行义务顺序在先的一方当事人。（4）后履行合同的一方当事人有丧失或者可能丧失履行债务能力的情形。（5）后履行合同的一方当事人未履行或者提供担保。

2. 不安抗辩权适用的情形

应当先履行债务的当事人，有确切证据证明对方有下列情形之一的，可以中止履行：（1）经营状况严重恶化；（2）转移财产、抽逃资金，以逃避债务；（3）丧失商业信誉；（4）有丧失或者可能丧失履行债务能力的其他情形。

先履行合同义务的当事人应当有证据证明对方不能履行合同或者有不能履行合同的可能性；没有确切证据而行使不安抗辩权，造成对方损失的，应当承担违约责任。

3. 不安抗辩权的效力

（1）中止履行，即应当先履行债务的当事人中止先为履行。应当先履行债务的当事人行使中止权时，应当及时通知对方，以免给对方造成损失，也便于对方在接到通知后，提供相应的担保，使合同得以履行。如果对方当事人恢复了履行能力或者提供了相应的担保后，先履行一方当事人"不安"的原因消除，应当恢复合同的履行。

（2）解除合同。中止履行合同后，如果对方在合理期限内未恢复履行能力并且未提供适当担保的，视为以自己的行为表明不履行主要债务，中止履行合同的一方可以解除合同，并可以请求对方承担违约责任。

二、例题点津

【例题1·单选题】甲与乙签订一份买卖合同，双方约定，甲提供一批货物给乙，货到后一个月内付款。合同签订后甲迟迟没有发货，乙催问甲，甲称由于资金紧张，暂无法购买生产该批货物的原材料，要求乙先付货款，乙拒绝了甲的要求。乙拒绝先付货款的行为在法律上称为（　　）。

A. 行使先履行抗辩权

B. 行使后履行抗辩权

C. 行使同时履行抗辩权

D. 行使撤销权

【答案】B

【解析】后履行抗辩权是指合同当事人互负债务，有先后履行顺序，先履行一方未履行的，后履行一方有权拒绝其履行要求。本题中，甲有先履行提供货物的义务，但甲要求乙先履行付款义务，作为履行义务顺序在后的乙享有后履行抗辩权，选项B正确。

【例题2·多选题】根据合同法律制度的规定，应当先履行债务的当事人有确切证据证明对方当事人发生了特定情形的，可以行使不安抗辩权。该特定情形包括（　　）。

A. 丧失商业信誉

B. 变更经营方式

C. 转移财产以逃避债务

D. 经营状况严重恶化

【答案】ACD

【解析】应当先履行债务的当事人，有确切证据证明对方有下列情形之一的，可以中止履行：（1）经营状况严重恶化；（2）转移财产、抽逃资金，以逃避债务；（3）丧失商业信誉；（4）有丧失或者可能丧失履行债务能力的其他情形。当事人没有确切证据中止履行的，应当承担违约责任。

第五章

第五单元　合同的保全

1 代位权

一、考点解读

（一）代位权的概念

代位权，是指债务人怠于行使其对第三人（次债务人）享有的到期债权或者与该债权相关的从权利，影响债权人到期债权的实现时，债权人为了保障自己的债权，**可以向人民法院请求以自己的名义代位行使债务人对第三人（次债务人）的权利**，但该权利专属于债务人自身的除外。

（二）代位权的构成要件

（1）债务人对第三人享有合法债权或者与该债权有关的从权利。

（2）债务人怠于行使其债权。

如果债务人已经行使了权利，即使不尽如人意，债权人也不能行使代位权。

（3）债务人怠于行使权利有害于债权人债权的实现。

若债务人的财产已足以清偿其债务，即使债务人怠于行使其对第三人的债权，亦不产生债权人的代位权。

（4）债务人的债务已到期。

债务人对债权人负担的债务已陷于迟延履行。如果债务人的债务未到履行期或履行期间未届满的，债权人不能行使代位权。但在债务人的债务到期前，债务人的债权或者与该债权有关的从权利存在诉讼时效期间即将届满或者未及时申报破产债权等情形，影响债权人的债权实现的，债权人可以代位向债务人的相对人请求其向债务人履行、向破产管理人申报或者作出其他必要的行为。

（5）债务人的权利不是专属于债务人自身的。

提示 专属于债务人自身的权利包括：

①抚养费、赡养费或者扶养费请求权；

②人身损害赔偿请求权；

③劳动报酬请求权，但是超过债务人及其所扶养家属的生活必需费用的部分除外；

④请求支付基本养老保险金、失业保险金、最低生活保障金等保障当事人基本生活的权利；

⑤其他专属于债务人自身的权利。

（三）代位权的行使

（1）债权人须以自己的名义通过**诉讼形式**行使代位权。债权人以次债务人为被告向人民法院提起代位权诉讼，未将债务人列为第三人的，人民法院可以追加债务人为第三人。

（2）代位权的行使范围以债权人的到期债权为限。债权人行使代位权的请求数额不能超过债务人所负债务的数额，否则对超出部分人民法院不予支持。

（3）次债务人对债务人的抗辩，可以向债权人主张。

（四）代位权行使的效力

（1）债权人向次债务人提起的代位权诉讼，经人民法院审理后认定代位权成立的，由次债务人向债权人履行清偿义务。债权人接受履行后，债权人与债务人、债务人与次债务人之间相应的权利义务关系即予消灭。债务人对相对人的债权或者与该债权有关的从权利被采取保全、执行措施，或者债务人破产的，依照相关法律的规定处理。

（2）债权人行使代位权的必要费用，由债务人负担。

二、例题点津

【例题·多选题】甲对乙享有50 000元债权，已到清偿期限，但乙一直宣称无能力清偿欠款。甲调查发现，乙对丁享有3个月后到期的7 000元债权，戊因赌博欠乙8 000元；另外，乙在半年前发生交通事故，因事故中的人身伤害对丙享有 10 000 元债权，因事故中的财产损失对丙享有 5 000 元债权。乙无其他可供执行的财产，乙对其享有的债权都怠于行使。根据合同法律制度的规定，下列各项中，甲不可以代位行使的债权有（　　）。

A. 乙对丁的 7 000 元债权

B. 乙对戊的 8 000 元债权

C. 乙对丙的 10 000 元债权

D. 乙对丙的 5 000 元债权

【答案】ABC

【解析】代位权的行使需满足以下条件：（1）债务人对第三人享有合法权利或者与该债权有关的从权利。（2）债务人怠于行使其债权。（3）债务人怠于行使权利有害于债权人债权的实现。（4）债务人的债务已到期。（5）债务人的债权不是专属于债务人自身的债权。本题中，选项 A，如果债务人的债务未到履行期或履行期间未届满的，债权人不能行使代位权；选项 B，赌债不受法律保护；选项 C，专属于债务人自身的债权，债权人不得行使代位权。

2 撤销权

一、考点解读

（一）撤销权的概念

撤销权，是指债务人实施了减少财产或者增加财产负担的行为并危及债权人债权实现时，债权人为了保障自己的债权，请求人民法院撤销债务人行为的权利。

（二）撤销权的构成要件

（1）债权人对债务人享有有效的债权。

（2）债务人实施了处分其财产的行为，包括：

①放弃到期债权。

②无偿转让财产。

③以明显不合理的低价转让财产或者以明显不合理的高价受让他人财产。

提示 a. 转让价格未达到交易时交易地的市场交易价或者指导价 70% 的，一般可以认定为"明显不合理的低价"。

b. 受让价格高于交易时交易地的市场交易价或者指导价 30% 的，一般可以认定为"明显不合理的高价"。

c. 债务人与相对人存在亲属关系、关联关系的，不受上述 70%、30% 的限制。

④债务人放弃其未到期的债权或者放弃债权担保，或者恶意延长到期债权的履行期或者为他人的债务提供担保。

（3）债务人处分其财产的行为有害于债权人债权的实现。

若债务人实施减少其财产或者增加其财产负担的处分行为，但不影响其清偿债务，则债权人不能行使撤销权。

（4）第三人的主观要件。

①对于债务人有偿转让、受让财产，或者为他人债务提供担保的行为，债权人行使撤销权须以第三人的恶意为要件；若第三人无恶意，则不能撤销其取得财产的行为。

②对于债务人放弃到期债权、无偿转让财产等无偿行为，不论第三人善意或者恶意，债权人均得以请求撤销。

（三）撤销权的行使

（1）债权人行使撤销权应以自己的名义，向被告住所地人民法院提起诉讼，请求法院撤销债务人因处分财产而危害债权的行为。

（2）撤销权自债权人知道或者应当知道撤销事由之日起 1 年内行使。若债权人不知道且不应当知道撤销事由的存在，撤销权须自债务人的行为发生之日起 5 年内行使，否则，该撤销权消灭。

提示 需注意 1 年和 5 年期间的适用情形、计算起点等有所不同。

（3）撤销权的行使范围以债权人的债权为限。

（四）撤销权行使的效力

（1）债务人与第三人的行为被撤销的，其行为自始无效。第三人应当向债务人返还财产或折价补偿。

（2）第三人返还或者折价补偿的财产构成债务人全部财产的一部分，债权人对于撤销权行使的结果并无优先受偿的权利。

（3）债权人行使撤销权所支付的合理的律师代理费、差旅费等必要费用，由债务人承担。

二、例题点津

【例题·单选题】根据合同法律制度的规定，下列关于合同保全制度中撤销权行使的表述，不正确的是（　　）。

A. 债权人应以自己的名义行使撤销权

B. 债权人行使撤销权的必要费用，由债权人负担

C. 撤销权的行使范围以债权人的债权为限

D. 若债权人不知道且不应知道撤销事由的存在，自债务人行为发生之日起 5 年内没有行使撤销权的，撤销权消灭

【答案】 B

【解析】选项 B，债权人行使撤销权所支付的律师费、差旅费等必要费用，由债务人承担。

第六单元　合同的变更和转让

1 合同的变更

一、考点解读

（一）合同变更的要件

（1）当事人之间已存在合同关系。（2）合同内容发生了变化。（3）合同的变更必须遵守法律的规定或者当事人的约定。

（二）合同变更的形式和程序

除法律规定的变更和人民法院依法变更外，合同变更主要是当事人协议变更。

提示 合同的变更是合同主体不变，内容变。当事人约定变更，经过当事人的协商一致而变更。当事人对合同变更的内容约定不明确的，推定为未变更。

二、例题点津

【例题·判断题】当事人对合同变更的内容约定不明确的，按照交易习惯确定变更内容。（　　）

【答案】 ×

【解析】为了减少在合同变更时可能发生的纠纷，当事人对合同变更的内容约定不明确的，推定为未变更。

2 合同的转让

一、考点解读

（一）合同权利转让

1. 合同权利转让的条件

（1）须存在有效的合同权利。

（2）合同权利具有可转让性。

下列情形的合同权利，债权人不得转让：

①根据合同性质不得转让。

a. 基于当事人之间信任关系而发生的债权。

b. 合同内容中包括了针对特定当事人的不作为义务。

c. 因债权目的的达成须对特定债权人为给付之债权，如扶养请求权、抚恤金请求权等，不得让与。

②根据当事人约定不得转让。

当事人约定非金钱债权不得转让的，不得对抗善意第三人，如果一方当事人违反约定，将合同权利转让给善意第三人，则善意第三人可以取得该项权利。当事人约定金钱债权不得转让的，不得对抗第三人。

③依照法律规定不得转让。

（3）当事人之间订立合同权利转让的协议。

2. 合同权利转让的通知

债权人转让权利**无须经债务人同意**，但应当

通知债务人。未经通知，该转让对债务人不发生效力。

3. 合同权利转让的效力

（1）合同权利全部转让的，原合同关系消灭，受让人取代原债权人的地位，成为新的债权人，原债权人脱离合同关系，所以，债务人应向新的债权人履行债务。合同权利部分转让的，受让人作为第三人加入合同关系中，与原债权人共同享有债权。

（2）债权人转让主权利时，附属于主权利的从权利也一并转让，受让人在取得债权时，也取得与债权有关的从权利，但该从权利专属于债权人自身的除外。该从权利包括抵押权、定金债权、保证债权等。受让人取得从权利不因该从权利未办理转移登记手续或者未转移占有而受到影响。

（3）债务人接到债权转让通知后，债务人对让与人的抗辩，可以向受让人主张，如同时履行抗辩权、权利无效的抗辩、权利已过诉讼时效期间的抗辩等。

【提示】有下列情形之一的，债务人可以向受让人主张抵销：①债务人接到债权转让通知时，债务人对让与人享有债权，且债务人的债权先于转让的债权到期或者同时到期；②债务人的债权与转让的债权是基于同一合同产生。

（4）因债权转让增加的履行费用，由让与人负担。

（二）合同义务移转

1. 合同义务移转的条件

（1）须有有效的合同义务存在。

（2）合同义务须具有可移转性。

合同义务原则上可移转，但下列情形的合同义务不具有可移转性：

①性质上不可移转的合同义务。

【举例】由某著名歌星履行的演唱义务，或基于特别信任的委托合同义务等，均因合同义务的性质而不可移转。

②当事人约定不可移转的合同义务。

③法律规定不可移转的合同义务。

（3）须存在合同义务移转的协议。

较为常见的合同义务移转协议是债务人与第三人之间订立的。合同债权人也可以直接与第三人订立协议来实现合同义务的移转。

（4）须经债权人同意。

债务人或者第三人可以催告债权人在合理期限内予以同意，债权人未作表示的，视为不同意。

2. 合同义务移转的效力

（1）合同义务全部移转的，新债务人成为合同一方当事人，如不履行或者不适当履行合同义务，债权人可以向其请求履行债务或者承担违约责任。合同义务部分移转的，则第三人加入合同关系，与原债务人共同承担合同义务。

（2）债务人转移义务的，新债务人可以主张原债务人对债权人的抗辩，但原债务人对债权人享有债权的，新债务人不得向债权人主张抵销。

（3）从属于主债务的从债务，随主债务的转移而转移，但该从债务专属于原债务人自身的除外。

（4）第三人向债权人提供的担保，若担保人未明确表示继续承担担保责任，则担保责任因债务转移而消灭。

（三）合同权利义务的一并转让

合同关系的一方当事人将权利和义务一并转让时，除了应当征得另一方当事人的同意外，还应当遵守有关转让权利和义务的规定。

（四）法人或者其他组织合并或者分立后债权债务关系的处理

当事人订立合同后合并的，由合并后的法人或者其他组织行使合同权利，履行合同义务。当事人订立合同后分立的，除债权人和债务人另有约定的以外，由分立的法人或者其他组织对合同的权利和义务享有连带债权，承担连带债务。

二、例题点津

【例题1·多选题】甲与乙签订了一份买卖合同，约定甲将其收藏的一幅名画以20万元卖给乙。其后，甲将其对乙的20万元债权转让给丙并通知了乙。甲将名画依约交付给乙前，该画因不可抗力灭失。根据合同法律制度的规定，下列判断中，不正确的有（　　）。

A. 乙对甲主张解除合同，并拒绝丙的给付请求

B. 乙对甲主张解除合同，但不得拒绝丙的给付请求

C. 乙不得对甲主张解除合同，但可以拒绝丙的给付请求

D. 乙不得对甲主张解除合同，也不得拒绝丙的给付请求

【答案】BCD

【解析】债权人转让权利无须经债务人同意，但应当通知债务人。未经通知，该转让对债务人不发生效力。债务人接到债权转让通知后，债务人对让与人的抗辩，可以向受让人主张。另外，因不可抗力致使不能实现合同目的，当事人可以解除合同。本题中，甲不能向乙交付名画，所以乙可以解除与其签订的合同。另外，乙可以抗辩甲，则债务人乙对让与人甲的抗辩，可以向受让人丙主张，因此乙可以拒绝丙的付款请求。所以只有选项A是正确的。

【例题2·判断题】债务人将合同的义务全部或者部分转移给第三人，应当经债权人同意。债务人或者第三人可以催告债权人在合理期限内予以同意，债权人未作表示的，视为默认同意。（　　）

【答案】×

【解析】债务人将合同的义务全部或者部分转移给第三人，应当经债权人同意，否则债务人转移合同义务的行为对债权人不发生效力，债权人有权拒绝第三人向其履行，同时有权要求债务人履行义务并承担不履行或迟延履行义务的法律责任。债务人或者第三人可以催告债权人在合理期限内予以同意，债权人未作表示的，视为不同意。

第七单元　合同的消灭

1 合同消灭的效力

一、考点解读

合同的消灭，除导致合同权利义务终止外，还发生如下效力：（1）从权利义务（如保证债权）归于消灭；（2）债权人应当将债权文书返还债务人；（3）当事人应当遵循诚信等原则，根据交易习惯履行通知、协助、保密、旧物回收等义务；（4）合同的消灭，不影响合同中有关解决争议的方法、结算和清理条款的效力。

二、例题点津

【例题·判断题】合同权利义务终止后，债权人可将债权文书自行销毁，不必返还给债务人。（　　）

【答案】×

【解析】合同权利义务终止后，即合同消灭后，债权人应当将债权文书返还债务人。

2 清偿

一、考点解读

（一）清偿人

债务人不履行债务，第三人对履行该债务具有合法利益的，第三人有权向债权人代为履行；但是，根据债务性质、按照当事人约定或者依照法律规定只能由债务人履行的除外。

（二）清偿抵充

债务人对同一债权人负担的数项债务种类相同，债务人的给付不足以清偿全部债务的，除当事人另有约定外，由债务人在清偿时指定其履行的债务。债务人未作指定的，应当优先履行已经到期的债务；数项债务均到期的，优先履行对债权人缺乏担保或者担保最少的债务；均无担保或者担保相等的，优先履行债务人负担较重的债务；负担相同的，按照债务到期的

先后顺序履行；到期时间相同的，按照债务比例履行。

提示　债务人在履行主债务外还应当支付利息和实现债权的有关费用，其给付不足以清偿全部债务的，除当事人另有约定外，应当按照下列顺序履行：（1）实现债权的有关费用；（2）利息；（3）主债务。

（三）清偿的效力

（1）债权债务关系因清偿而消灭，债权的从权利一般随之消灭，但通知、协助、保密、旧物回收等后合同义务因是法定之债，并不随之消灭。

（2）在第三人代为清偿情形，债权人接受第三人履行后，其对债务人的债权转让给第三人，但是债务人和第三人另有约定的除外。

二、例题点津

【例题·判断题】债权债务关系因清偿而消灭，债权债务关系消灭后，通知、协助、保密、旧物回收等后合同义务也随之消灭。（　　）

【答案】×

【解析】债权债务关系因清偿而消灭，债权的从权利一般随之消灭，但通知、协助、保密、旧物回收等后合同义务因是法定之债，并不随之消灭。

3 抵销

一、考点解读

1. 法定抵销的要件

（1）须当事人双方互负债务。

提示　同一当事人之间，互负债务，即互享有其债权。但此互负债务应基于不同法律关系而生，并非同一双务合同中的给付与对待给付，否则，如果允许抵销，则相当于合同解除。

（2）须双方债务种类、品质相同。

提示　抵销在现实生活中主要适用于互负的金钱债务。

（3）须被动债务已届清偿期。

（4）债务不属于不得抵销的债务。

不得抵销的债务包括以下几类。

①按债务性质不能抵销。不作为债务、提供劳务的债务、与人身不可分离的债务，如抚恤金、退休金、最低生活保障金等，均不得抵销。

②按照约定应当向第三人给付的债务。

③当事人约定不得抵销的债务。

④因侵害自然人人身权益，或者故意、重大过失侵害他人财产权益产生的损害赔偿债务。

⑤法律规定不得抵销的其他情形。

2. 法定抵销的方法

（1）当事人主张抵销的，应当通知对方。通知自到达对方时生效。

（2）抵销不得附条件或者附期限。

3. 法定抵销的效力

（1）双方对等数额债务因抵销而消灭。在双方债务数额不等时，对尚未抵销的剩余债务，债权人仍有受领清偿的权利。

（2）抵销后剩余债权的诉讼时效期间，应重新起算。

提示　抵销属于债权的行使方式之一，会导致诉讼时效中断，且中断的法律效果及于全部债权，所以，在部分抵销的场合，剩余债权的诉讼时效期间，应重新计算。

二、例题点津

【例题·多选题】根据《民法典》的规定，下列关于法定抵销的表述中，正确的有（　　）。

A. 双方抵销的债务，对方的债务应已届清偿期

B. 双方抵销的债务，标的物种类、品质应相同

C. 故意侵权产生的债务，债务人不得主张抵销

D. 抵销可以附条件或者附期限

【答案】ABC

【解析】法定抵销的要件：（1）须当事人双方互负债务。（2）须双方债务种类、品质相同。（3）须被动债务已届清偿期。（4）债务不属于不得抵销的债务。选项D，抵销不得附条件或者附期限。

4 提存

一、考点解读

（一）提存的条件

1. 提存的原因

有下列情形之一，难以履行债务的，债务人可以将标的物提存：

（1）债权人无正当理由拒绝受领。

举例 在仓储合同中，存储期届满，仓单持有人不提取仓储物，保管人催告其在合理期限内提取货物后，逾期仍不提取的，保管人可以提存该货物。

（2）债权人下落不明（包括债权人失踪，其财产尚无人代管、债权人不清、地址不详、无法查找等）。

（3）债权人死亡未确定继承人、遗产管理人或者丧失民事行为能力未确定监护人。

（4）法律规定的其他情形。

2. 提存的主体

（1）提存人是债务人或者其代理人。

（2）提存应当在债务清偿地的提存机关进行，我国目前的提存主要是公证提存，公证机关为提存机关。

3. 提存标的

提存标的只能是**动产**。标的物不适于提存或者提存费用过高的，债务人依法可以拍卖或者变卖标的物，提存所得的价款。提存人应就需清偿的全部债务进行提存，原则上不许部分提存。

（二）提存的法律效力

1. 在债务人与债权人之间

（1）自提存之日起，提存人的债务归于消灭。

（2）提存期间，**标的物的孳息**归债权人所有；提存费用由债权人负担；标的物提存后，毁损、灭失的风险由债权人承担。

（3）提存后，债务人应及时通知债权人或者其继承人、遗产管理人、监护人、财产代管人。

2. 在提存人与提存部门之间

（1）提存人可以凭人民法院生效的判决、裁定或者提存之债已经清偿的公证证明取回提存物。

（2）提存人取回提存物的，视为未提存，提存人应承担提存部门保管提存物的费用。

3. 在债权人与提存部门之间

（1）债权人可以**随时领取**提存物，但债权人对债务人负有到期债务的，在债权人未履行债务或者未提供担保之前，提存部门根据债务人的要求应当拒绝其领取提存物。

（2）债权人领取提存物的权利，自提存之日起**5 年内**不行使而消灭，提存物扣除提存费用后归国家所有。但是，债权人未履行对债务人的到期债务，或者债权人向提存部门书面表示放弃领取提存物权利的，债务人负担提存费用后有权取回提存物。

提示 此 5 年期间为不变期间，不适用诉讼时效中止、中断或者延长的规定。

二、例题点津

【例题·判断题】 债权人领取提存物的权利，自提存之日起 3 年内不行使而消灭。（　　）

【答案】 ×

【解析】 债权人领取提存物的权利，自提存之日起 5 年内不行使而消灭，提存物扣除提存费用后归国家所有。

5 免除与混同

一、考点解读

（一）免除

1. 免除的概念

权利人放弃自己的全部或者部分权利，从而使合同义务减轻或者使合同终止的一种形式。

2. 免除的要件

（1）债权人或者其代理人应向债务人或者其代理人作出抛弃债权的意思表示。

（2）应符合法律行为要件的有关规定，如免除人须具备民事行为能力。

（3）免除不得损害第三人的利益。如债权人免除其债务人的债务，使得债权人无法清偿自身债务，债权人的债权人可以依法行使撤销权，即撤销债权人免除债务的行为。

3. 免除的效力

（1）债权人免除债务人部分或者全部债务的，合同的权利义务部分或者全部终止，但是债务人在合理期限内拒绝的除外。

（2）免除债务、债权的从权利，如从属于债权的担保权利、利息权利、违约金请求权等也随之消灭。

（3）债权人免除连带债务人之一的债务的，其余连带债务人在扣除该连带债务人应分担的份额后，仍应就剩余债务承担连带责任。

（二）混同

1. 混同的概念

债权债务同归于一人，致使合同关系消灭的事实（损害第三人利益的除外）。

2. 混同的效力

（1）合同关系及其他债之关系消灭，附属于主债务的从权利和从债务也一并消灭。

（2）混同不导致债之关系消灭的例外情形：

①债权是他人权利之标的。

②法律规定混同不发生债之关系消灭效力。

二、例题点津

【例题·判断题】债权人免除连带债务人之一的债务的，其余连带债务人在扣除该连带债务人应分担的份额后，仍应就剩余债务承担连带责任。（　　）

【答案】√

【解析】此种情形属于免除的效力之一。

6 合同解除

一、考点解读

（一）约定解除

1. 协商解除

合同生效后，未履行或者未完全履行之前，当事人以解除合同为目的，经协商一致，可以订立一个解除原来合同的协议，使合同效力消灭。

2. 约定解除权

解除权可以在订立合同时约定，也可以在履行合同的过程中约定；可以约定一方解除合同的权利，也可以约定双方解除合同的权利。

提示 约定解除权与协商解除有所不同：约定解除权是双方在解除事由发生前的约定，是给予当事人解除权，并非直接消灭合同，合同是否消灭取决于当事人是否行使解除权；协商解除则是当事人基于合意直接消灭原合同关系。

（二）法定解除

1. 法定解除权取得的原因

（1）因不可抗力致使不能实现合同目的。

提示 不可抗力是指不能预见、不能避免且不能克服的客观事件。

（2）预期违约。

提示 在履行期限届满之前，当事人一方明确表示或者以自己的行为表明不履行主要债务的，对方当事人可以解除合同。

（3）当事人一方迟延履行主要债务，经催告后在合理期限内仍未履行。

（4）当事人一方迟延履行债务或者有其他违约行为致使不能实现合同目的。

这种情形中的迟延履行因致使合同目的不能实现，债权人可不经催告直接解除合同。

（5）法律规定的其他情形。

2. 法定解除权的行使

（1）解除权行使的主体应限于守约方。

（2）享有解除权的一方向对方表示解除的意思。

（3）对于解除权行使有异议的，应诉诸司法程序。

（4）解除权应在法定期限内行使。

（三）合同解除的效力

（1）合同解除后尚未履行的，终止履行；已经履行的，根据履行情况和合同性质，当事人可以要求恢复原状、采取其他补救措施，并有权要求赔偿损失。

（2）合同的权利义务终止，不影响合同中结算和清理条款的效力。

（3）合同因违约解除的，解除权人可以请求违约方承担违约责任，但是当事人另有约定的除外。

第五章

（4）主合同解除后，担保人对债务人应当承担的民事责任仍应当承担担保责任，但是担保合同另有约定的除外。

二、例题点津

【例题·单选题】 甲小学为了六一儿童节学生表演节目的需要，向乙服装厂订购了100套童装，约定在六一儿童节前一周交付。5月28日，甲小学向乙服装厂催要童装，却被告知，因布匹供应问题，6月3日才能交付童装，甲小学因此欲解除合同。根据合同法律制度的规定，下列关于该合同解除的表述中，正确的是（   ）。

A. 甲小学应先催告乙服装厂履行，乙服装厂在合理期限内未履行的，甲小学才可以解除合同

B. 甲小学可以解除合同，无须催告

C. 甲小学无权解除合同，只能要求乙服装厂承担违约责任

D. 甲小学无权自行解除合同，但可以请求法院解除合同

【答案】 B

【解析】 有下列情形之一的，当事人可以解除合同：（1）因不可抗力致使不能实现合同目的。（2）预期违约。（3）当事人一方迟延履行主要债务，经催告后在合理期限内仍未履行。（4）当事人一方迟延履行债务或者有其他违约行为致使不能实现合同目的。这种情形中的迟延履行因致使合同目的不能实现，债权人可不经催告直接解除合同。（5）法律规定的其他情形。本题属于当事人一方迟延履行债务或者有其他违约行为致使不能实现合同目的的（根本违约）情形，可以不经催告单方面解除合同。

第八单元　违约责任

1 承担违约责任的形式

一、考点解读

（一）继续履行

（1）当事人一方未支付价款、报酬、租金、利息，或者不履行其他金钱债务的，对方可以请求其支付。

（2）当事人一方不履行非金钱债务或者履行非金钱债务不符合约定的，对方可以要求履行，但有下列情形之一的除外：①法律上或者事实上不能履行；②债务的标的不适于强制履行或者履行费用过高；③债权人在合理期限内未请求履行。

提示 当事人一方不履行债务或者履行债务不符合约定，根据债务的性质不得强制履行的，守约方可以请求违约方负担由第三人替代履行的费用。

（二）采取补救措施

（三）赔偿损失

（1）损失赔偿额应当相当于因违约所造成的损失，包括合同履行后可以获得的利益，但不得超过违反合同一方订立合同时预见到或者应当预见到的因违反合同可能造成的损失。

（2）当事人一方违约后，对方应当采取适当措施防止损失的扩大；没有采取适当措施致使损失扩大的，不得就扩大的损失要求赔偿。当事人因防止损失扩大而支出的合理费用，由违约方承担。

（四）支付违约金

合同违约方支付违约金不足以弥补非违约方遭受的损失的，非违约方仍然可以向违约方请求赔偿损失。但原则上，非违约方获得的赔偿应与其实际受到的损失大致相当。

约定的违约金低于造成的损失的，人民法院或者仲裁机构可以根据当事人的请求予以增加；约定的违约金过分高于造成的损失的，人民法院或者仲裁机构可以根据当事人的请求予以适当减少。

约定的违约金超过造成损失的30%的，人民法院一般可以认定为过分高于造成的损失。恶意违约的当事人一方请求减少违约金的，人民法

院一般不予支持。

（五）定金责任

1. 定金的生效

（1）定金合同是实践性合同，从实际交付定金时成立。

（2）定金的数额由当事人约定，但不得超过**主合同标的额的 20%**。超过部分不产生定金的效力。

（3）实际交付的定金数额多于或者少于约定数额，视为**变更约定的定金数额**。收受定金一方提出异议并拒绝接受定金的，定金合同不成立。

2. 定金的效力

（1）债务人履行债务的，定金应当**抵作价款或者收回**。

（2）给付定金的一方不履行债务或者履行债务不符合约定，致使不能实现合同目的的，无权请求返还定金；收受定金的一方不履行债务或者履行债务不符合约定，致使不能实现合同目的的，应当双倍返还定金。因不可抗力致使合同不能履行，非违约方主张适用定金罚则的，人民法院不予支持。

（3）在同一合同中，当事人既约定违约金，又约定定金的，一方违约时，对方可以选择适用违约金或者定金条款，即**二者不能同时主张**。买卖合同约定的定金不足以弥补一方违约造成的损失，对方可以请求赔偿超过定金部分的损失，但定金和损失赔偿的数额总和不应高于因违约造成的损失。

二、例题点津

【例题·单选题】根据合同法律制度的规定，违约方承担违约责任的形式不包括（　　）。

A. 赔偿损失　　　　B. 继续履行

C. 支付违约金　　　D. 行使撤销权

【答案】D

【解析】违约方承担违约责任的形式包括继续履行、采取补救措施（修理、更换、重做、退货、减少价款等，也可解除合同、中止履行、提存等）、赔偿损失、支付违约金，但不包括行使撤销权（撤销权是合同的保全措施）。

2 免责事由

一、考点解读

（一）法定事由

1. 不可抗力

常见的情形主要包括自然灾害、政府行为或者社会异常事件等。

提示　当事人迟延履行后发生不可抗力的，不能免除责任。

2. 受害人过错

当事人一方违约造成对方损失，对方对损失的发生有过错的，可以减少相应的损失赔偿额。

（二）无效的免责条款

（1）提供格式条款的一方不合理地免除或者减轻其责任，加重对方责任，限制对方主要权利。

（2）约定造成对方人身损害免责或者故意或重大过失造成对方财产损失免责的条款。

（三）法律的特别规定

承运人对运输过程中货物的毁损、灭失承担赔偿责任。但是，承运人证明货物的毁损、灭失是因不可抗力、货物本身的自然性质或者合理损耗以及托运人、收货人的过错造成的，不承担赔偿责任。

二、例题点津

【例题·判断题】承运人对运输过程中货物的毁损、灭失承担赔偿责任。但是，承运人证明货物的毁损、灭失是因不可抗力、货物本身的自然性质或者合理损耗以及托运人、收货人的过错造成的，承运人只需承担部分赔偿责任。（　　）

【答案】×

【解析】《民法典》第八百三十二条规定："承运人对运输过程中货物的毁损、灭失承担赔偿责任。但是，承运人证明货物的毁损、灭失是因不可抗力、货物本身的自然性质或者合理损耗以及托运人、收货人的过错造成的，不承担赔偿责任。"

第五章

第九单元　主要合同

1 买卖合同

一、考点解读

（一）买卖合同的标的物

1. 标的物交付和所有权转移

（1）标的物为**动产**的，所有权自标的物**交付时起转移**；标的物为**不动产**的，所有权自**标的物登记时起转移**。

提示 ①标的物为无须以有形载体交付的电子信息产品，当事人对交付方式约定不明确，且依照法律规定仍不能确定的，买受人收到约定的电子信息产品或者权利凭证即为交付。②出卖具有知识产权的计算机软件等标的物的，除法律另有规定或者当事人另有约定的以外，该标的物的知识产权不属于买受人。

（2）因标的物的主物不符合约定而解除合同的，解除合同的效力及于从物。因标的物的从物不符合约定被解除的，解除的效力不及于主物。

（3）**标的物为数物**，其中一物不符合约定的，买受人可以就该物解除，但该物与他物分离使标的物的价值显受损害的，当事人可以就数物解除合同。

（4）出卖人**分批交付标的物的**，出卖人对其中一批标的物不交付或者交付不符合约定，致使该批标的物不能实现合同目的的，买受人可以就该批标的物解除。出卖人不交付其中一批标的物或者交付不符合约定，致使今后其他各批标的物的交付不能实现合同目的的，买受人可以就该批以及今后其他各批标的物解除。买受人如果就其中一批标的物解除，该批标的物与其他各批标的物相互依存的，可以就已经交付和未交付的各批标的物解除。

（5）买受人**拒绝接收多交部分标的物的**，可以代为保管多交部分标的物。买受人主张出卖

人负担代为保管期间的合理费用的，人民法院应予支持。

提示 买受人主张出卖人承担代为保管期间非因买受人故意或者重大过失造成的损失的，人民法院应予支持。

（6）合同约定或者当事人之间习惯以普通发票作为付款凭证，买受人以普通发票证明已经履行付款义务的，人民法院应予支持，但有相反证据足以推翻的除外。

（7）出卖人就同一普通动产订立**多重买卖合同**，在买卖合同均有效的情况下，买受人均要求实际履行合同的，应当按照以下情形分别处理：①先行受领交付的买受人请求确认所有权已经转移的，人民法院应予支持；②均未受领交付，先行支付价款的买受人请求出卖人履行交付标的物等合同义务的，人民法院应予支持；③均未受领交付，也未支付价款，依法成立在先合同的买受人请求出卖人履行交付标的物等合同义务的，人民法院应予支持。

（8）出卖人就同一船舶、航空器、机动车等特殊动产订立多重买卖合同，在买卖合同均有效的情况下，买受人均要求实际履行合同的，应当按照以下情形分别处理：①先行受领交付的买受人请求出卖人履行办理所有权转移登记手续等合同义务的，人民法院应予支持；②均未受领交付，先行办理所有权转移登记手续的买受人请求出卖人履行交付标的物等合同义务的，人民法院应予支持；③均未受领交付，也未办理所有权转移登记手续，依法成立在先合同的买受人请求出卖人履行交付标的物和办理所有权转移登记手续等合同义务的，人民法院应予支持；④出卖人将标的物交付给买受人之一，又为其他买受人办理所有权转移登记，已受领交付的买受人请求将标的物所有权登记在自己名下的，人民法院应予支持。

2. 标的物毁损、灭失风险的承担

（1）标的物毁损、灭失的风险，在标的物

交付之前由出卖人承担，交付之后由买受人承担，但是法律另有规定或者当事人另有约定的除外。

提示 因买受人的原因致使标的物不能按照约定的期限交付的，买受人应当自违反约定之日起承担标的物毁损、灭失的风险。

（2）在标的物由出卖人负责办理托运，承运人系独立于买卖合同当事人之外的运输业者的情况下，如买卖双方当事人没有约定交付地点或者约定不明确，出卖人将标的物交付给第一承运人后，标的物毁损、灭失的风险由买受人承担。

（3）出卖人根据合同约定将标的物**送至买受人指定地点并交付给承运人后**，标的物毁损、灭失的风险由买受人负担。

（4）出卖人按照约定或者依照法律规定将标的物置于交付地点，买受人违反约定没有收取的，标的物毁损、灭失的风险自违反约定之日起由买受人承担。

（5）出卖人出卖交由承运人运输的在途标的物，除当事人另有约定外，毁损、灭失的风险自合同成立时起由买受人承担。

提示 出卖人出卖交由承运人运输的在途标的物，在合同成立时知道或者应当知道标的物已经毁损、灭失却未告知买受人，买受人主张出卖人负担标的物毁损、灭失的风险的，人民法院应予支持。

（6）出卖人按照约定未交付有关标的物的单证和资料的，不影响标的物毁损、灭失风险的转移。标的物毁损、灭失的风险由买受人承担的，不影响因出卖人履行债务不符合约定，买受人要求其承担违约责任的权利。

（7）当事人对风险负担没有约定，标的物为种类物，出卖人未以装运单据、加盖标记、通知买受人等可识别的方式清楚地将标的物特定于买卖合同，买受人主张不负担标的物毁损、灭失的风险的，人民法院应予支持。

（8）因标的物质量不符合要求，致使不能实现合同目的的，买受人可以拒绝接受标的物或者解除合同。买受人拒绝接受标的物或者解除合同的，标的物毁损、灭失的风险由出卖人承担。

3. 标的物检验

（1）当事人**没有约定检验期限的**，买受人应当在发现或者应当发现标的物的数量或者质量不符合约定的合理期限内通知出卖人。

买受人在合理期限内未通知或者自收到标的物之日起**2年内**未通知出卖人的，视为标的物的数量或者质量符合约定。

提示 ①"2年"是最长的合理期限。该期限为不变期间，不适用诉讼时效期间中止、中断或者延长的规定。但是，对标的物有质量保证期的，适用质量保证期，不适用该2年的规定；②出卖人知道或者应当知道提供的标的物不符合约定的，买受人不受上述有关"检验期间""合理期间""2年期间"的通知时间的限制。

（2）当事人**约定的检验期限过短**，根据标的物的性质和交易习惯，买受人在检验期限内难以完成全面检验的，该期限仅视为买受人对标的物的外观瑕疵提出异议的期限。

（3）当事人对标的物的**检验期间未作约定**，买受人签收的送货单、确认单等载明标的物数量、型号、规格的，推定买受人已对数量和外观瑕疵进行了检验，但有相反证据足以推翻的除外。

（4）买受人在合理期限内提出异议，出卖人以买受人已经支付价款、确认欠款数额、使用标的物等为由，主张买受人放弃异议的，人民法院不予支持，但当事人另有约定的除外。

（5）出卖人依照买受人的指示向第三人交付标的物，出卖人和买受人之间约定的检验标准与买受人和第三人之间约定的检验标准不一致的，应当以出卖人和买受人之间约定的检验标准为标的物的检验标准。

（二）买卖双方当事人的权责

1. 出卖人的权责

（1）出卖人应当履行向买受人交付标的物或者交付提取标的物的单证，并转移标的物所有权的义务。

（2）出卖人应按照约定的期限、地点、质量、包装方式交付标的物。

（3）出卖人应保证标的物的价值或者使用效果。

（4）买受人在检验期间、质量保证期间、合理期间内提出质量异议，出卖人未按要求予以修理或者因情况紧急，买受人自行或者通过第三人修理标的物后，主张出卖人负担因此发生的合理费用的，人民法院应予支持。

（5）出卖人没有履行或者不当履行从给付义务，致使买受人不能实现合同目的，买受人主张解除合同的，应予支持。

（6）出卖人就交付的标的物，负有保证第三人不得向买受人主张任何权利的义务，但买受人订立合同时知道或者应当知道第三人对买卖的标的物享有权利的，出卖人不承担该义务。

（7）合同约定减轻或者免除出卖人对标的物的瑕疵担保责任，但出卖人故意或者因重大过失不告知买受人标的物的瑕疵，出卖人无权主张减轻或者免除责任。

（8）买受人在缔约时知道或者应当知道标的物质量存在瑕疵，主张出卖人承担瑕疵担保责任的，人民法院不予支持，但买受人在缔约时不知道该瑕疵会导致标的物的基本效用显著降低的除外。

2. 买受人的权责

（1）买受人应按照约定的数额、支付方式、地点、时间支付价款。

（2）分期付款的买受人未支付到期价款的金额达到全部价款的1/5，经催告后在合理期限内仍未支付到期价款的，出卖人可以请求买受人支付全部价款或者解除合同。

（3）标的物质量不符合约定，买受人请求减少价款的，人民法院应予支持。

（三）所有权保留

（1）所有权保留的规定**仅适用于动产交易**，不适用于不动产交易。

（2）出卖人对标的物保留的所有权，**未经登记，不得对抗善意第三人**。

（3）当事人约定出卖人保留合同标的物的所有权，在标的物所有权转移前，买受人有下列情形之一，造成出卖人损害的，除当事人另有约定外，出卖人有权取回标的物：①未按照约定支付价款，经催告后在合理期限内仍未支付；②未按照约定完成特定条件；③将标的物出卖、出质或者作出其他不当处分。

（4）出卖人依法取回标的物，但是与买受人协商不成，当事人请求参照《民事诉讼法》"实现担保物权案件"的有关规定，拍卖、变卖标的物的，人民法院应当准许。买受人以抗辩或者反诉的方式主张拍卖、变卖标的物，并在扣除买受人未支付的价款以及必要费用后返还剩余款项的，人民法院应当一并处理。

提示 买受人已经支付标的物总价款的75%以上，出卖人主张取回标的物的，人民法院不予支持。

（5）在将标的物出卖、出质或者作出其他不当处分的情形下，第三人依据《民法典》的规定已经善意取得标的物所有权或者其他物权，出卖人不得主张取回标的物。

（6）取回的标的物价值显著减少，出卖人可以请求买受人赔偿损失。

（7）出卖人依法取回标的物后，买受人在双方约定或者出卖人指定的合理回赎期限内，消除出卖人取回标的物的事由的，可以请求回赎标的物。

（8）买受人在回赎期限内没有回赎标的物，出卖人可以以合理价格将标的物出卖给第三人，出卖所得款扣除买受人未支付的价款以及必要费用后仍有剩余的，应当返还买受人；不足部分由买受人清偿。

（四）试用买卖

（1）试用买卖的买受人在试用期内可以购买标的物，也可以拒绝购买。试用期限届满，买受人对是否购买标的物未作表示的，视为购买。

（2）试用买卖的买受人在试用期内已经支付部分价款或者对标的物实施出卖、出租、设立担保物权等行为的，视为同意购买。

（3）买卖合同存在下列约定内容之一的，不属于试用买卖：①约定标的物经过试用或者检验符合一定要求时，买受人应当购买标的物；②约定第三人经试验对标的物认可时，买受人应当购买标的物；③约定买受人在一定期间内可以调换标的物；④约定买受人在一定期间内可以退还标的物。

（4）试用买卖的当事人没有约定使用费或者约定不明确，出卖人无权主张买受人支付使用费。

（5）标的物在试用期内毁损、灭失的风险由出卖人承担。

（五）商品房买卖合同

1. 商品房销售广告的性质

商品房的销售广告和宣传资料为**要约邀请**，但是出卖人就商品房开发规划范围内的房屋及相关设施所作的说明和允诺具体确定，并对商品房买卖合同的订立以及房屋价格的确定有重大影响的，应当视为**要约**。

2. 商品房预售合同的效力

（1）出卖人预售商品房，**必须申领商品房预售许可证明**。出卖人未取得商品房预售许可证明，与买受人订立的商品房预售合同，应当认定无效，但是在起诉前取得商品房预售许可证明的，可以认定有效。

（2）当事人以商品房预售合同未按照法律、行政法规规定办理登记备案手续为由，请求确认合同无效的，不予支持。当事人约定以办理登记备案手续为商品房预售合同生效条件的，从其约定，但当事人一方已经履行主要义务，对方接受的除外。

3. 解除权的行使

（1）因**房屋主体结构质量不合格**不能交付使用，或者房屋交付使用后，房屋主体结构质量经核验确属不合格，买受人请求解除合同和赔偿损失的，应予支持。

（2）因**房屋质量问题严重影响正常居住使用**，买受人请求解除合同和赔偿损失的，应予支持。

（3）**出卖人迟延交付房屋或者买受人迟延支付购房款**，经催告后在 **3 个月**的合理期限内仍未履行，当事人一方请求解除合同的，应予支持，但当事人另有约定的除外。法律没有规定或者当事人没有约定，经对方当事人催告后，解除权行使的合理期限为 **3 个月**。对方当事人没有催告的，解除权应当在解除权发生之日起一年内行使；逾期不行使的，解除权消灭。

4. 商品房买卖中贷款合同的效力

因当事人一方原因未能订立商品房担保贷款合同并导致商品房买卖合同不能继续履行的，对方当事人可以请求解除合同和赔偿损失。因不可归责于当事人双方的事由未能订立商品房担保贷款合同并导致商品房买卖合同不能继续履行的，当事人可以请求解除合同，出卖人应当将收受的购房款本金及其利息或者定金返还买受人。

5. 商品房消费者权利保护

（1）商品房消费者以居住为目的购买房屋并已支付全部价款，主张其房屋交付请求权优先于建设工程价款优先受偿权、抵押权以及其他债权的，人民法院应当予以支持。

〔提示〕只支付了部分价款的商品房消费者，在一审法庭辩论终结前已实际支付剩余价款的，可以适用该规定。

（2）在房屋不能交付且无实际交付可能的情况下，商品房消费者主张价款返还请求权优先于建设工程价款优先受偿权、抵押权以及其他债权的，人民法院应当予以支持。

二、例题点津

【例题1·单选题】甲、乙双方于 2024 年 1 月 7 日订立买卖 1 000 台彩电的合同，价款 200 万元，双方约定：甲支付全部价款后，彩电的所有权才转移给甲。乙于 2 月 4 日交付了 1 000 台彩电，甲于 3 月 5 日支付了 100 万元，5 月 6 日支付了剩余的 100 万元。下列关于彩电所有权转移的表述中，符合合同法律制度规定的是（　　）。

A. 2 月 4 日 1 000 台彩电所有权转移

B. 3 月 5 日 1 000 台彩电所有权转移

C. 3 月 5 日 500 台彩电所有权转移

D. 5 月 6 日 1 000 台彩电所有权转移

【答案】D

【解析】买卖合同中，一般自标的物交付时起所有权转移，但当事人在合同中约定，买受人未履行支付价款或者其他义务时，标的物的所有权属于出卖人的除外。本题中，双方约定了甲支付全部价款后，彩电所有权才能转移，故5月6日1 000台彩电所有权转移，选项D正确。

【例题2·判断题】 在买卖合同中，若当事人未约定，标的物在交付之前产生的孳息归出卖人所有，交付之后产生的孳息归买受人所有。（   ）

【答案】√

【解析】 题目表述正确。

2 赠与合同

一、考点解读

（一）当事人的权利义务

（1）经过公证的赠与合同或者依法不得撤销的具有救灾、扶贫、助残等公益、道德义务性质的赠与合同，赠与人不交付赠与财产的，受赠人可以请求交付。

（2）因赠与人故意或者重大过失致使应当交付的赠与的财产毁损、灭失的，赠与人应当承担损害赔偿责任。

（3）赠与的财产有瑕疵的，赠与人不承担责任。但附义务的赠与，赠与的财产有瑕疵的，赠与人在附义务的限度内承担与出卖人相同的责任。赠与人故意不告知瑕疵或者保证无瑕疵，造成受赠人损失的，应当承担损害赔偿责任。

（4）赠与可以附义务。

（5）赠与人的经济状况显著恶化，严重影响其生产经营或者家庭生活的，可以不再履行赠与义务。

（二）赠与的撤销

1. 赠与的任意撤销

对于赠与人任意撤销权的限制：

（1）赠与合同经公证机关公证后，不得撤销。

（2）赠与的财产权利已转移至受赠人，不得撤销赠与。

（3）依法不得撤销的具有救灾、扶贫、助残等公益、道德义务性质的赠与合同，不得撤销。

2. 赠与的法定撤销

可以撤销赠与的法定情形：

（1）受赠人严重侵害赠与人或者赠与人近亲属的合法权益。

（2）受赠人对赠与人有扶养义务而不履行。

（3）受赠人不履行赠与合同约定的义务（主要发生在附义务赠与场合）。

因受赠人的违法行为致使赠与人死亡或者丧失民事行为能力的，赠与人的继承人或者法定代理人可以撤销赠与。

赠与人的撤销权，自知道或者应当知道撤销事由之日起1年内行使。赠与人的继承人或者法定代理人的撤销权，自知道或者应当知道撤销事由之日起6个月内行使。

> **提示** 赠与的财产有瑕疵：①赠与的财产有瑕疵的，赠与人不承担责任；②但附义务的赠与，赠与的财产有瑕疵的，赠与人在附义务的限度内承担与出卖人相同的责任；③赠与人故意不告知瑕疵或者保证无瑕疵，造成受赠人损失的，应当承担损害赔偿责任。

二、例题点津

【例题·多选题】 根据合同法律制度的规定，下列情形中，赠与人不得主张撤销赠与的有（   ）。

A. 张某将1辆小轿车赠与李某，且已交付

B. 甲公司与某地震灾区小学签订赠与合同，将赠与50万元用于修复教学楼

C. 乙公司表示将赠与某大学3辆校车，双方签订了赠与合同，且对该赠与合同进行了公证

D. 陈某将1块名表赠与王某，且已交付，但王某不履行赠与合同约定的义务

【答案】 ABC

【解析】 本题考核赠与合同的撤销。选项A中赠与物已经交付，选项B、C属于具有救灾、扶贫、助残等社会公益、道德义务性质的赠与合同或者经过公证的赠与合同，因此选项A、B、C不能任意撤销赠与。受赠人不履行赠与合同约定的义务，赠与人可以撤销赠与，故选项D不选。

3 借款合同

一、考点解读

（一）当事人的权利义务

（1）借款人未按照约定的借款用途使用借款的，贷款人可以**停止发放借款，提前收回借款或者解除合同**。

（2）贷款人未按照约定的日期、数额提供借款，造成借款人损失的，应当赔偿损失。借款人未按照约定的日期、数额收取借款的，应当按照约定的日期、数额支付利息。

（3）借款人应当按照约定的期限返还借款。对借款期限没有约定或者约定不明确时，当事人可以协议补充；不能达成补充协议的，借款人可以随时返还，贷款人也可以催告借款人在合理期限内返还。

（二）借款利息的规定

（1）**借款的利息不得预先在本金中扣除**。利息预先在本金中扣除的，应当按照实际借款数额返还借款并计算利息。

提示　预先扣除利息实际上是变相的高利贷，增加了借款人不当的风险与负担。

（2）禁止高利放贷，借款的利率不得违反国家有关规定。

（3）出借人请求借款人按照合同约定利率支付利息的，人民法院应予支持，但是双方约定的利率超过合同成立时**一年期贷款市场报价利率四倍的**除外。

提示　"一年期贷款市场报价利率"，是指中国人民银行授权全国银行间同业拆借中心自2019年8月20日起每月发布的一年期贷款市场报价利率。

（4）借贷双方对逾期利率有约定的，从其约定，但是以不超过合同成立时一年期贷款市场报价利率四倍为限。借贷双方未约定逾期利率或者约定不明确的，人民法院可以区分不同情况处理：①既未约定借期内利率，也未约定逾期利率，出借人主张借款人自逾期还款之日起参照当时一年期贷款市场报价利率标准计算

的利息承担逾期还款违约责任的，人民法院应予支持；②约定了借期内利率但是未约定逾期利率，出借人主张借款人自逾期还款之日起按照借期内利率支付资金占用期间利息的，人民法院应予支持。

（5）出借人与借款人既约定了逾期利率，又约定了违约金或者其他费用，出借人可以选择主张逾期利息、违约金或者其他费用，也可以一并主张，但是总计超过合同成立时一年期贷款市场报价利率四倍的部分，人民法院不予支持。

二、例题点津

【例题·单选题】出借人请求借款人按照合同约定利率支付利息的，人民法院应予支持，但是双方约定的利率超过合同成立时一年期贷款市场报价利率（　　）倍的除外。

A. 1.5　　　　　　B. 2

C. 3　　　　　　D. 4

【答案】D

【解析】出借人请求借款人按照合同约定利率支付利息的，人民法院应予支持，但是双方约定的利率超过合同成立时一年期贷款市场报价利率四倍的除外。

4 保证合同

一、考点解读

（一）订立主体与订立形式

（1）订立主体：保证人与债权人。

（2）订立形式：书面形式（可以是单独订立的书面合同，也可以是主债权债务合同中的保证条款）。

（二）保证合同的成立

（1）一般规定：第三人单方以书面形式向债权人作出保证，债权人接收且未提出异议的，保证合同成立。

（2）保证合同关系的认定：①第三人向债权人提供差额补足、流动性支持等类似承诺文件作为增信措施，具有提供担保的意思表示，债权

人请求第三人承担保证责任的，人民法院应当依照保证的有关规定处理。②第三人向债权人提供的承诺文件，具有加入债务或者与债务人共同承担债务等意思表示的，人民法院应当认定为债务加入。

提示 上述中第三人提供的承诺文件难以确定是保证还是债务加入的，人民法院应当将其认定为保证。

（三）保证人资格的限制

（1）**机关法人**原则上不得为保证人。但是，经过国务院批准，为使用外国政府或者国际经济组织贷款进行转贷而发生的债权，机关法人可以充当保证人。

（2）**居民委员会、村民委员会**不得为保证人。但是，依法代行村集体经济组织职能的村民委员会，依照村民委员会组织法规定的讨论决定程序对外提供担保的除外。

（3）**以公益为目的的非营利法人**、非法人组织不得为保证人。

提示 以公益为目的的非营利性学校、幼儿园、医疗机构、养老机构等提供担保的，人民法院应当认定担保合同无效，但是有下列情形之一的除外：①在购入或者以融资租赁方式承租教育设施、医疗卫生设施、养老服务设施和其他公益设施时，出卖人、出租人为担保价款或者租金实现而在该公益设施上保留所有权；②以教育设施、医疗卫生设施、养老服务设施和其他公益设施以外的不动产、动产或者财产权利设立担保物权。

（四）保证方式

1. 一般保证

（1）一般保证的认定。

当事人在保证合同中约定了保证人在债务人不能履行债务或者无力偿还债务时才承担保证责任等类似内容，具有债务人应当先承担责任的意思表示的，应当将其认定为**一般保证**。

（2）先诉抗辩权。

①在主合同纠纷未经审判或者仲裁，并就债务人财产依法强制执行仍不能履行债务前，保证人对债权人可拒绝承担保证责任。

②有下列情形之一的，保证人不得行使先诉抗辩权：a. 债务人住所变更，致使债权人要求其履行债务发生重大困难的，如债务人下落不明、移居境外，且无财产可供执行；b. 人民法院受理债务人破产案件，中止执行程序的；c. 债权人有证据证明债务人的财产不足以履行全部债务或者丧失履行债务能力的；d. 保证人以书面形式放弃先诉抗辩权的。

③一般保证的保证人在主债权履行期间届满后，向债权人提供了债务人可供执行财产的真实情况的，债权人放弃或者怠于行使权利致使该财产不能被执行，保证人在其提供可供执行财产的实际价值范围内不再承担保证责任。

2. 连带责任保证

（1）连带责任保证的认定。

当事人在保证合同中约定了保证人在债务人不履行债务或者未偿还债务时即承担保证责任、无条件承担保证责任等类似内容，不具有债务人应当先承担责任的意思表示的，应当将其认定为连带责任保证。

提示 当事人对保证方式没有约定或者约定不明确的，按照一般保证承担保证责任。

（2）连带责任保证的效力。

债务人不履行到期债务或者发生当事人约定的情形时，债权人可以要求债务人履行债务，也可以要求保证人在其保证范围内承担保证责任。

（五）保证责任

1. 保证期间的长度与起算点

（1）保证人与债权人未约定保证期间的，保证期间为 **6 个月**。

（2）保证合同约定的保证期间早于或者等于主债务履行期限的，视为没有约定，保证期间为主债务履行期限届满之日起 **6 个月**。

（3）债权人与债务人对主债务履行期限没有约定或者约定不明的，保证期间自债权人请求债务人履行义务的宽限期届满之日起计算。

（4）保证人与债权人协议在最高债权额限度内就一定期间连续发生的债权作保证，未约定保证期间的，保证人可以随时书面通知债权人终止保证合同，但保证人对于通知到债权人前所发生的债权，承担保证责任。

2. 保证期间的效力规定

（1）债权人在保证期间内未依法行使权利的，保证责任消灭。

（2）保证人如果有数人，债权人应在保证期间内依法向每一个保证人主张保证责任，否则，对于保证期间内未被主张保证责任的部分保证人，其保证责任仍归于消灭。

（3）一般保证的债权人在保证期间内对债务人提起诉讼或者申请仲裁后，又撤回起诉或者仲裁申请，债权人在保证期间届满前未再行提起诉讼或者申请仲裁，保证人主张不再承担保证责任的，人民法院应予支持。

（4）连带责任保证的债权人在保证期间内对保证人提起诉讼或者申请仲裁后，又撤回起诉或者仲裁申请，起诉状副本或者仲裁申请书副本已经送达保证人的，人民法院应当认定债权人已经在保证期间内向保证人行使了权利。

（5）保证责任消灭后，债权人书面通知保证人要求承担保证责任，保证人在通知书上签字、盖章或者按指印，债权人请求保证人继续承担保证责任的，人民法院不予支持，但是债权人有证据证明成立了新的保证合同的除外。

3. 保证债务的诉讼时效

（1）期间：保证债务诉讼时效为普通诉讼时效，期间为 **3 年**。

（2）起算点。

①一般保证的债权人在保证期间届满前对债务人提起诉讼或者申请仲裁的，从保证人拒绝承担保证责任的权利（先诉抗辩权）消灭之日起，开始计算保证债务的诉讼时效。

②连带责任保证的债权人在保证期间届满前请求保证人承担保证责任的，从债权人请求保证人承担保证责任之日起，开始计算保证合同的诉讼时效。

③保证人对债务人行使追偿权的诉讼时效，自保证人向债权人承担责任之日起开始计算。

4. 主合同变更与保证责任承担

（1）主债权转让。

在保证期间内，债权人依法将主债权转让

给第三人并通知保证人的，保证债权同时转让，保证人在原保证担保的范围内对受让人承担保证责任；未通知保证人的，该转让对保证人不发生效力。

提示 保证人与债权人事先约定仅对特定的债权人承担保证责任或者禁止债权转让的，债权人未经保证人书面同意转让债权的，保证人对于受让人不再承担保证责任。

（2）主债务转移。

保证期间，债权人许可债务人转让债务的，应当取得保证人书面同意，保证人对未经其同意转让的债务部分，不再承担保证责任。

（3）第三人债务加入。

第三人加入债务的，保证人的保证责任不受影响。

（4）主合同内容变更。

①保证期间，债权人与债务人对主合同数量、价款、币种、利率等内容做了变动，未经保证人书面同意的，如果减轻债务人债务的，保证人仍应当对变更后的合同承担保证责任；如果加重债务人债务的，保证人对加重的部分不承担保证责任。

②债权人与债务人对主合同履行期限做了变动，未经保证人书面同意的，保证期间为原合同约定的或者法律规定的期间。

③债权人与债务人协议变更主合同内容，但并未实际履行的，保证人仍应当承担保证责任。

5. 保证担保与物的担保并存的保证责任

（1）同一债权既有保证又有物的担保的，属于共同担保。

（2）被担保的债权既有物的担保又有人的担保，债务人不履行到期债务或者发生当事人约定的实现担保物权的情形，债权人应当按照约定实现债权；没有约定或者约定不明确，债务人自己提供物的担保的，债权人应当先就该物的担保实现债权；第三人提供物的担保的，债权人可以就物的担保实现债权，也可以请求保证人承担保证责任。提供担保的第三人承担担保责任后，有权向债务人追偿。

6. 保证人的权利

（1）抗辩权：债务人对债权人享有抵销权或者撤销权的，保证人可以在相应范围内拒绝承担保证责任。

（2）追偿权：保证人承担保证责任后，有权向债务人追偿。

二、例题点津

【例题 1·单选题】 当事人对保证方式没有约定或约定不明时，按（　　）承担保证责任。

A. 一般保证

B. 连带保证

C. 违约金

D. 定金

【答案】A

【解析】保证的方式包括一般保证和连带责任保证。当事人在保证合同中对保证方式没有约定或者约定不明确的，按照一般保证承担保证责任。

【例题 2·单选题】 张三向李四借款 10 万元，由王五提供保证担保，未约定保证方式。半年后，张三经李四同意又追加借款 3 万元，并告知了王五，王五未作表态。关于本题的下列表述中，不正确的是（　　）。

A. 王五对李四享有先诉抗辩权

B. 即使张三放弃对李四的抗辩权，王五也享有对李四的抗辩权

C. 对追加的 3 万元借款，王五不承担保证责任

D. 因后续追加的 3 万元已经通知了王五，所以王五应当承担保证责任

【答案】D

【解析】选项 A，当事人在保证合同中对保证方式没有约定或者约定不明确的，按照一般保证承担保证责任；一般保证的保证人享有先诉抗辩权。选项 B，保证人可以主张债务人对债权人的抗辩；债务人放弃抗辩的，保证人仍有权抗辩。选项 C、D，债权人和债务人未经保证人书面同意，协商变更主债权债务合同内容，加重债务的，保证人对加重的部分不承担保证责任。因此，选项 D 当选。

5　租赁合同

一、考点解读

（一）租赁合同期限

租赁合同中租赁期限为 **6 个月以上**的，应当采用书面形式。当事人未采用书面形式无法确定租赁期限的，视为不定期租赁。

租赁期限**不得超过 20 年**。超过 20 年的，超过部分无效。

（二）租赁物的维修

（1）出租人应当履行租赁物的维修义务，但当事人另有约定的除外。承租人在租赁物需要维修时可以要求出租人在合理期限内维修。

（2）出租人未履行维修义务的，承租人可以自行维修，维修费用由出租人负担。因维修租赁物影响承租人使用的，应当相应减少租金或者延长租期。因承租人的过错致使租赁物需要维修的，出租人不承担规定的维修义务。

（3）租赁物危及承租人的安全或者健康的，即使承租人订立合同时明知该租赁物质量不合格，承租人仍然可以随时解除合同。

（三）租赁物的使用、收益以及所有权变动

（1）使用：承租人按约定的方法或者根据租赁物的性质使用租赁物，致使租赁物受到损耗的，不承担赔偿责任。

（2）收益：在租赁期间因占有、使用租赁物获得的收益，归承租人所有，但当事人另有约定的除外。

（3）所有权变动：租赁物在租赁期间发生所有权变动的，不影响租赁合同的效力。

提示　租赁期间租赁物所有权变动的，受让人取得原出租人的地位，租赁合同的出租人发生变化。

（四）租金的支付

（1）支付期限没有约定或者约定不明确的，可以协议补充，不能达成补充协议的，按照合同有关条款或者交易习惯确定。仍不能确定的，租赁期间**不满 1 年的**，应当在租赁期间届满时支付；租赁期间 **1 年以上的**，应当在**每届满 1 年时**支付，剩余

期间不满 1 年的，应当在租赁期间届满时支付。

（2）承租人无正当理由未支付或者迟延支付租金的，出租人可以要求承租人在合理期限内支付，承租人逾期不支付的，出租人可以解除合同。

（3）因不可归责于承租人的事由，致使租赁物部分或者全部毁损、灭失的，承租人可以要求减少租金或者不支付租金；因租赁物部分或者全部毁损、灭失，致使不能实现合同目的的，承租人可以解除合同。

（五）转租

（1）承租人经出租人同意，可以将租赁物转租给第三人，在这种情况下，承租人与出租人之间的租赁合同继续有效，第三人对租赁物造成损失的，承租人应当赔偿损失。承租人未经出租人同意转租的，出租人可以解除合同。出租人知道或者应当知道承租人转租，但是在 6 个月内未提出异议的，视为出租人同意转租。

（2）承租人拖欠租金的，次承租人可以代承租人支付其欠付的租金和违约金，但是转租合同对出租人不具有法律约束力的除外。次承租人代为支付的租金和违约金，可以充抵次承租人应当向承租人支付的租金；超出其应付的租金数额的，可以向承租人追偿。

（六）租赁物的返还

租赁期间届满，承租人应当返还租赁物。返还的租赁物应当符合按照约定或者租赁物的性质使用后的状态。承租人继续使用租赁物，出租人没有提出异议的，原租赁合同继续有效，但租赁期限为不定期。租赁期限届满，房屋租赁人享有以同等条件优先承租的权利。

（七）房屋租赁合同

1. 房屋租赁合同的效力

（1）房屋租赁合同效力的特别规定。

①出租人就未取得建设工程规划许可证或者未按照建设工程规划许可证的规定建设的房屋，与承租人订立的租赁合同无效。但在一审法庭辩论终结前取得建设工程规划许可证或者经主管部门批准建设的，人民法院应当认定有效。

②出租人就未经批准或者未按照批准内容建设的临时建筑，与承租人订立的租赁合同无效。但在一审法庭辩论终结前经主管部门批准建设的，人民法院应当认定有效。

③租赁期限超过临时建筑的使用期限，超过部分无效。但在一审法庭辩论终结前经主管部门批准延长使用期限的，人民法院应当认定延长使用期限内的租赁期间有效。

（2）"一房数租"的处理。

出租人就同一房屋订立数份租赁合同，在合同均有效的情况下，承租人均主张履行合同的，人民法院按照下列顺序确定履行合同的承租人：①已经合法占有租赁房屋的；②已经办理登记备案手续的；③合同成立在先的。

（3）房屋租赁合同无效的法律后果。

房屋租赁合同无效，当事人请求参照合同约定的租金标准支付房屋占有使用费的，人民法院一般应予支持。

2. 承租人的优先购买权

出租人出卖出租房屋的，应当在出卖之前的合理期限内**通知承租人**，承租人享有以**同等条件优先购买的权利**。

（1）出租人出卖租赁房屋未在合理期限内通知承租人或者存在其他侵害承租人优先购买权的情形，承租人可以请求出租人承担赔偿责任的。但是，出租人与第三人订立的房屋买卖合同的效力不受影响。

（2）出租人出卖租赁房屋的，应当在出卖之前的合理期限内通知承租人，承租人享有以同等条件优先购买的权利；但是，房屋按份共有人行使优先购买权或者出租人将房屋出卖给近亲属的除外。近亲属包括配偶、父母、子女、兄弟姐妹、祖父母、外祖父母、孙子女、外孙子女。出租人履行通知义务后，承租人在 **15 日内**未明确表示购买的，视为承租人放弃优先购买权。出租人委托拍卖人拍卖租赁房屋的，应当在拍卖 5 日前通知承租人。承租人未参加拍卖的，视为放弃优先购买权。

3. "买卖不破租赁"

租赁房屋在租赁期间发生所有权变动，承租人请求房屋受让人继续履行原租赁合同的，人民法院应予支持。但租赁房屋具有下列情形或者当事人另有约定的除外：①房屋在出租前已设立抵押权，因抵押权人实现抵押权发生所有权变动的；②房屋在出租前已被人民法院依法查封的。

二、例题点津

【例题1·单选题】李某与赵某口头约定，李某将其房屋出租给赵某，租期为1年左右，租金为每月1 000元，每月的第一天交付该月租金。根据合同法律制度的规定，下列关于该租赁合同效力的表述中，正确的是（　　）。

A. 该租赁合同无效

B. 该租赁合同为可撤销合同

C. 该租赁合同有效，租期为1年

D. 该租赁合同有效，但视为不定期租赁合同

【答案】D

【解析】根据规定，租赁期限6个月以上的，应当采用书面形式。当事人未采用书面形式无法确定租赁期限的，视为不定期租赁，故选项D正确。

【例题2·多选题】2020年，甲租用乙的房屋，双方签订了租赁合同，约定租赁期限为5年。2023年，该房屋年久失修，乙又无力维修，故决定出卖，乙通知甲，愿意以3万元的价格将房屋卖给甲，甲表示价格太高不买。此时丙愿意以3.2万元的价格购买此房，乙、丙遂签订房屋买卖合同，乙以3.2万元的价格将该房卖给了丙，则下列说法中正确的有（　　）。

A. 乙将房屋卖给丙，甲可以继续租用直至租赁合同期满

B. 乙将房屋卖给丙，应当通知甲，同等条件下甲有优先购买权

C. 若丙是乙的弟弟，则甲无优先购买权

D. 若乙通知甲后，甲在10日内未明确表示购买，则乙可以将房屋卖给丙

【答案】ABC

【解析】出租人履行通知义务后，承租人在15日内未明确表示购买的，视为承租人放弃优先购买权。选项D错误。

6 融资租赁合同

一、考点解读

（一）融资租赁合同概述

（1）三方关系：融资租赁合同是出租人**根据承租人对出卖人、租赁物的选择**，向出卖人购买租赁物，提供给承租人使用，承租人支付租金的合同。

（2）出租人资格：出租人必须是从事融资租赁业务的租赁公司或者其他经过批准兼营租赁业务的公司。

（3）租金性质：融资租赁合同的租金，除当事人另有约定的以外，应当根据购买租赁物的大部分或者全部成本以及出租人的合理利润确定。

（4）融资租赁合同应当采用书面形式。

（二）当事人的权利义务

1. 出租人的权利义务

（1）出租人根据承租人对出卖人、租赁物的选择订立的买卖合同，未经承租人同意，出租人不得变更与承租人有关的合同内容。

（2）出租人应当保证承租人对租赁物的占有和使用，租赁物不符合约定或者不符合使用目的的，出租人不承担责任，但承租人依赖出租人的技能确定租赁物或者出租人干预选择租赁物的除外。

（3）出租人享有租赁物的所有权；承租人破产的，租赁物**不属于破产财产**。出租人对租赁物享有的所有权，**未经登记，不得对抗善意第三人**。

（4）承租人未经出租人同意，将租赁物转让、抵押、质押、投资入股或者以其他方式处分的，出租人可以解除融资租赁合同。

（5）出租人、出卖人、承租人可以约定，出卖人不履行买卖合同义务的，由承租人行使索赔的权利。承租人行使索赔权利的，出租人应当协助。

提示 出租人有下列情形之一，致使承租人对出卖人行使索赔权利失败的，承租人有权请求出租人承担相应的责任：①明知租赁物有质量瑕疵而不告知承租人；②承租人行使索赔权利时，未及时提供必要协助。出租人怠于行使只能由其对出卖人行使的索赔权利，造成承租人损失的，承租人有权请求出租人承担赔偿责任。

2. 承租人的权利义务

（1）承租人享有与受领标的物有关的买受人的权利，承租人应当妥善保管、使用租赁物，履行占有租赁物期间的维修义务。

（2）承租人占有租赁物期间，租赁物造成第三人的人身伤害或者财产损害的，应由承租人赔偿损失，出租人不承担责任。

（3）承租人应按照约定支付租金，经催告后在合理期限内仍不支付租金的，出租人可以要求支付全部租金；也可以解除合同，收回租赁物。

（三）融资租赁合同期限届满时租赁物的归属

（1）当事人约定租赁期间届满租赁物归承租人所有，承租人已经支付大部分租金，但无力支付剩余租金，出租人因此解除合同收回租赁物的，收回的租赁物的价值超过承租人欠付的租金以及其他费用的，承租人可以请求相应返还。

（2）对租赁物的归属没有约定或者约定不明确，可以协议补充，不能达成补充协议的，按照合同有关条款或者交易习惯确定。仍不能确定的，租赁物的所有权归出租人。

（3）当事人约定租赁期限届满，承租人仅需向出租人支付象征性价款的，视为约定的租金义务履行完毕后租赁物的所有权归承租人。

二、例题点津

【例题·判断题】 在融资租赁合同中，承租人占有租赁物期间，租赁物造成第三人的人身伤害或财产损害的，出租人不承担责任。（　）

【答案】 √

【解析】 题目表述正确。

本章考点巩固练习题

一、单项选择题

1. 甲公司于10月10日向乙公司发出要约订购一批蓝色车漆，要求乙公司于10月15日前答复。10月12日，甲公司欲改向丙公司订购蓝色车漆，遂向乙公司发出撤销要约的信件，于10月14日到达乙公司。而10月13日，甲公司收到乙公司的回复，乙公司表示蓝色车漆缺货，问甲公司能否用灰色车漆代替。根据《民法典》的规定，甲公司的要约失效时间是（　　）。

A. 10月12日　　　B. 10月13日

C. 10月14日　　　D. 10月15日

2. 根据合同法律制度的规定，下列情形中，不属于要约失效原因的是（　　）。

A. 受要约人拒绝要约的通知到达要约人

B. 受要约人对要约的内容作出实质性变更

C. 承诺期限届满，受要约人未作出承诺

D. 在受要约人作出承诺后，要约人表示撤销要约

3. 根据合同法律制度的规定，下列关于承诺生效要件的说法中，不正确的是（　　）。

A. 承诺须在承诺期限内到达要约人

B. 承诺须以书面形式作出

C. 承诺的内容应当与要约的内容一致

D. 承诺须由受要约人向要约人作出

4. 甲、乙两公司订立了一份书面合同，甲公司签字盖章后邮寄给乙公司签字盖章。该合同的成立时间是（　　）。

A. 自甲、乙两公司口头协商一致并签订备忘录时成立

B. 自甲公司签字盖章时成立

C. 自甲公司将签字盖章的合同交付邮寄时成立

D. 自乙公司签字盖章时成立

5. 根据合同法律制度的规定，下列有关合同成立地点的表述中，不正确的是（　　）。

A. 当事人采用合同书形式订立合同的，双方当事人签名、盖章或者按指印的地点为合同成立的地点

B. 采用书面形式订立合同，合同约定的成立地点与实际签字或者盖章地点不符的，应当认定实际签字或者盖章的地点为合同成立地点

C. 合同需要完成特殊的约定或法定形式才能成立的，以完成合同的约定形式或法定形式的地点为合同的成立地点

D. 采用数据电文形式订立合同的，收件人没有主营业地的，其住所地为合同成立的地点

6. 甲准备将房屋租给乙使用，双方租赁合同约定，如果甲的儿子获准出国留学，则该租赁合同生效。这一合同属于（　　）。

A. 附生效条件的合同

B. 附失效条件的合同

C. 附生效期限的合同

D. 附终止期限的合同

7. 根据合同法律制度的规定，合同有关条款不明确，当事人不能达成补充协议且不能按照合同的有关条款或者交易习惯确定时，适用法定规则。下列关于该法定规则的表述中，正确的是（　　）。

A. 价款或者报酬约定不明确的，按照履行合同履行地的市场价格履行

B. 履行费用的负担不明确的，由接受履行一方承担

C. 履行方式不明确的，按照有利于实现合同目的的方式履行

D. 履行地点约定不明确，给付货币的，在支付货币一方所在地履行

8. 甲、乙在买卖合同中约定：甲先付款，乙再发货。后甲未付款却要求乙发货，乙予以拒绝。根据合同法律制度的规定，乙享有的抗辩权是（　　）。

A. 同时履行抗辩权

B. 后履行抗辩权

C. 不安抗辩权

D. 先履行抗辩权

9. 李某为资助 15 岁的王某上学，与王某订立赠与合同，赠与王某 10 万元，并就该赠与合同办理了公证。后李某无正当理由，在交付给王某 6 万元后就表示不再赠与了。根据合同法律制度的规定，下列表述中，正确的是（　　）。

A. 李某应当再给付王某 4 万元，因该赠与合同不可撤销

B. 李某可不再给付王某 4 万元，因王某属于限制行为能力人，该赠与合同效力未定

C. 李某可向王某要求返还 6 万元，因该赠与合同可撤销

D. 李某可不再给付王某 4 万元，因该赠与合同可撤销

10. 根据合同法律制度的规定，下列关于融资租赁合同中租赁物的表述，错误的是（　　）。

A. 出租人履行占有租赁物期间的维修义务

B. 在租赁期间出租人享有租赁物的所有权

C. 承租人破产的，租赁物不属于破产财产

D. 出租人和承租人可以约定租赁期间届满租赁物的归属

二、多项选择题

1. 要约邀请是希望他人向自己发出要约的意思表示。下列各项属于要约邀请的有（　　）。

A. 寄送的价目表　　B. 招标公告

C. 拍卖公告　　D. 招股说明书

2. 根据合同法律制度的规定，下列各项中，属于合同成立的情形有（　　）。

A. 甲向乙发出要约，乙作出承诺，该承诺除对履行地点提出异议外，其余内容均与要约一致

B. 甲、乙采用书面形式订立一合同，但在签订书面合同之前，甲已履行主要义务，乙接受了履行

C. 甲、乙约定以书面形式订立合同，但在双方签订之前，甲履行了主要义务，乙并未接受履行

D. 甲于 5 月 10 日向乙发出要约，要约规定承诺期限截至 5 月 20 日，乙于 5 月 18 日发出承

诺信函，该信函 5 月 21 日到达甲

3. 根据《民法典》的规定，下列各项中，属于效力待定合同的有（　　）。

A. 甲和乙恶意串通订立的损害第三人丙利益的合同

B. 某公司员工超越代理权限与善意第三人订立的买卖合同

C. 某离职员工以原单位名义与善意第三人订立的买卖合同

D. 限制民事行为能力人在自己的行为能力范围内与他人订立的合同

4. 甲、乙双方签订一份买卖合同，约定甲向乙购买大米 5 吨。乙按约定日期向甲交货，但甲因躲避他人债务不知去向。乙无奈，将大米提存。提存当晚，突降特大暴雨，库房坍塌，大米被水浸泡，全部毁损。1 个月后，甲躲债归来，请求乙交付大米。乙称其已履行了交付义务，并要求甲支付大米价款和提存费用。根据合同法律制度的规定，下列表述中，正确的有（　　）。

A. 乙的合同义务已经履行完毕

B. 大米毁损的损失应由甲承担

C. 乙有权要求甲支付大米的价款

D. 乙有权要求甲支付提存费用

5. 甲公司向乙公司购买机床，总价款 500 万元，约定分 10 次付清，每次付 50 万元，每月 1 日支付。甲公司按期支付 6 次共计 300 万元后，因生产经营状况不佳停止付款，现甲公司已有 3 个月未按期付款，经乙公司催告后在合理期限内仍未付款。下列关于该案的表述中，正确的有（　　）。

A. 乙公司有权要求甲公司一次性付清余下的 200 万元价款

B. 乙公司有权通知甲公司解除合同

C. 乙公司解除合同的，有权收取甲公司机床使用费

D. 乙公司解除合同的，不得向甲公司收取机床使用费

6. 甲为庆祝好友乙 80 岁生日，拟赠与其名画一幅。但双方约定，在名画交付之后，甲可以随时借用该画观赏，根据合同法律制度的规

定，下列正确的有（　　）。

A. 名画交付乙前，甲不得撤销赠与

B. 名画交付乙后，若甲请求借用时被乙拒绝，甲可以撤销赠与

C. 名画交付乙后，甲可以随意撤销赠与

D. 名画交付乙前，若甲的经济状况显著恶化，严重影响其生活，可不再履行赠与义务

7. 根据合同法律制度的规定，下列关于借款利息的表述中，正确的有（　　）。

A. 借款利息预先在本金中扣除的，应当按照实际借款数额返还借款并计算利息

B. 借款合同约定的利率超过合同成立时 1 年期贷款市场报价利率 4 倍的，人民法院不予支持

C. 自然人借款合同对支付利息没有约定的，应按照合同成立时 1 年期贷款市场报价利率支付利息

D. 借贷双方对逾期利率的约定以不超过合同成立时 1 年期贷款市场报价利率 4 倍为限

8. 陈某向李某借款 10 万元，并签订了借款合同。张某向李某单方面提交了签名的保证书，其中仅载明"若陈某不清偿到期借款本息，张某将代为履行"。借款到期后，陈某未清偿借款本息，经查，张某并不具有代偿能力，根据合同法律制度的规定，下列关于保证合同效力及张某承担保证责任的表述中，不正确的有（　　）。

A. 张某可以以自己不具有代偿能力为由主张保证合同无效

B. 张某可以以自己未与李某签订保证合同为由主张保证合同不成立

C. 张某须向李某承担一般保证责任

D. 张某须向李某承担连带保证责任

三、判断题

1. 婚前财产协议也是一种合同，优先适用《民法典》合同编的规定。（　　）

2. 当事人采用合同书形式订立合同，在签字、盖章或者按指印之前，当事人一方已经履行主要义务，对方接受时，该合同成立。（　　）

3. 债权人行使代位权必须通过人民法院以诉讼

方式进行。 （ ）

4. 债务人将合同的义务转移给第三人，不需要经债权人同意，但应当通知债权人。（ ）

5. 债权人转让债权，未通知债务人的，该转让对债务人仍然有效。 （ ）

6. 甲、乙签订一买卖合同。合同约定：甲将100吨大米卖给乙，合同签订后3天内交货，交货后10天内付货款；合同签订后乙应向甲交付5万元定金，合同在交付定金时生效。合同订立后，乙未交付定金，甲按期向乙交付了货物，乙收货后无异议。付款期限届满后，乙以定金未交付合同不生效为由拒绝付款。乙不付款的理由成立。 （ ）

7. 赵某与甲百货商场签订了手机试用合同，试用期限届满，赵某对是否购买该手机未作表示，应视为拒绝购买。 （ ）

8. 受赠人对赠与人有扶养义务而不履行的，赠与人可撤销赠与。 （ ）

9. 出租人将房屋卖给兄弟姐妹，承租人主张优先购买权不能得到法院支持。 （ ）

10. 甲公司根据乙公司的选择，向丙公司购买了一台大型设备，出租给乙公司使用，甲、乙公司为此签订了融资租赁合同，合同未就设备的维修事项作特别约定，该设备在使用过程中发生部件磨损，甲公司应承担维修义务。 （ ）

四、简答题

1. 2024年5月10日，甲公司与乙企业签订了一份买卖合同，合同约定：乙企业向甲公司购买20吨药材；合同签订后5日内，乙企业向甲公司支付定金10万元；交货时间为7月底，交货地点为乙企业的库房，验货后3日内付清货款。

2024年7月10日，甲公司委托丙运输公司将药材发给乙企业。运输途中，因遇山洪暴发致使药材被洪水浸泡。乙企业收到药材后，请当地质量检查部门进行了检验，确认该批药材已不适于制作药品。乙企业立即电告甲公司，提出如下要求：①退货；②双倍返还定金；③赔偿因停工所造成的5万元损失。

甲公司意识到事情对自己不利，遂提出该合同仅加盖了公章，未经其法定代表人签字确认，因而是无效合同。

要求： 根据以上事实，并结合相关法律规定，分别回答下列问题。

（1）货物在运输途中受损，损失应由谁承担？说明理由。

（2）乙企业的要求哪一项是不合理的？说明理由。

（3）甲公司主张合同无效是否合理？说明理由。

2. 张某要去A市某会计师事务所工作。此前，张某通过某租房网站租房，明确租房位置和有淋浴热水器两个条件。李某承租了王某一套两居室，租赁合同中明确规定不得转租。李某与张某联系，说明该房屋的位置及房屋里配有高端热水器。张某得知情况后，同意承租李某的房屋，并通过网上银行预付了租金。

张某入住后发现，房屋的位置不错，卫生间也较大，但热水器老旧不堪，不能正常使用，屋内也没有空调。另外，王某很快就得知李某擅自将房屋转租给了张某，欲解除与李某的租赁合同。

其间，张某多次要求李某修理热水器，修了几次都无法使用。再找李某，李某避而不见。张某只能用冷水洗澡并因此感冒，花了一笔医疗费。无奈之下，张某去商场购买了全新的电热水器，张某电话告知李某，热水器已买来装好，李某未置可否。另外，因暑热难当，张某经李某同意，买了一部空调安装在卧室。

要求： 根据合同法律制度的规定，回答下列问题。

（1）由于李某擅自转租，王某能否以此为由解除租赁合同？并简要说明理由。

（2）张某的医疗费应当由谁承担？并简要说明理由。

（3）张某是否可以更换热水器？张某更换热水器的费用应当由谁承担？并简要说明理由。

（4）张某购买空调的费用应当由谁承担？简要说明理由。

本章考点巩固练习题参考答案及解析

一、单项选择题

1.【答案】B

【解析】甲公司发出的要约因为载明了承诺期限，因此该要约不得撤销，所以 10 月 12 日发出的撤销要约的通知不发生效力。10 月 13 日乙公司的回复变更了标的，构成新要约，该新要约导致甲公司的要约失效。因此，选项 B 正确。

2.【答案】D

【解析】属于要约失效情形的有：（1）拒绝要约的通知到达要约人；（2）要约人依法撤销要约；（3）承诺期限届满，受要约人未作出承诺；（4）受要约人对要约的内容作出实质性变更（构成新要约）。

3.【答案】B

【解析】承诺应当以通知的方式作出，通知的方式可以是口头的，也可以是书面的。一般来说，如果法律或要约中没有规定必须以书面形式表示承诺，当事人就可以口头形式表示承诺。

4.【答案】D

【解析】当事人采用合同书形式订立合同的，自双方当事人均签名、盖章或者按指印时合同成立。

5.【答案】B

【解析】采用书面形式订立合同，合同约定的成立地点与实际签字或者盖章地点不符的，应当认定约定的地点为合同成立地点。

6.【答案】A

【解析】甲的儿子出国留学是租房合同的生效条件。附生效条件的合同，自条件成就时生效。

7.【答案】C

【解析】价款或者报酬约定不明确的，按照订立合同时履行地的市场价格履行，依法应当执行政府定价或政府指导价的，按照规定履行，选项 A 错误；履行费用的负担不明确的，由履行义务一方负担；因债权人原因增加的履行费用，由债权人负担，选项 B 错误；履行地点约定不明确，给付货币的，在接受货币一方所在地履行；交付不动产的，在不动产所在地履行；其他标的在履行义务一方所在地履行，选项 D 错误。

8.【答案】B

【解析】后履行抗辩权是指合同当事人互负债务，有先后履行顺序，先履行一方未履行的，后履行一方有权拒绝其履行要求，故本题乙享有的是后履行抗辩权，选项 B 正确。

9.【答案】A

【解析】根据规定，经过公证的赠与合同不得撤销。本题中，李某与王某签订的赠与合同经过了公证，无正当理由不得撤销。

10.【答案】A

【解析】选项 A，承租人享有与受领标的物有关的买受人的权利，承租人应当妥善保管、使用租赁物，履行占有租赁物期间的维修义务。

二、多项选择题

1.【答案】ABCD

【解析】《民法典》第四百七十三条第一款规定：拍卖公告、招标公告、招股说明书、债券募集办法、基金招募说明书、商业广告和宣传、寄送的价目表等为要约邀请。商业广告和宣传的内容符合要约条件的，构成要约。

2.【答案】BD

【解析】选项 A 对要约的实质性内容进行了变更，应该视为新要约，不能视为合同成立；当事人采用合同书形式订立合同的，自双方当事人均签名、盖章或者按指印时合同成立。在签名、盖章或者按指印之前，当事人一方已经履行主要义务并且对方接受的，该合同成立。选项 B 正确、选项 C 错误；根据规定，受要约人在承诺期限内发出承诺，按照通常情形能够及时到达要约人，但因其他原因承诺到达要约人时超过承诺期限的，除要约人及时通知受要约人因承诺超过期限不接受该承诺的以外，该承诺有效。由于选项 D 并没有提示要约人是否通知，因此，应该认定合同成立。

3.【答案】BC

【解析】选项 A，甲和乙恶意串通订立的损害第三人丙利益的合同属于无效合同。效力待定合同包括限制民事行为能力人超出自己的行为能力范围与他人订立的合同，行为人没有代理权、超越代理权或者代理权终止后以被代理人名义订立的合同，选项 B、C 正确，选项 D 错误。

4.【答案】ABCD

【解析】根据规定，债权人下落不明的，债务人可以将标的物提存；提存后视同债务人向债权人履行了义务，提存物的毁损、灭失风险由债权人承担，提存费用由债权人支付，标的物的孳息也归债权人所有，故四个选项均正确。

5.【答案】ABC

【解析】分期付款的买受人未支付到期价款的数额达到全部价款的 1/5，经催告后在合理期限内仍未支付到期价款的，出卖人可以请求买受人支付全部价款（加速到期）或者解除合同，选项 A、B 正确。出卖人解除合同的，可以向买受人请求支付该标的物的使用费，选项 C 正确。

6.【答案】BD

【解析】具有救灾、扶贫、助残等社会公益、道德义务性质的赠与合同或者经过公证的赠与合同，赠与人不能任意撤销。除此之外的赠与合同，赠与人在赠与财产的权利转移之前可以撤销赠与，故选项 A、C 错误；附义务的赠与合同，受赠人不履行赠与合同约定的义务，赠与人可以撤销赠与，故选项 B 正确；赠与人的经济状况显著恶化，严重影响其生

产经营或者家庭生活的，可以不再履行赠与义务，故选项 D 正确。

7.【答案】ABD

【解析】选项 C，自然人之间的借款合同对支付利息未约定或约定不明的，视为没有利息。

8.【答案】ABD

【解析】不具有完全代偿能力的法人、其他组织或者自然人，以保证人身份订立保证合同后，不得以自己没有代偿能力要求免除保证责任，故选项 A 错误；第三人单方以书面形式向债权人作出保证，债权人接收且未提出异议的，保证合同成立，故选项 B 错误；当事人对保证方式没有约定或者约定不明确的，按照一般保证承担保证责任，故选项 D 错误，选项 C 正确。

三、判断题

1.【答案】×

【解析】婚前财产协议属于有关身份关系的协议，适用《民法典》婚姻家庭编的规定，没有规定的，可以参照适用《民法典》合同编的规定。

2.【答案】√

【解析】当事人采用合同书形式订立合同的，自双方当事人均签名、盖章或者按指印时合同成立。在签名、盖章或者按指印之前，当事人一方已经履行主要义务并且对方接受的，该合同成立。

3.【答案】√

【解析】债权人必须以自己的名义通过诉讼形式行使代位权。

4.【答案】×

【解析】债权人将合同的权利转移给第三人，不需要经债务人同意，但应当通知债务人。债务人将合同的义务转移给第三人，必须经债权人同意。

5.【答案】×

【解析】债权人转让权利无须经债务人同意，但应当通知债务人。未经通知，该转让对债务人不发生效力。

6.【答案】×

【解析】当事人约定以交付定金作为主合同成立或者生效要件的，给付定金的一方未支付定金，但主合同已经履行或者已经履行主要部分的，不影响主合同的成立或者生效。题目中，主合同已经履行，因此主合同生效，乙不能以定金未交付合同不生效为由拒绝付款。

7.【答案】×

【解析】试用买卖的买受人在试用期内可以购买标的物，也可以拒绝购买。试用期限届满，买受人对是否购买标的物未作表示的，视为购买。

8.【答案】√

【解析】受赠人对赠与人有扶养义务而不履行的，赠与人可撤销赠与。

9.【答案】√

【解析】出租人出卖租赁房屋的，应当在出卖之前的合理期限内通知承租人，承租人享有以同等条件优先购买的权利；但是，房屋按份共有人行使优先购买权或者出租人将房屋出卖给近亲属的除外。近亲属包括配偶、父母、子女、兄弟姐妹、祖父母、外祖父母、孙子女、外孙子女。

10.【答案】×

【解析】根据规定，在融资租赁合同中，承租人占有租赁物期间，承租人应当承担租赁物的维修义务。

四、简答题

1.【答案】

（1）损失应由甲公司承担。根据规定，标的物毁损、灭失的风险，在标的物交付之前由出卖人承担，交付之后由买受人承担。本题中，双方约定的交货地点是乙企业的库房，药材被洪水浸泡时交付尚未完成。

（2）乙企业要求双倍返还定金和赔偿损失不合理。根据规定，因不可抗力、意外事件致使主合同不能履行的，不需要承担违约责任。本题中，药材因遇山洪暴发被浸泡，属于不可抗力，因此，乙企业不应该要求双倍返还定金和赔偿损失。

（3）甲公司主张合同无效不合理。根据规定，当事人采用合同书形式订立合同的，自双方当事人均签字或者盖章时合同成立。本题中，甲公司加盖公章即为盖章，合同成立，不必经法定代表人签字确认。

2.【答案】

（1）王某有权解除合同。根据规定，承租人未经出租人同意转租的，出租人可以解除合同。本题中，李某与王某的租赁合同中明确约定了不得转租，李某仍擅自将房屋转租给张某，故王某有权解除房屋租赁合同。

（2）由出租人李某承担。根据规定，合同一方当事人不履行合同义务，给对方当事人造成损失的，应当承担损害赔偿责任。本题中，李某有提供质量完好的热水器的义务，因其违反此约定，导致张某生病，故应由李某承担赔偿责任。

（3）张某可以更换热水器，更换费用由李某承担。根据规定，合同一方当事人提供的标的物的质量不符合合同约定标准的，对方当事人可以要求违约方承担损害赔偿责任，或者可以合理选择要求对方承担修理、更换、减少价款等违约责任。本题中，李某作为出租人，应当将符合合同约定的租赁物交付承租人，并履行租赁物的维修义务，而且有保持租赁物符合约定用途的义务。故更换热水器的费用由李某承担。

（4）由张某承担。因为承租人张某经出租人李某同意装饰装修，但未就费用负担作特别约定，故承租人不得请求出租人补偿费用。

第六章　金融法律制度

根据近 3 年分值分布及本章的内容，预计本年度的考核题型不仅有客观题，即单选题、多选题和判断题，主观题出题可能性也很大。考核的分值应在 15 分左右。

教材变化

本章 2024 年教材变化较大，主要变化内容包括：（1）新增了关于电子商业汇票的具体内容。（2）修订了首次公开发行股票的具体条件。（3）修订了上市公司发行股票的条件。（4）新增了注册程序。（5）修订了常规证券交易的内容。

考点提示

本章考点较多，较 2023 年相比，2024 年教材在票据法律制度和证券法律制度部分变化较大，票据法律制度主要是新增加了电子商业汇票的有关内容，该内容涉及电子商业汇票的签章、出票、背书承兑等；证券法律制度主要对全面实行股票发行注册制相关制度作出的修改。在学习时，应重点掌握上述相关内容。此外，还应掌握信息披露制度的相关规定，掌握票据法、汇票本票及支票的相关规定，掌握保险合同、信托财产、信托变更与终止的相关规定。

本章考点框架

金融法律制度
- 票据法律制度
  - 票据法基础理论
  - 汇票
  - 本票
  - 支票
  - 涉外票据
- 证券法律制度
  - 证券与证券法
  - 证券发行的分类和审核制度
  - 股票的发行
  - 公司债券的发行
  - 存托凭证的发行
  - 证券投资基金的募集
  - 注册程序
  - 证券交易
  - 上市公司的收购
  - 信息披露
  - 投资者保护
- 保险法律制度
  - 保险与保险法概述
  - 保险合同
  - 保险公司与保险中介人
- 信托法律制度
  - 信托法基础理论
  - 信托的设立
  - 信托财产
  - 信托当事人的权利与义务
  - 信托的变更与终止

考点解读及例题点津

第一单元　票据法律制度

1 票据法基础理论

一、考点解读

（一）《票据法》上的关系和票据基础关系

1.《票据法》上的关系

票据法上的票据关系，是指当事人之间基于票据行为而产生的票据权利义务关系。

票据法上的非票据关系，则是指由票据法直接规定的，不是基于票据行为而发生的票据当事人之间与票据有关的法律关系。

2. 票据基础关系

票据关系的发生是基于票据的授受行为，当事人之间授受票据的原因或前提关系即是票据的基础关系。

票据关系一经形成，就与基础关系相分离，即使票据当事人签发、取得和转让了没有真实交易关系和债权债务关系的票据，只要该票据符合法定的形式要件，票据关系就是有效的，该票据关系的债务人就必须依票据上的记载事项对票据债权人承担票据责任，而不得以该票据没有真实的交易和债权债务关系为由而进行抗辩。除非持票人是不履行约定义务的与自己有直接债权债务关系的人，票据债务人才可进行抗辩。

（二）票据行为

票据行为是指票据关系的当事人以发生票据债务为目的的、以在票据上签章为权利义务成立要件的法律行为。

1. 票据行为成立的有效要件

（1）行为人必须**具有从事票据行为的能力**。

（2）行为人的**意思表示必须真实或无缺陷**。以欺诈、偷盗或者胁迫等手段取得票据的，或者明知有前列情形，出于恶意取得票据的，不得享有票据权利。

（3）票据行为的**内容必须符合法律、法规**的规定。例如，当事人发出票据是基于买卖关系，如果该买卖关系违反法律、法规而无效，则不影响票据行为的有效性。

（4）票据行为必须符合法定形式。

①票据签章。个人在票据上的签章，应为该个人的签名或者盖章。支票的出票人和商业承兑汇票的承兑人在票据上的签章，应为其预留银行的签章。

提示 出票人在票据上的签章不符合规定的，票据无效；承兑人、保证人在票据上的签章不符合规定的，或者无民事行为能力人、限制民事行为能力人在票据上签章的，其签章无效，但不影响其他符合规定签章的效力；背书人在票据上的签章不符合规定的，其签章无效，但不影响其前手符合规定签章的效力。

②票据记载事项。票据记载事项分为绝对记载事项、相对记载事项、任意记载事项等。

票据上可以记载《票据法》及《支付结算办法》规定事项以外的其他出票事项，但是该记载事项不具有票据上的效力，银行不负审查责任。

提示 **票据金额、日期、收款人名称不得更改**，更改的票据**无效**。如果确属记载错误或需要重新记载，只能由出票人**重新签发**票据。

2. 票据行为的代理

（1）无权代理。无权代理是指行为人没有被代理人的授权而以代理人名义在票据上签章的行为。没有代理权而以代理人名义在票据上签章的，应当由签章人承担票据责任，即签章人应承担向持票人支付票据金额的义务。

（2）越权代理。越权代理是指代理人超越代理权限而使被代理人增加票据责任的代理行为。代理人超越代理权限的，应当就其超越权限的部分承担票据责任。

（三）票据权利

票据权利是指持票人向票据债务人请求支付票据金额的权利，包括付款请求权和追索权。

1. 票据权利取得

当事人取得票据的情形主要有：从出票人处取得；通过背书或交付等方式可以转让他人，以此取得票据即获得票据权利；以税收、继承、赠与、企业合并等方式取得票据。

（1）票据的取得，必须给付对价。**无对价或无相当对价取得票据的，不享有票据权利。**

（2）因**税收、继承、赠与可以依法无偿取得票据**的，**不受给付对价的限制**。

（3）因**欺诈、偷盗、胁迫、恶意或重大过失**而取得**不符合法律规定票据的，不得享有票据权利**。

2. 票据权利的行使与保全

经当事人申请并提供担保，可以依法采取保全措施和执行措施的情形主要有：

（1）不履行约定义务，与票据债务人有直接债权债务关系的票据当事人所持有的票据。

（2）持票人恶意取得的票据。

（3）应付对价而未付对价的持票人持有的票据。

（4）记载有"不得转让"字样而用于贴现的票据。

（5）记载有"不得转让"字样而用于质押的票据。

（6）法律或者司法解释规定有其他情形的票据。

3. 票据权利的补救

票据丧失后的补救方式主要有三种形式，即挂失止付、公示催告、普通诉讼。

（1）挂失止付。挂失止付并不是票据丧失后票据权利补救的必经程序，它仅仅是失票人在丧失票据后可以采取的一种暂时的预防措施。但是未记载付款人的汇票、本票、支票属于无效票据，故不能挂失止付；无法确定付款人的代理付款人（一般指银行）的银行汇票、银行承兑汇票、银行本票不能挂失止付。

付款人或者代理付款人自收到挂失止付通知书之日起12日内没有收到人民法院的止付通知书的，自第13日起，挂失止付通知书失效。

（2）公示催告。按照规定可以背书转让的票据持有人，因票据被盗、遗失或者灭失，可以向票据支付地的基层人民法院申请公示催告。

人民法院决定受理申请后，应当同时向付款人及代理付款人发出止付通知，并自立案之日起3日内发出公告。公告应当在全国性的报刊上登载。人民法院应在受理申请后3日内发出公告，公示催告的期间不得少于60日。

（3）普通诉讼，是指丧失票据的失票人向人民法院提起民事诉讼，要求法院判定付款人向其支付票据金额的活动。

4. 票据权利的消灭

票据权利的消灭是指因发生一定的法律事实而使票据权利不复存在。

（1）持票人对票据的出票人和承兑人的权利，自票据到期日起2年。见票即付的汇票、本票自出票日起2年。

（2）持票人对支票出票人的权利，自出票日起6个月。

（3）持票人对前手（不包括出票人）的追索权，自被拒绝承兑或者被拒绝付款之日起6个月。

（4）持票人对前手（不包括出票人）的再追索权，自清偿日或者被提起诉讼之日起3个月。

（四）票据抗辩

票据抗辩是指票据债务人依照《票据法》的规定，对票据债权人拒绝履行义务的行为。

1. 票据抗辩的类型

（1）对物抗辩。

对物抗辩是指基于票据本身存在的事由而发生的抗辩。这一抗辩可以对任何持票人提出。主要包括：

①票据行为不成立而为的抗辩。包括：票据应记载的内容有欠缺；票据债务人无行为能力；无权代理或超越代理权进行票据行为；票据上有禁止记载的事项（如付款附有条件，记载到期日不合法）；背书不连续；等等。

②依票据记载不能提出请求而为的抗辩。包括：票据未到期、付款地不符等。

③票据载明的权利已消灭或已失效而为的抗辩。包括：票据债权因付款、除权判决、时效届满而消灭等。

④票据权利的保全手续欠缺而为的抗辩。包括：应作成拒绝证书而未作等。

⑤票据上有伪造、变造情形而为的抗辩。

（2）对人抗辩。

对人抗辩是指票据债务人对抗特定债权人的抗辩。

①票据债务人可以对不履行约定义务的与自己有直接债权债务关系的持票人，进行抗辩。

②如果该票据已经被不履行约定义务的持票人转让给第三人，而第三人属于善意、已付对价取得票据的持票人，则票据债务人不能对其进行抗辩。

2. 票据抗辩的限制

（1）票据债务人不得以自己与出票人之间的抗辩事由对抗持票人。

（2）票据债务人不得以自己与持票人的前手之间的抗辩事由对抗持票人。

（3）凡是善意的、已付对价的正当持票人可以向票据上的一切债务人请求付款，不受前手权利瑕疵和前手相互间抗辩的影响。

持票人因税收、继承、赠与依法无偿取得票据的，由于其享有的权利不能优于其前手，故票据债务人可以持票人前手的抗辩事由对抗该持票人。

（五）票据的伪造和变造

1. 票据的伪造

票据的伪造是指假冒他人名义或虚构人的名义而进行的票据行为。

（1）被伪造人不承担票据义务，持票人即使是善意取得，对被伪造人也不能行使票据权利。

（2）由于伪造人没有在票据上以自己的名义签章，因此不承担票据责任。但是，如果伪造人的行为给他人造成损害的，应承担民事责任，构成犯罪的，还应承担刑事责任。

（3）票据上有伪造签章的，不影响票据上其他真实签章的效力，即在票据上真正签章的人，仍应对被伪造的票据的债权人承担票据责任。

2. 票据的变造

票据的变造是指无权更改票据内容的人，对票据上签章以外的记载事项加以变更的行为。但下列行为不属于票据的变造：

（1）有变更权限的人依法对票据进行的变更，这属于有效变更。

（2）在空白票据上经授权进行补记的。

（3）变更票据上的签章的，属于票据的伪造。

被变造的票据有效。需要注意的是：①当事人签章在变造之前，应按原记载的内容负责。②当事人签章在变造之后，则应按变造后的记载内容负责。③如果无法辨别是在票据被变造之前或之后签章的，视同在变造之前签章。

票据的变造是一种违法行为，故变造人的变造行为给他人造成经济损失的，应对此承担赔偿责任，构成犯罪的，应承担刑事责任。

二、例题点津

【例题1·单选题】根据票据法律制度的规定，在票据上更改特定记载事项的，将导致票据无效。下列各项中，属于该记载事项的是（　　）。

A. 付款人名称　　　B. 收款人名称

C. 付款地　　　　　D. 出票地

【答案】B

【解析】《票据法》规定：票据金额、日期、收款人名称不得更改，更改的票据无效。选项B正确。

【例题2·单选题】根据《票据法》的规定，下列关于票据伪造的表述中，正确的是（　　）。

A. 票据伪造是指无权更改票据的人变更票据金额的行为

B. 被伪造人应向善意且支付了对价的持票人承担票据责任

C. 票据上有伪造签章的，不影响票据上其他真实签章的效力

D. 伪造人因未在票据上以自己的名义签章，故不承担票据责任之外的民事责任

【答案】C

【解析】（1）选项A，票据的变造，是指"无权"更改票据内容的人，对票据上"签章"以外的记载事项加以变更的行为；（2）选项B，持票人即使是善意取得，对"被伪造人"也不能行使票据权利；（3）选项D，由于"伪造人"没有以自己的名义"在票据上"签章，因此不承担"票据责任"。但是，如果伪造人的行为给他人造成损失的，应承担"民事责任"；构成犯罪的，还应承担"刑事责任"。

【例题3·多选题】根据票据法律制度的规定，票据债务人基于票据本身存在的一定事由发生的抗辩，可以对抗任何持票人，该类事由有（　　）。

A. 票据债务人为无行为能力人

B. 票据债务人的签章被他人假冒

C. 票据背书不连续

D. 票据上未记载出票地

【答案】AC

【解析】本题考核对物抗辩。对物抗辩是指基于票据本身的内容而发生的事由所进行的抗辩，可以对任何持票人提出。主要包括：（1）票据行为不成立而为的抗辩。如票据应记载的内容有欠缺；票据债务人无行为能力；无权代理或超越代理权进行票据行为；票据上有禁止记载的事项（如付款附有条件，记载到期日不合法）；背书不连续；持票人的票据权利有瑕疵（如因欺诈、偷盗、胁迫、恶意、重大过失取得票据）等。选项A、C正确。（2）依票据记载不能提出请求而为的抗辩。（3）票据载明的权利已消灭或已失效而为的抗辩。（4）票据权利的保全手续欠缺而为的抗辩。（5）票据上有伪造、变造

情形而为的抗辩。

2 汇票

一、考点解读

（一）汇票的概述

1. 汇票的概念

汇票是出票人签发的、委托付款人在见票时或者在指定日期无条件支付确定的金额给收款人或者持票人的票据。汇票的特点：

（1）汇票有三个基本当事人，即出票人、付款人和收款人。

（2）汇票是由出票人委托他人支付的票据，是一种委托证券，而非自付证券。

（3）汇票是在见票时或指定到期日付款的票据。指定到期日是指指定日付款、出票后定期付款、见票后定期付款三种形式。

（4）汇票是付款人无条件支付票据金额给持票人的票据，此处的持票人包括发款人、被背书人或受让人。

2. 汇票的分类

（1）依出票人的不同，可分为**银行汇票**和**商业汇票**。由银行承兑的，称为**银行承兑汇票**；凡由银行以外的付款人承兑的，称为**商业承兑汇票**。银行承兑汇票的**提示付款期限自出票日起1个月**。**商业汇票的付款期限，最长不得超过6个月**；**商业汇票**的提示付款期限，**自汇票到期日起10日**。

（2）依汇票到期日的不同，汇票分为即期汇票和远期汇票。①即期汇票是指见票即行付款的汇票，包括注明：见票即付的汇票、到期日与出票日相同的汇票以及未记载到期日的汇票（以提示日为到期日）。②远期汇票是指约定一定的到期日付款的汇票，包括定期付款汇票、出票后定期付款汇票和见票后定期付款汇票。

（3）依记载收款人的方式不同为标准，汇票可分为记名汇票和无记名汇票。

（4）以银行对付款的要求不同，汇票可分为跟单汇票和原票。

（二）汇票的出票

1. 出票的概念

出票包括两个行为：一是出票人依照《票据法》的规定作成票据，即在原始票据上记载法定事项并签章；二是交付票据，即将作成的票据交付给他人占有。这两者缺一不可。

汇票的出票人在作出出票行为时，必须与付款人具有真实的委托付款关系，并且具有支付汇票金额的可靠资金来源，不得签发无对价的汇票用以骗取银行或者其他票据当事人的资金。与此同时，出票人在出票时，必须确保在汇票不承兑或不获付款时，具有足够的清偿能力。汇票的签发，必须给付对价，即出票人不得与其他当事人相互串通，利用签发没有对价的承兑汇票，通过转让、贴现来骗取银行或其他票据当事人的资金。

2. 出票的记载事项

（1）**绝对记载事项**。汇票上未记载下列事项之一的，汇票无效：

①表明"**汇票**"的字样。

②**无条件支付的委托**。

③**确定的金额**。银行汇票记载的金额有汇票金额和实际结算金额。汇票上记载有实际结算金额的，以实际结算金额为汇票金额。如果银行汇票记载汇票金额而未记载实际结算金额，并不影响该汇票的效力，而以汇票金额为实际结算金额。实际结算金额只能小于或等于汇票金额，如果实际结算金额大于汇票金额的，实际结算金额无效，以汇票金额为付款金额。

④**付款人名称**。

⑤**收款人名称**。我国《票据法》不允许签发无记名汇票。

⑥**出票日期**。

⑦**出票人签章**。

（2）**相对记载事项**。

①**付款日期**。付款日期是指支付汇票金额的日期，如果汇票上未记载付款日期的，并不必然导致票据的无效，根据《票据法》规定，该汇票为见票即付。

②**付款地**。付款地是指汇票金额的支付地点，如果汇票上未记载付款地的，付款地为付款

人的营业场所、住所或者经常居住地。

③**出票地**。出票地是指出票人签发票据的地点，如果汇票上未记载出票地的，出票人的营业场所、住所或者经常居住地为出票地。

（3）**非法定记载事项**。非法定记载事项是指法律规定以外的记载事项。《票据法》规定，汇票上可以记载《票据法》规定事项以外的其他出票事项，但是该记载事项不具有汇票上的效力。法律规定以外的事项主要是指与汇票的基础关系有关的事项，如签发票据的原因或用途、该票据项下交易的合同号码等。

提示 电子商业汇票的出票除记载纸质商业汇票的七大绝对记载事项外，还必须记载出票人名称、票据到期日两项内容。票据到期日，即付款日期，是电子商业汇票的绝对记载事项。

3. 出票的效力

（1）对出票人的效力。出票人签发汇票后，即承担保证该汇票承兑和付款的责任。出票人在汇票得不到承兑或者付款时，出票人必须就此承担票据责任。

（2）对付款人的效力。出票行为是单方行为，付款人并不因此而有付款义务，只在其对汇票进行承兑后，即成为汇票上的主债务人。

（3）对收款人的效力。收款人取得出票人发出的汇票后，即取得票据权利。

（三）汇票的背书

票据背书是指持票人以转让票据权利为目的，按法定的事项和方式记载于票据上的一种票据行为。汇票转让只能采用背书的方式。

出票人在汇票上记载"**不得转让**"字样的，**汇票不得转让**。对于出票时记载"不得转让"字样的票据，**其后手以此票据进行贴现、质押的，通过贴现、质押取得票据的持票人主张票据权利的**，人民法院**不予支持**。如果**收款人**或**持票人将出票人作禁止背书的汇票转让的**，该转让不发生《票据法》上的效力，**出票人和承兑人对受让人不承担票据责任**。

1. 背书的形式

背书是一种要式行为。

背书应当在票据背面或粘单上完成，票据凭证不能满足背书人记载的需要时，可以加附粘单，粘贴于票据上，粘单上的第一记载人应当在汇票与粘单的粘接处签章。背书应记载的事项包括：

（1）背书人签章和背书日期的记载。背书由背书人签章并记载背书日期。背书未记载日期的，视为在汇票到期日前背书。

（2）被背书人名称的记载。汇票以背书转让或者以背书将一定的票据权利授予他人行使时，必须记载被背书人名称。如果背书人不作成记名背书，即不记载被背书人名称，而将票据交付他人的，持票人在票据被背书人栏内记载自己的名称与背书人记载具有同等法律效力。

提示 电子商业汇票的转让背书必须记载背书人名称、被背书人名称、背书日期、背书人签章四项内容。电子商业汇票的背书人在电子商业汇票上记载"不得转让"事项的，电子商业汇票不得继续背书。

背书**不得记载的内容**有两项：**一是附有条件的背书**；**二是部分背书**。附有条件的背书是指背书人在背书时，记载一定的条件，以限制或者影响背书效力。背书时附有条件的，所附条件不具有汇票上的效力。部分背书是指背书人在背书时，将汇票金额的一部分或者将汇票金额分别转让给两人以上的背书。将汇票金额的一部分或者将汇票金额分别转让给两人以上的背书无效。

提示 由于电子商业汇票的出票人可以签发以标准金额票据（0.01元）组成的票据包（票据包金额与子票区间相对应，票据包金额＝子票区间×标准金额），持票人若持有的票据是票据包的，可将持有的票据包按实际金额分包使用，即可以部分背书，进行分包背书转让。

2. 背书连续

背书连续是指在票据转让中，转让汇票的背书人与受让汇票的被背书人在汇票上的签章依次前后衔接。

（1）以背书转让的汇票，背书应当连续。如果背书不连续的，付款人可以拒绝向持票人付款。

（2）背书连续主要是指背书在形式上连续，

如果背书在实质上不连续，如有伪造签章等，付款人仍应对持票人付款。

（3）对于非经背书转让，而以其他方式取得票据的，如继承、不涉及背书连续的问题。

3. 委托收款背书和质押背书

委托收款背书和质押背书属非转让背书。

（1）委托收款背书。委托收款背书是指持票人以行使票据上的权利为目的，而授予被背书人以代理权的背书。委托收款人背书不以转让票据权利为目的，而是以授予他人一定的代理权为目的。

背书记载"委托收款"字样的，被背书人有权代背书人行使被委托的汇票权利。但是，被背书人不得再以背书转让汇票权利。也就是说，被背书人因委托收款背书而取得代理权后，可以代为行使付款请求权和追索权，但不能行使转让票据等处分权利，否则，原背书人对后手的被背书人不承担票据责任。

（2）质押背书。质押背书是指持票人以票据权利设定质权为目的而在票据上作成的背书。背书人是原持票人，也是出质人，被背书人则是质权人。

质押背书成立后，即背书人作成背书并交付，背书人仍然是票据权利人，被背书人并不因此而取得票据权利。

质押时应当以背书记载"质押"字样。如果在票据上记载的质押文句表明了质押意思的，如"为担保""为设质"等，也应视为其有效。如果记载"质押"文句的，其后手再背书转让或者质押的，原背书人对后手的被背书人不承担票据责任，但不影响出票人、承兑人以及原背书人之前手的票据责任。

以汇票设定质押时，出质人在汇票上只记载了"质押"字样而未在票据上签章的，或者出质人未在汇票、粘单上记载"质押"字样而另行签订质押合同、质押条款的，不构成票据质押。

4. 法定禁止背书

（1）在付款人拒绝承兑的情况下，收款人或持票人只能向其前手行使追索权，取得票据金额；如果其将这种票据转让，受让人取得该汇票时，也只能通过向该背书人行使追索权，取得票据金额。

（2）被拒绝付款的汇票，付款人即使对汇票已作承兑，负有于汇票到期日无条件付款的责任，但是，付款人在汇票到期日拒绝付款的，收款人或者持票人的付款请求权也不能得到实现。因此，《票据法》禁止将该种票据再行背书转让，如果背书转让的，背书人应承担汇票责任，受让人有权向该背书人行使追索权。

（3）超过付款提示期限的汇票，是指持票人未在法定付款提示期间内向付款人提示付款的汇票。法定付款提示期间是法律规定的由收款人或者持票人行使付款请求权的期限。收款人或者持票人应当在汇票到期日起至法定提示期间届满前行使付款请求权，如果收款人或持票人未在此期间内行使付款请求权，即丧失对其前手的追索权。因此，《票据法》规定不允许将该种汇票再行转让，否则，受让人的利益就可能受到损害。背书人以背书将该种票据进行转让，应该承担汇票责任。

（四）汇票的承兑

1. 承兑的概念

承兑是指汇票付款人承诺在汇票到期日支付汇票金额的票据行为。承兑是汇票特有的制度。

2. 承兑的程序

（1）提示承兑。

提示承兑是指持票人向付款人出示汇票，并要求付款人承诺付款的行为。因汇票付款日期的形式不同，提示承兑的期限也不一样。

①定日付款或者出票后定期付款的汇票，持票人应当在汇票到期日前向付款人提示承兑。否则，即丧失对其前手的追索权。

②见票后定期付款的汇票，持票人应当自出票日起1个月内向付款人提示承兑。否则，即丧失对其前手的追索权。

③见票即付的汇票无须提示承兑。我国的银行汇票未记载付款日期，故其属见票即付的汇票，该汇票无须提示承兑。

（2）承兑成立。

①承兑时间。付款人对向其提示承兑的汇票，应当自收到提示承兑的汇票之日起3日内承兑或者拒绝承兑。如果付款人在3日内不作承兑

与否表示的，则应视为拒绝承兑，持票人可以请求其作出拒绝承兑证明，向其前手行使追索权。

②接受承兑。付款人收到持票人提示承兑的汇票时，应当向持票人签发收到汇票的回单。回单上应当记明汇票提示承兑日期并签章。

③付款人承兑汇票的，应当在汇票正面记载"承兑"字样和承兑日期并签章；见票后定期付款的汇票，应当在承兑时记载付款日期。

承兑文句和承兑人签章是绝对记载事项，缺一不可，否则承兑行为无效。而承兑日期则属于相对记载事项。承兑记载事项必须记载于汇票的正面，而不能记载于汇票的背面或粘单上。承兑附有条件的，视为拒绝承兑。

提示 电子商业汇票交付书款人前，应由付款人承兑；承兑人应在票据到期日前承兑电子商业汇票。

3. 承兑的效力

（1）承兑人于汇票到期日必须向持票人无条件地支付汇票上的金额，否则其必须承担迟延付款责任。

（2）承兑人必须对汇票上的一切权利人承担责任，该等权利人包括付款请求权人和追索权人。

（3）承兑人不得以其与出票人之间的资金关系来对抗持票人，拒绝支付汇票金额。

（4）承兑人的票据责任不因持票人未在法定期限提示付款而解除。

（五）汇票的保证

保证即是为票据债务人以外的第三人，以担保特定债务人履行票据债务为目的，而在票据上所为的一种附属票据行为。

保证的当事人为保证人与被保证人。保证人是指票据债务人以外的、为票据债务的履行提供担保而参与票据关系中的第三人。已成为票据债务人的，不得再充当票据上的保证人。被保证人是指票据关系中已有的债务人，包括出票人、背书人、承兑人等。票据债务人一旦由他人为其提供保证，其在保证关系中就被称为被保证人。

1. 保证的格式

根据《票据法》规定，纸质商业汇票**保证人必须在汇票或粘单上记载下列**事项：表明

"保证"的字样；**保证人名称和住所**；**被保证人的名称**；**保证日期**；**保证人签章**。

（1）**票据"保证"字样必须记载于汇票或粘单之上**。如果**另行签订保证合同**或者**保证条款**的，**不属于票据保证**。

（2）票据保证记载的事项包括绝对记载事项和相对记载事项。保证文句和保证人签章为绝对记载事项；被保证人的名称、保证日期和保证人住所为相对记载事项，未记载被保证人名称的，已承兑的汇票，承兑人为被保证人；未承兑的汇票，出票人为被保证人。如果不记载保证日期，出票日期为保证日期。

（3）保证事项的记载方法。如果是为出票人、承兑人保证的，则应记载于汇票的正面；如果是为背书人保证的，则应记载于汇票的背面或者粘单上。

（4）保证不得记载的内容。**保证不得附有条件**；附有条件的，**不影响对汇票的保证责任**。**保证附有条件的，所附条件无效**，保证本身仍然具有效力，保证人应向持票人承担保证责任。

提示 电子商业汇票获得承兑前，保证人作出保证行为的，被保证人为出票人；电子商业汇票获得承兑后、出票人将电子商业汇票交付收款人前，保证人作出保证行为的，被保证人为承兑人；出票人将电子商业汇票交付收款人后，保证人作出保证行为的，被保证人为背书人。

2. 保证的效力

（1）保证人的责任。**保证行为成立之后，保证人就成为票据上的债务人**，必须向被保证人的一切后手承担票据责任。保证人应当与被保证人对持票人承担连带责任。汇票到期后得不到付款的，持票人有权向保证人请求付款，保证人应当足额付款。

（2）共同保证人的责任。保证人**为两人以上的**，保证人之间**承担连带责任**，即持票人可以不分先后向保证人中的一人或者数人或者全体就全部票据金额及有关费用行使票据权利，共同保证人不得拒绝。

（3）保证人的追索权。保证人在向持票人清偿债务后，依照法律规定取得持票人对被保证

人及被保证人之前手的偿还请求权。

（六）汇票的付款

付款是指付款人依据票据文义支付票据金额，以消灭票据关系的行为。

付款的程序包括：

1. 提示付款

提示付款是指持票人向付款人或承兑人出示票据、请求付款的行为。持票人提示付款的法定期限如下：

（1）见票即付的汇票，自出票日起 1 个月内向付款人提示付款。

（2）定日付款、出票后定期付款或者见票后定期付款的汇票，自到期日起 10 日内向承兑人提示付款。持票人未在上述法定期限内提示付款的，在作出说明后承兑人或付款人仍应对持票人承担付款责任。

2. 支付票款

持票人向付款人进行付款提示后，付款人无条件地在当日按票据金额足额支付给持票人。

付款人或者代理付款人在付款时应当履行审查义务。应当审查持票人提示的汇票背书是否连续，并审查提示付款人的合法身份证明或者有效证件。如果付款人或其代理付款人以恶意或者有重大过失付款的，应当自行承担责任。在持票人不是票据权利人时，对于真正的票据权利人并不能免除其票据责任，而对由此造成损失的，付款人只能向非正当持票人请求赔偿。

电子商业汇票的持票人应在提示付款期内通过电子商业汇票系统向承兑人提示付款。提示付款期自票据到期日起 10 日，最后一日遇法定休假日、大额支付系统非营业日、电子商业汇票系统非营业日顺延。持票人在票据到期日前提示付款的，承兑人可付款或拒绝付款，或于到期日付款；承兑人拒绝付款或未予应答的，持票人可待票据到期后再次提示付款。持票人在提示付款期内提示付款的，承兑人应在收到提示付款请求的当日至迟次日付款或拒绝付款。持票人超过提示付款期提示付款的，接入机构不得拒绝受理；持票人在作出合理说明后，承兑人仍应当承担付款责任，并在收到提示付款请求的当日至迟次日付款或拒绝付款。

（七）汇票的追索权

追索权是指持票人在票据到期后不获付款或到期前不获承兑或有其他法定原因，并在实施行使或保全票据上权利的行为后，可以向其前手请求偿还票据金额、利息及其他法定款项的一种票据权利。

1. 追索权发生的原因

（1）追索权的实质条件。

①汇票到期被拒绝付款。

②汇票在到期日前被拒绝承兑。

③在汇票到期日前，承兑人或付款人死亡、逃匿的。

④在汇票到期日前，承兑人或付款人被依法宣告破产或因违法被责令终止业务活动。

与传统纸质汇票将追索权区分为到期追索与期前追索不同，电子商业汇票将追索权区分为拒付追索与非拒付追索。

电子商业汇票的持票人具备追索权的实质要件，必须通过电子商业汇票系统行使追索权。

（2）追索权发生的形式条件。持票人行使追索权必须履行一定的保全手续而不致使追索权丧失。

①在法定提示期限提示承兑或提示付款。

②在不获承兑或不获付款时，在法定期限内作成拒绝证明。

电子商业汇票行使追索权须提供拒付证明，拒付追索的拒付证明为电子汇票系统的票据信息和拒付理由；非拒付追索的拒付证明为电子汇票系统的票据信息和相关法律文件。

2. 追索权的行使

行使追索权一般包括：由持票人发出追索通知、确定追索对象、请求偿还金额和受领清偿金额等。

（1）发出追索通知。

①追索通知的当事人。追索通知的当事人分为通知人和被通知人。通知人是指持票人以及收到通知后再为通知的背书人及其保证人。被通知人是指向持票人承担担保承兑和付款的票据上的次债务人，他们都是被追索的当事人，因此被通知人可泛指持票人的一切前手，包括出票人、背书人、保证人等。

②通知的期限。持票人应当自收到被拒绝承兑或者被拒绝付款的有关证明之日起3日内，将被拒绝事由书面通知其前手；其前手应当自收到通知之日起3日内书面通知其再前手。持票人也可以同时向各汇票债务人发出书面通知。

③通知的方式和通知应记载的内容。通知应当以书面形式发出。书面形式包括书信、电报、电传等。

④未在规定期限内发出追索通知的后果。如果持票人未按规定期限发出追索通知或其前手收到通知未按规定期限再通知其前手，持票人仍可以行使追索权，因延期通知给其前手或者出票人造成损失的，由没有按照规定期限通知的汇票当事人承担对该损失的赔偿责任，但是所赔偿的金额以汇票金额为限。

（2）确定追索对象与责任承担。

①确定追索对象。被追索人包括出票人、背书人、承兑人和保证人。

②被追索人的责任承担。出票人、背书人、承兑人和保证人均为被追索人。被追索人对持票人承担连带责任。持票人对汇票债务人中的一人或者数人已经进行追索的，对其他汇票债务人仍可以行使追索权。被追索人清偿债务后，与持票人享有同一权利。

（3）请求偿还金额和受领清偿金额。

①请求偿还金额。持票人行使追索权，可以请求被追索人支付的金额和费用包括：被拒绝付款的汇票金额；汇票金额自到期日或者提示付款日起至清偿日止，按照中国人民银行规定的同档次流动资金贷款利率计算的利息；取得有关拒绝证明和发出通知书的费用。

②受领清偿金额。这是指持票人或行使再追索权的被追索人接受被追索人的清偿金额。

③被追索人清偿债务后的效力。被追索人清偿债务后，其票据责任解除。

二、例题点津

【例题1·单选题】 甲公司在向乙银行申请贷款时以一张银行承兑汇票作质押担保。下列关于甲公司汇票质押生效要件的表述中，符合票据法律制度规定的是（　　）。

A. 甲公司只需和乙银行签订该汇票的质押合同即可生效

B. 甲公司只需将该汇票交付乙银行占有即可生效

C. 甲公司只需向乙银行作该汇票的转让背书即可生效

D. 甲公司只需在该汇票上记载"质押"字样、乙银行名称并签章即可生效

【答案】 D

【解析】 本题考核质押背书。《票据法》规定，质押时应当以背书记载"质押"字样，或者"为担保""为设质"字样。

【例题2·单选题】 甲公司向乙公司签发商业汇票，丙公司为甲公司保证人，丙公司在汇票上注明"甲公司账户有足额资金时承担保证责任"，根据《票据法》规定，下列表述正确的是（　　）。

A. 甲公司账户有足额资金时丙公司承担保证责任

B. 甲公司账户没有足额资金时丙公司不承担保证责任

C. 丙公司应依法承担保证责任

D. 丙公司附条件保证无效，因此不承担保证责任

【答案】 C

【解析】 本题考核附条件保证。根据《票据法》规定，保证不得附条件，附条件的不影响对汇票的保证责任。因此，虽然丙公司为附条件保证，但不影响对甲公司的保证。

【例题3·单选题】 甲公司于2024年2月10日签发一张汇票给乙公司，付款日期为同年3月20日。乙公司将该汇票提示承兑后背书转让给丙公司，丙公司又将该汇票背书转让给丁公司。丁公司于同年3月23日向承兑人请求付款时遭到拒绝。根据《票据法》的规定，丁公司向甲公司行使追索权的期限是（　　）。

A. 自2024年2月10日至2026年2月10日

B. 自2024年3月20日至2026年3月20日

C. 自2024年3月23日至2024年9月23日

D. 自2024年3月23日至2024年6月23日

【答案】 B

【解析】远期汇票持票人对"出票人、承兑人"的追索权，消灭时效期间为2年，自票据到期日起算；见票即付的汇票，自出票日起算。

【例题4·多选题】根据票据法律制度的规定，下列各项中，属于汇票到期日记载方式的有（　　）。

A. 定日付款　　　　　B. 见票即付

C. 出票后定期付款　　D. 见票后定期付款

【答案】ABCD

【解析】汇票到期日记载方式有定日付款、见票即付、出票后定期付款、见票后定期付款四种类型，因此，选项A、B、C、D均正确。

【例题5·简答题】甲公司购买乙公司价值30万元的办公用品，向乙公司出具了一张A银行为付款人、票面金额为30万元的定日付款汇票。乙公司收到汇票后，向A银行提示承兑，A银行予以承兑。后乙公司为偿付所欠丙公司30万元贷款，将该汇票背书转让给丙公司，并在背书时记载"禁止转让"字样。丙公司购买原材料时，又将该汇票背书转让给债权人丁。丁于该汇票付款期限届满时，向A银行提示付款，A银行以甲公司账户资金不足为由拒绝付款，并作成拒绝付款证明交给丁。

要求：根据《票据法》的规定，回答下列问题。

（1）A银行拒绝付款的理由是否成立？简要说明理由。

（2）丁可以向哪些人行使追索权？简要说明理由。

【答案】

（1）A银行拒绝付款的理由不成立。根据票据法律制度的规定，票据债务人不得以自己与出票人之间的抗辩事由（如出票人存入票据债务人的资金不够等）对抗持票人。本题中，A银行作为票据主债务人，不得以甲公司账户资金不足为由拒绝向丁付款。

（2）丁可以向甲公司（出票人）、A银行（承兑人）、丙公司（前手）行使追索权。根据票据法律制度的规定，被追索人包括出票人、背书人、承兑人和保证人；但背书人在汇票上记载"不得转让"字样，其后手再背书转让的，原背书人对其后手的被背书人不承担保证责任。因此，乙公司对丙公司的被背书人（丁）不承担保证责任。

3 本票

一、考点解读

（一）本票的特征、分类

本票是出票人签发的，承诺自己在见票时无条件支付确定的金额给收款人或者持票人的票据。

1. 本票的特征

与汇票相比，本票具有下列特征：

（1）本票是自付证券。本票是由出票人约定自己付款的一种自付证券，其基本当事人有两个，即出票人和收款人，在出票人之外不存在独立的付款人。

（2）本票无须承兑。在出票人完成出票行为之后，即承担了到期日无条件支付票据金额的责任，不需要在到期日前进行承兑。

2. 本票的分类

依照不同的标准，可以对本票作不同分类，例如记名本票、指示本票和不记名本票；远期本票和即期本票；银行本票和商业本票等。在我国，本票仅限于银行本票，且为记名本票和即期本票。

银行本票是银行签发的，承诺自己在见票时无条件支付确定的金额给收款人或者持票人的票据。单位和个人在同一票据交换区域需要支付各种款项，均可以使用银行本票。银行本票可以用于转账，注明"现金"字样的银行本票可以用于支取现金。银行本票分为定额银行本票和不定额银行本票。定额银行本票面额为1 000元、5 000元、1万元和5万元。

（二）出票

本票的出票与汇票一样，包括作成票据和交付票据。《票据法》规定本票的出票人必须具有支付本票金额的可靠资金来源，并保证支付。

1. 本票的绝对记载事项

（1）表明"本票"字样。

（2）无条件支付的承诺。表明出票人无条件支付票据金额，而不附加任何条件。

（3）确定的金额。

（4）收款人名称。

（5）出票日期。

（6）出票人签章。

2. 本票的相对记载事项

（1）付款地。本票上未记载付款地的，以出票人的营业场所为付款地。

（2）出票地。本票上未记载出票地的，以出票人的营业场所为出票地。

（三）见票付款

银行本票是见票付款的票据，收款人或持票人在取得银行本票后，随时可以向出票人请求付款。

本票自出票日起，付款期限最长不得超过2个月。持票人在规定的期限提示本票的，出票人必须承担付款的责任。如果持票人超过提示付款期限不获付款的，在票据权利时效内向出票银行作出说明，并提供本人身份证或单位证明，可持银行本票向出票银行请求付款。

本票的持票人未按照规定期限提示本票的，丧失对出票人以外的前手的追索权。持票人仍对出票人享有付款请求权，只是丧失对背书人及其保证人的追索权。

二、例题点津

【例题·判断题】 如果本票的持票人未按照规定期限提示本票，持票人仍对出票人享有付款请求权，只是丧失对背书人及其保证人的追索权。（　　）

【答案】 √

【解析】 如果本票的持票人未按照规定期限提示本票，丧失对出票人以外的前手的追索权。持票人仍对出票人享有付款请求权，只是丧失对背书人及其保证人的追索权。

4 支票

一、考点解读

（一）支票的概述

支票是出票人委托银行或者其他金融机构见票时无条件支付一定金额给收款人或者持票人的票据。

（1）支票的基本当事人有三个：出票人、付款人和收款人。

（2）支票是一种委付证券，以办理存款业务的银行业金融机构作为付款人。

（3）支票见票即付。

依不同的分类标准，可以对支票作不同的分类。《票据法》中按照支付票款方式，将支票分为现金支票、转账支票和普通支票。

①现金支票。支票中专门用于支取现金的，可以另行制作现金支票，现金支票只能用于支取现金。

②转账支票。支票中专门用于转账的，可以另行制作转账支票，转账支票只能用于转账，不得支取现金。

③普通支票。该种支票未印有"现金"或"转账"字样，其既可以用来支取现金，也可以用来转账。划线支票只能用于转账，不能支取现金。

（二）支票的出票

出票人签发支票并交付的行为即为出票。

1. 支票绝对记载事项

（1）表明"支票"字样。

（2）无条件支付的委托。一般是支票上已印好的"上列款项请从我账户内支付"的字样。

（3）确定的金额。（由出票人授权补记）

（4）付款人名称。（由出票人授权补记）

（5）出票日期。

（6）出票人签章。

支票欠缺上述记载事项之一的，支票无效。

2. 相对记载事项

（1）付款地。支票上未记载付款地的，付款人的营业场所为付款地。

（2）出票地。支票上未记载出票地的，出票人的营业场所、住所或者经常居住地为出票地。

3. 出票的其他法定条件

（1）禁止签发空头支票。出票人签发的支票金额超过其付款时在付款人处实有的存款金额的，为空头支票。支票的出票人签发支票的金额不得超过付款时其在付款人处实有的存款金额。

（2）支票的出票人不得签发与其预留本名的签名式样或者印鉴不符的支票，使用支付密码的，出票人不得签发支付密码错误的支票。

（3）签发现金支票和用于支取现金的普通

支票，必须符合国家现金管理的规定。

4. 出票的效力

出票人作成支票并交付之后，对出票人产生相应的法律效力。

（1）出票人必须在付款人处存有足够可处分的资金，以保证支票票款的支付。

（2）当付款人对支票拒绝付款或者超过支票付款提示期限的，出票人应向持票人当日足额付款。

（三）支票的付款

支票属见票即付的票据，因此，《票据法》规定，支票限于见票即付，不得另行记载付款日期。另行记载付款日期的，该记载无效。

1. 支票的提示付款期限

（1）持票人在请求付款时，必须为付款提示。支票的持票人应当自出票日起 10 日内提示付款。

（2）异地使用的支票，其提示付款的期限由中国人民银行另行规定。

（3）超过提示付款期限提示付款的，付款人可以不予付款。付款人不予付款的，出票人仍应当对持票人承担票据责任。持票人超过提示付款期限的，并不丧失对出票人的追索权，出票人仍应当对持票人承担支付票款的责任。

2. 付款

持票人在提示期间内向付款人提示票据，付款人在对支票进行审查之后，如未发现有不符规定之处，即应向持票人付款。出票人在付款人处的存款足以支付支票金额时，付款人应当在当日足额付款。

3. 付款责任的解除

付款人依法支付支票金额的，对出票人不再承担受委托付款的责任，对持票人不再承担付款的责任。但是，付款人以恶意或者有重大过失付款的除外。

二、例题点津

【例题 1·单选题】根据《票据法》的规定，支票的下列记载事项中，出票人可以授权补记的是（　　）。

A. 出票日期　　　　B. 出票人签章

C. 付款人名称　　　D. 收款人名称

【答案】D

【解析】支票上的金额和收款人名称可以由出票人授权补记。

【例题 2·单选题】根据票据法律制度的规定，下列关于支票记载事项的表述中，正确的是（　　）。

A. 支票上未记载付款地的，出票人的营业场所为付款地

B. 支票上记载付款日期的，该票据无效

C. 支票上未记载出票日期的，该票据无效

D. 支票的出票人不得记载"禁止转让"字样

【答案】C

【解析】支票上未记载付款地的，付款人的营业场所为付款地，选项 A 不正确；支票限于见票即付，不得另行记载付款日期。另行记载付款日期的，该记载无效，选项 B 不正确；"不得转让""禁止转让"等字样，属于票据的任意记载事项，选项 D 不正确。

【例题 3·单选题】甲公司签发的支票上，中文大写记载的金额为"壹万玖仟捌佰元整"，而阿拉伯数字（数码）记载的金额为"19 810元"。根据票据法律制度的规定，下列关于支票的效力的表述中，正确的是（　　）。

A. 甲公司将金额更改为一致并签章后，支票有效

B. 支票无效

C. 支票有效，以中文大写记载为准

D. 支票有效，以阿拉伯数字（数码）记载为准

【答案】B

【解析】票据金额以中文大写和阿拉伯数字同时记载，二者必须一致，二者不一致的，票据无效。因此，选项 B 当选。

5 涉外票据

一、考点解读

（一）涉外票据的概念

涉外票据是指出票、背书、承兑、保证、付款等行为中，既有发生在中国境内又有发生在中国境外的票据。港澳台视同境外。

（二）涉外票据的法律适用

（1）优先适用国际条约。我国声明保留的条款除外。

（2）适用国际惯例。

《票据法》对涉外票据的法律适用进行了规定，具体有：

①票据债务人的民事行为能力，适用其本国法律。

②汇票、本票出票时的记载事项，适用出票地法律。

③票据的背书、承兑、付款和保证行为，适用行为地法律。

④票据追索权的行使期限，适用出票地法律。

⑤票据的提示期限、有关拒绝证明的方式、

出具拒绝证明的期限，适用付款地法律。

⑥票据丧失时，失票人请求保全票据权利的程序，适用付款地法律。

二、例题点津

【例题·判断题】票据债务人的民事行为能力，依照其本国法律为无民事行为能力或者为限制民事行为能力而依照行为地法律为完全民事行为能力的，适用其本国法律。（　　）

【答案】×

【解析】票据债务人的民事行为能力，依照其本国法律为无民事行为能力或者为限制民事行为能力而依照行为地法律为完全民事行为能力的，适用行为地法律。

第二单元　证券法律制度

1 证券与证券法

一、考点解读

（一）证券与证券法的概念

1. 证券的概念

证券是以证明或设定权利为目的所作成的一种书面凭证。证券有广义和狭义之分。广义的证券是证明持券人享有一定的经济权益的书面凭证，包括资本证券（如股票、债券、证券衍生品种等）、货币证券（如汇票、本票、支票等）、商品证券（如提单、仓单、栈单等）。狭义的证券仅指资本证券，这也是证券法和本单元所要介绍的证券。

2. 证券法的概念

证券法有广义和狭义之分。广义的证券法是指一切与资本证券有关的法律规范的总称。狭义的证券法专指《中华人民共和国证券法》（以下简称《证券法》），它是规范证券发行、交易及监管过程中产生的各种法律关系的基本法，是证券市场各类行为主体必须遵守的行为规范。

（二）证券的种类

（1）股票。股票是股份有限公司签发的，

证明股东所持股份的凭证。

（2）债券。债券是政府、金融机构、公司企业等单位依照法定程序发行的、约定在一定期限还本付息的有价证券。

（3）存托凭证。存托凭证是指在一国证券市场流通的代表外国公司有价证券的可转让凭证，由存托人签发，以境外证券为基础在境内发行，代表境外基础证券权益的证券。

（4）证券投资基金份额。证券投资基金份额是基金投资人持有基金单位的权利凭证。

（5）资产支持证券。资产支持证券（Asset-backed Securities，ABS）是由受托机构发行的、代表特定目的信托受益权份额。

（6）资产管理产品。资产管理产品是指接受投资者委托，对受托投资者提供财产投资和管理服务的银行、信托、证券、基金、期货、保险资产管理机构、金融资产投资公司等金融机构发行的，由其担任资产管理人，由托管机构担任资产托管人，为资产委托人的利益运用委托财产进行投资的一种标准化金融产品。

（7）认股权证。认股权证是股份有限公司给予持证人的无限期或在一定期限内，以确定价格购买一定数量普通股份的权利凭证。

（8）期货。期货是一种跨越时间的交易方式。买卖双方通过签订标准化合约，同意按指定的时间、价格与其他交易条件，交收指定数量的现货。

（9）期权。期权是一种选择权，本质上是一种合约，该合约赋予持有人在某一特定日期或该日之前的任何时间以固定价格购进或售出一种资产的权利。

（三）证券市场

1. 证券市场的结构

证券市场是指证券发行与交易的场所。证券发行市场一般被称为一级市场，证券交易市场也就相应被称为二级市场。

（1）交易所市场。目前我国的交易所市场，主要由三个交易所（上海证券交易所、深圳证券交易所和北京证券交易所）、三个板块（主板市场、创业板、科创板）构成，在交易模式上又区分为集中竞价的交易模式和大宗交易模式。

（2）全国中小企业股份转让系统。全国中小企业股份转让系统是经国务院批准，依据《证券法》设立的全国性证券交易场所，2012年9月正式注册成立，是继上海证券交易所、深圳证券交易所之后设立的第三家全国性证券交易场所，俗称"新三板"。

（3）区域性股权市场。区域性股权市场是为特定区域内的企业提供股权、可转换为股票的公司债券转让和融资服务的市场，俗称"四板市场"。区域性股权市场是主要服务于所在省级行政区域内中小微企业的私募股权市场，是多层次资本市场体系的重要组成部分，是地方人民政府扶持中小微企业政策措施的综合运用平台。

2. 证券市场的主体

（1）证券发行人，是指证券市场上发行证券的单位，一般包括公司、企业、金融机构和政府部门等。

（2）证券投资者，是指证券的买卖者，也是证券融资方式的资金供给者。投资者分为机构投资者和个人投资者。

（3）证券中介机构，是指为证券发行和交易提供服务的各种中介机构。

（4）证券交易场所，是指为证券发行和交易提供场所和设施的服务机构，如上海证券交易所、深圳证券交易所、北京证券交易所等。

（5）证券自律性组织，通常是指证券业行业协会，如证券业协会、交易所协会等。

（6）证券监管机构，在我国为中国证券监督管理委员会及其派出机构，需要说明的是，《证券法》中所指的"国务院证券监督管理机构"即为中国证券监督管理委员会。

（四）证券活动和证券监管原则

1. 公开、公平、公正原则

公开、公平、公正原则是证券法的基本原则。

2. 自愿、有偿、诚实信用原则

（1）自愿是指当事人有权按照自己的意愿参与证券发行与证券交易活动，其他人不得干涉，也不得采取欺骗、威吓或胁迫等手段影响当事人决策。

（2）有偿是指在证券发行和交易活动中，一方当事人不得无偿占有他方当事人的财产和劳动。

（3）诚实是指要客观真实，不欺人、不骗人；信用是指遵守承诺，并及时、全面地履行承诺。

3. 守法原则

证券的发行、交易活动，必须遵守法律、行政法规；禁止欺诈、内幕交易和操纵证券市场的行为。

4. 分业经营、分业管理原则

证券业和银行业、信托业、保险业实行分业经营、分业管理，证券公司与银行、信托、保险业务机构分别设立。国家另有规定的除外。

5. 保护投资者合法权益原则

包括投资者适当性管理制度、证券公司与普通投资者发生纠纷的自证清白制度、股东权利代为行使征集制度、上市公司现金分红制度、公司债券持有人会议制度与受托管理人制度、先行赔付的赔偿机制、普通投资者与证券公司纠纷的强制调解制度、代表人诉讼制度，等等。

6. 监督管理与自律管理相结合原则

国务院证券监督管理机构依法对全国证券市场实行集中统一监督管理。

二、例题点津

【例题1·单选题】根据证券法律制度的规

定，由受托机构发行，代表特定日的信托受益权份额的证券品种是（　　）。

A. 股票　　　　　　B. 债券

C. 存托凭证　　　　D. 资产支持证券

【答案】D

【解析】由受托机构发行的，代表特定日的信托受益权份额的是资产支持证券。

【例题2·多选题】根据证券法律制度的规定，在我国境内发行下列证券时，应当适用《中华人民共和国证券法》的有（　　）。

A. 公司债券　　　　B. 股票

C. 政府债券　　　　D. 存托凭证

【答案】ABD

【解析】选项C，政府债券的发行不适用《证券法》，政府债券的上市交易适用《证券法》。

2 证券发行的分类和审核制度

一、考点解读

（一）证券发行分类

1. 公开发行和非公开发行

公开发行又称公募发行，是指发行人面向社会公众，即不特定的公众投资者进行的证券发行。

有下列情形之一的，为公开发行。

（1）向不特定对象发行证券；

（2）向累计超过200人的特定对象发行证券；

（3）法律、行政法规规定的其他发行行为。非公开发行证券，不得采用广告、公开劝诱和变相公开方式。

2. 设立发行和增资发行

（1）设立发行是为成立新的股份有限公司而发行股票；

（2）增资发行是为增加已有公司的资本总额或改变其股本结构而发行新股。

3. 直接发行和间接发行

（1）直接发行是指证券发行人不通过证券承销机构，而自行承担证券发行风险，办理证券发行事宜的发行方式。

（2）间接发行是指证券发行人委托证券承销机构发行证券，并由证券承销机构办理证券发行事宜，承担证券发行风险的发行方式。

4. 平价发行、溢价发行和折价发行

（1）平价发行，又称面值发行或等价发行，是指证券发行时的发行价格与票面金额相同的发行方式。

（2）溢价发行，是指证券发行时的发行价格超过票面金额的发行方式。

（3）折价发行，又称贴现发行，是指证券发行时的发行价格低于票面金额的发行方式。

（二）证券发行的审核制度

1. 注册制

注册制下，审核机构只负责对注册文件进行形式审查，不对证券发行行为及证券本身进行实质判断，申报文件提交后，经过法定期间，监管机构若无异议，即可发行证券。

2. 核准制

核准制是指发行人发行证券，不仅要公开全部的，可以供投资人判断的信息与资料，还要符合证券发行的实质性条件，证券监管机构有权依照法律的规定，对发行人提出的申请以及有关材料，进行实质性审查，发行人得到批准以后，才可以发行证券。核准制度并不排除注册制所要求的形式审查，监管机构还要对将公开的信息与证券发行的实质性条件——进行严格的审查，对确已具备发行条件的发行申请作出核准发行的决定。发行人没有核准发行的决定不得发行证券。

随着2023年2月17日中国证监会发布全面实行股票发行注册制相关制度规则，我国证券按发行已全面进入注册制时代，同时证券发行的核准制彻底结束。这表明我国将结束证券发行的核准制，但证券发行的注册制将渐进落地。

二、例题点津

【例题·判断题】中国人民银行依法对全国证券市场实行集中统一监督管理。（　　）

【答案】×

【解析】国务院证券监督管理机构依法对全国证券市场实行集中统一监督管理。

3 股票的发行

一、考点解读

（一）首次公开发行股票的基本条件

（1）具备健全且运行良好的组织机构；

（2）具有持续经营能力；

（3）最近 3 年财务会计报告被出具无保留意见审计报告；

（4）发行人及其控股股东、实际控制人最近 3 年不存在贪污、贿赂、侵占财产、挪用财产或者破坏社会主义市场经济秩序的刑事犯罪；

（5）经国务院批准的国务院证券监督管理机构规定的其他条件。

（二）首次公开发行股票的具体条件

1. 符合相关板块定位

所属板块	具体条件
主板	业务模式成熟、经营业绩稳定、规模较大、具有行业代表性的优质企业
科创板	拥有关键核心技术，科技创新能力突出，主要依靠核心技术开展生产经营，具有稳定的商业模式，市场认可度高，社会形象良好，具有较强成长性的企业
创业板	成长型的创新创业企业，与新技术、新产业、新业态、新模式深度融合的传统企业

2. 组织机构健全、持续经营 3 年以上

（1）首次公开发行股票的发行人是依法设立且持续经营 3 年以上的股份有限公司。

（2）具备健全且运行良好的组织机构，相关机构和人员能够依法履行职责。

（3）有限责任公司按原账面净资产值折股整体变更为股份有限公司的，持续经营时间可以从有限责任公司成立之日起计算。

3. 会计基础工作规范、内控制度健全有效

（1）在所有重大方面公允地反映了发行人的财务状况、经营成果和现金流量，最近 3 年财务会计报告由注册会计师出具无保留意见的审计报告。

（2）发行人内部控制制度健全且被有效执行，能够合理保证公司运行效率、合法合规和财务报告的可靠性，并由注册会计师出具无保留结论的内部控制鉴证报告。

4. 业务完整，具有直接面向市场独立持续经营的能力

（1）资产完整，业务及人员、财务、机构独立，与控股股东、实际控制人及其控制的其他企业间不存在对发行人构成重大不利影响的同业竞争，不存在严重影响独立性或者显失公平的关联交易。

（2）主营业务、控制权和管理团队稳定。

所属板块	年限要求	主营业务	实际控制人	董事、高级管理人员	核心技术人员
主板	最近 3 年内	没有发生重大不利变化	没有发生变更	没有发生重大不利变化	—
科创	最近 2 年内				稳定且没有发生重大不利变化
创业	最近 2 年内				—

（3）不存在涉及主要资产、核心技术、商标等的重大权属纠纷，重大偿债风险，重大担保、诉讼、仲裁等或有事项，经营环境已经或者将要发生重大变化等对持续经营有重大不利影响的事项。

5. 生产经营合法合规

最近 3 年内，发行人及其控股股东、实际控制人不存在贪污、贿赂、侵占财产、挪用财产或者破坏社会主义市场经济秩序的刑事犯罪，不存在欺诈发行、重大信息披露违法或者其他涉及国家安全、公共安全、生态安全、生产安全、公众健康安全等领域的重大违法行为。

董事、监事和高级管理人员不存在最近 3 年内受到中国证监会行政处罚，或者因涉嫌犯罪正

在被司法机关立案侦查或者涉嫌违法违规正在被中国证监会立案调查且尚未有明确结论意见等情形。

（三）上市公司发行股票的条件

发行的对象	发行证券的方式
原股东	配股
向不特定对象	增发、可转债
向特定对象发行	发行股票、可转债

提示 配股与增发的区别："配股"是上市公司向原股东配售股份，"增发"是向不特定对象募集股份。

1. 上市公司向不特定对象发行股票

（1）具备健全且运行良好的组织机构。

（2）现任董事、监事和高级管理人员符合法律、行政法规规定的任职要求。

（3）具有完整的业务体系和直接面向市场独立经营的能力，不存在对持续经营有重大不利影响的情形。

（4）会计基础工作规范，内部控制制度健全且有效执行，财务报表的编制和披露符合企业会计准则和相关信息披露规则的规定，在所有重大方面公允反映了上市公司的财务状况、经营成果和现金流量，最近3年财务会计报告被出具无保留意见审计报告。

（5）除金融类企业外，最近一期末不存在金额较大的财务性投资。

（6）交易所主板上市公司配股、增发的，应当最近3个会计年度盈利；增发还应当满足最近3个会计年度加权平均净资产收益率平均不低于6%；净利润以扣除非经常性损益前后孰低者为计算依据。

2. 不得向**不特定对象发行股票**的情形

（1）擅自改变前次募集资金用途未作纠正，或者未经股东大会认可。

（2）上市公司或者其现任董事、监事和高级管理人员最近3年受到中国证监会行政处罚，或者最近一年受到证券交易所公开谴责，或者因涉嫌犯罪正在被司法机关立案侦查或者涉嫌违法违

规正在被中国证监会立案调查。

（3）上市公司或者其控股股东、实际控制人最近一年存在未履行向投资者作出的公开承诺的情形。

（4）上市公司或者其控股股东、实际控制人最近3年存在贪污、贿赂、侵占财产、挪用财产或者破坏社会主义市场经济秩序的刑事犯罪，或者存在严重损害上市公司利益、投资者合法权益、社会公共利益的重大违法行为。

3. 不得向**特定对象发行股票**的情形

（1）擅自改变前次募集资金用途未作纠正，或者未经股东大会认可。

（2）最近一年财务报表的编制和披露在重大方面不符合企业会计准则或者相关信息披露规则的规定；最近一年财务会计报告被出具否定意见或者无法表示意见的审计报告；最近一年财务会计报告被出具保留意见的审计报告，且保留意见所涉及事项对上市公司的重大不利影响尚未消除。**本次发行涉及重大资产重组的除外**。

（3）现任董事、监事和高级管理人员最近3年受到中国证监会行政处罚，或者最近一年受到证券交易所公开谴责。

（4）上市公司或者其现任董事、监事和高级管理人员因涉嫌犯罪正在被司法机关立案侦查或者涉嫌违法违规正在被中国证监会立案调查。

（5）控股股东、实际控制人最近3年存在严重损害上市公司利益或者投资者合法权益的重大违法行为。

（6）最近3年存在严重损害投资者合法权益或者社会公共利益的重大违法行为。

4. 募集资金使用应当符合的规定

（1）符合国家产业政策和有关环境保护、土地管理等法律、行政法规规定。

（2）除金融类企业外，本次募集资金使用不得为持有财务性投资，不得直接或者间接投资于以买卖有价证券为主要业务的公司。

（3）募集资金项目实施后，不会与控股股东、实际控制人及其控制的其他企业新增构成重大不利影响的同业竞争、显失公平的关联交易，或者严重影响公司生产经营的独立性。

（4）科创板上市公司发行股票募集的资金应当投资于科技创新领域的业务。

二、例题点津

【例题1·多选题】下列属于股票首次公开发行条件的有（   ）。

A. 具备健全且运行良好的组织机构

B. 具有持续经营能力

C. 最近3年财务会计报告被出具无保留意见审计报告

D. 发行人及其控股股东、实际控制人最近3年不存在贪污、贿赂、侵占财产、挪用财产或者破坏社会主义市场经济秩序的刑事犯罪

【答案】ABCD

【解析】上述选项均属于股票首次公开发行的条件。

【例题2·多选题】下列选项符合上市公司向不特定对象发行股票规定的有（   ）。

A. 具备健全且运行良好的组织机构

B. 具有完整的业务体系和直接面向市场独立经营的能力，不存在对持续经营有重大不利影响的情形

C. 现任董事、监事和高级管理人员符合法律、行政法规规定的任职要求

D. 最近一期末不存在金额较大的财务性投资

【答案】ABC

【解析】选项D错误，上市公司向不特定对象发行股票，除金融类企业外，最近一期期末不存在金额较大的财务性投资。

4 公司债券的发行

一、考点解读

（一）一般规定

发行公司债券，发行人应当依照法律相关规定对以下事项作出决议：

（1）发行债券的金额。

（2）发行方式。

（3）债券期限。

（4）募集资金的用途。

（5）其他按照法律法规及公司章程规定需要明确的事项。

（二）公开发行公司债券的条件

（1）具备健全且运行良好的组织机构。

（2）最近3年平均可分配利润足以支付公司债券1年的利息。

（3）具有合理的资产负债结构和正常的现金流量。

（4）国务院规定的其他条件。

（三）不得再次公开发行公司债券的情形

（1）对已公开发行的公司债券或者其他债务有违约或者延迟支付本息的事实，仍处于继续状态。

（2）违反证券法规定，改变公开发行公司债券所募资金的用途。

（四）资信状况符合以下标准的公开发行公司债券，专业投资者和普通投资者可以参与认购

（1）发行人最近3年无债务违约或者延迟支付本息的事实。

（2）发行人最近3年平均可分配利润不少于债券一年利息的1.5倍。

（3）发行人最近一期末净资产规模不少于250亿元。

（4）发行人最近36个月内累计公开发行债券不少于3期，发行规模不少于100亿元。

（5）中国证监会根据投资者保护的需要规定的其他条件。

未达到以上标准的公开发行公司债券，仅限于专业投资者参与认购。

（五）非公开发行公司债券

（1）非公开发行公司债券的对象应当是专业投资者。

（2）非公开发行的公司债券，仅限于在专业投资者范围内转让，转让后持有同次发行债券的专业投资者合计不得超过200人。

二、例题点津

【例题1·多选题】下列关于公司债券发行的一般规定，说法正确的有（   ）。

A. 发行债券的金额

B. 债券期限

C. 募集资金的用途

D. 发行方式

【答案】ABCD

【解析】公司债券发行的一般规定有，(1) 发行债券的金额；(2) 发行方式；(3) 债券期限；(4) 募集资金的用途；(5) 其他按照法律法规及公司章程规定需要明确的事项。

【例题2·多选题】资信状况符合标准的公司债券可以向公众投资者公开发行，也可以自主选择仅面向合格投资者公开发行。下列关于这一标准说法正确的有（　　）。

A. 发行人最近 3 年无债务违约或者延迟支付本息的事实

B. 发行人最近 3 个会计年度实现的年均可分配利润不少于债券一年利息的 1.5 倍

C. 债券信用评级达到 AAA 级

D. 中国证监会根据投资者保护的需要规定的其他条件

【答案】ABD

【解析】资信状况符合特定标准的公开发行公司债券，专业投资者和普通投资者都可以参与认购。该特定标准有：发行人最近 3 年无债务违约或者迟延支付本息的事实；发行人最近 3 年平均可分配利润不少于债券一年利息的 1.5 倍；发行人最近一期末净资产规模不少于 250 亿元；发行人最近 36 个月内累计公开发行债券不少于 3 期，发行规模不少于 100 亿元；中国证监会根据投资者保护的需要规定的其他条件。

【例题3·多选题】根据证券法律制度的规定，下列关于公司债券非公开发行及转让的表述中，不正确的有（　　）。

A. 发行人的董事不得参与本公司非公开发行公司债券的认购

B. 非公开发行公司债券应当向专业投资者发行

C. 每次发行对象不得超过 200 人

D. 非公开发行的公司债券可以公开转让

【答案】AD

【解析】证券法对董事参与本公司非公开发行公司债券的认购没有禁止性规定，选项 A 错误。非公开发行的公司债券应向专业投资者发行，每次发行对象不得超过 200 人，选项 B、C 正确。非公开发行的公司债券，仅限于专业投资者范围内转让，转让后持有同次发行债券的专业投资者合计不得超过 200 人，选项 D 错误。

5　存托凭证的发行

一、考点解读

境外基础证券发行人申请公开发行以其股票为基础证券的存托凭证，除应当符合首次公开发行新股的条件外，还应当符合国务院证券监督管理机构规定的其他条件。

境外基础证券发行人公开发行以其股票为基础证券的存托凭证，还应当满足下列条件：

(1) 为依法设立且持续经营 3 年以上的公司，公司的主要资产不存在重大权属纠纷；

(2) 最近 3 年内实际控制人未发生变更，且控股股东和受控股股东、实际控制人支配的股东持有的境外基础证券发行人股份不存在重大权属纠纷；

(3) 境外基础证券发行人及其控股股东、实际控制人最近 3 年内不存在损害投资者合法权益和社会公共利益的重大违法行为；

(4) 会计基础工作规范、内部控制制度健全；

(5) 董事、监事和高级管理人员应当信誉良好，符合公司注册地法律规定的任职要求，近期无重大违法失信记录；

(6) 中国证监会规定的其他条件。

二、例题点津

【例题·多选题】下列关于境外基础证券发行人公开发行以其股票为基础证券的存托凭证，应当满足的条件有（　　）。

A. 董事、监事和高级管理人员应当信誉良好，近期无重大违法失信记录

B. 会计基础工作规范、内部控制制度健全

C. 依法设立且持续经营 3 年以上的公司，公司的主要资产不存在重大权属纠纷

D. 近 2 年内实际控制人未发生变更

【答案】ABC

【解析】选项 D, 最近 3 年内实际控制人未发生变更, 且控股股东和受控股股东、实际控制人支配的股东持有的境外基础证券发行人股份不存在重大权属纠纷。

6 证券投资基金的募集

一、考点解读

（一）证券投资基金的概念

证券投资基金是指通过公开或者非公开方式募集投资者资金, 由基金管理人管理, 基金托管人托管, 从事股票、债券等金融工具组合投资的一种利益共享、风险共担的集合证券投资方式。

（1）基金管理人由依法设立的公司或者合伙企业担任。

（2）基金托管人由依法设立的商业银行或者其他金融机构担任。

（3）封闭式基金。基金份额总额在基金合同期限内固定不变, 基金份额持有人不得申请赎回的一种基金。

（4）开放式基金。基金份额总额不固定, 基金份额可以在基金合同约定的时间和场所申购或者赎回的一种基金。

（二）公开募集基金

基金管理人发售基金份额、募集基金, 应当向国务院证券监督管理机构提出申请。国务院证券监督管理机构应当自受理公开募集基金募集注册申请之日起 6 个月内依照法律、行政法规及国务院证券监督管理机构的规定进行审查, 作出注册或者不予注册的决定并通知申请人。

（三）非公开募集基金

（1）设立原则。设立私募基金管理机构和发行私募基金不设行政审批, 允许各类发行主体在依法合规的基础上, 向累计不超过法律规定数量的投资者发行私募基金。

（2）合格投资者。

①净资产不低于 1 000 万元的单位。

②金融资产不低于 300 万元或者最近 3 个人年均收入不低于 50 万元的个人。

③社会保障基金、企业年金等养老基金, 慈善基金等社会公益基金。

④依法设立并在基金业协会备案的投资计划。

⑤投资于所管理私募基金的私募基金管理人及其从业人员。

⑥中国证监会规定的其他投资者。

（3）募集规则。

①应当制定并采用书面形式签订基金合同, 明确约定各方当事人的权利义务。

②不得向合格投资者之外的单位和个人募集资金, 不得通过报刊、电台、电视、互联网等公众传播媒体或者讲座、报告会、分析会和布告、传单、手机短信、微信、博客和电子邮件等方式, 向不特定对象宣传推介。

③不得向投资者承诺投资本金不受损失或者承诺最低收益。

④私募基金管理人或私募基金销售机构要对投资者的风险识别能力和风险承担能力进行评估, 并由投资者书面承诺符合合格投资者条件。

⑤私募基金管理人自行销售或者委托销售机构销售私募基金, 应当履行投资者适当性管理义务, 应当自行或者委托第三方机构对私募基金进行风险评级, 向风险识别能力和风险承担能力相匹配的投资者推介私募基金。

⑥投资者应当如实填写风险识别能力和承担能力问卷, 如实承诺资产或者收入情况, 并对其真实性、准确性和完整性负责。

⑦投资者应当确保投资资金来源合法, 不得非法汇集他人资金投资私募基金。

二、例题点津

【例题 1 · 多选题】下列关于非公开募集基金说法中, 正确的有（　　）。

A. 不得向投资者承诺投资本金不受损失或者承诺最低收益

B. 投资者应当确保投资资金来源合法, 不得非法汇集他人资金投资私募基金

C. 不得向合格投资者之外的单位和个人募集资金

D. 除基金合同另有约定外, 私募基金应当由基金托管人托管

【答案】ABCD

【解析】上述选项均正确。

【例题2·多选题】根据证券法律制度的规定，下列关于非公开募集基金的基金合格投资者的表述中，正确的有（　　）。

A. 投资于所管理私募基金管理人

B. 净资产不低于500万元的单位

C. 最近3年个人年均收入不低于50万元的个人

D. 金融资产不低于500万元的个人

【答案】AC

【解析】合格投资者是指具备相应风险识别能力和风险承担能力，投资于单只私募基金的金额不低于100万元且符合下列相关标准的单位和个人：（1）净资产不低于1 000万元的单位；（2）金融资产不低于300万元或者最近3年个人年均收入不低于50万元的个人。此外，下列投资者视为合格投资者：（1）社会保障基金、企业年金等养老基金，慈善基金等社会公益基金；（2）依法设立并在基金业协会备案的投资计划；（3）投资于所管理私募基金的私募基金管理人及其从业人员；（4）中国证监会规定的其他投资者。

【例题3·判断题】基金托管人由依法设立的商业银行或者其他金融机构担任。（　　）

【答案】√

【解析】基金托管人由依法设立的商业银行或者其他金融机构担任。

7　注册程序

一、考点解读

公开发行证券的步骤

1. 发行人内部决议

发行人董事会就有关股票发行的具体方案、本次募集资金使用的可行性及其他必须明确的事项作出决议，并提请股东会批准。

2. 保荐人保荐

发行人申请公开发行股票、可转换为股票的公司债券，依法采取承销方式的，或者公开发行法律、行政法规规定实行保荐制度的其他证券的，应当聘请证券公司担任保荐人。

3. 签订承销协议

向不特定对象发行的证券，法律、行政法规规定应当由证券公司承销的，发行人应当同证券公司签订承销协议。

证券代销是指证券公司代发行人发售证券，在承销期结束时，将未售出的证券全部退还给发行人的承销方式。

证券包销是指证券公司将发行人的证券按照协议全部购入或者在承销期结束时将售后剩余证券全部自行购入的承销方式。向不特定对象发行证券聘请承销团承销的，承销团应当由主承销和参与承销的证券公司组成。

证券的代销、包销期限最长不得超过90日。证券公司在代销、包销期内，对所代销、包销的证券应当保证先行出售给认购人，证券公司不得为本公司预留所代销的证券和预先购入并留存所包销的证券。

4. 提出发行申请

5. 证券交易所审核

6. 发行注册

（1）中国证监会对首次公开发行股票、上市公司公开发行证券、北京证券交易所向不特定合格投资者公开发行股票的予以注册决定，自作出之日起一年内有效，发行人应当在注册决定有效期内发行证券，发行时点由发行人自主选择。

（2）中国证监会对北京证券交易所上市公司申请向特定对象发行股票的予以注册决定，自注册之日起，发行人应当在3个月内首期发行，且首期发行数量应当不少于总发行数量的50%，剩余数量应当在12个月内发行完毕，剩余各期发行的数量由发行人自行确定；中国证监会对公开发行公司债券的予以注册决定自作出之日起2年内有效，发行人应当在注册决定有效期内发行公司债券，并自主选择发行时点。

（3）发行证券的信息依法公开前，任何知情人不得公开或者泄露该信息。发行人不得在公告公开发行募集文件前发行证券。

（4）国证监会国务院证券监督管理机构或者国务院授权的部门对已作出的证券发行注册的决定，发现不符合法定条件或者法定程序，尚未发行证券的，应当予以撤销，停止发行。已经发行尚未上市的，**撤销发行注册决定**，发行人应当按照发行价并加算银行同期存款利息返还证券持有人；发行人的控股股东、实际控制人以及保荐人，应当与发行人承担连带责任，但是能够证明自己没有过错的除外。

（5）股票的发行人在招股说明书等证券发行文件中**隐瞒重要事实或者编造重大虚假内容**，已经发行并上市的，中国证监会可以**责令发行人回购证券**，或者责令负有责任的控股股东、实际控制人买回证券。

二、例题点津

【例题·单选题】下列关于证券发行承销的表述中，不符合证券法律制度规定的是（　　）。

A. 承销团承销适用于不特定对象公开发行的证券

B. 证券代销的应在承销期结束时，将售后剩余证券全部自行购入

C. 承销团由主承销和参与承销的证券公司组成

D. 承销团代销、包销期最长不得超过90日

【答案】B

【解析】根据规定，承销团应当由主承销和参与承销的证券公司组成，因此选项A、C正确；证券代销是指证券公司发行人代发售证券，在承销期结束时，将未售出的证券全部退还给发行人的发行方式，因此选项B错误；证券的代销、包销期限最长不得超过90日，选项D正确。

8 证券交易

一、考点解读

（一）证券交易的一般规定

1. 证券交易的标的与主体必须合法

（1）发起人持有的本公司股份，自公司成立之日起**1年内不得转让**。

（2）公司董事、监事、高级管理人员在**任职期间每年转让的股份不得超过**其所持有本公司**股份总数的25%**；所持本公司股份自公司**股票上市交易之日起1年内不得转让**。上述人员**离职后半年内，不得转让**其所持有的本公司股份。

（3）证券交易场所、证券公司和证券登记结算机构的从业人员，证券监督管理机构的工作人员以及法律、行政法规规定禁止参与股票交易的其他人员，在任期或者法定限期内，不得直接或者以化名、借他人名义持有、买卖股票或者其他具有股权性质的证券，也不得收受他人赠送的股票或者其他具有股权性质的证券。

（4）为证券发行出具审计报告或者法律意见书等文件的**证券服务机构和人员，在该证券承销期内和期满后6个月内，不得买卖该证券**。为发行人及其控股股东、实际控制人，或者收购人、重大资产交易方出具审计报告或者法律意见书等文件的证券服务机构和人员，**自接受委托之日起**至上述**文件公开后5日内，不得买卖该证券**。

（5）上市公司、股票在国务院批准的其他全国性证券交易场所交易的公司**持有5%以上股份的股东、董事、监事、高级管理人员**，将其持有的该公司的股票或者其他具有股权性质的证券在**买入后6个月内卖出**，或者在**卖出后6个月内又买入**，由此所得**收益归该公司所有**，公司董事会应当收回其所得收益。但是，证券公司因购入包销售后剩余股票而持有5%以上股份，以及有国务院证券监督管理机构规定的其他情形的除外。

（6）上市公司董事、监事和高级管理人员在下列期间不得买卖本公司股票：上市公司年度报告、半年度报告公告前30日内；上市公司季度报告、业绩预告、业绩快报公告前10日内；自可能对本公司股票交易价格产生重大影响的重大事项发生之日或在决策过程中，至依法披露后2个交易日内；证券交易所规定的其他期间。

（7）通过证券交易所的证券交易，投资者持有或者通过协议、其他安排与他人共同持有一个上市公司已发行的有表决权股份达到5%时，应当在该事实发生之日起3日内，向国务院证券监督管理机构、证券交易所作出书面报告，通知该上市公司，并予公告，在上述期限内不得再行买卖该上市公司的股票，但国务院证券监督管理机构规定的情形除外。

2. 在合法的证券交易场所交易

公开发行的证券，应当在依法设立的证券交

易所上市交易或者在国务院批准的其他全国性证券交易场所交易。非公开发行的证券，可以在证券交易所、国务院批准的其他全国性证券交易场所、按照国务院规定设立的区域性股权市场转让。

3. 以合法方式交易

证券在证券交易所上市交易，应当采用公开的集中交易方式或者国务院证券监督管理机构批准的其他方式。

4. 规范交易服务

证券交易场所、证券公司、证券登记结算机构、证券服务机构及其工作人员应当依法为投资者的信息保密，不得非法买卖、提供或者公开投资者的信息。证券交易的收费必须合理，并公开收费项目、收费标准和管理办法。

5. 规范程序化交易

通过计算机程序自动生成或者下达交易指令进行程序化交易的，应当符合国务院证券监督管理机构的规定，并向证券交易所报告，不得影响证券交易所系统安全或者正常交易秩序。

（二）证券上市

证券上市是公开发行的证券依法在证券交易所或其他依法设立的交易市场公开挂牌交易的过程。

1. 常规证券上市

（1）常规证券的上市条件。

境内发行人申请首次公开发行股票并上市，应当符合下列条件：

①符合《证券法》、中国证监会规定的发行条件。

②发行后的股本总额不低于 5 000 万元。

③公开发行的股份达到公司股份总数的 25% 以上；公司股本总额超过 4 亿元的，公开发行股份的比例为 10% 以上。

④市值及财务指标符合本规则规定的标准。

⑤证券交易所要求的其他条件。

（2）股票首次发行股票上市。

境内发行人申请首次发行股票上市，市值及财务指标应当至少符合下列标准中的一项：

①最近 3 年净利润均为正，且最近 3 年净利润累计不低于 1.5 亿元，最近一年净利润不低于 6 000 万元，最近 3 年经营活动产生的现金流量

净额累计不低于 1 亿元或营业收入累计不低于 10 亿元。

②预计市值不低于 50 亿元，且最近一年净利润为正，最近一年营业收入不低于 6 亿元，最近 3 年经营活动产生的现金流量净额累计不低于 1.5 亿元。

③预计市值不低于 80 亿元，且最近一年净利润为正，最近一年营业收入不低于 8 亿元。上述的净利润以扣除非经常性损益前后的孰低者为准，净利润、营业收入、经营活动产生的现金流量净额均指经审计的数值。

（3）红筹企业上市。

红筹企业是指注册地在境外、主要经营活动在境内的企业。红筹企业可以申请发行股票或存托凭证并在主板上市。

已在境外上市的红筹企业，申请发行股票或者存托凭证并上市的，应当至少符合下列标准中的一项：

①市值不低于 2 000 亿元；

②市值 200 亿元以上，且拥有自主研发、国际领先技术，科技创新能力较强，在同行业竞争中处于相对优势地位。

未在境外上市的红筹企业，申请发行股票或者存托凭证并上市的，应当至少符合下列标准中的一项：

①预计市值不低于 200 亿元，且最近一年营业收入不低于 30 亿元；

②营业收入快速增长，拥有自主研发、国际领先技术，在同行业竞争中处于相对优势地位，且预计市值不低于 100 亿元；

③营业收入快速增长，拥有自主研发、国际领先技术，在同行业竞争中处于相对优势地位，且预计市值不低于 50 亿元，最近一年营业收入不低于 5 亿元。

（4）表决权差异企业及财务指标。

表决权差异企业是指发行有特别表决权股份的企业，在这种企业中每一特别表决权股份拥有的表决权数量大于每一普通股份拥有的表决权数量，在其他股东权利方面，特别表决权股份与普通股份是相同的。存在表决权差异安排的发行人申请股票或者存托凭证首次公开发行并上市的，

应当至少符合下列标准中的一项：

①预计市值不低于 200 亿元，且最近一年净利润为正；

②预计市值不低于 100 亿元，且最近一年净利润为正，最近一年营业收入不低于 10 亿元。

（5）终止上市。

2. 证券投资基金上市交易的条件

基金份额上市交易，应当符合下列条件：

（1）基金的募集符合《证券投资基金法》的规定。

（2）基金合同期限为 5 年以上。

（3）基金募集金额不低于 2 亿元人民币。

（4）基金份额持有人不少于 1 000 人。

（5）基金份额上市交易规则规定的其他条件。

3. 禁止的交易行为

（1）内幕交易行为。

内幕交易行为是指证券交易内幕信息的知情人员利用内幕信息进行证券交易的行为。

内幕信息知情人员利用自己掌握的内幕信息买卖证券，或者建议他人买卖证券。内幕信息知情人员自己未买卖证券，也未建议他人买卖证券，但将内幕信息泄露给他人，接受内幕信息的人依此买卖证券的，也属于内幕交易行为。

证券交易内幕信息的知情人包括：

①控股或者实际控制、董事、监事、高级管理人员：发行人、持有公司 5% 以上股份的股东、公司的实际控制人、上市公司收购人、重大资产交易方；

②因职务、工作可以获取内幕信息：公司业务往来的人员、证券交易有关人员、证券监督有关人员；

③因法定职责：主管部门、监管机构的人员。

（2）利用未公开信息进行交易行为。

对象：证券交易场所、证券公司、证券登记结算机构、证券服务机构和其他金融机构的从业人员、有关监管部门或者行业协会的工作人员。

行为：利用因职务便利获取的内幕信息以外的其他未公开的信息，违反规定，从事与该信息相关的证券交易活动，或者明示、暗示他人从事相关交易活动。

（3）操纵市场行为。

操纵市场行为是指单位或个人以获取利益或减少损失为目的，利用其资金、信息等优势影响证券市场价格，制造证券市场假象，诱导或者致使投资者在不了解事实真相的情况下作出买卖证券的决定，扰乱证券市场秩序的行为。

（4）虚假陈述行为。

虚假陈述行为是指行为人在提交和公布的信息文件中作出违背事实真相的虚假记载、误导性陈述或者发生重大遗漏的行为。

主体：依法承担信息披露义务的人，主要是发行人和上市公司。

虚假陈述：虚假记载、误导性陈述和重大遗漏以及不正当披露。

重大性信息的判断：可能对证券价格有重大影响的事件、事项或者信息及其发生的变动。

特殊：信息披露义务人以外的机构和人员编造、传播虚假信息或者误导性信息、虚假陈述，误导投资者的行为，虽然不构成虚假陈述，但依法也要承担民事赔偿责任。

（5）欺诈客户行为。

欺诈客户行为是指证券公司及其从业人员在证券交易及相关活动中，违背客户真实意愿，侵害客户利益的行为。

主体：证券公司及其从业人员。

行为：行为人在主观上故意隐瞒或者故意作出与事实不符的虚假陈述，使客户陷入不明真相的境地而作出错误的意思表示。欺诈客户具有违约与侵权的双重属性。

关键词：违背、假借、未经允许、诱使、违规。

后果：行为造成损失的，依法承担赔偿责任

（6）其他禁止的交易行为。

二、例题点津

【例题 1·单选题】根据证券法律制度的规定，下列关于证券交易一般规定的表述中，正确的是（　　）。

A. 上市公司董事在上市公司年度报告公告前 30 日内不得买卖本公司股票

B. 发起人持有的本公司股份，自公司成立

之日起 2 年内不得转让

C. 投资者通过协议持有一个上市公司已发行的有表决权股份达到 5% 时，无须公告

D. 高级管理人员在任职期间每年转让的股份不得超过其所持有本公司股份总数的 30%

【答案】A

【解析】选项 B，发起人持有的本公司股份，自公司成立之日起 1 年内不得转让。选项 C，投资者持有或者通过协议、其他安排与他人共同持有一个上市公司已发行的有表决权股份达到 5% 时，应当在该事实发生之日起 3 日内，向国务院证券监督管理机构、证券交易所作出书面报告，通知该上市公司，并予公告。选项 D，高级管理人员在任职期间每年转让的股份不得超过其所持有本公司股份总数的 25%。

【例题 2·单选题】根据证券法律制度的规定，下列关于境内发行人申请首次公开发行股票并上市的表述中，正确的是（　　）。

A. 发行的股本总额为 3 000 万元

B. 公开发行的股份达到公司股份总数的 25% 以上

C. 公司股本总额超过 2 亿元的，公开发行股份的比例为 5% 以上

D. 公开发行股份的比例为 5% 以上

【答案】B

【解析】境内发行人申请首次公开发行股票并上市，应当符合下列条件：（1）符合《证券法》、中国证监会规定的发行条件。（2）发行后的股本总额不低于 5 000 万元，选项 A 错误。（3）公开发行的股份达到公司股份总数的 25% 以上，选项 B 正确；公司股本总额超过 4 亿元的，公开发行股份的比例为 10% 以上，选项 C、D 错误。（4）市值及财务指标符合本规则规定的标准。（5）证券交易所要求的其他条件。

【例题 3·单选题】根据证券法律制度的规定，下列关于证券投资基金上市交易条件的表述中，正确的是（　　）。

A. 基金合同期限为 3 年以上

B. 基金募集金额不低于 2 亿元人民币

C. 基金份额持有人不少于 1 500 人

D. 基金年化收益率不低于 0

【答案】B

【解析】基金份额上市交易，应当符合下列条件：（1）基金的募集符合《证券投资基金法》的规定。（2）基金合同期限为 5 年以上。（3）基金募集金额不低于 2 亿元人民币。（4）基金份额持有人不少于 1 000 人。（5）基金份额上市交易规则规定的其他条件。

【例题 4·单选题】根据证券法律制度的规定，对证券、发行人公开作出评价、预测或者投资建议，并进行反向证券交易，影响或者意图影响证券交易价格或者证券交易量的行为是（　　）。

A. 内幕交易行为

B. 虚假陈述行为

C. 操纵市场行为

D. 编造、传播虚假信息的行为

【答案】C

【解析】对证券、发行人公开作出评价、预测或者投资建议，并进行反向证券交易，影响或者意图影响证券交易价格或者证券交易量的行为，属于操纵市场行为。因此，选项 C 当选。

9 上市公司的收购

一、考点解读

（一）上市公司收购概述

1. 上市公司收购的概念

上市公司收购的对象是上市公司；收购的标的是上市公司的股份；收购的主体是收购人，包括投资者及其一致行动人；收购的目的是获得或者巩固对上市公司的控制权。不以达到对上市公司实际控制权而受让上市公司股票的行为，不能称为收购。

这里所指的实际控制权是指：

（1）投资者为上市公司持股 50% 以上的控股股东。

（2）投资者可以实际支配上市公司股份表决权超过 30%。

（3）投资者通过实际支配上市公司股份表决权能够决定公司董事会半数以上成员选任。

（4）投资者依其可实际支配的上市公司股份表决权足以对公司股东大会的决议产生重大影响。

（5）国务院证券监督管理机构认定的其他情形。

2. 上市公司收购人

收购人包括投资者及与其一致行动的他人。

（1）一致行动人。①投资者之间有股权控制关系；②投资者受同一主体控制；③投资者的董事、监事或者高级管理人员中的主要成员，同时在另一个投资者担任董事、监事或者高级管理人员；④投资者参股另一投资者，可以对参股公司的重大决策产生重大影响；⑤银行以外的其他法人、其他组织和自然人为投资者取得相关股份提供融资安排；⑥投资者之间存在合伙、合作、联营等其他经济利益关系；⑦持有投资者30%以上股份的自然人，与投资者持有同一上市公司股份；⑧在投资者任职的董事、监事及高级管理人员，与投资者持有同一上市公司股份；⑨持有投资者**30%以上**股份的自然人和在投资者任职的董事、监事及高级管理人员，其父母、配偶、子女及其配偶、配偶的父母、兄弟姐妹及其配偶、配偶的兄弟姐妹及其配偶等亲属，与投资者持有同一上市公司股份；⑩在上市公司任职的董事、监事、高级管理人员及其前项所述亲属同时持有本公司股份的，或者与其自己或者其前项所述亲属直接或者间接控制的企业同时持有本公司股份；⑪上市公司董事、监事、高级管理人员和员工与其所控制或者委托的法人或者其他组织持有本公司股份；⑫投资者之间具有其他关联关系。投资者认为其与他人不应被视为一致行动人的，可以向国务院证券监督管理机构提供相反证据。

（2）有下列情形之一的，不得收购上市公司：①收购人负有数额较大债务，到期未清偿，且处于持续状态；②收购人最近3年有重大违法行为或者涉嫌有重大违法行为；③收购人最近3年有严重的证券市场失信行为；④收购人为自然人的，存在《公司法》规定的依法不得担任公司董事、监事、高级管理人员的情形；⑤法律、行政法规规定以及国务院证券监督管理机构认定的不得收购上市公司的其他情形。

3. 上市公司收购中有关当事人的义务

（1）收购人的义务。一是公告义务；二是禁售义务；三是锁定义务。

（2）被收购公司的控股股东、实际控制人的义务。被收购公司的控股股东或者实际控制人不得滥用股东权利，损害被收购公司或者其他股东的合法权益。

（3）被收购公司的董事、监事和高级管理人员的义务。被收购公司的董事、监事和高级管理人员对公司负有忠实义务和勤勉义务，应当公平对待收购本公司的所有收购人。

4. 上市公司收购的支付方式

收购人可以采用现金、依法可以转让的证券、现金与证券相结合等合法方式支付收购上市公司的价款。

（二）上市公司收购的权益披露

1. 进行权益披露的情形与时间

（1）场内交易受让股份。持股权益变动公告应当包括下列内容：①持股人的名称、住所；②持有的股票的名称、数额；③持股达到法定比例或者持股增减变化达到法定比例的日期、增持股份的资金来源；④在上市公司中拥有有表决权的股份变动的时间及方式。

（2）协议转让受让股份。通过协议转让方式，投资者及其一致行动人在一个上市公司中拥有表决权的股份拟达到或者超过5%时，应当在该事实发生之日起3日内编制权益变动报告书，向国务院证券监督管理机构、证券交易所提交书面报告，通知该上市公司，并予公告。

提示 投资者及其一致行动人拥有表决权的股份达到5%后，其拥有表决权的股份比例每增加或者减少达到或者超过5%的，应当依照上述规定履行报告、公告义务。投资者及其一致行动人在作出报告、公告前，不得再行买卖该上市公司的股票。

（3）被动受让股份。投资者及其一致行动人通过行政划转或者变更、执行法院裁定、继承、赠与等方式拥有表决权的股份变动达到5%时，同样应当按照协议转让的规定履行报告、公告义务。

2. 权益变动的披露文件

（1）简式权益变动报告书。投资者及其一致行动人不是上市公司的第一大股东或者实际控制人，其拥有表决权的股份达到或者超过5%但未达到20%的，应当编制简式权益变动报告书。

（2）详式权益变动报告书。投资者及其一致行动人是上市公司第一大股东或者实际控制人，或者拥有表决权的股份达到20%但未超过30%的，应当编制详式权益变动报告书。详式权益变动报告书除须披露简式权益变动报告书规定的信息外，还增加了部分披露内容。

（三）要约收购

要约收购是指收购人公开向被收购公司的股东发出要约，并按要约中的价格、期限等条件购买被收购公司的表决权股份，以期获得或者巩固被收购公司的控制权的行为。投资者及其一致行动人可以自愿选择以要约方式收购上市公司的表决权股份，但是，通过证券交易所的证券交易，投资者持有或通过协议、其他安排与他人共同持有一个上市公司已发行的有表决权股份达到30%时，继续增持股份的，应当采取向被收购公司的股东发出收购要约的方式进行的收购。

（1）强制**要约收购**的触发条件。

①**持股比例达到30%**。

②**继续增持股份**。

提示 只有在上述**两个条件同时具备**时，才触发强制要约收购。收购人应当公平对待被收购公司的所有股东。上市公司发行不同种类股份的，收购人可以针对不同种类股份提出不同的收购条件。

（2）收购要约的期限。收购要约约定的收购期限不得少于30日，并不得超过60日，但是出现竞争要约的除外。

（3）收购要约的撤销。在收购要约确定的承诺期限内，收购人不得撤销其收购要约。

（4）收购要约的变更。收购要约的变更不得存在下列情形：①降低收购价格；②减少预定收购股份数额；③缩短收购期限；④国务院证券监督管理机构规定的其他情形。

提示 收购要约期限届满前**15日内**，收购人**不得变更收购要约，但是出现竞争要约的除外**。在**要约收购期间**，被收购公司**董事不得辞职**。

（5）免除发出要约。

持股30%以上的股东免于发出要约情形 { 同一控制权下转让
买方挽救上市公司，承诺锁定3年
国资核准的股份变动导致持股超30%
回购减少股本导致持股超30%
定增持股超30%但承诺锁定3年
每12个月爬行增持不超2%
持股50%以上的股东继续增持
金融机构从事承销、贷款等业务超30%
因继承持股超30%
履行约定购回协议持股超30%
优先股表决权恢复拥有权益股超30%
证监会规定的其他情形

（四）协议收购

（1）协议收购是指收购人在证券交易所之外，通过与被收购公司的股东协商一致达成协议，受让其持有的上市公司的股份而进行的收购。

（2）采取协议收购方式的，协议双方可以临时委托证券登记结算机构保管协议转让的股票，并将资金存放于指定的银行。

（3）**采取协议收购方式**的，收购人收购或者通过协议、其他安排与他人共同收购一个上市公司已发行的有表决权股份达到**30%时，继续进行收购的**，应当依法向该上市公司所有股东发出收购上市公司全部或者部分股份的要约，转而进行**要约收购**。但是，按照国务院证券监督管理机构的规定免除发出要约的除外。

（五）其他合法方式收购

如认购股份收购、集中竞价收购等。

（六）上市公司收购的法律后果

（1）终止上市与余额股东强制性出售权。收购期限届满，被收购公司股权分布不符合证券交易所规定的上市交易要求的，该上市公司的股票应当由证券交易所依法终止上市交易；其余仍持有被收购公司股票的股东，有权向收购人以收购要约的同等条件出售其股票，收购人应当收购。

（2）变更企业形式。收购行为完成后，被收购公司不再具备股份有限公司条件的，应当依法变更企业形式。

（3）限期禁止转让股份。在上市公司收购中，收购人持有的被收购的上市公司的股票，在**收购行为完成后的 18 个月内不得转让**。

（4）更换股票。收购行为完成后，收购人与被收购公司合并，并将该公司解散的，被解散公司的原有股票由收购人依法更换。

提示 收购行为完成后，收购人应当在 15 日内将收购情况报告国务院证券监管机构和证券交易所，并予以公告。

二、例题点津

【例题 1·单选题】 下列关于上市公司收购人权利义务的表述中，不符合上市公司收购法律制度规定的是（　　）。

A. 收购人在要约收购期内，可以卖出被收购公司的股票

B. 收购人持有的被收购上市公司的股票，在收购行为完成后的 18 个月内不得转让

C. 收购人在收购要约期限届满前 15 日内，不得变更其收购要约，除非出现竞争要约

D. 收购人在收购要约确定的承诺期限内，不得撤销其收购要约

【答案】 A

【解析】 本题考核上市公司收购。根据规定，选项 A，收购人在要约收购期内，不得卖出被收购公司的股票。

【例题 2·多选题】 下列关于要约收购说法正确的有（　　）。

A. 持股比例达到 30%

B. 收购要约约定的收购期限不少于 30 日，不得超过 60 日

C. 在收购要约确定的承诺期限内，收购人不得撤销其收购要约

D. 收购要约期间，被收购公司董事不得辞职

【答案】 ACD

【解析】 选项 B 关于收购要约的期限表述不准确，收购要约约定的收购期限不得少于 30 日，不得超过 60 日，但是出现竞争要约的除外。

【例题 3·多选题】 根据证券法律制度的规定，下列关于上市公司收购要约变更的表述中，不正确的有（　　）。

A. 收购要约期限届满前 20 日内，收购人不得变更要约

B. 收购人可以将原定的收购期限从 30 日改为 40 日

C. 收购人可以减少预定收购的股份数额

D. 收购人可以根据证券市场变化，降低收购价格

【答案】 ACD

【解析】 选项 A，收购人可以变更其收购要约，但在收购要约期限届满前 15 日内，收购人不得变更收购要约，除非出现竞争要约。选项 B、C、D，收购要约变更不得存在下列情形：（1）降低收购价格。（2）减少预定收购股份数额。（3）缩短收购期限。

🔟 信息披露

一、考点解读

（一）信息披露的义务人

信息披露的义务是一种法定义务，而非合同义务。

（二）信息披露的原则与要求

（1）时间一致性要求：①证券同时在境内境外公开发行、交易的，信息披露义务人在境外披露的信息，应当在境内同时披露；②除法律、行政法规另有规定的外，信息披露义务人披露的信息应当同时向所有投资者披露，不得提前向任何单位和个人泄露。

（2）内容一致性要求信息披露义务人在强制信息披露以外，自愿披露信息的，所披露的信息不得与依法披露的信息相冲突，不得误导投资者。

（三）证券发行市场信息披露

（1）发行文件的预先披露制度。发行文件的预先披露制度是指发行人申请公开发行证券的，在依法向文件审核部门报送注册申请文件后，预先向社会公众披露有关注册申请文件，而不是等监管部门对发行注册之后再进行披露的制度。

（2）证券发行信息披露制度。发行证券的信息依法公开前，任何知情人不得公开或者泄露

该信息。该类信息披露文件主要有招股说明书、公司债券募集办法、上市公告书等。

（四）证券交易市场信息披露

1. 定期报告

定期报告的报告形式有年度报告、中期报告和季度报告。（1）在每一会计年度结束之日起4个月内，报送并公告年度报告，其中的年度财务会计报告应当经符合证券法规定的会计师事务所审计；（2）在每一会计年度的上半年结束之日起2个月内，报送并公告中期报告。

2. 临时报告

（1）股票发行公司发布临时报告的重大事件。①公司的经营方针和经营范围的重大变化；②公司的重大投资行为，公司在一年内购买、出售重大资产超过公司资产**总额30%**，或者公司营业用主要资产的抵押、质押、出售或者报废一次超过该资产**的30%**；③公司订立重要合同、提供重大担保或者从事关联交易，可能对公司的资产、负债、权益和经营成果产生重要影响；④公司发生重大债务和未能清偿到期重大债务的违约情况；⑤公司发生重大亏损或者重大损失；⑥公司生产经营的外部条件发生的重大变化；⑦公司的董事、1/3以上监事或者经理发生变动，董事长或者经理无法履行职责；⑧持有公司5%以上股份的股东或者实际控制人持有股份或者控制公司的情况发生较大变化，公司的实际控制人及其控制的其他企业从事与公司相同或者相似业务的情况发生较大变化；⑨公司分配股利、增资的计划，公司股权结构的重要变化，公司减资、合并、分立、解散及申请破产的决定，或者依法进入破产程序、被责令关闭；⑩涉及公司的重大诉讼、仲裁，股东大会、董事会决议被依法撤销或者宣告无效；⑪公司涉嫌犯罪被依法立案调查，公司的控股股东、实际控制人、董事、监事、高级管理人员涉嫌犯罪被依法采取强制措施；⑫国务院证券监督管理机构规定的其他事项。公司的控股股东或者实际控制人对重大事件的发生、进展产生较大影响的，应当及时将其知悉的有关情况书面告知公司，并配合公司履行信息披露义务。

（2）公司债券上市交易公司发布临时报告的重大事件。①公司股权结构或者生产经营状况发生重大变化；②公司债券信用评级发生变化；③公司重大资产抵押、质押、出售、转让、报废；④公司发生未能清偿到期债务的情况；⑤公司新增借款或者对外提供担保超过上年末净资产的20%；⑥公司放弃债权或者财产超过上年年末净资产的10%；⑦公司发生超过上年年末净资产10%的重大损失；⑧公司分配股利，作出减资、合并、分立、解散及申请破产的决定，或者依法进入破产程序、被责令关闭；⑨涉及公司的重大诉讼、仲裁；⑩公司涉嫌犯罪被依法立案调查，公司的控股股东、实际控制人、董事、监事、高级管理人员涉嫌犯罪被依法采取强制措施；⑪国务院证券监督管理机构规定的其他事项。

> **提示** 出现下列情形之一的，上市公司应当及时披露相关事项的现状、可能影响事件进展的风险因素：a. 该重大事件难以保密；b. 该重大事件已经泄露或者市场出现传闻；c. 公司证券及其衍生品种出现异常交易情况。

（五）董事、监事、高管的信息披露职责

发行人的董事、高级管理人员应当对证券发行文件和定期报告签署书面确认意见；发行人的监事会应当对董事会编制的证券发行文件和定期报告进行审核并提出书面审核意见，监事应当签署书面确认意见。

（六）信息的发布与信息披露的监督

1. 信息的发布

（1）定期报告的编制、审议和披露程序。负有定期报告披露义务的公司应当制定定期报告的编制、审议、披露程序。

（2）重大事件的报告、传递、审核和披露程序。负有定期报告披露义务的公司应当制定重大事件的报告、传递、审核、披露程序。董事、监事、高级管理人员知悉重大事件发生时，应当按照公司规定立即履行报告义务；董事长在接到报告后，应当立即向董事会报告，并敦促董事会秘书组织临时报告的披露工作。

2. 信息披露的监督管理

国务院证券监督管理机构对信息披露义务人的信息披露行为进行监督管理。证券交易场所应当对其组织交易的证券的信息披露义务人的信息披露行为进行监督，督促其依法及时、准确地披露信息。

（七）信息披露的民事责任

发行人及其控股股东、实际控制人、董事、监事、高级管理人员等作出公开承诺的，其承诺属于强制披露内容，不履行承诺给投资者造成损失的，应当依法承担赔偿责任。

二、例题点津

【例题1·单选题】下列关于股票发行公司发布临时报告的重大事件说法不正确的是（　　）。

A. 公司经营方针和经营范围的重大变化

B. 公司在一年内购买、出售重大资产超过公司资产总额20%

C. 公司发生重大亏损或者重大损失

D. 公司营业用主要资产的抵押、质押、出售或者报废一次超过该资产的30%

【答案】 B

【解析】 选项B不正确，公司在一年内购买、出售重大资产超过公司资产总额30%属于股票发行公司发布临时报告的重大事件。

【例题2·多选题】下列属于股票发行公司发布临时报告的重大事件的有（　　）。

A. 公司的经营方针和经营范围的重大变化

B. 公司的重大投资行为，公司在一年内购买、出售重大资产超过公司资产总额30%，或者公司营业用主要资产的抵押、质押、出售或者报废一次超过该资产的30%

C. 公司生产经营的外部条件发生的重大变化

D. 持有公司5%以上股份的股东或者实际控制人持有股份或者控制公司的情况发生较大变化，公司的实际控制人及其控制的其他企业从事与公司相同或者相似业务的情况发生较大变化

【答案】 ABCD

【解析】 股票发行公司发布临时报告的重大事件有：（1）公司的经营方针和经营范围的重大变化；（2）公司的重大投资行为，公司在一年内购买、出售重大资产超过公司资产总额30%，或者公司营业用主要资产的抵押、质押、出售或者报废一次超过该资产的30%；（3）公

司订立重要合同、提供重大担保或者从事关联交易，可能对公司的资产、负债、权益和经营成果产生重要影响；（4）公司发生重大债务和未能清偿到期重大债务的违约情况；（5）公司发生重大亏损或者重大损失；（6）公司生产经营的外部条件发生的重大变化；（7）公司的董事、1/3以上监事或者经理发生变动，董事长或者经理无法履行职责；（8）持有公司5%以上股份的股东或者实际控制人持有股份或者控制公司的情况发生较大变化，公司的实际控制人及其控制的其他企业从事与公司相同或者相似业务的情况发生较大变化；（9）公司分配股利、增资的计划，公司股权结构的重要变化，公司减资、合并、分立、解散及申请破产的决定，或者依法进入破产程序、被责令关闭；（10）涉及公司的重大诉讼、仲裁，股东大会、董事会决议被依法撤销或者宣告无效；（11）公司涉嫌犯罪被依法立案调查，公司的控股股东、实际控制人、董事、监事、高级管理人员涉嫌犯罪被依法采取强制措施；（12）国务院证券监督管理机构规定的其他事项。公司的控股股东或者实际控制人对重大事件的发生、进展产生较大影响的，应当及时将其知悉的有关情况书面告知公司，并配合公司履行信息披露义务。

【例题3·多选题】下列属于公司债券上市交易公司发布临时报告的重大事件的有（　　）。

A. 公司股权结构或者生产经营状况发生重大变化

B. 公司重大资产抵押、质押、出售、转让、报废

C. 公司新增借款或者对外提供担保超过上年年末净资产的20%

D. 公司发生超过上年年末净资产10%的重大损失

【答案】 ABCD

【解析】 公司债券上市交易公司发布临时报告的重大事件有：（1）公司股权结构或者生产经营状况发生重大变化；（2）公司债券信用评级发生变化；（3）公司重大资产抵押、质押、出售、转让、报废；（4）公司发生未能清偿到期债务的情况；（5）公司新增借款或者对外提

供担保超过上年年末净资产的20%；（6）公司放弃债权或者财产超过上年年末净资产的10%；（7）公司发生超过上年年末净资产10%的重大损失；（8）公司分配股利，作出减资、合并、分立、解散及申请破产的决定，或者依法进入破产程序、被责令关闭；（9）涉及公司的重大诉讼、仲裁；（10）公司涉嫌犯罪被依法立案调查，公司的控股股东、实际控制人、董事、监事、高级管理人员涉嫌犯罪被依法采取强制措施；（11）国务院证券监督管理机构规定的其他事项。

【例题4·多选题】 下列属于信息披露义务人披露信息时贯彻的一致性原则的有（　　）。

A. 证券同时在境内境外公开发行、交易的，信息披露义务人在境外披露的信息，应当在境内同时披露

B. 除法律、行政法规另有规定的外，信息披露义务人披露的信息应当同时向所有投资者披露，不得提前向任何单位和个人泄露

C. 任何单位和个人不得非法要求信息披露义务人提供依法需要披露但尚未披露的信息，任何单位和个人对于依法提前获知的信息，在依法披露前应当保密

D. 信息披露义务人在强制信息披露以外，自愿披露信息的，所披露的信息不得与依法披露的信息相冲突

【答案】 ABCD

【解析】 选项A、B、C属于时间一致性原则，选项D属于内容一致性原则。

【例题5·判断题】 发起人、控股股东等实际控制人、保荐人、证券承销商等，均应当及时依法履行信息披露义务。（　　）

【答案】 √

【解析】 信息披露的义务是一种法定义务，而非合同义务。信息披露义务人的范围由《证券法》规定，除发行人外，法律、行政法规和国务院证券监督管理机构规定的其他信息披露义务人，如发起人、控股股东等实际控制人、保荐人、证券承销商等，均应当及时依法履行信息披露义务。

11 投资者保护

一、考点解读

（一）投资者适当性管理制度

在证券公司与投资者的关系上，证券公司依法承担适当性管理义务。

（1）证券公司向投资者销售证券、提供服务时：

①应当按照规定充分了解投资者的基本情况、财产状况、金融资产状况、投资知识和经验、专业能力等相关信息。

②如实说明证券、服务的重要内容，充分揭示投资风险。

③销售、提供与投资者上述状况相匹配的证券、服务。

（2）投资者在购买证券或者接受服务。应当按照证券公司明示的要求提供上述所列真实信息。

（二）证券公司与普通投资者纠纷的自证清白制度

《证券法》根据财产状况、金融资产状况、投资知识和经验、专业能力等因素，将投资者分为普通投资者和专业投资者，对于普通投资者实行特殊保护。

（三）股东代理权征集制度

股东代理权征集是指上市公司董事会、独立董事、持有1%以上有表决权股份的股东，依照法律、行政法规或者国务院证券监督管理机构的规定设立的投资者保护机构（以下简称"投资者保护机构"），可以作为征集人，自行或者委托证券公司、证券服务机构，公开请求上市公司股东委托其代为出席股东大会，并代为行使提案权、表决权等股东权利。

（四）上市公司现金分红制度

上市公司应当在章程中明确分配现金股利的具体安排和决策程序，依法保障股东的资产收益权。上市公司当年税后利润，在弥补亏损及提取法定公积金后有盈余的，应当按照公司章程的规定分配现金股利。

（五）公司债券持有人会议制度与受托管理人制度

（1）公司债券持有人会议是为了公司债权人的共同利益设立的，通过会议的形式集体行权的法律机制。

（2）公开发行公司债券的，发行人应当为债券持有人聘请债券受托管理人，并订立债券受托管理协议。

（六）先行赔付制度

《证券法》确立了先行赔付制度，发行人因欺诈发行、虚假陈述或者其他重大违法行为给投资者造成损失的，发行人的控股股东、实际控制人、相关的证券公司可以委托投资者保护机构，就赔偿事宜与受到损失的投资者达成协议，予以先行赔付。先行赔付后，可以依法向发行人以及其他连带责任人追偿。

（七）普通投资者与证券公司纠纷的强制调解制度

（1）投资者与发行人、证券公司等发生纠纷的，双方可以向投资者保护机构申请调解。

（2）普通投资者与证券公司发生证券业务纠纷，普通投资者提出调解请求的，证券公司不得拒绝。

提示　投资者保护机构对损害投资者利益的行为，可以依法支持投资者向人民法院提起诉讼。

（八）投资者保护机构的代表诉讼制度

《证券法》确立了投资者保护机构的代表诉讼，发行人的董事、监事、高级管理人员执行公司职务时违反法律、行政法规或者公司章程的规定给公司造成损失，发行人的控股股东、实际控制人等侵犯公司合法权益给公司造成损失，投资者保护机构持有该公司股份的，可以为公司的利益以自己的名义向人民法院提起诉讼，持股比例和持股期限不受《公司法》规定的限制。

（九）代表人诉讼制度

《证券法》的代表人诉讼区分为投资者代表人诉讼和投资者保护机构的代表人诉讼。

（1）投资者代表人诉讼是由依法推选出的投资者代表其他众多投资者进行的诉讼。

（2）投资者保护机构的代表人诉讼是由投资者保护机构代表投资者进行的诉讼。

二、例题点津

【例题1·单选题】下列关于普通投资者与证券公司纠纷的强制调解制度表述，不正确的是（　　）。

A. 投资者与发行人、证券公司等发生纠纷的，双方可以向投资者保护机构申请调解

B. 普通投资者与证券公司发生证券业务纠纷，普通投资者提出调解请求的，证券公司不得拒绝

C. 投资者保护机构对损害投资者利益的行为，可以依法支持投资者向人民法院提起诉讼

D. 普通投资者与证券公司发生证券业务纠纷，普通投资者提出调解请求的，证券公司可以拒绝

【答案】D

【解析】选项D错误。普通投资者与证券公司发生证券业务纠纷，普通投资者提出调解请求的，证券公司不得拒绝。

【例题2·多选题】下列关于证券公司与普通投资者纠纷的自证清白制度表述，正确的有（　　）。

A. 专业投资者的标准授权国务院证券监督管理机构规定，专业投资者以外的人为普通投资者

B. 普通投资者与证券公司发生纠纷的，证券公司应当证明其行为符合法律、行政法规以及国务院证券监督管理机构的规定，不存在误导、欺诈等情形

C. 对于普通投资者实行特殊保护

D. 根据财产状况、金融资产状况、投资知识和经验、专业能力等因素，将投资者分为普通投资者和专业投资者

【答案】ABCD

【解析】《证券法》根据财产状况、金融资产状况、投资知识和经验、专业能力等因素，将投资者分为普通投资者和专业投资者，对于普通投资者实行特殊保护。专业投资者的标准授权国务院证券监督管理机构规定，专业投资者以外的人为普通投资者。普通投资者与证券公司发生纠

纷的，**证券公司应当证明其行为符合法律、行政法规以及国务院证券监督管理机构的规定，不存**在误导、欺诈等情形。**证券公司不能证明**的，**应当承担相应的赔偿责任。**

【例题3·多选题】根据证券法律制度的规定，发行人因欺诈发行、虚假陈述或者其他重大违法行为给投资者造成损失的，特定主体可以委托投资者保护机构，就赔偿事宜与受到损失的投资者达成协议，予以先行赔付。该特定主体有（　　）。

A. 发行人的控股股东

B. 发行人的实际控制人

C. 相关的证券公司

D. 发行人的董事、高级管理人员

【答案】 ABC

【解析】 发行人因欺诈发行、虚假陈述或者其他重大违法行为给投资者造成损失的，发行人的控股股东、实际控制人、相关的证券公司可以委托投资者保护机构，就赔偿事宜与受到损失的

投资者达成协议，予以先行赔付。先行赔付后，可以依法向发行人以及其他连带责任人追偿。因此，选项A、B、C当选。

【例题4·判断题】股权征集是指上市公司董事会、独立董事、持有3%以上有表决权股份的股东，依照法律、行政法规或者国务院证券监督管理机构的规定设立的投资者保护机构，可以作为征集人，自行或者委托证券公司、证券服务机构，公开请求上市公司股东委托其代为出席股东大会，并代为行使提案权、表决权等股东权利。（　　）

【答案】 ×

【解析】 股权征集是指上市公司董事会、独立董事、持有1%以上有表决权股份的股东，依照法律、行政法规或者国务院证券监督管理机构的规定设立的投资者保护机构，可以作为征集人，自行或者委托证券公司、证券服务机构，公开请求上市公司股东委托其代为出席股东大会，并代为行使提案权、表决权等股东权利。

第三单元　保险法律制度

1 保险与保险法概述

一、考点解读

（一）保险的概述

1. 保险的概念

保险是指投保人根据合同约定，向保险人支付保险费，保险人对于合同约定的可能发生的事故因其发生所造成的财产损失承担赔偿保险金责任，或者当被保险人死亡、伤残、疾病或者达到合同约定的年龄、期限等条件时承担给付保险金责任的商业保险行为。

2. 保险的本质

保险的本质并不是保证危险不发生，或不遭受损失，而是对危险发生后遭受的损失予以经济补偿。

3. 保险的构成要素

（1）可保危险的存在。①危险发生与否很

难确定，不可能或不会发生的危险投保人不会投保，可能或肯定会发生的危险保险人也不会承保；②危险何时发生很难确定；③危险发生的原因与后果很难确定；④危险的发生对于投保人或被保险人来说，必须是非故意的。

（2）以多数人参加保险并建立基金为基础。保险是一种集合危险、分散损失的经济制度，参加保险的人越多，积聚的保险基金就越多，损失补偿的能力就越强。

（3）以损失赔付为目的。

（二）保险法的概念

保险法是调整保险关系的法律规范的总称。保险法有狭义和广义之分。狭义的保险法仅指保险法典，广义的保险法不仅包括保险法典，还包括其他法律法规中有关保险的规定。保险法的内容一般包括保险业法、保险合同法和保险特别法。

（三）保险的分类

（1）根据保险责任发生的效力依据划分，

保险可分为强制保险和自愿保险。

（2）根据保险设立是否以营利为目的划分，保险可分为政策性保险和商业保险。

（3）根据保险标的的不同，保险可分为财产保险和人身保险。

（4）根据保险人是否转移保险责任划分，保险可分为原保险和再保险。

（5）根据保险人的人数划分，保险可分为单保险和复保险。

（四）保险法的基本原则

1. 最大诚信原则

保险人应当向投保人如实说明保险合同的条款内容，投保人对保险标的或者被保险人的有关情况应当如实告知。

（1）投保人如实告知义务。投保人故意隐瞒事实，不履行如实告知义务的，或者因过失未履行如实告知义务，足以影响保险人决定是否同意承保或者提高保险费率的，保险人有权解除保险合同。

投保人故意不履行如实告知义务的，保险人对于保险合同解除前发生的保险事故，不承担赔偿或者给付保险金的责任，并不退还保险费。

投保人因过失未履行如实告知义务，对保险事故的发生有严重影响的，保险人对于保险合同解除前发生的保险事故，不承担赔偿或者给付保险金的责任，但可以退还保险费。

（2）投保人保证义务。保证是指保险合同中向被保险人作出的履行某种特定义务的承诺，或担保某一事项的真实性。

如果投保人违反保证义务，保险人即可取得解除合同的权利或不负赔偿责任。

（3）弃权与禁止反言。弃权是保险人放弃因投保人或被保险人违反告知义务而产生的保险合同解除权。禁止反言是保险人放弃权利后，不得反悔再向对方主张解除权。根据保险法规定，保险人的解除权自知道解除事由之日起超过30日不行使而消灭。

2. 保险利益原则

保险利益是指投保人或者被保险人对保险标的具有法律上承认的利益。**保险利益**必须是**法律上承认的利益**；保险利益必须**具有经济性**；保险利益必须**具有确定性**。

（1）在**人身保险中**，投保人对下列人员具有**保险利益**：①**本人**；②**配偶、子女、父母**；③**上述人员以外**的与投保人有抚养、赡养或者扶养关系的**家庭其他成员、近亲属**；④与投保人有**劳动关系的劳动者**。

除上述规定外，被保险人同意投保人为其订立合同的，视为投保人对被保险人具有保险利益。

（2）在财产保险中，保险利益有三种形式：现有利益、期待利益（如合同利益）、责任利益（限于民事赔偿责任）。财产保险中享有保险利益的人员范围主要有：对财产享有法律上权利的人，如所有权人、抵押权人、留置权人等；财产保管人；合法占有财产的人，如承租人、承包人等。

提示 人身保险合同仅在合同订立时要求投保人对被保险人具有保险利益，并不要求保险责任期间始终存在保险利益关系。

3. 损失补偿原则

（1）被保险人只有遭受约定的保险危险所造成的损失才能获得赔偿，如果有险无损或有损但并非约定的保险事故所造成，被保险人都无权要求保险人给予赔偿。

（2）补偿的金额等于实际损失的金额。从损失赔偿原则中派生出来的还有保险代位原则和重复保险分摊制度。

4. 近因原则

保险人对承保范围内的保险事故作为直接的、最接近的原因所引起的损失，承担保险责任。

二、例题点津

【例题1·多选题】下列关于保险分类表述正确的有（　　　）。

A. 根据保险责任发生的效力依据，保险分为强制保险和自愿保险

B. 根据保险标的的不同，保险可分为商业保险和政策性保险

C. 根据保险人的人数划分，保险可分为单保险和复保险

D. 根据保险设立是否以营利为目的划分，保险可分为财产保险和人身保险

【答案】AC

【解析】选项 B 错误，根据保险标的的不同，保险可分为财产保险和人身保险；选项 D 错误，根据保险设立是否以营利为目的划分，保险可分为商业保险和政策性保险。

【例题 2·多选题】根据保险法律制度的规定，下列关于保险利益的表述中，正确的有（   ）。

A. 财产保险的被保险人在保险事故发生时，对保险标的应当具有保险利益

B. 保险利益必须是确定的、客观存在的利益，包括现有利益和期待利益

C. 人身保险的投保人在保险合同订立时，对被保险人应当具有保险利益

D. 保险利益必须是得到法律认可和保护的合法利益

【答案】ABCD

【解析】财产保险的被保险人在保险事故发生时，对保险标的应当具有保险利益，选项 A 正确；保险利益必须是确定的、客观存在的利益，包括现有利益和期待利益，选项 B 正确；人身保险的投保人在保险合同订立时，对被保险人应当具有保险利益，选项 C 正确；保险利益是投保人或被保险人对保险标的具有的法律上承认的利益，选项 D 正确。

2 保险合同

一、考点解读

（一）保险合同的特征及分类

1. 保险合同的特征

（1）保险合同是**双务有偿**合同。

（2）保险合同是**射幸**合同。

（3）保险合同是**诺成**合同。

（4）保险合同是**格式**合同。

鉴于保险合同的格式化特点，我国《保险法》规定了对格式条款的制约机制：

①订立保险合同，采用保险人提供的格式条款的，保险人向投保人提供的投保单应当附格式条款，保险人应当向投保人说明合同的内容。

②采用保险人提供的格式条款订立的保险合同中的下列条款无效：免除保险人依法应承担的义务或者加重投保人、被保险人责任的；排除投保人、被保险人或者受益人依法享有的权利的。

③采用保险人提供的格式条款订立的保险合同，保险人与投保人、被保险人或者受益人对合同条款有争议的，应当按照通常理解予以解释。

（5）保险合同是**最大诚信合同**。

2. 保险合同的分类

（1）根据保险合同中的保险价值是否先予确定为标准，可将保险合同分为定值保险合同与不定值保险合同。

（2）根据保险价值与保险金额的关系，可将保险合同分为足额保险合同、不足额保险合同和超额保险合同。

（3）按照保险合同的性质，保险合同可以分为补偿性保险合同和给付性保险合同。

（二）保险合同当事人及关系人

1. 保险合同当事人

保险合同当事人是指投保人和保险人。

保险人是指与投保人订立保险合同，并按照合同约定承担赔偿或者给付保险金责任的保险公司。

投保人是指与保险人订立保险合同，并按照合同约定负有支付保险费义务的人。

2. 保险合同的关系人

保险合同关系人包括被保险人和受益人。

被保险人是指其财产或者人身受保险合同保障，享有保险金请求权的人，投保人可以为被保险人。

受益人是指人身保险合同中由被保险人或者投保人指定的享有保险金请求权的人，投保人、被保险人可以为受益人。

（三）保险合同的订立

投保人提出保险要求，经保险人同意承保，并就合同的条款达成协议，保险合同成立。

1. 投保

投保是投保人向保险人提出要求保险的意思

表示，是保险合同订立中的要约。

2. 承保

承保是保险人同意投保人提出保险要求的意思表示，是保险合同订立中的承诺。

投保人提出保险要求，经保险人同意承保，保险合同成立。投保人或者投保人的代理人订立保险合同时没有亲自签字或者盖章，而由保险人或者保险人的代理人代为签字或者盖章的，对投保人不生效。但投保人已经交纳保险费的，视为其对代签字或者盖章行为的追认。

（四）保险合同的条款

（1）保险人的名称和住所。

（2）投保人、被保险人的姓名或者名称、住所，以及人身保险的受益人的姓名或者名称、住所。

（3）保险标的。保险标的是指保险合同所要保障的对象。

（4）保险责任和责任免除。保险责任是指保险合同约定的保险事故的发生造成被保险人财产损失或在约定的人身事件到来时，保险人所应承担的责任。

（5）保险期间和保险责任开始期间。保险期间是指保险人提供保险保障的期间，在该期间内发生保险事故并致使保险标的损害的，保险人承担保险责任。

（6）保险金额。保险金额是指保险人承担赔偿或者给付保险金责任的最高限额，也是保险人计算保险费的依据之一。

（7）保险费以及支付办法。保险费是投保人依合同约定向保险人支付的费用，是投保人为获得保险保障应支付的对价。

（8）保险金赔偿或者给付办法。保险金是指保险人根据保险合同的约定，对被保险人或者受益人进行给付的金额；或者当保险事故发生时，对物质损失进行赔偿的金额。

（9）违约责任和争议处理。

（10）订立合同的年、月、日。

（五）保险合同的形式

1. 保险单

保险单是保险人签发的关于保险合同的正式的书面凭证。

（1）保险单是证明保险合同成立的书面凭证；

（2）保险单是双方当事人履约的依据；

（3）在某些情况下，保险单具有有价证券的效用。

2. 保险凭证

保险凭证也称小保单，是一种简化的保险单。

3. 暂保单

暂保单是在保险单发出以前由保险人出具给投保人的一种临时保险凭证。暂保单不同于保险单，在保险人正式签发保险单之前，与保险单具有同等法律效力。暂保单的有效期限较短，可由保险人具体规定，一般 15 日至 30 日不等。若保险人出具正式保险单或暂保单的有效期限届满，暂保单的法律效力自动终止。

4. 投保单

投保单是保险人事先制定的供投保人提出保险要约时使用的格式文件。投保单本身不是保险合同，但投保单经投保人填具后，如果其内容被保险人完全接受，并在投保单上加盖承保印章时，就成为保险合同的组成部分，补充保险单的不清或遗漏。投保人在其填写的投保单中如有告知不实，又不声明修正的，投保单就会成为保险人解除保险合同或者拒绝承担保险责任的依据。

（六）保险合同的履行

1. 投保人、被保险人的义务

（1）**支付保险费的义务**。支付保险费是投保人最基本和最主要的义务。投保人支付保险费，应按照保险合同约定的数额、期限及方式等条件支付。当事人以被保险人、受益人或者他人已经代为支付保险费为由，主张投保人对应的交费义务已经履行的，人民法院应予支持。

提示 我国《保险法》规定，人身保险合同约定分期支付保险费，投保人支付首期保险费后，除合同另有约定外，投保人自保险人催告之日起超过 30 日未支付当期保险费，或者超过约定的期限 60 日未支付当期保险费的，合同效力中止，或者由保险人按照合同约定的条件减少保险金额。对于人寿保险的保险费，保险人不得用诉讼方式要求投保人支付。

（2）**危险增加的通知义务**。订立保险合同时双方当事人未曾估计到危险发生的可能性增大，其后果是保险人有权要求提高保险费或解除合同的责任。

（3）**保险事故发生后的通知义务**。投保人、被保险人或者受益人知道保险事故发生后，应当及时通知保险人。故意或者因重大过失未及时通知，致使保险事故的性质、原因、损失程度等难以确定的部分，不承担赔偿或者给付保险金的责任，但保险人通过其他途径已经及时知道或者应当及时知道保险事故发生的除外。

（4）**接受保险人检查，维护保险标的安全义务**。保险人可以按照合同约定对保险标的的状况进行检查，及时向投保人、被保险人提出消除不安全因素和隐患的书面建议。投保人、被保险人未按照约定履行其对保险标的的安全应尽责任的，保险人有权要求增加保险费或者解除合同。

（5）积极施救义务。保险事故发生时，被保险人应当尽力采取必要的措施，防止或者减少损失。

2. 保险人的义务

（1）给付保险赔偿金或保险金的义务。保险人应按照保险合同约定的时间开始承担保险责任，并在保险事故发生后或保险合同约定的事件到来时对损失给予赔偿或向受益人支付保险金。

（2）支付其他合理、必要费用的义务。①为防止或者减少保险标的的损失所支付的合理、必要的费用，如施救费用等。②为查明和确定保险事故的性质、原因和保险标的的损失程度所支付的合理、必要的费用。③责任保险中被保险人被提起诉讼或仲裁的费用及其他合理的、必要的费用。

3. 索赔的时效与程序

索赔是法律赋予被保险人（投保人）或受益人的一项权利。财产保险合同的索赔权利人是被保险人，且其在保险事故发生时对保险标的应具有保险利益；人身保险合同的索赔权利人是被保险人或受益人。

保险事故发生后，索赔权利人应在规定的时间内向保险人索赔。

人寿保险的被保险人或者受益人向保险人请求给付保险金的诉讼时效期间为 5 年，自其知道

或者应当知道保险事故发生之日起计算。人寿保险以外的其他保险的被保险人或者受益人，向保险人请求赔偿或者给付保险金的诉讼时效期间为 2 年，自其知道或者应当知道保险事故发生之日起计算。

商业责任险的被保险人请求赔偿保险金的诉讼时效期间，自被保险人对第三方应负的赔偿责任确定之日起计算。

投保人、被保险人或者受益人知道保险事故发生后，应当及时通知保险人，并有义务保护现场，接受保险人的检验与勘查，进而提出索赔请求，提供索赔证据，领取保险赔偿金或保险金。

4. 理赔

理赔是指保险人接受索赔权利人的索赔要求后所进行的检验损失、调查原因、搜集证据、确定责任范围直至赔偿、给付的全部工作和过程。

（七）保险合同的变更

1. 投保人、被保险人的变更

投保人、被保险人的变更又称为保险合同的转让，是指保险人、保险标的和保险内容均不改变，而投保人或被保险人发生变更的行为。

2. 保险合同内容的变更

投保人和保险人可以协商变更合同内容。一般情况下，变更保险合同的内容需要取得保险人的同意，但是，在人身保险合同中，投保人或者被保险人变更受益人，当事人主张变更行为自变更意思表示发出时生效的，人民法院应予支持。

3. 保险合同效力的变更

保险合同效力的变更是指人身保险合同失效后又复效的情况。自合同效力中止之日起满 2 年未达成协议的，保险人有权解除合同。

（八）保险合同的解除

1. 投保人的合同解除权

除《保险法》另有规定或者保险合同另有约定外，保险合同成立后，投保人可以解除合同，保险人不得解除合同。

2. 保险人的合同解除权

（1）投保人故意或者因重大过失未履行如实告知义务，足以影响保险人决定是否同意承保或者提高保险费率的。

（2）被保险人或者受益人未发生保险事故，

谎称发生了保险事故，向保险人提出赔偿或者给付保险金请求的，保险人有权解除合同，并不退还保险费。投保人、被保险人故意制造保险事故的，保险人有权解除合同，不承担赔偿或者给付保险金的责任。

（3）投保人、被保险人未按照合同约定履行其对保险标的的安全应尽责任的，保险人有权解除合同。

（4）在合同有效期内，保险标的的危险程度显著增加，被保险人未按合同约定及时通知保险人的或者保险人要求增加保险费被拒绝的，保险人有权解除合同。

（5）投保人申报的被保险人年龄不真实，并且其真实年龄不符合合同约定的年龄限制的，保险人可以解除合同。

（6）人身保险合同效力中止之日起满两年，保险合同双方当事人未达成协议恢复合同效力的，保险人有权解除合同。

提示 保险标的发生部分损失的，自保险人赔偿之日起 30 日内，投保人可以解除合同；除合同另有约定外，保险人也可以解除合同，但应当提前 15 日通知投保人，合同解除的，保险人应将保险标的未受损失部分的保险费，按照合同约定扣除自保险责任开始之日起至合同解除之日止应收的部分后，退还投保人。

3. 当事人不得解除的保险合同

货物运输保险合同和运输工具航程保险合同，其保险责任开始后，合同当事人不得解除合同。

（九）财产保险合同中的特殊制度

财产保险的显著特征是损失补偿，足额保险的补偿金额等于实际损失金额；不足额保险的情况下，除合同另有约定外，保险人按照保险金额与保险价值的比例承担损失赔偿责任，即比例赔偿。财产保险的被保险人不能因保险关系获得任何额外利益。

1. 重复保险的分摊制度

（1）重复保险的界定分为两种情况。①不同投保人就同一保险标的分别投保，保险事故发生后，被保险人在其保险利益范围内依据保险合同主张保险赔偿的，人民法院应予支持。②同一

投保人对同一保险标的、同一保险利益、同一保险事故分别与两个以上保险人订立保险合同。若各保险合同的保险金额总和并未超过保险标的的价值，也不是重复保险，此种情况称为共同保险。

（2）投保人的通知义务。重复保险的投保人应当将重复保险的有关情况通知各保险人。通知的方式：口头、书面或其他方式均可。

（3）重复保险的责任分摊。重复保险的各保险人赔偿保险金的总和不得超过保险价值。除合同另有约定外，各保险人按照其保险金额与保险金额总和的比例承担赔偿保险金的责任。

2. 物上代位制度

（1）物上代位的概念。物上代位是一种所有权的代位，当保险标的因遭受保险事故而发生全损，保险人在支付全部保险金额之后，即拥有对该保险标的的物的所有权，即保险人代位取得对受损保险标的的权利。

（2）物上代位的成立要件。**只有支付了全部保险金额，保险人才享有物上代位权**。保险事故发生时，有全部损失和部分损失两种结果：①全部损失时，保险人支付全部保险金额；②部分损失时，保险人仅支付部分保险金额。

3. 代位求偿制度

（1）代位求偿的概念。代位求偿是指保险人在向被保险人赔偿损失后，取得了该被保险人享有的依法向负有民事赔偿责任的第三人追偿的权利，并据此权利予以追偿的制度。代位求偿制度是损失补偿原则的体现。

（2）代位求偿的成立要件。

①保险事故的发生是由第三者的行为引起的。

②被保险人未放弃向第三者的赔偿请求权。

③代位求偿权的产生须在保险人支付保险金之后。

（十）人身保险合同的特殊条款

1. 迟交宽限条款

人寿保险具有长期性，大部分合同约定分期交纳保险费，并在合同中订明各期保费的交纳数额和交款的时间间隔。宽限期为 30 天或 60 天。

2. 中止、复效条款

保险合同效力中止的规定，自中止之日起 2 年内，经保险人与投保人协商并达成协议，在投

第六章

保人补交保险费后，合同效力还可以恢复。

自合同效力中止之日起满2年双方未达成协议的，保险人有权解除合同。保险人解除合同的，应当按照合同约定退还保险单的现金价值。

3. 不丧失价值条款

这里的价值是指现金价值。现金价值实际上是解约返还金，是投保人退保、保险人解除保险合同或免于承担保险责任时，由保险人向投保人（特定情况下为其他权利人）退还的那部分金额。

（1）投保人申报的被保险人年龄不真实，并且其真实年龄不符合合同约定的年龄限制的，保险人可以解除合同，并按照合同约定退还保险单的现金价值。

（2）投保人故意造成被保险人死亡、伤残或者疾病的，保险人不承担给付保险金的责任，投保人已交足2年以上保险费的，保险人就应当按照合同约定向其他权利人退还保险单的现金价值。

（3）因被保险人故意犯罪或者抗拒依法采取的刑事强制措施导致其伤残或者死亡的，保险人不承担给付保险金的责任。投保人已交足2年以上保险费的，保险人应当按照合同约定退还保险单的现金价值。

4. 误告年龄条款

人身保险合同中，被保险人的年龄是一个重要的因素，关系到保费的数额。

（1）若投保人申报的被保险人的年龄不真实，致使投保人支付的保险费少于应付保险费的，保险人有权更正并要求投保人补交保险费，或在给付保险金时按照实付保险费与应付保险费的比例支付。

（2）若投保人为此支付的保险费多于应交保险费，保险人应当将多收的保险费退还投保人。

5. 自杀条款

以被保险人死亡为给付保险金条件的合同，自合同成立或者合同效力恢复之日起2年内，被保险人自杀的，保险人不承担给付保险金的责任，但被保险人自杀时为无民事行为能力人的除外。

二、例题点津

【例题1·单选题】根据《保险法》的规定，下列关于保险合同成立时间的表述中，正确的是（ ）。

A. 投保人支付保险费时，保险合同成立

B. 保险人签发保险单时，保险合同成立

C. 保险代理人签发暂保单时，保险合同成立

D. 投保人提出保险要求，保险人同意承保时，保险合同成立

【答案】D

【解析】本题考核保险合同成立。投保人提出保险要求，经保险人同意承保，保险合同成立。

【例题2·单选题】根据《保险法》的规定，保险人对保险合同中的免责条款未作提示或未明确说明的，该免责条款（ ）。

A. 不产生效力　　　B. 效力待定

C. 可撤销　　　　　D. 可变更

【答案】A

【解析】对保险人的免责条款，保险人在订立合同时应以书面或口头形式向投保人说明，未作提示或未明确说明的，该条款不产生效力。

【例题3·单选题】2018年刘某为自己投保人寿保险，并指定其妻宋某为受益人。2020年刘某实施抢劫时被他人捅死。事后，宋某请求保险公司支付保险金遭到拒绝。经查，刘某已交纳3年保险费。下列关于保险公司是否承担支付保险金责任的表述中，符合保险法律制度规定的是（ ）。

A. 保险公司应承担支付保险金的责任

B. 保险公司不承担支付保险金的责任，也不退还保险单的现金价值

C. 保险公司不承担支付保险金的责任，但应退还保险单的现金价值

D. 保险公司不承担支付保险金的责任，但应退还保险费

【答案】C

【解析】《保险法》规定：因被保险人故意犯罪或者抗拒依法采取的刑事强制措施导致其伤残或者死亡的，保险人不承担给付保险金的责任。投保人已交足2年以上保险费的，保险人应当按照合同约定退还保险单的现金价值。选项C正确。

【例题4·单选题】根据保险法律制度的规定，下列不属于保险人可以单方解除合同的情形是（ ）。

A. 投保人故意隐瞒与保险标的有关的重要

事实，未履行如实告知义务的

B. 投保人谎称发生保险事故的

C. 投保人在保险标的的危险程度显著增加时未按照合同约定及时通知保险人的

D. 投保人对保险事故的发生有重大过失的

【答案】D

【解析】本题考查保险合同解除的法定事由。投保人故意或者因重大过失未履行前款约定的如实告知义务，足以影响保险人决定是否同意承保或者提高保险费率的，保险人有权解除合同，选项A正确。未发生保险事故，被保险人或者受益人谎称发生了保险事故，向保险人提出赔偿或者给付保险金请求的，保险人有权解除合同，并不退还保险费，选项B正确。在合同有效期限内保险标的的危险程度显著增加的，被保险人未按照合同约定及时通知保险人，保险人可以解除合同，选项C正确。选项D不是保险人解除合同的法定事由。

【例题5·单选题】根据保险法律制度的规定，以保险标的的保险价值是否先予确定为标准，保险合同可以划分为（　　）。

A. 人身保险合同和财产保险合同

B. 定值保险合同和不定值保险合同

C. 足额保险合同、不足额保险合同和超额保险合同

D. 特定危险保险合同和一切险保险合同

【答案】B

【解析】以保险标的的保险价值是否先予确定为标准，保险合同可以划分为定值保险合同和不定值保险合同。

【例题6·多选题】根据《保险法》的规定，下列关于保险代位求偿权的表述正确的有（　　）。

A. 保险人未赔偿保险金之前，被保险人放弃对第三人请求赔偿的权利的，保险人不承担赔偿保险金的责任

B. 保险人向被保险人赔偿保险金后，被保险人未经保险人同意放弃对第三人请求赔偿的权利的，该放弃行为无效

C. 因被保险人故意致使保险人不能行使代位请求赔偿的权利的，保险人可以扣减或者要求

返还相应的保险金

D. 即使被保险人的家庭成员故意损害保险标的而造成保险事故，保险人也不得对被保险人的家庭成员行使代位求偿权

【答案】ABC

【解析】考查保险合同。选项D，除被保险人的家庭成员或者其组成人员"故意"对保险标的损害而造成保险事故外，保险人不得对被保险人的"家庭成员或者其组成人员"行使代位请求赔偿的权利，即故意造成保险事故的，有权行使代位请求赔偿的权利。

【例题7·判断题】投保人变更受益人未通知保险人，保险人主张变更对其不发生效力的，人民法院应予支持。（　　）

【答案】√

【解析】为了保护保险人的合理信赖，变更受益人没有通知保险人的，不得对抗保险人。

3 保险公司与保险中介人

一、考点解读

（一）保险公司

1. 保险公司的设立条件

（1）主要股东具有持续盈利能力，信誉良好，最近3年内无重大违法违规记录，净资产不低于人民币2亿元。

（2）有符合《保险法》和《公司法》规定的章程。

（3）有符合《保险法》规定的注册资本。设立保险公司，其注册资本的最低限额为人民币2亿元。国务院保险监督管理机构根据保险公司的业务范围、经营规模，可以调整其注册资本的最低限额，但不得低于人民币2亿元。保险公司的注册资本必须为实缴货币资本。

（4）有具备任职专业知识和业务工作经验的董事、监事和高级管理人员。

（5）有健全的组织机构和管理制度。

（6）有符合要求的营业场所和与经营有关的其他设施。

（7）法律、行政法规和国务院保险监督管理机构规定的其他条件。

提示 设立保险公司应当经国务院保险监督管理机构批准。保险公司在中国境内、境外设立分支机构，应当经国务院保险监督管理机构批准。保险公司分支机构不具有法人资格，其民事责任由保险公司承担。

2. 保险公司的变更

保险公司设立后，如有下列变更事项之一的，须经保险监督管理机构批准：

（1）变更名称。

（2）变更注册资本。

（3）变更公司或者分支机构的营业场所。

（4）撤销分支机构。

（5）公司分立或者合并。

（6）修改公司章程。

（7）变更出资额占有限公司资本总额5%以上的股东，或者变更持有股份占有限公司5%以上的股东。

（8）保险监督管理机构规定的其他变更事项。

3. 保险公司的终止

（1）解散。保险公司因分立、合并或者公司章程规定的解散事由出现，经保险监督管理机构批准后解散。

经营有人寿保险业务的保险公司，除合并、分立或被依法撤销外，不得解散。

（2）被撤销。保险公司违反保险法有关规定，被保险监督管理机构吊销保险经营业务许可证的，依法撤销。

（3）破产。保险公司不能清偿到期债务，并且资产不足以清偿全部债务或明显缺乏清偿能力的，经保险监督管理机构同意，保险公司或其债权人可以依法向人民法院申请重整、和解或者破产清算。

经营有人寿保险业务的保险公司被依法撤销的或者被依法宣告破产的，其持有的人寿保险合同及责任准备金，必须转让给其他经营有人寿保险业务的保险公司；不能同其他保险公司达成转让协议的，由保险监督管理机构指定经营有人寿保险业务的保险公司接受转让。

4. 保险公司的业务范围

（1）人身保险业务，包括人寿保险、健康保险、意外伤害保险等。

（2）财产保险业务，包括财产损失保险、责任保险、信用保险、保证保险等以及国务院保险监督管理机构批准的与保险有关的其他业务。

提示 保险公司不得兼营人身保险业务和财产保险业务。但是，经营财产保险业务的保险公司经国务院保险监督管理机构批准，可以经营短期健康保险业务和意外伤害保险业务。

5. 保险公司的资金运用限制

保险公司的资金运用限于下列形式：

（1）银行存款；

（2）买卖债券、股票、证券投资基金份额等有价证券；

（3）投资不动产；

（4）国务院规定的其他资金运用形式。

（二）保险代理人、保险经纪人和保险公估人

1. 保险代理人

（1）保险代理人是保险人的代理人。保险代理人接受保险人的委托，代表保险人的利益，以保险人的名义，在保险人授权范围内代理保险人进行保险业务。保险代理人的保险代理活动所产生的法律后果，由保险人承担。

（2）保险代理人必须与保险人签订委托代理合同。保险人委托保险代理人代为办理保险业务，应当与保险代理人签订委托代理协议，依法约定双方的权利和义务。

（3）保险代理人以保险人的名义，在保险人授权范围内代为保险业务的行为，由保险人承担责任。如果保险代理人存在表见代理的情形，保险人可以依法追究越权的保险代理人的责任。

（4）保险代理人可以是单位，也可以是个人。保险代理机构包括专门从事保险代理业务的保险专业代理机构和兼营保险代理业务的保险兼业代理机构。保险代理机构应当具备国务院保险监督管理机构规定的条件，取得经营保险代理业务许可证，并办理登记。

提示 个人保险代理人在代为办理人寿保险业务时，不得同时接受两个以上保险人的委托。

2. 保险经纪人

保险经纪人是基于投保人的利益，为投保人与保险人订立保险合同提供中介服务，并依法收取佣金的机构。

保险经纪人因过错给投保人、被保险人造成损失的，依法承担赔偿责任。

3. 保险公估人

保险公估人是指接受委托，专门从事保险标的或者保险事故评估、勘验、鉴定、估损理算等业务，并按约定收取报酬的机构。

保险公估人与保险代理人、保险经纪人一起构成了完整的保险中介人。三者分工不同、执行不同的职能，发挥不同的作用，不可或缺，无法相互替代。

二、例题点津

【例题 1 · 单选题】下列有关保险经纪人的表述中，正确的是（　　）。

A. 保险经纪人代表保险人的利益从事保险经纪行为

B. 保险经纪人可以是专门从事保险经纪活动的个人

C. 保险经纪人以自己的名义独立实施保险经纪行为

D. 保险经纪人向投保人和保险人双方收取佣金

【答案】C

【解析】保险经纪人代表投保人的利益，按照投保人的指示和要求行事，维护投保人、被保险人的利益；选项 A 不正确；保险经纪人只能是单位，不能是个人，选项 B 不正确；佣金一般由保险人支付，可以依合同约定由投保人支付，但不得同时向投保人和保险人双方收取佣金，选项 D 不正确。

【例题 2 · 多选题】根据《保险法》的规定，人身保险的投保人在订立保险合同时，对某些人员具有保险利益。该人员包括（　　）。

A. 投保人的父亲

B. 投保人赡养的伯父

C. 投保人抚养的外甥女

D. 投保人的孩子

【答案】ABCD

【解析】在人身保险中，投保人对下列人员具有保险利益：（1）本人；（2）配偶、子女、父母（选项 A、D）；（3）上述人员以外的与投保人有抚养、赡养或者扶养关系的家庭其他成员、近亲属（选项 B、C）；（4）与投保人有劳动关系的劳动者。

【例题 3 · 判断题】《保险法》的基本原则包括最大公平原则、保险收益原则、风险补偿原则和因果原则。（　　）

【答案】×

【解析】《保险法》的基本原则有最大诚信原则、保险利益原则、损失补偿原则和近因原则。

第四单元　信托法律制度

1 信托法基础理论

一、考点解读

（一）信托的概念、特征与基本法观念

1. 概念

信托是委托人基于对受托人的信任，将其财产权委托给受托人，由受托人按委托人的意愿以自己的名义，为受益人的利益或特定目的进行管理和处分的行为。我国信托法既强调信任关系，又强调财产管理功能。

2. 实质特征

一是信任，信托关系的成立与存续，以委托人对受托人的信任为基础与前提。

二是财产权的转移和分离。

三是财产管理与处分。

四是财产权与利益相分离。

3. 基本法观念

（1）财产权主体与利益主体相分离。信托财产权主体为受托人，利益主体为受益人。

（2）**信托财产独立**。

（3）**有限责任**。

（4）**信托管理的连续性**。

（二）信托法的概念

信托法是**调整信托关系、规范信托行为的法律规范的总称**。

信托关系是指**因信托达成，围绕信托财产在委托人、受托人与受益人之间形成的权利义务关系**。

信托行为是指在达成一项信托时，构成法律行为所要履行的手续。

（三）信托的制度功能

信托最为基本的制度功能为转移财产和管理财产。

转移财产是指委托人将信托财产转移给受托人，实现信托财产与委托人的分离。转移财产是信托的初始功能。

（四）信托分类

1. 民事信托与商事信托

这是按照信托事务性质进行的分类。民事信托涉及的是民事范围的信托事务，如家族信托；商事信托涉及的是商事范围的信托事务，如公司资金运用信托。

2. 自益信托与他益信托

这是按照受益人与委托人关系进行的分类。自益信托是受益人与委托人合二为一的信托；他益信托是受益人与委托人以外的他人的信托。

3. 单独信托与集合信托

这是按照委托人人数的不同进行的分类。单独信托是接受单个委托人委托，按照委托人确定的财产管理方式，单独管理与运用信托财产的信托。集合信托是接受两个以上委托人的委托，按照委托人确定的管理方式，集合多数人的财产加以管理与运用，并将实现的收益按照个人财产比例或信托文件约定分给受益人的信托。公募证券投资基金是典型的集合资金信托。

4. 意定信托与法定信托

这是按照信托成立原因进行的分类。意定信托是基于委托人的意思表示，通过法律行为设立的信托；法定信托是基于法律规定而成立的信托。

5. 私益信托与公益信托

6. 营业信托与非营业信托

7. 契约信托与遗嘱信托

二、例题点津

【例题1·单选题】 根据受益人与委托人关系的不同，信托可分为（ ）。

A. 私益信托和公益信托

B. 自由信托和法定信托

C. 单一信托与集合信托

D. 自益信托和他益信托

【答案】 D

【解析】 自益信托是受益人与委托人合二为一的信托；他益信托是受益人与委托人以外的他人信托。

【例题2·多选题】 信托的基本特征包括（ ）。

A. 信托管理的连续性

B. 信托财产权利与利益相分离

C. 信托的安全

D. 信托财产的独立

【答案】 ABD

【解析】 信托的基本特征包括：（1）财产权主体与利益主体相分离；（2）信托财产的独立；（3）信托有限责任；（4）信托管理的连续性。

【例题3·判断题】 公益信托属于自益信托。（ ）

【答案】 ×

【解析】 公益信托属于他益信托。

2 信托的设立

一、考点解读

信托设立，是指通过财产所有人的明示行为或直接依据法律规则而确定信托当事人、信托意图和信托关系具体内容的过程。金融信托为意定信托，一般基于委托人的意思表示，通过合同行为设立。

（一）信托成立与生效

1. 信托成立

信托成立是指**当事人之间信托关系的依法确**

立。信托的成立以委托人和受托人达成设立信托的意思表示一致为条件，采取信托合同形式设立信托的，信托合同签订时，信托成立；采取其他书面形式设立信托的，受托人承诺信托时，信托成立。

设立遗嘱信托，**遗嘱指定的人拒绝或者无能力担任受托人，由受益人另行选任受托人的，受益人成为信托行为主体。**

2. 信托生效

信托生效是指信托产生法律约束力。

信托成立后，只有在信托当事人、信托财产、信托行为和信托目的的四个方面均符合《信托法》的生效条件，才能使已经成立的信托生效。

（1）**信托当事人要件。**信托生效要求信托当事人必须符合法律规定的主体资格要求，信托受益人或受益人范围能够确定。

委托人	具有完全民事行为能力的自然人、法人或者依法成立的其他组织
受托人	具有完全民事行为能力的自然人、法人

集合资金信托计划就要求委托人必须是合格投资者，且对自然人人数有不能超过 50 人的限定。此时，信托生效还须满足这些特定要求。

（2）**信托财产要件。**

设立信托，必须有确定的信托财产，并且该信托财产必须是委托人合法所有的财产。信托财产具有满足确定性、合法所有性与可转让性。

（3）**信托行为要件。**设立信托，委托人和受托人的意思表示应当真实，并应当采取书面形式。书面形式包括信托合同、遗嘱或者法律、行政法规规定的其他书面文件等。信托文件应当载明信托目的；委托人、受托人的姓名或者名称、住所；受益人或者受益人范围；信托财产的范围、种类及状况；受益人取得信托利益的形式、方法以及信托期限、信托财产的管理方法、受托人的报酬、新受托人的选任方式、信托终止事由等事项。

（4）**信托目的要件。**设立信托，必须有合法的信托目的。

信托生效后，以信托财产为核心，在委托人、受托人和受益人之间产生信托法规定的权利、义务和责任关系，信托受益人也因信托的生效而产生信托受益权。

（二）信托无效

无效是指**意图设立信托，但设立的信托不能满足信托生效的当事人要件、财产要件、行为要件和目的要件而应当被宣告无效的信托。**

有下列情形之一的，信托无效：

（1）信托目的违反法律、行政法规或者损害社会公共利益；

（2）信托财产不能确定；

（3）委托人以非法财产或者法律规定不得设立信托的财产设立信托；

（4）专以诉讼或者讨债为目的设立信托；

（5）受益人或者受益人范围不能确定；

（6）法律、行政法规规定的其他情形。

绝对无效的信托具有当然性、自始性特征，无须任何人主张，自始当然无效。

（三）诈害信托的撤销

诈害信托是指以损害债权的清偿为设立后果的信托。诈害信托已经设立并成立，但因其设立构成对债权人权利的侵犯，债权人可以主张撤销该信托。

委托人设立信托不得损害债权人利益，设立信托损害其债权人利益的，债权人有权申请人民法院撤销该信托。债权人的申请权，自债权人知道或者应当知道撤销原因之日起 1 年内不行使的，归于消灭。

人民法院撤销信托的，不影响善意受益人已经取得的信托利益。可撤销的法律行为因撤销而归于无效的原则，这种诈害信托经撤销后自始不发生效力。

二、例题点津

【例题 1·单选题】依据《信托法》规定，集合资金信托计划要求委托人必须是合格投资者，且对自然人人数有不能超过（　　）人的限定。

A. 20　　　　　　　　B. 50

C. 100　　　　　　　D. 200

【答案】B

【解析】集合资金信托计划要求委托人必须是合格投资者，且对自然人人数有不能超过50人的限定。此时，信托生效还须满足这些特定要求。

【例题2·单选题】根据《信托法》的规定，设立信托应采取（   ）。

A. 书面形式   B. 口头形式

C. 声明形式   D. 公告形式

【答案】A

【解析】根据《信托法》第八条：设立信托，应当采取书面形式。书面形式包括信托合同、遗嘱或者法律、行政法规规定的其他书面文件等。采取信托合同形式设立信托的，信托合同签订时，信托成立。采取其他书面形式设立信托的，受托人承诺信托时，信托成立。

【例题3·多选题】下列关于信托绝对无效说法正确的有（   ）。

A. 设立信托用于诉讼或者讨债为目的，但是损害社会公共利益除外

B. 委托人以非法财产或者法律规定不得设立信托的财产设立信托

C. 绝对无效信托具有当然性、自始性特征，自受益人或者委托人主张后，开始失效

D. 受益人或者受益人范围不能确定

【答案】BD

【解析】绝对无效的信托具有当然性、自始性特征，无须任何人主张，自始当然无效。专以诉讼或者讨债为目的设立信托属于无效信托。

【例题4·判断题】设立信托，可以采取口头形式。（   ）

【答案】×

【解析】设立信托，应当采取书面形式。

3 信托财产

一、考点解读

信托财产是受托人因信托行为取得的财产。信托财产处于信托关系的核心地位，既是信托法律关系的客体，也是信托权利义务的载体。

（一）信托财产范围

信托财产是一种财产的组合或总和，可以称之为概括财产。

（1）受托人因承诺信托而取得的财产；

（2）受托人因信托财产的管理运用而取得的财产；

（3）受托人因信托财产的处分而取得的财产；

（4）受托人因其他情形而取得的财产，如被保险的信托财产因第三人的行为而灭失、毁损，根据保险单而取得的保险赔款。

（二）信托财产的条件

具有财产价值满足可转让性、确定性与合法所有性要求。

商誉、经营控制权等营业上的利益，因非确定的独立财产，不能成为信托财产。

人身权，如姓名权、名誉权、身份权等具有专属性质的权利，因不能以金钱计算其价值，且不能转移，也不能成为信托财产。

（三）信托财产的归属

我国实行的是"一物一主"的所有权制度。信托一经设立，财产权便发生转移，信托财产随即而生，这部分财产自此开始不再属于委托人，受益人拥有的也仅仅是向受托人要求以支付信托利益为内容的债权，即受益权，信托财产只能归属于受托人。

（四）信托财产的特征

1. 信托财产的独立性

（1）信托财产独立于委托人。

设立信托后，委托人死亡或者依法解散、被依法撤销、被宣告破产时：

委托人是唯一受益人的，信托终止，信托财产作为其遗产或者清算财产；

委托人不是唯一受益人的，信托存续，信托财产不作为其遗产或者清算财产。

共同受益人的委托人，其信托受益权作为其遗产或者清算财产。

（2）信托财产独立于受托人。

信托财产与受托人的固有财产相区别，不得归入受托人的固有财产或者成为固有财产的一部分。受托人死亡或者依法解散、被依法撤销、被宣告破产而终止，信托财产不属于其遗产或者清

算财产。

（3）**信托财产独立于受益人**。

信托关系存续期间，受益人只能主张信托利益，并不享有信托财产权。

（4）**偿债方面具有独立性**。

受托人占有和控制信托财产，但受托人无权用信托财产清偿其与信托无关的个人债务，债权人也无权要求通过强制执行或拍卖信托财产来满足其与这种债务相对应的债权。

可以对信托财产强制执行的情况有：

①设立信托前债权人已对该信托财产享有优先受偿的权利，并依法行使该权利的；

②受托人处理信托事务所产生债务，债权人要求清偿该债务的；

③信托财产本身应担负的税款；

④法律规定的其他情形。

对于违反规定而强制执行信托财产，委托人、受托人或者受益人有权向人民法院提出异议。

（5）**抵销方面具有独立性**。

受托人管理运用、处分信托财产所产生的债权，不得与其固有财产产生的债务相抵销。受托人管理运用、处分不同委托人的信托财产所产生的债权债务，不得相互抵销。

2. 信托财产的物上代位性

在信托结束前，不管信托财产物质形态如何变换，均属于信托财产。

在物质形态上发生了变化，但其并不因物质形态的变化而丧失信托财产的性质。

二、例题点津

【例题 1 · 多选题】 下列财产中，能够充当信托财产的有（　　）。

A. 房屋

B. 集体土地所有权

C. 专利权

D. 在建工程收益权

【答案】 AC

【解析】 房屋与专利权满足可转让性、确定性要求，可以成为信托财产。我国实行土地公有制，土地所有权禁止交易，选项 B 满足不了可转让性要求，不能成为信托财产。在建工程尚未

完工，其收益权是不确定的权利，选项 D 满足不了确定性要求，不能成为信托财产。

【例题 2 · 判断题】 受托人因信托财产的管理运用、处分或者其他情形而取得的财产，不属于信托财产。（　　）

【答案】 ×

【解析】 受托人因信托财产的管理运用、处分或者其他情形而取得的财产，也归入信托财产。

4 信托当事人的权利与义务

一、考点解读

信托关系中有三方当事人：委托人、受托人、受益人。

（一）委托人

委托人是将其财产委托给受托人，让受托人遵从一定目的对信托财产进行管理、处分的人。委托人设定信托，除了对信托财产合法所有以外，设立信托时不得陷于破产境地。

委托人设定信托以后，享有以下权利：

1. 信托财产管理、处分的知情权

委托人是设定信托并提供信托财产的当事人。信托成立后，委托人虽然已将有关的财产权利委托给受托人，但仍然是重要的利害关系人，为维护信托目的，保障信托财产的安全，委托人应享有监督信托财产的运用和信托事务处理的权利。

2. 信托财产管理方法的变更权

信托财产管理方法，就是受托人管理运用、处分信托财产，以使其保值增值的方法。信托成立后，信托文件确定了信托财产管理方法的，受托人应当按照信托文件的规定管理信托财产，无权擅自变更信托财产管理方法。

委托人有权要求受托人调整该信托财产的管理方法。

委托人可以直接向受托人行使这项权利，也可以通过法院作出裁定行使这项权利。

3. 对违反信托权限行为的撤销权

信托成立后，信托财产被受托人控制，受托人享有信托财产的管理运用、处分权。委托人的

申请权,自委托人知道或者应当知道撤销原因之日起 1 年内不行使的,归于消灭。委托人的撤销权应当通过诉讼方式行使,人民法院根据委托人的请求作出撤销委托人处分信托财产行为的判决后,受托人的处分行为即发生自始无效的法律后果。

4. 对受托人的解任权

委托人解任受托人的权利是基于委托人的资格和地位所产生的。委托人拥有保护信托财产、维护信托目的并促使信托目的实现的权利。

委托人在两种情形下可以行使解任权:

(1) **受托人违反信托目的处分信托财产**。

(2) **受托人管理运用、处分信托财产有重大过失**。

委托人行使解任受托人权利的方式有两种:

(1) **直接行使解任权**。

(2) **通过诉讼方式行使解任权**。

委托人享有上述权利的同时,负有按照信托文件的约定向受托人支付报酬的义务。委托人违反信托文件的约定,单方解除信托关系而给受托人造成损失的,还负有对受托人的损失进行赔偿的义务。

(二) 受托人

受托人是在信托关系中接受委托人的委托,或者按照有关国家机关的规定,以自己的名义为受益人的利益或特定目的,对信托财产进行管理、处分的人。

受托人具有**义务与责任**:

1. 谨慎义务

谨慎义务,也称注意义务,要求受托人管理信托财产必须采取合理的谨慎,处理信托事务应当按照信托文件以受益人的最大利益为原则。

2. 忠实义务

忠实义务是指受托人必须以受益人的利益作为处理信托事务的唯一目的,不得在处理事务时为自己或第三人谋取利益,必须避免与受益人产生利益冲突的情况。

(1) **受托人除依法取得报酬外,不得利用信托财产为自己谋取利益**。

①受托人不得以受托人的地位直接或间接地享有信托财产的收益;

②受托人不得以信托财产为自己的利益而进行交易;

③受托人不得因信托财产交易而从交易对方获取自己的利益。

(2) **受托人不得将信托财产转为其固有财产**。

受托人将信托财产转为其固有财产的,必须恢复该信托财产的原状,造成信托财产损失的,应当承担赔偿责任。违反规定,应当承担两项法律后果:

①恢复该信托财产的原状;

②造成信托财产损失的,承担赔偿责任。

(3) 受托人不得将其固有财产与信托财产进行交易或者将不同委托人的信托财产进行相互交易,但信托文件另有规定或者经委托人或者受益人同意,并以公平的市场价格进行交易的除外。

忠实义务是受托人所承担的各项信托义务中最为根本的义务,属于法定义务、消极义务,不可以通过约定加以排除。

3. 分别管理义务

受托人必须将信托财产与其固有财产分别管理、分别记账,并将不同委托人的信托财产分别管理、分别记账。

信托财产分别管理、分别记账的目的:

(1) 为了便于明确受托人的责任。

(2) 为了维护受益人的合法利益。

(3) 区分因信托财产发生之债或因固有财产发生之债的责任。

(4) 便于委托人、受益人及其代理人查阅、检查有关信托财产的管理和处分情况。

(5) 便于司法机关在处理相关问题时有据可查。

4. 自己管理义务

受托人应当自己处理信托事务,但信托文件另有规定或者有不得已事由的,可以委托他人代为处理。

5. 共同受托人共同处理信托事务义务与连带责任

同一信托的受托人有两个以上的,为共同受托人。原则上,共同受托人应当共同处理信托事务，但信托文件规定对某些具体事务由受托人分别处理的，从其规定。共同受托人共同处理信托事务，意见不一致时，按信托文件规定处理；信托文件未规定的，由委托人、受益人或者其利害关系人决定。

共同受托人处理信托事务对第三人所负债务，应当承担连带清偿责任。

6. 书类设置与报告、保密义务

书类设置和报告义务，有利于实现对受托人的监督目的。

（1）书类设置义务是指受托人应对信托财产的管理造册，并载明信托事务的处理状况。

（2）报告义务是指受托人应当每年定期将信托财产的管理运用、处分及收支情况，报告委托人和受益人。

（3）保密义务是指受托人对信托中了解到的委托人、受益人以及处理信托事务的情况和资料应当依法保守秘密。

7. 支付信托利益的义务

信托利益是指由信托财产本身及其收益所产生的利益。

受托人的职责是管理和运用信托财产，向受益人支付信托利益。

信托的目的是要通过受托人执行信托使受益人获益，这就使得受托人在信托存续期间始终享有对信托财产的管理与对信托事务的处理权利。

受托人享有以下权利：

（1）**报酬给付请求权**。

受托人有权依照信托文件的约定取得报酬。信托文件未作事先约定的，经信托当事人协商同意，可以作出补充约定；未作事先约定和补充约定的，不得收取报酬。

但是，受托人违反信托目的处分信托财产或者因违背管理职责、处理信托事务不当致使信托财产受到损失的，在未恢复信托财产的原状或者未予赔偿前，不得请求给付报酬。

（2）**优先受偿权**。

受托人因处理信托事务所支出的费用、对第三人所负的债务，或者所受到的损害，以信托财产承担；受托人以其固有财产先行支付的，对信托财产享有优先受偿的权利。

（三）受益人

受益人是在信托中享有信托受益权的人。

受益人可以是自然人、法人或者依法成立的其他组织，可以是一人，也可以是数人。委托人、受托人、第三人均可成为受益人，其中的委托人可以是同一信托的唯一受益人，**但受托人不得是同一信托的唯一受益人**。

如果**信托文件未对受益人享有信托受益权的起始时间作出特别规定，受益人自信托生效之日起享有信托受益权**。

受益人为数人时，共同受益人共同享有信托受益权，信托文件对共同受益人享受信托利益的分配有规定的，从其规定；

信托文件对信托利益的分配比例或者分配方法未作规定的，各受益人按照均等的比例享受信托利益。

受益人其信托受益权可以用于清偿债务、可以转让和继承。可以放弃信托受益权，全体受益人放弃信托受益权的，信托终止。但法律、行政法规及信托文件有限制性规定的除外。

部分受益人放弃信托受益权的，被放弃的信托受益权按下列顺序确定归属：

（1）**信托文件规定的人**；

（2）**其他受益人**；

（3）**委托人或者其继承人**。

二、例题点津

【例题 1·单选题】 信托财产拥有特殊的所有权性质，表现在所有权在受托人和（ ）之间的分离。

A. 管理人　　　　　B. 委托人

C. 受益人　　　　　D. 托管人

【答案】 C

【解析】 信托财产权利与利益相分离。信托财产拥有特殊的所有权性质，表现在所有权在受托人和受益人之间的分离。

【例题 2·单选题】 依据信托法律制度，受益人自（ ）起享有信托受益权。信托文件另有规定的，从规定。

A. 自签订信托合同之日

B. 自委托人指定受益人之日

C. 自信托生效之日

D. 自信托终止之日

【答案】C

【解析】《信托法》第四十四条受益人自信托生效之日起享有信托受益权。信托文件另有规定的，从其规定。

【例题3·多选题】依据信托法律制度，下列关于委托人、受托人和受益人的表述中，正确的有（　　）。

A. 都可以是一个人或多个人

B. 既可以是法人，也可以是自然人

C. 法律上对于三个当事人的资格都无限制

D. 受托人不能充当受益人

【答案】AB

【解析】信托法对于受益人不进行资格限制，对于委托人与受托人均要求具有完全民事行为能力，并且对于从事金融信托业务的受托人，要求是依法设立的、取得经营金融业务许可证的信托公司、基金管理公司等金融机构，某些特定种类的信托，对委托人的资格有特殊要求；担任公益信托的受托人，要经有关公益事业管理机构批准。受托人可以成为受益人，只是不得成为同一信托的唯一受益人。

【例题4·判断题】受托人利用信托财产为自己谋取利益的，所得利益归受托人。（　　）

【答案】×

【解析】受托人违反规定，利用信托财产为自己谋取利益的，所得利益归入信托财产。

5 信托的变更与终止

一、考点解读

（一）信托的变更

信托的变更是指在信托生效之后，当法定或约定的事由出现时，信托当事人依法对信托法律关系进行的改变。

委托人与受益人对变更的意见不一致时，可以申请人民法院作出裁定。

1. 信托财产管理方法的变更

因设立信托时未能预见的特别事由，致使信托财产的管理方法不利于实现信托目的或者不符合受益人的利益时，委托人、受益人有权要求受托人调整该信托财产的管理方法。

2. 受托人的变更

受托人可因解任、辞任以及出现法定的职责终止情形而发生变动。

（1）**解任**。当受托人违反信托目的处分信托财产或者管理运用、处分信托财产有重大过失时，委托人、受益人有权解任受托人。

（2）**辞任**。设立信托后，经委托人和受益人同意，受托人可以辞任。

（3）**受托人职责终止**。

受托人有下列情形之一的，无法履责，其职责终止：

①死亡或者被依法宣告死亡。

②被依法宣告为无民事行为能力人或者限制民事行为能力人。

③被依法撤销或者被宣告破产。

④依法解散或者法定资格丧失。

⑤法律、行政法规规定的其他情形。

由于受托人管理和处分信托财产的行为需要有一定的连续性，受托人职责终止时，其继承人或者遗产管理人、监护人、清算人应当妥善保管信托财产，协助新受托人接管信托事务。受托人的变更，不影响信托的存续。

3. 受托人报酬的变更

对于信托文件约定的报酬，经信托当事人协商同意，可以增减其数额。

4. 受益人的变更

信托设立后，受益人可因信托受益权的转让、继承等事由而发生变动。为维护受益人的利益，《信托法》对委托人变更受益人进行了一定的限制。

有下列情形之一的，委托人可以变更受益人或者处分受益人的信托受益权：

（1）受益人对委托人有重大侵权行为。

（2）受益人对其他共同受益人有重大侵权行为。

（3）经受益人同意。

（4）信托文件规定的其他情形。

（二）**信托终止**

信托终止是指因出现法律规定的或者信托文

件约定的事由而使信托关系归于消灭。

1. 信托终止事由

信托具有连续性，信托一经生效，不因委托人及受托人的欠缺而终止，即信托不因委托人或者受托人的死亡、丧失民事行为能力、依法解散、被依法撤销或者被宣告破产而终止，也不因受托人的辞任而终止。

设立信托后，委托人死亡或者依法解散、被依法撤销、被宣告破产时，委托人是唯一受益人的，信托终止。

有以下情形之一的，信托终止：

（1）信托文件规定的终止事由发生。

（2）信托的存续违反信托目的。

（3）信托目的已经实现或者不能实现。

（4）信托当事人协商同意。

（5）信托被撤销。

（6）信托被解除。

信托是由委托人将自己的财产设立信托而创立的。信托一经有效成立，委托人便不能随意解除信托。

自益信托，委托人是唯一受益人，除非信托文件另有规定，委托人或者其继承人可以解除信托。

他益信托，受益人对委托人有重大侵权行为、经受益人同意或者存在信托文件规定的其他解除情形，委托人可以解除信托。

信托被解除，信托关系不复存在，信托终止。

2. 信托终止后的财产归属

信托终止的，信托财产归属于信托文件规定的人。

信托文件未规定的，按下列顺序确定归属：

（1）受益人或者其继承人；

（2）委托人或者其继承人。

信托财产的归属确定后，在该信托财产转移给权利归属人的过程中，信托视为存续，权利归属人视为受益人。

3. 信托终止后的债务处理

信托终止后，对原信托财产依法强制执行的，以权利归属人为被执行人；受托人依法行使请求给付报酬、从信托财产中获得补偿的权利

时，可以留置信托财产或者对信托财产的权利归属人提出请求。

信托终止的，受托人应当作出处理信托事务的清算报告。

受益人或者信托财产的权利归属人对清算报告无异议的，受托人就清算报告所列事项解除责任，但受托人有不正当行为的除外。

二、例题点津

【例题1·多选题】依据信托法律制度，下列关于信托的变更说法正确的有（　　）。

A. 委托人与受益人对变更的意见不一致时，可以申请人民法院作出裁定

B. 委托人、受益人有权要求受托人调整该信托财产的管理方法

C. 当受托人违反信托目的处分信托财产或者管理运用、处分信托财产有重大过失时，委托人、受益人有权解任受托人

D. 受托人的变更期间，暂停信托的存续

【答案】ABC

【解析】由于受托人管理和处分信托财产的行为需要有一定的连续性，受托人职责终止时，其继承人或者遗产管理人、监护人、清算人应当妥善保管信托财产，协助新受托人接管信托事务。受托人的变更，不影响信托的存续。

【例题2·多选题】依据信托法律制度，下列关于信托的终止说法正确的有（　　）。

A. 信托文件规定的终止事由发生

B. 信托的存续违反信托目的

C. 信托目的已经实现或者不能实现

D. 信托当事人协商同意

【答案】ABCD

【解析】设立信托后，委托人死亡或者依法解散、被依法撤销、被宣告破产时，委托人是唯一受益人的，信托终止。有以下情形之一的，信托终止：（1）信托文件规定的终止事由发生。（2）信托的存续违反信托目的。（3）信托目的已经实现或者不能实现。（4）信托当事人协商同意。（5）信托被撤销。（6）信托被解除。

【例题3·判断题】信托受益人可以是自然人，不能是法人或者其他组织。（　　）

【答案】×

【解析】受益人是在信托中享有信托受益权 的人。受益人可以是自然人、法人或者依法成立 的其他组织。

本章考点巩固练习题

一、单项选择题

1. 甲私刻乙公司的财务专用章，假冒乙公司名义签发一张转账支票交给收款人丙，丙将该支票背书转让给丁，丁又背书转让给戊。当戊主张票据权利时，下列表述中正确的是（ ）。

A. 甲不承担票据责任

B. 乙公司承担票据责任

C. 丙不承担票据责任

D. 丁不承担票据责任

2. 一张汇票的出票人是甲，乙、丙、丁依次是背书人，戊是持票人。戊在行使票据权利时发现该汇票的金额被变造。经查，乙是在变造之前签章，丁是在变造之后签章，但不能确定丙是在变造之前或之后签章。根据《票据法》的规定，下列关于甲、乙、丙、丁对汇票金额承担责任的表述中，正确的是（ ）。

A. 甲、乙、丙、丁均只就变造前的汇票金额对戊负责

B. 甲、乙、丙、丁均需就变造后的汇票金额对戊负责

C. 甲、乙就变造前的汇票金额对戊负责，丙、丁就变造后的汇票金额对戊负责

D. 甲、乙、丙就变造前的汇票金额对戊负责，丁就变造后的汇票金额对戊负责

3. 根据《票据法》的规定，下列各项中，属于汇票债务人可以对持票人行使抗辩权事由的是（ ）。

A. 汇票债务人与出票人之间存在合同纠纷

B. 汇票债务人与持票人前手之间存在抵销关系

C. 汇票背书不连续

D. 出票人存入汇票债务人的资金不够

4. 甲将一汇票背书转让给乙，但该汇票上未记载乙的名称。其后，乙在该汇票被背书人栏内记载了自己的名称。根据《票据法》的规定，下列有关该汇票背书与记载效力的表述中，正确的是（ ）。

A. 甲的背书无效，因为甲未记载被背书人乙的名称

B. 甲的背书无效，且将导致该票据无效

C. 乙的记载无效，应由背书人甲补记

D. 乙的记载有效，其记载与背书人甲记载具有同等法律效力

5. 赵某持汇票在法定期限内向付款人提示承兑，付款人在 3 日内未作承兑与否的表示。下列关于该汇票承兑效力的表述中，正确的是（ ）。

A. 应视为承兑效力待定

B. 应视为同意承兑，赵某可以请求付款人在汇票上签章

C. 应视为拒绝承兑，赵某可以请求付款人作出拒绝承兑证明

D. 应视为同意承兑，赵某可以在汇票到期后请求付款人付款

6. 根据票据法律制度的规定，背书人背书时的下列记载，将会导致背书无效的是（ ）。

A. 背书时附有条件的

B. 背书时未记载被背书人名称的

C. 背书人将纸质票据金额分别转让给 2 人以上的

D. 背书时记载"不得转让"字样的

7. 甲公司因急需现金，将其作为收款人的一张已获银行承兑的商业汇票背书转让给乙公司。汇票票面金额为 50 万元，乙公司向甲公司支付现金 42 万元。根据票据法律制度的规定，

下列关于甲公司背书行为效力的表述中，正确的是（　　）。

A. 背书行为有效，因为该汇票已获银行承兑

B. 背书行为有效，因为甲公司是票据权利人

C. 背书行为无效，因为乙公司未支付相对应的对价

D. 背书行为无效，因为乙公司无权办理票据贴现业务

8. 根据票据法律制度的规定，下列票据当事人中，应在票据和粘单的粘接处签章的是（　　）。

A. 粘单上的第一记载人

B. 票据上最后一手背书的背书人

C. 票据上第一手背书的背书人

D. 粘单上第一手背书的被背书人

9. 根据票据法律制度的规定，下列各项中，属于无须提示承兑的汇票是（　　）。

A. 见票后定期付款的汇票

B. 见票即付的汇票

C. 定日付款的汇票

D. 出票后定期付款的汇票

10. 根据《票据法》的规定，下列关于本票的表述中，不正确的是（　　）。

A. 到期日是本票的绝对应记载事项

B. 本票的基本当事人只有出票人和收款人

C. 本票无须承兑

D. 本票是由出票人本人对持票人付款的票据

11. 根据票据法律制度的规定，下列涉外票据的票据行为中，可以适用行为地法律的是（　　）。

A. 票据的背书行为

B. 票据追索权的行使期限

C. 票据丧失时，失票人请求保全票据权利的程序

D. 汇票出票时的记载事项

12. 因延期通知而给前手或者出票人造成损失的，由没有按照规定期限通知的汇票当事人承担对该损失的赔偿责任，但是所赔偿金额的限额是（　　）。

A. 汇票金额

B. 间接损失

C. 实际损失

D. 能够预见到的损失

13. 下列有关证券投资基金的发行，不正确的说法是（　　）。

A. 证券投资基金由基金管理人依法募集

B. 国务院证券监督管理机构应当自受理基金募集申请之日起6个月内作出核准或者不予核准的决定

C. 基金管理人应当在基金份额发售的3日前公布招募说明书

D. 基金募集期限届满，开放式基金募集的基金份额总额应当达到核准规模的80%以上

14. 根据证券法律制度的规定，投资者保护机构受一定数量以上的投资者委托，可以作为代表人参加证券民事赔偿诉讼。该数量为（　　）名。

A. 40　　　　　　　B. 20

C. 50　　　　　　　D. 30

15. 根据证券法律制度的规定，证券公司实施的下列行为中，属于合法行为的是（　　）。

A. 甲证券公司得知某上市公司正在就重大资产重组进行谈判，在信息未公开前，大量买入该上市公司的股票

B. 乙证券公司为谋取佣金收入，诱使客户进行不必要的证券买卖

C. 丙证券公司集中资金优势连续买入某上市公司股票，造成该股票价格大幅上涨

D. 丁证券公司购入其包销售后剩余股票

16. 下列人员中，不属于《证券法》规定的证券交易内幕信息的知情人员的是（　　）。

A. 上市公司的实际控制人

B. 持有上市公司3%股份的股东

C. 上市公司控股的公司的董事

D. 上市公司的监事

17. 李某以协议转让方式取得A上市公司7%的股份，之后又通过证券交易所集中竞价交易陆续增持A公司3%的股份。根据证券法律制度的规定，李某需要进行权益披露的时点是（　　）。

A. 其持有A公司股份5%和10%时

B. 其持有 A 公司股份 5% 和 7% 时

C. 其持有 A 公司股份 7% 和 10% 时

D. 其持有 A 公司股份 7%、8%、9%、10% 时

18. 根据证券法律制度的规定，下列各项中，属于发行证券的信息依法公开前，知情人可以公开的信息是（　　）。

A. 中期报告

B. 招股说明书

C. 上市公告书

D. 公司债券募集办法

19. 根据证券法律制度的规定，下列关于公司债券公开发行的表述中，不正确的是（　　）。

A. 公开发行公司债券的募集说明书自最后签署之日起 6 个月内有效

B. 公开发行公司债券，可以申请一次注册，分期发行；中国证监会同意注册的决定自作出之日起 1 年内有效

C. 公开发行的公司债券，应当在证券交易场所交易

D. 公开发行公司债券，应当委托具有从事证券服务业务资格的资信评级机构进行信用评级

20. 甲保险公司的代理人张某向王某推销一款保险产品，王某符合该保险的承保条件。张某向王某出具了一份投保单，王某口头同意投保，张某代替王某在投保单上签字，王某向甲保险公司缴纳了保险费。由于内部工作流程问题，甲保险公司迟迟未向王某签发保险单，后在保险期间发生了保险事故。下列关于保险合同效力及保险责任的表述中，正确的是（　　）。

A. 王某已经缴纳保险费，甲保险公司应当承担保险责任

B. 保险合同未生效，甲保险公司无须承担责任

C. 张某代替王某签字，该合同对王某不生效

D. 张某代替王某签字有过错，应当承担对王某的保险责任

21. 人身保险的投保人在订立保险合同时，对某些人员应具有保险利益。下列各项不具有保险利益的是（　　）。

A. 投保人的同学

B. 投保人赡养的伯父

C. 投保人抚养的外甥女

D. 投保人的雇员

22. 根据《保险法》规定，下列保险人依法享有解除合同的权利并不退还保费的情形是（　　）。

A. 被保险人或者受益人谎称发生了保险事故，向保险人提出赔偿或者给付保险金请求的

B. 投保人因过失未履行如实告知义务，对保险事故的发生有严重影响的

C. 在合同有效期内，保险标的的危险程度显著增加的

D. 投保人申报的被保险人年龄不真实，并且其真实年龄不符合合同约定的年龄限制的

23. 保险人对保险合同中的保险责任免除条款未向投保人明确说明的，产生的后果是（　　）。

A. 保险合同无效

B. 该条款不产生效力

C. 对该条款作不利于保险人的解释

D. 可以减少投保人的保险费

24. 人身保险的被保险人或受益人向保险人请求给付保险金的诉讼时效为（　　）年。

A. 1　　　　　　　　B. 2

C. 5　　　　　　　　D. 20

25. 根据保险法律制度的规定，下列有关保险经纪人的表述中，正确的是（　　）。

A. 保险经纪人代表投保人的利益从事保险经纪行为

B. 保险经纪人可以是专门从事保险经纪活动的个人

C. 保险经纪人不能以自己的名义从事保险经纪行为

D. 保险经纪人向投保人和保险人双方收取佣金

26. 信托行为建立的前提和基础是（　　）。

A. 委托　　　　　　B. 资金

C. 信任　　　　　　D. 股权

27. （　　）是信托业首要和基本的功能。

A. 财产管理功能

B. 融通资金功能

C. 社会投资功能

D. 风险隔离功能

28. 根据《信托法》的规定，不属于信托文件必须载明的事项是（　　）。

A. 信托目的

B. 信托期限

C. 信托财产的范围、种类及状况

D. 受益人取得信托利益的方式、方法

二、多项选择题

1. 下列有关票据伪造的表述中，符合票据法律制度规定的有（　　）。

A. 票据的伪造仅指假冒他人名义签章的行为

B. 票据上有伪造签章的，不影响票据上其他真实签章的效力

C. 善意的且支付相当对价的合法持票人有权要求被伪造人承担票据责任

D. 票据伪造人的伪造行为即使给他人造成损害，也不承担票据责任

2. 根据票据法律制度的规定，下列各项中，属于汇票保证绝对记载事项的有（　　）。

A. 保证日期

B. 保证人签章

C. "保证"字样

D. 被保证人名称

3. 根据票据法律制度的规定，汇票承兑生效后，承兑人应当承担到期付款的责任。下列关于该责任的表述中，正确的有（　　）。

A. 承兑人在汇票到期日必须向持票人无条件地支付汇票上的金额

B. 承兑人必须对汇票上的付款请求权人承担责任

C. 承兑人必须对汇票上的追索权人承担责任

D. 承兑人的票据责任不因持票人未在法定期限提示付款而解除

4. 根据《票据法》的规定，被追索人在向持票人支付有关金额及费用后，可以向其他汇票债务人行使再追索权。下列各项中，属于被追索人可请求其他汇票债务人清偿的款项有（　　）。

A. 被追索人已清偿的全部金额及利息

B. 被追索人发出追索通知书的费用

C. 持票人取得有关拒绝证明的费用

D. 持票人因票据金额被拒绝支付而导致的利润损失

5. 根据票据法律制度的规定，下列各项中，构成票据质押的有（　　）。

A. 出质人在汇票上记载了"质押"字样而未在汇票上签章的

B. 出质人在汇票粘单上记载了"质押"字样并在汇票粘单上签章的

C. 出质人在汇票上记载了"质押"字样并在汇票上签章，但是未记载背书日期的

D. 出质人在汇票上记载了"为担保"字样并在汇票上签章的

6. 根据《票据法》的规定，下列情形中，将导致支票无效的有（　　）。

A. 支票上未记载付款地

B. 支票上未记载付款日期

C. 支票金额中文大写与数字记载不一致

D. 支票的出票日期被更改

7. 根据票据法律制度的规定，下列关于票据上签章效力的表述中，正确的有（　　）。

A. 出票人在票据上签章不符合规定的，票据无效

B. 承兑人在票据上签章不符合规定的，票据无效

C. 保证人在票据上签章不符合规定的，其签章无效，但不影响其他符合规定签章的效力

D. 背书人在票据上签章不符合规定的，其签章无效，但不影响其他符合规定签章的效力

8. 下列关于票据变造的法律效果的表述中，符合票据法律制度规定的有（　　）。

A. 变造前在票据上签章的票据行为人，依照原记载事项负责

B. 变造后在票据上签章的票据行为人，依照变造后的记载事项负责

C. 若变造人也是票据上的签章人，变造人应被视为在变造之后签章

D. 不能辨别是在票据变造之前还是之后签章

的，视同在变造之后签章

9. 下列关于公开募集基金的说法中，正确的有（　　）。

A. 基金管理人应当自收到准予注册文件之日起6个月内进行基金募集

B. 开放式基金募集的基金份额总额达到准予注册规模的80%以上

C. 封闭式基金募集的基金份额总额超过准予注册的最低募集份额总额

D. 基金管理人应在基金份额发售的3日前公布招募说明书、基金合同及其他有关文件

10. 根据证券法律制度的规定，下列各项中，属于禁止的证券交易行为的有（　　）。

A. 甲证券公司在证券交易活动中编造并传播虚假信息，严重影响了证券交易

B. 乙证券公司不在规定的时间内向客户提供交易的书面确认文件

C. 丙证券公司利用资金优势，连续买卖某上市公司股票，操纵该股票交易价格

D. 上市公司董事王某知悉该公司近期未能清偿到期重大债务，在该信息公开前将自己所持有的股份全部转让给他人

11. 甲投资者收购一家股本总额为人民币4.5亿元的上市公司。下列关于该上市公司收购的法律后果的表述中，符合证券法律制度规定的有（　　）。

A. 收购期限届满，该上市公司公开发行的股份占公司股份总数的8%，该上市公司的股票应由证券交易所终止上市交易

B. 收购期限届满，持有该上市公司股份2%的股东，要求以收购要约的同等条件向甲投资者出售其股票的，甲投资者可拒绝收购

C. 甲投资者持有该上市公司股票，在收购行为完成后的36个月内不得转让

D. 收购行为完成后，甲投资者应当在15日内将收购情况报告国务院证券监督管理机构和证券交易所，并予以公告

12. 收购要约的变更不得存在的情形有（　　）。

A. 降低收购价格

B. 减少预定收购股份数量

C. 缩短收购期限

D. 国务院证券监督管理机构规定的其他情形

13. 赵某在证券市场上陆续买入A股份公司的有表决权股票，持股达6%时才公告，被证券监督管理机构以信息披露违法为由实施处罚。之后赵某欲继续购入A公司股票，A公司的股东刘某、王某反对，持股4%的股东何某同意。对此，下列说法正确的有（　　）。

A. 赵某的行为已违法，故无权再买入A公司股票

B. 刘某可邀请其他公司对A公司展开要约收购

C. 王某可主张赵某已违法，故应撤销其先前购买股票的行为

D. 何某可与赵某签订股权转让协议，将自己所持全部股份卖给赵某

14. 根据证券法律制度的规定，在特定情形下，如无相反证据，投资者将会被视为一致行动人。下列各项中，属于该特定情形的有（　　）。

A. 投资者之间存在股权控制关系

B. 投资者之间为同学、战友关系

C. 投资者之间存在合伙关系

D. 投资者之间存在联营关系

15. 根据证券法律制度的规定，下列关于证券发行中虚假陈述行为相关主体的民事责任承担的表述中，正确的有（　　）。

A. 信息披露义务人在发行文件中作出虚假陈述而导致投资者受到损害的，应承担赔偿责任

B. 信息披露义务人在发行文件中作出虚假陈述而导致投资者受到损害的，保荐人应与信息披露义务人承担连带责任，不用考虑保荐人是否有过错

C. 发行人在发行文件中作出虚假陈述而导致投资者受到损害，发行人的实际控制人有过错的，应与发行人承担连带责任

D. 会计师事务所为证券发行出具的审计报告中存在虚假陈述而导致投资者受到损害的，应与发行人承担连带责任，但是能证明自己没有过错的除外

16. 在主板上市的甲公司股本总额为2亿元，拟

向原股东配股。下列关于甲公司制定的配股的方案中，符合证券法律制度规定的有（　　）。

A. 拟配售的股份数量最多为6 000万元

B. 采用代销的方式

C. 控股股东应当在股东大会召开前公开承诺认配股份的数量

D. 控股股东若不履行认配股份的承诺，甲公司将按照发行价并加算银行同期存款利息返还已经认购的股东

17. 主板上市的A公司（非商业银行）拟非公开发行股票，下列条件中，A公司应当符合的有（　　）。

A. 发行对象不超过50名

B. 发行价格不低于定价基准日前20个交易日A公司股票均价的80%

C. 最近3个会计年度加权平均净资产收益率平均不低于6%；扣除非经常性损益后的净利润与扣除前的净利润相比，以低者作为加权平均净资产收益率的计算依据

D. 控股股东、实际控制人及其控制的企业认购的股份，18个月内不得转让

18. 下列关于可转换公司债券发行的表述中，符合证券法律制度规定的有（　　）。

A. 可转换公司债券每张面值1元

B. 可转换公司债券的利率由承销商单独决定

C. 为公开发行可转换公司债券提供担保的，应为全额担保

D. 证券公司或商业银行外的上市公司不得作为发行可转债的担保人

19. 根据证券法律制度的规定，发生可能对上市公司、股票在国务院批准的其他全国性证券交易场所交易的公司的股票交易价格产生较大影响的重大事件，投资者尚未得知时，公司应当立即将有关该重大事件的情况向国务院证券监督管理机构和证券交易场所报送临时报告，并予公告，说明事件的起因、目前的状态和可能产生的法律后果。下列各项中，属于重大事件的有（　　）。

A. 1/2以上的监事发生变动

B. 公司在一年内购买、出售重大资产超过公司资产总额30%

C. 公司分配股利的计划

D. 持有公司5%以上股份的股东持有股份的情况发生较大变化

20. 杨某与中国人寿订立人身保险合同，下列中人员具有保险利益的有（　　）。

A. 杨某的母亲

B. 杨某的子女

C. 杨某赡养的外甥女

D. 杨某本人

21. 下列属于保险法规定的保险人具有解除合同权利情形的有（　　）。

A. 投保人故意或者因重大过失未履行如实告知义务，足以影响保险人决定是否同意承保或者提高保险费率的

B. 被保险人或者受益人未发生保险事故，谎称发生了保险事故，向保险人提出赔偿或者给付保险金请求的

C. 投保人、被保险人未按照合同约定履行其对保险标的的安全应尽责任的

D. 在合同有效期内，保险标的的危险程度显著增加，被保险人未按合同约定及时通知保险人的或者保险人要求增加保险费被拒绝的

22. 下列属于人身保险中具有保险利益的有（　　）。

A. 投保人的配偶

B. 投保人的子女

C. 与投保人有抚养关系的近亲属

D. 人身保险中与投保人有劳动关系的劳动者

23. 根据《保险法》的规定，下列关于保险关系人的说法正确的有（　　）。

A. 张某可以自己为被保险人与泰康保险公司订立人身保险合同

B. 刘某为其9岁的女儿投保以死亡为给付保险金条件的人身保险无效

C. 人身保险中的被保险人应当为自然人

D. 人身保险中的受益人应当为自然人

24. 下列情况中，属于受托人可变更的情形有（　　）。

A. 解任。当受托人违反信托目的处分信托财产或者管理运用、处分信托财产有重大过失时，委托人、受益人有权解任受托人

B. 辞任。设立信托后，经委托人和受益人同意，受托人可以辞任

C. 受托人依法解散

D. 受托人被宣告破产

25. 下列属于信托受托人义务的有（　　）。

A. 谨慎义务

B. 忠实义务

C. 分别管理义务

D. 自己管理义务

三、判断题

1. 汇票上未记载付款日期的，为见票即付，但仍需提示承兑。（　　）

2. 票据变造不能确定签章前后，视同在变造之后签章。（　　）

3. A 公司签发一张商业汇票给 B 公司，B 公司将该汇票背书转让给 C 公司并在票据背面注明"不得转让"字样，此行为属于附条件的背书。（　　）

4. 票据债务人可以自己与持票人前手之间的抗辩事由对抗持票人。（　　）

5. 持票人对汇票债务人中的一人或数人已经进行追索的，对其他汇票债务人不能再行使追索权。（　　）

6. 因票据纠纷提起的诉讼，由票据支付地或被告所在地人民法院管辖。（　　）

7. 公开发行公司债券，可以申请一次核准，分期发行。采用分期发行方式的，发行人应当在后续发行中及时披露更新后的债券募集说明书，并在每期发行完成后 5 个工作日内报中国证监会备案。（　　）

8. 资产管理产品按照募集方式的不同，分为公募产品和私募产品；按照投资性质的不同，分为固定收益类产品、权益类产品、商品及金融衍生品类产品和混合类产品。（　　）

9. 证券发行的审核制度分为实行公开主义的注册制和实行准则主义的核准制。（　　）

10. 受益人故意造成被保险人死亡的，该受益人丧失受益权。（　　）

11. 人身保险合同订立后，投保人丧失对被保险人的保险利益的，当事人有权主张保险合同无效。（　　）

12. 设立信托，委托人和受托人的意思表示应当真实，既可以采用口头形式也可以采取书面形式。（　　）

13. 设立信托后，委托人死亡或者依法解散、被依法撤销、被宣告破产时，委托人是不唯一受益人的，信托终止，信托财产作为其遗产或者清算财产。（　　）

14. 受托人可以将其固有财产与信托财产进行交易或者将不同委托人的信托财产进行相互交易。（　　）

四、简答题

1. 甲公司为支付货款，2023 年 8 月 1 日向乙公司签发一张金额为 50 万元、见票后 1 个月付款的银行承兑汇票。乙公司取得汇票后，将汇票背书转让给丙公司。丙公司在汇票的背面记载"不得转让"字样后，将汇票背书转让给丁公司。其后，丁公司将汇票背书转让给戊公司，但丁公司在汇票粘单上记载"只有戊公司交货后，该汇票才发生背书转让效力"。后戊公司又将汇票背书转让给己公司。2023 年 8 月 25 日，己公司持汇票向承兑人甲银行提示承兑，甲银行以甲公司未足额交存票款为由拒绝承兑，且于当日签发拒绝证明。2023 年 8 月 27 日，己公司向甲、乙、丙、丁、戊公司同时发出追索通知。乙公司以己公司应先向丙、丁、戊公司追索为由拒绝承担担保责任；丙公司以自己在背书时记载"不得转让"字样为由拒绝承担担保责任。

要求：根据上述情况和票据法律制度的有关规定，回答下列问题。

（1）丁公司背书所附条件是否具有票据上的效力？简要说明理由。

（2）乙公司拒绝承担担保责任的主张是否符合法律规定？简要说明理由。

（3）丙公司拒绝承担担保责任的主张是否符合法律规定？简要说明理由。

2. 甲股份有限公司（以下简称"甲公司"）于 2015 年在上海证券交易所上市，普通股股数为 5 亿股，优先股股数为 1 亿股。截至 2023 年底，甲公司净资产为 10 亿元，最近 3 年可分配利润分别为 3 000 万元、2 000 万元和 1 000 万元。

2023 年 1 月，甲公司召开临时股东大会，拟对发行新的优先股作出决议。董事会提交的发行方案显示，本次拟发行 2 亿股优先股，拟筹资 6 亿元。董事会未通知优先股股东参加股东大会，出席会议的普通股股东所持股份数为 1.5 亿股，赞同发行方案的普通股股东所持股份数为 1.2 亿股。

2023 年 3 月，甲公司的优先股发行申请被监管机关驳回，董事会转而制定了公司债券的发行方案，拟仅面向合格投资者公开发行公司债券 6 亿元，期限 3 年，年利率为 6%。因甲公司的净资产和利润情况均不符合公开发行公司债券的条件，债券发行未能取得监管机关核准。

要求：根据上述资料，回答下列问题。

（1）在甲公司的优先股发行方案中，拟发行的优先股数量及筹资金额是否符合规定？并说明理由。

（2）甲公司临时股东大会是否已经通过优先股发行方案？

（3）监管机关驳回甲公司公开发行公司债券申请的理由是否成立？并说明理由。

3. A 公司为支付向 B 公司购买的钢材货款，向 B 公司签发了一张以甲银行为承兑人、金额为 100 万元的银行承兑汇票，甲银行作为承兑人在汇票上签章。B 公司收到汇票后，背书转让给 C 公司，用于偿还所欠租金。C 公司为履行向 D 中学捐资助学的承诺，将该汇票背书转让给 D 中学，并在汇票上注明"不得转让"字样。D 中学将该汇票背书转让给 F 公司，用于偿付工程款。应 F 公司的要求，D 中学请 E 公司出具了担保函，E 公司对 D 中学的票据债务承担保证责任，但未在票据上作任何记载。

A 公司收到钢材后，发现存在重大质量瑕疵，完全不符合买卖合同约定及行业通行标准，无法使用。

F 公司于汇票到期日向甲银行提示付款，甲银行以 A 公司未在该行存入足够资金为由拒付。F 公司遂向 A、B、C、E 公司追索。A 公司称，因钢材存在重大质量瑕疵，B 公司构成根本违约，已向 B 公司主张解除合同，退还货款，故不应承担任何票据责任；C 公司以汇票上记载有"不得转让"字样为由，拒绝承担票据责任。

要求：根据上述内容，分别回答下列问题。

（1）甲银行拒绝向 F 公司付款的理由是否成立？并说明理由。

（2）A 公司拒绝向 F 公司承担票据责任的理由是否成立？并说明理由。

（3）C 公司拒绝向 F 公司承担票据责任的理由是否成立？并说明理由。

（4）E 公司应否承担票据保证责任？并说明理由。

4. 2023 年 10 月 10 日，赵某在某 4S 店购买了一辆小汽车，并向甲保险公司购买了"交强险"以及足额"车损险"，被保险人为赵某。2023 年初，单位派赵某去海外工作两年，赵某决定转让该辆小汽车。

2023 年 2 月 1 日，赵某与钱某签订了买卖小汽车的合同。当日，赵某即将小汽车交付钱某。钱某将上述事实通知了甲保险公司。钱某在开车回家途中因操作失误撞到马路护栏上，导致车辆损失。钱某随即向甲保险公司报案并要求索赔。

甲保险公司提出以下两项抗辩：（1）小汽车虽已经交付，但尚未办理过户登记。因此，钱某无权主张行使被保险人的权利。（2）钱某虽及时将转让小汽车的事实通知了甲保险公司，但甲保险公司尚未作出答复，此时发生保险事故，甲保险公司不承担赔偿保险金的责任。

要求：根据上述资料和保险法律制度的规定，不考虑其他因素，回答下列问题。

（1）甲保险公司的第（1）项抗辩理由是否符合法律规定？简要说明理由。

（2）甲保险公司的第（2）项抗辩理由是否

符合法律规定？简要说明理由。

5. A公司向B公司购买一批货物。为支付货款，A公司向B公司签发一张以甲银行为承兑人的汇票，并在买卖合同中约定："A公司向B公司签发的汇票不得转让"。甲银行作为承兑人在汇票上签章。

B公司收到汇票后，为支付装修款将其背书转让给C公司，并在汇票上注明"不得转让"。C公司为支付房租租金，将该汇票背书转让给D公司。D公司又将该汇票背书转让给E公司，用于购买货物。后E公司未向D公司交付约定质量的货物，构成违约。由于当地突发特大洪水，E公司为捐款赈灾，将该汇票背书转让红十字会。

汇票到期后，红十字会向甲银行提示付款。甲银行以A公司账户余额不足为由拒绝付款。红十字会遂向前手追索。D公司以E公司违约为由拒绝向红十字会承担票据责任。A公司和B公司均以汇票不得转让为由拒绝向红十字会承担票据责任。

E公司向红十字会承担票据责任后，向D公司追索。

要求： 根据上述内容，分别回答下列问题。

（1）A公司"以汇票不得转让为由拒绝向红十字会承担票据责任"的主张是否成立？并说明理由。

（2）B公司是否应承担票据责任？并说明理由。

（3）D公司"以E公司违约为由拒绝向红十字会承担票据责任"的主张是否成立？并说明理由。

（4）D公司是否应向E公司承担票据责任？并说明理由。

6. 2023年2月10日，甲公司向乙公司签发一张金额为50万元的商业汇票，以支付所欠货款。汇票到期日为2023年8月10日。A银行作为承兑人在汇票票面上签章。

3月10日，乙公司将该汇票背书转让给丙公司，用于支付装修工程款，并在汇票上注明："票据转让于工程验收合格后生效"。后丙公司施工的装修工程因存在严重质量问题未能

通过验收。

4月10日，丙公司将该汇票背书转让给丁公司，用于支付房屋租金。丁公司随即将该汇票背书转让给戊公司，用于购买办公设备，并在汇票背书人栏内记载"不得转让"字样。

5月10日，戊公司将该汇票背书转让给庚公司，用于支付咨询服务费用，但未在汇票被背书人栏内记载庚公司名称。

8月15日，庚公司持该汇票向A银行提示付款。A银行以庚公司名称未记载于汇票被背书人栏内为由拒付。庚公司在汇票被背书人栏内补记本公司名称后，再次向A银行提示付款。A银行以自行补记不具效力为由再次拒付。庚公司向乙、丙、丁、戊公司追索，均遭拒绝。其中，丙公司的拒绝理由是，丁公司在汇票背书人栏内记载有"不得转让"字样；乙公司的拒绝理由是，丙公司的装修工程未通过验收，不符合乙公司在汇票上注明的转让生效条件。

要求： 根据上述内容，分别回答下列问题。

（1）A银行第一次拒付的理由是否成立？并说明理由。

（2）A银行第二次拒付的理由是否成立？并说明理由。

（3）丙公司拒绝庚公司追索的理由是否成立？并说明理由。

（4）乙公司拒绝庚公司追索的理由是否成立？并说明理由。

7. A公司为支付货款，向B公司签发一张以甲银行为承兑人、金额为100万元的银行承兑汇票，并在买卖合同中约定："A公司向B公司签发的汇票不得转让"。甲银行作为承兑人在票面上签章。

C公司向B公司谎称其有一批紧俏物资，诱使B公司将该汇票背书转让给C公司。在取得汇票之后，C公司又将该汇票背书转让给对其诱骗行为不知情的D公司以支付货款，并在汇票上注明"货物验收合格后生效"。后因货物存在质量问题，双方发生纠纷。D公司为捐款建设校舍，又将该汇票背书转让给E学校。

E学校于汇票到期1个月之后向甲银行提示付款，甲银行以E学校未按期提示付款为由拒绝付款。E学校遂向前手行使追索权。A公司以该汇票不得转让为由拒绝承担票据责任。B公司以其系被欺诈转让票据为由拒绝承担票据责任。C公司以D公司交付货物验收不合格为由拒绝承担据责任。

D公司向E学校承担票据责任后，向B公司和C公司追索。B公司和C公司以上述同样理由拒绝承担票据责任。

要求： 根据上述内容，分别回答下列问题。

（1）甲银行以E学校未按期提示付款为由拒绝付款的抗辩是否成立？并说明理由。

（2）A公司以票据不得转让为由拒绝承担票据责任的抗辩是否成立？并说明理由。

（3）C公司以D公司交付货物验收不合格为由拒绝向E学校承担票据责任的主张是否成立？并说明理由。

（4）B公司以其系被欺诈转让票据为由拒绝向D公司承担票据责任的主张是否成立？并说明理由。

五、综合题

A股份有限公司股本总额1.2亿元，每股1元，共有1.2亿股份。发起人有甲公司、乙公司、张某三个，其中张某持股8%股份。其股票于2017年8月上市。2022年发生下列事项：

（1）2022年4月15日召开股东大会年会，会议审议事项包括：聘请为公司提供审计业务的注册会计师李某为独立董事、2021年度的利润分配方案。股东张某，在4月10日提

出临时审议公司投资计划的议案，董事会认为张某提出议案的时间不符合法律规定未受理。

召开会议时出席会议的股东所持股份为8 500万股，上述两项审议事项表决时同意的股东所持股份分别为5 400万股、4 800万股。

（2）2022年7月5日因公司总经理孙某违纪，董事会决议解聘孙某总经理职务，考虑影响董事会未对外宣布。

（3）董事霍某2022年7月20日以每股5.5元的价格买入A公司股份10万股，在9月28日以每股6.3元卖出，获利8万元，公司董事会要求霍某上交该收益。

（4）2022年9月10日董事会通过2023年2月发行新股3 000万股的融资方案，会后王董事在和同学刘某聚会时告知该方案，刘某因此大量购进A公司股份从而获利。

要求： 根据我国公司法、证券法相关法律规定，分别回答下列问题。

（1）A公司年会中聘请注册会计师李某为独立董事的决议是否有效？请说明理由。

（2）A公司年会中2021年度的利润分配方案的决议是否通过？请说明理由。

（3）董事会认为张某提出议案的时间不符合法律规定是否正确？请说明理由。

（4）董事会决议解聘孙某总经理职务未对外宣布是否合法？请说明理由。

（5）董事会要求霍某上交买卖本公司股票的收益是否合法？请说明理由。

（6）王董事将融资方案告知同学刘某是否合法？请说明理由。

本章考点巩固练习题参考答案及解析

一、单项选择题

1.【答案】A

【解析】甲的行为属于票据伪造行为，由于其从一开始就是无效的，故持票人即使是善意取得，对被伪造人也不能行使票据权利，故

本题中乙公司不承担票据责任。由于伪造人甲没有以自己名义在票据上签章，故甲也不承担票据责任，选项A表述正确。票据上有伪造签章的，不影响票据上其他真实签章的效力，故丙、丁应承担票据责任。

2.【答案】D

【解析】如果当事人签章在变造之前，应按原记载的内容负责；如果当事人签章在变造之后，则应按变造后的记载内容负责；如果无法辨别是在票据被变造之前或之后签章的，视同在变造之前签章。本题中，甲、乙都是在变造之前签章，丙无法辨别变造前还是变造后，视同变造前签章，因此甲、乙、丙对变造之前的金额承担责任，丁是在变造后签章，对变造后的金额承担责任。

3.【答案】C

【解析】在背书不连续的情况下，属于形式上的不连续，此时票据债务人可以行使对物的抗辩。其他选项均属于不得行使抗辩权的情形。

4.【答案】D

【解析】如果背书人未记载被背书人名称而将票据交付他人的，持票人在票据被背书人栏内记载自己的名称与背书人记载具有同等法律效力。

5.【答案】C

【解析】根据《票据法》的规定，如果付款人在3日内不作出承兑与否表示的，视为拒绝承兑。

6.【答案】C

【解析】选项A，背书附有条件的，所附条件不具有票据上的效力，背书有效。选项B，背书人未记载被背书人名称即将票据交付他人的，持票人在票据被背书人栏内记载自己的名称与背书人记载具有同等法律效力。选项C，背书人将票据金额分别转让给2人以上的，背书无效。选项D，背书人在汇票上记载"不得转让"字样，其后手再背书转让的，原背书人对后手的被背书人不承担保证责任。可见，背书人在汇票上记载"不得转让"字样，其后手再背书转让的，并不导致背书转

让无效，只是原背书人对后手的被背书人不承担保证责任。

7.【答案】D

【解析】办理票据贴现业务的机构，必须是经过中国人民银行批准经营贷款业务的金融机构。票据贴现属于国家特许经营业务，只有经批准的金融机构才有资格从事票据贴现业务。因此选项D正确。

8.【答案】A

【解析】粘单上的第一记载人，应当在票据和粘单的粘接处签章。

9.【答案】B

【解析】本题考核汇票的承兑。见票即付的汇票无须提示承兑。

10.【答案】A

【解析】本题考核本票的出票。本票为见票即付的票据，无须记载到期日。

11.【答案】A

【解析】选项B，票据追索权的行使期限，适用出票地法律。选项C，票据丧失时，失票人请求保全票据权利的程序，适用付款地法律。选项D，汇票、本票出票时的记载事项，适用出票地法律。

12.【答案】A

【解析】因延期通知而给其前手或者出票人造成损失的，由没有按照规定期限通知的汇票当事人承担对该损失的赔偿责任，但是所赔偿的金额以汇票金额为限。

13.【答案】D

【解析】基金募集期限届满，封闭式基金募集的基金份额总额达到核准规模的80%以上，开放式基金募集的基金份额总额超过标准的最低募集份额总额。

14.【答案】C

【解析】投资者保护机构受50名以上投资者委托，可以作为代表人参加证券民事赔偿诉讼。

15.【答案】D

【解析】此处考核包销的含义。包销是指证券发行人与承销机构签订合同，由承销机构买下全部或销售剩余部分的证券，承担全部

销售风险。

16.【答案】B

【解析】持有公司5%以上股份的股东及其董事、监事、高级管理人员，公司的实际控制人及其董事、监事、高级管理人员属于证券交易内幕信息知情人。

17.【答案】D

【解析】通过协议转让方式，投资者及其一致行动人在一个上市公司中拥有权益的股份拟达到或者超过一个上市公司已发行股份的5%时，应当在该事实发生之日起3日内编制权益变动报告书，向中国证监会、证券交易所提交书面报告，通知该上市公司，并予公告。投资者持有或者通过协议、其他安排与他人共同持有一个上市公司已发行的有表决权股份达到5%后，其所持该上市公司已发行的有表决权股份比例每增加或者减少5%，应当依照前款规定进行报告和公告，在该事实发生之日起至公告后3日内，不得再行买卖该上市公司的股票，但国务院证券监督管理机构规定的情形除外。投资者持有或者通过协议、其他安排与他人共同持有一个上市公司已发行的有表决权股份达到5%后，其所持该上市公司已发行的有表决权股份比例每增加或者减少1%，应当在该事实发生的次日通知该上市公司，并予公告。因此，选项D当选。

18.【答案】A

【解析】发行证券的信息依法公开前，任何知情人不得公开或者泄露该信息。该类信息披露文件主要有招股说明书、公司债券募集办法、上市公告书等。

19.【答案】B

【解析】公开发行公司债券，可以申请一次注册，分期发行；中国证监会同意注册的决定自作出之日起2年内有效，选项B不正确，当选。

20.【答案】A

【解析】投保人或投保人的代理人订立保险合同时没有亲自签字或盖章，而由保险人或保险人的代理人代为签字或盖章的，对投保人不生效。但投保人已经交纳保险费的，视为其对代签字或盖章行为的追认。因此该保险合同生效，保险公司应当承担保险责任。

21.【答案】A

【解析】在人身保险中，投保人对下列人员具有保险利益：（1）本人。（2）配偶、子女、父母。（3）上述人员以外的与投保人有抚养、赡养或者扶养关系的家庭其他成员、近亲属（选项B、C）。（4）与投保人有劳动关系的劳动者（选项D）。

22.【答案】A

【解析】未发生保险事故，被保险人或者受益人谎称发生了保险事故，向保险人提出赔偿或者给付保险金请求的，保险人有权解除合同，并不退还保险费，因此，选项A正确。投保人因过失未履行如实告知义务，对保险事故的发生有严重影响的，保险人对于保险合同解除前发生的保险事故，不承担赔偿或者给付保险金的责任，但可以退还保险费。因此，选项B错误。保险标的的危险程度显著增加的，保险人可以按照合同约定增加保险费或者解除合同。保险人解除合同的，应当将已收取的保险费，按照合同约定扣除自保险责任开始之日起至合同解除之日止应收的部分后，退还投保人，因此，选项C错误。投保人申报的被保险人年龄不真实，并且其真实年龄不符合合同约定的年龄限制的，保险人可以解除合同，并按照合同约定退还保险单的现金价值，因此，选项D错误。

23.【答案】B

【解析】保险人对保险合同中的保险责任免除条款未向投保人明确说明的，该条款不产生效力。

24.【答案】C

【解析】根据规定，人身保险的被保险人或受益人向保险人请求给付保险金的诉讼时效为5年。

25.【答案】A

【解析】保险经纪人代表投保人的利益，按照投保人的指示和要求行事，维护投保人、

第六章

被保险人的利益；保险经纪人只能是单位，不能是个人；佣金一般由保险人支付，可以依合同约定由投保人支付，但不得同时向投保人和保险人双方收取佣金。

26.【答案】C

【解析】本题考查信托的概念。信托是一种以资产为核心、以信任为基础、以委托为方式的财产管理制度与法律行为。

27.【答案】A

【解析】从信托业发展历程看，信托的功能体现为以财产管理为主，以融通资金、社会投资、风险隔离和社会公益服务等功能为辅。其中，财产管理功能是信托业首要和基本的功能。

28.【答案】B

【解析】信托文件应当载明的事项是设立信托所必须具备的要件，一旦有所欠缺可能导致信托不成立。根据有关规定，信托文件必须载明的事项包括：（1）信托目的；（2）委托人、受托人的姓名或者名称、住所；（3）受益人或者受益人范围；（4）信托财产的范围、种类及状况；（5）受益人取得信托利益的方式、方法。此外，信托文件可以选择载明信托期限、信托财产的管理方式、受托人的报酬、新受托人的选任方式、信托终止事由等内容。

二、多项选择题

1.【答案】BD

【解析】票据的伪造，是指无权限人假冒他人名义或以虚构他人名义签章的行为，因此选项A的说法错误；由于票据伪造行为自始无效，持票人即使善意取得，对被伪造人也不能行使票据权利，因此选项C的说法错误。

2.【答案】BC

【解析】保证人签章和"保证"字样是汇票保证的绝对记载事项。

3.【答案】ABCD

【解析】本题考核承兑的效力。（1）承兑人于汇票到期日必须向持票人无条件地支付汇票上的金额，否则其必须承担迟延付款责任；

（2）承兑人必须对汇票上的一切权利人承担责任，该等权利人包括付款请求权人和追索权人；（3）承兑人不得以其与出票人之间的资金关系来对抗持票人，拒绝支付汇票金额；（4）承兑人的票据责任不因持票人未在法定期限提示付款而解除。四个选项均正确。

4.【答案】ABC

【解析】被追索人行使再追索权，可以请求其他汇票债务人支付下列金额和费用：已清偿的全部金额及其自清偿日起至再追索清偿日止，按照中国人民银行规定的流动资金贷款利率计算的利息；发出通知书的费用。因此，选项D中所说的利润损失是不包括的。

5.【答案】BCD

【解析】（1）以汇票设定质押时，出质人在汇票上只记载了"质押"字样而未在票据上签章的，或者出质人未在汇票上记载"质押"字样而另行签订质押合同、质押条款的，不构成汇票质押；（2）在粘单上作成的质押背书效力与在票据背面的背书栏中作成的质押背书效力相同；（3）背书未记载背书日期的，视同在票据到期日前背书；（4）记载"为担保""为设质"等，也应认定为有效。

6.【答案】CD

【解析】支票上未记载付款地的，付款人的营业场所为付款地，因此选项A不选；支票属于见票即付票据，无须记载付款日期，因此选项B不选；票据金额中文大写与数字记载不一致的，票据无效，因此选项C应选；票据的金额、收款人和出票或签发日期不得更改，更改的票据无效，因此选项D应选。

7.【答案】ACD

【解析】出票人在票据上的签章不符合规定的，票据无效；背书人、承兑人、保证人在票据上的签章不符合规定的，其签章无效，但是不影响票据上其他签章的效力。因此选项A、C、D正确。

8.【答案】ABC

【解析】变造前在票据上签章的票据行为人，依照原记载事项负责。不能辨别是在票据被变造之前或者之后签章的，视同在变造之前签章；变造后在票据上签章的票据行为人，依照变造后的记载事项负责。如果变造人也是票据上的签章人，变造人应解释为在变造后的票据行为人。因此选项 A、B、C 正确。

9. 【答案】AD

【解析】封闭式基金募集的基金份额总额达到准予注册规模的 80% 以上，选项 B 错误；开放式基金募集的基金份额总额超过准予注册的最低募集份额总额，选项 C 错误。

10. 【答案】ABCD

【解析】选项 A 属于虚假陈述；选项 B 属于欺诈客户；选项 C 属于操纵市场；选项 D 属于内幕交易。

11. 【答案】AD

【解析】本题考核收购期限届满，被收购公司股权分布不符合上市条件（股本总额超过 4 亿元的，公开发行比例应为 10% 以上，这是上市条件之一），该上市公司的股票由证券交易所依法终止上市交易，选项 A 正确。在收购行为完成前，其余仍持有被收购公司股票的股东，有权在收购报告书规定的合理期限内向收购人以收购要约的同等条件出售其股票，收购人应当收购，选项 B 错误。在上市公司收购中，收购人持有的被收购公司的股份，在收购完成后 18 个月内不得转让，选项 C 错误。

12. 【答案】ABCD

【解析】四个选项均属于收购要约变更不得存在的情形。

13. 【答案】BD

【解析】根据规定，赵某违反权益披露的规定，但不影响交易行为的有效，也不影响赵某依法继续买入股票。刘某反对赵某收购，可以独自或是邀请其他投资者发起收购，赵某持股未触及强制要约收购的触发点，可以与何某进行协议收购。

14. 【答案】ACD

【解析】投资者之间有股权控制关系，投资者之间存在合伙、合作、联营等其他经济利益关系的，除非有相反证据，否则均可视为一致行动人。本题选项 B，投资者之间为同

学、战友，并不存在经济利益关系，不构成一致行动人。

15. 【答案】ACD

【解析】发行人、上市公司作为信息披露首要义务人，对虚假陈述民事责任承担严格责任，无论是否存在过错均须承担民事责任，选项 A 正确。发行人的控股股东、实际控制人、董事、监事、高级管理人员和其他直接责任人员以及保荐人、承销的证券公司及其直接责任人员、证券服务机构，其归责原则是"过错推定"，即应当与发行人、上市公司承担连带赔偿责任，但是能够证明自己没有过错的除外，选项 B 不正确，选项 C、D 正确。

16. 【答案】ABCD

【解析】主板上市公司配股，除了应当符合发行新股的一般条件之外，还应当符合的条件有：拟配售股份数量不超过本次配售股份前股本总额的 30%（选项 A）。控股股东应当在股东大会召开前公开承诺认配股份的数量（选项 C）。采用证券法规定的代销方式发行（选项 B）。控股股东不履行认配股份的承诺，或者代销期限届满，原股东认购股票的数量未达到拟配售数量 70% 的，发行人应当按照发行价并加算银行同期存款利息返还已经认购的股东（选项 D）。

17. 【答案】BD

【解析】主板上市公司非公开发行股票，发行对象不超过 35 名，选项 A 不正确。最近 3 个会计年度加权平均净资产收益率平均不低于 6%；扣除非经常性损益后的净利润与扣除前的净利润相比，以低者作为加权平均净资产收益率的计算依据，是主板上市公司向不特定对象公开募集股份和公开发行可转债券应当满足的条件，而不是非公开发行股票的条件，选项 C 不正确。

18. 【答案】CD

【解析】可转换公司债券每张面值 100 元，可转换公司债券的利率由发行公司与主承销商协商确定，但必须符合国家的有关规定，选项 A、B 不正确。提供担保的，应当为全

额担保，担保范围包括债券的本金及利息、违约金、损害赔偿金和实现债权的费用，据此选项 C 正确。证券公司或上市公司不得作为发行可转债的担保人，但上市商业银行除外，选项 D 正确。

19.【答案】ABCD

【解析】属于对公司的股票交易价格产生较大影响的重大事件有：……公司的董事、1/3 以上监事或者经理发生变动，董事长或者经理无法履行职责；公司的重大投资行为，公司在一年内购买、出售重大资产超过公司资产总额 30%，或者公司营业用主要资产的抵押、质押、出售或者报废一次超过该资产的 30%；公司分配股利、增资的计划，公司股权结构的重要变化，公司减资、合并、分立、解散及申请破产的决定，或者依法进入破产程序、被责令关闭；持有公司 5% 以上股份的股东或者实际控制人，其持有股份或者控制公司的情况发生较大变化，公司的实际控制人及其控制的其他企业从事与公司相同或者相似业务的情况发生较大变化等。

20.【答案】ABCD

【解析】本题考核保险利益原则。根据规定，投保人对下列人员具有保险利益：本人；配偶、子女、父母；前项以外与投保人有抚养、赡养或者扶养关系的家庭其他成员、近亲属；与投保人有劳动关系的劳动者。

21.【答案】ABCD

【解析】四个选项均正确。

22.【答案】ABCD

【解析】四个选项均正确。

23.【答案】AC

【解析】根据规定，投保人不得为无民事行为能力人投保以死亡为给付保险金条件的人身保险，但父母为未成年子女投保的除外；选项 B 错误，人身保险中的受益人资格没有限制，自然人、法人均可；选项 D 错误。

24.【答案】ABCD

【解析】信托受托人的义务有谨慎义务、忠实义务、分别管理义务、自己管理义务，共

同受托人共同处理信托事务义务与连带责任，书类设置与报告、保密义务，支付信托利益的义务。

25.【答案】ABCD

【解析】受托人可因解任、辞任以及出现法定的职责终止情形而发生变动。受托人对委托人和受益人所委托的信托财产负有亲自管理和处分的义务，受托人有下列情形之一的，无法履责，其职责终止：死亡或者被依法宣告死亡；被依法宣告为无民事行为能力人或者限制民事行为能力人；被依法撤销或者被宣告破产；依法解散或者法定资格丧失；法律、行政法规规定的其他情形。

三、判断题

1.【答案】×

【解析】汇票上未记载付款日期的，视为见票即付，无须提示承兑。

2.【答案】×

【解析】如果无法辨别签章发生在票据变造之前还是之后，视同在变造之前签章。

3.【答案】×

【解析】"不得转让"属于禁止背书的记载，不属于附条件。

4.【答案】×

【解析】票据债务人不得以自己与出票人或者与持票人的前手之间的抗辩事由对抗持票人。但是，持票人明知存在抗辩事由而取得票据的除外。

5.【答案】×

【解析】根据规定，持票人对汇票债务人中的一人或数人已经进行追索的，对其他汇票债务人仍可以行使追索权。

6.【答案】√

【解析】根据票据法律制度，因票据纠纷提起的诉讼，由票据支付地或被告所在地人民法院管辖。

7.【答案】×

【解析】公开发行公司债券，可以申请一次核准，分期发行。采用分期发行方式的，发行人应当及时披露更新后的债券募集说明书，

并在每期发行前报证券交易所备案。

8.【答案】√

【解析】题干表述正确。

9.【答案】√

【解析】本题考核证券发行审核制度。题干表述正确。

10.【答案】√

【解析】根据保险法律制度，受益人故意造成被保险人死亡，该受益人丧失受益权。

11.【答案】×

【解析】人身保险合同订立后，因投保人丧失对被保险人的保险利益，当事人主张保险合同无效的，人民法院不予支持。

12.【答案】×

【解析】设立信托，委托人和受托人的意思表示应当真实，并应当采取书面形式。

13.【答案】×

【解析】设立信托后，委托人死亡或者依法解散、被依法撤销、被宣告破产时：委托人是唯一受益人的，信托终止，信托财产作为其遗产或者清算财产；委托人不是唯一受益人的，信托存续，信托财产不作为其遗产或者清算财产。

14.【答案】×

【解析】受托人不得将其固有财产与信托财产进行交易或者将不同委托人的信托财产进行相互交易，但信托文件另有规定或者经委托人或者受益人同意，并以公平的市场价格进行交易的除外。

四、简答题

1.【答案】

（1）丁公司背书所附条件不具有票据上的效力。按规定，背书不得附条件，否则所附条件不具有汇票上的效力。

（2）乙公司拒绝承担担保责任的主张不符合法律规定。按规定，背书人应按照汇票的文义，担保汇票的承兑和付款；汇票不获承兑和付款时，背书人对于被背书人及其所有后手均负有偿还票款的义务。持票人可以不按照汇票债务人的先后顺序，对其中任何一人、

数人或者全体债务人行使追索权。

（3）丙公司拒绝承担担保责任的主张符合法律规定。按规定，背书人禁止背书的，原背书人对其直接被背书人以后通过背书方式取得汇票的一切当事人不负担保责任。

2.【答案】

（1）甲公司的优先股发行方案中，拟发行的优先股数量及筹资金额均不符合规定。根据规定，公司已发行的优先股不得超过公司普通股股份总数的50%，且筹资金额不得超过发行前净资产的50%。在本题中，甲公司已发行优先股1亿股，本次最多可发行1.5亿股（5×50%－1）；甲公司发行前净资产为10亿元，本次筹资金额已经超过5亿元。

（2）甲公司临时股东大会未能通过优先股发行方案。根据规定，公司发行优先股时，优先股股东有权出席股东大会，且该项决议除须经出席会议的普通股股东所持表决权2/3以上通过之外，还需经出席会议的优先股股东所持表决权2/3以上通过。

（3）监管机关驳回甲公司公开发行公司债券申请的理由成立。根据规定，仅面向合格投资者公开发行公司债券的，发行后累计债券余额应不超过公司净资产的40%，最近3年平均可分配利润足以支付公司债券1年的利息。在本题中，本次拟发行额6亿元，占甲公司发行前净资产10亿元的比例已经超过40%；甲公司最近3年年均可分配利润为2 000万元，而本次拟订的发行方案中公司债券的年利息为3 600万元。最近3年平均可分配利润不足以支付公司债券1年的利息。

3.【答案】

（1）甲银行拒绝向F公司付款的理由不成立。根据票据法律制度的规定，承兑人不得以其与出票人之间的资金关系对抗持票人。

（2）A公司拒绝向F公司承担票据责任的理由不成立。根据票据法律制度的规定，票据债务人原则上不得以自己与出票人的抗辩事由对抗持票人。

（3）C公司拒绝向F公司承担票据责任的理由成立。根据票据法律制度的规定，背书人

在汇票上记载"不得转让"字样，其后手再背书转让的，原背书人对后手的被背书人不承担保证责任。

（4）E公司不承担票据保证责任。根据票据法律制度的规定，保证人未在票据或者粘单上记载"保证"字样而另行签订保证合同或者保证条款的，不属于票据保证。

4.【答案】

（1）不符合法律规定。根据规定，保险标的已交付受让人，但尚未依法办理所有权变更登记，承担保险标的的毁损灭失风险的受让人，依照规定主张行使被保险人权利的，人民法院应予支持。

（2）不符合法律规定。根据规定，被保险人、受让人依法及时向保险人发出保险标的转让通知后，保险人作出答复前，发生保险事故，被保险人或者受让人主张保险人按照保险合同承担赔偿保险金的责任的，人民法院应予支持。

5.【答案】

（1）A公司"以汇票不得转让为由拒绝向红十字会承担票据责任"的主张不成立。根据票据法律制度的规定，出票人是票据债务人，承担担保承兑和担保付款的责任。票据行为必须在票据上进行记载，才能产生票据法上的效力。如果在票据之外另行记载有关事项，即使其内容和票据有关，也不发生票据法上的效力。

（2）B公司不应当承担票据责任。根据票据法律制度的规定，背书人记载"不得转让"字样的情形下，记载人对于其直接后手的后手不承担票据责任。

（3）D公司"以E公司违约为由拒绝向红十字会承担票据责任"的主张成立。根据票据法律制度的规定，无偿取得票据的受让人所能够取得的权利不得优于其前手。

（4）D公司不应当向E公司承担票据责任。根据票据法律制度的规定，票据债务人可以对不履行约定义务的与自己有直接债权债务关系的持票人进行抗辩。

6.【答案】

（1）A银行第一次拒付的理由成立。根据票

据法律制度的规定，被背书人是背书行为的绝对必要记载事项。本题中，庚公司未补记被背书人名称之前，背书行为尚未成立。

（2）A银行第二次拒付的理由不成立。根据票据法律制度的规定，背书人未记载被背书人名称即将票据交付他人的，持票人在票据被背书人栏内记载自己的名称与背书人记载具有同等法律效力。

（3）丙公司拒绝庚公司追索的理由不成立。根据规定，背书人在汇票上记载"不得转让"字样，其后手再背书转让的，"原背书人"对后手的被背书人不承担保证责任。

（4）乙公司拒绝庚公司追索的理由不成立。根据规定，背书时附有条件的，所附条件不具有汇票上的效力。

7.【答案】

（1）甲银行的抗辩不成立。根据票据法律制度的规定，持票人未在规定期限内提示付款的，持票人即丧失对出票人、汇票承兑人之外的前手的追索权，但是对承兑人、出票人的票据权利仍然存在。

（2）A公司的抗辩不成立。票据是文义证券，票据上的一切权利义务，都严格依照票据上记载的文义而定，文义之外的任何理由、事项都不得作为根据。双方在买卖合同中约定："A公司向B公司签发的汇票不得转让"，但未记载于票据之上，不发生票据效力。

（3）C公司的主张成立。根据票据法律制度的规定，票据债务人原则上不得以自己与持票人的前手之间的抗辩事由对抗持票人，但因税收、继承、赠与可以依法无偿取得票据的，所享有的票据权利不得优于其前手的权利。E学校取得票据是接受赠与的，其权利与D公司的权利一样，C公司可以对抗D公司的抗辩事由对抗E学校。

（4）B公司的主张不成立。根据票据法律制度的规定，D公司因善意取得而享有票据权利。C公司欺诈取得票据，不享有票据权利，但其是形式上的持票人，D公司对欺诈行为不知情，依照票据法规定的转让方式取得票据，付出相当对价。

五、综合题

【答案】

（1）A公司年会中聘请注册会计师李某为独立董事的决议无效。

根据相关法律规定，不得担任独立董事的人员中包括为上市公司或其附属企业提供财务、法律、咨询等服务的人员。

本案中注册会计师李某正是为A公司提供审计服务的财务人员，因此不得被聘为A公司的独立董事。

（2）A公司年会中2021年度的利润分配方案的决议通过。

根据我国《公司法》规定，股东大会一般表决事项须经出席会议股东所持表决权过半数通过。

本案中公司利润分配方案为一般表决事项，出席会议股东所持股份为8 500万股，同意的股东所持股份4 800万股，已经超过出席会议股东所持股份的半数，因此同意股东的表决权已经过半数，该决议有效。

（3）董事会认为张某提出议案的时间不符合法律规定正确。

根据我国《公司法》规定，单独或合计持有公司3%以上股份的股东，可以在股东大会召开前10日前提出临时议案并书面提交董事会。

本案中张某符合提出议案的资格，但是4月15日召开股东大会，4月10日提临时议案，不符合10日前提出的法律规定，因此董事会不予受理是正确的。

（4）董事会决议解聘孙某总经理职务未对外宣布不合法。

根据我国《证券法》规定，公司董事、1/3以上的监事或总经理发生变动属于公司重大事件，应当在董事会或监事会就该重大事件形成决议时通过临时报告对外披露该信息。

本案中A公司董事会解聘孙某总经理职务属于公司重大事件，依法应当及时对外披露该信息。

（5）董事会要求霍某上交买卖本公司股票的收益合法。

根据我国《公司法》《证券法》规定，上市公司的董事、监事、高级管理人员、持有上市公司股份5%以上的股东，将其持有的本公司股份在买入后6个月内卖出，或者在卖出后6个月内又买入的，由此所得收益归公司所有，公司董事会应当收回其所得收益。

本案中霍某在7月20日以每股5.5元的价格买进10万股，在9月28日以每股6.3元卖出，获利8万元，是买入后6个月内又卖出，因此获利8万元应归公司所有，董事会要求其上交公司合法。

（6）王董事将融资方案告知同学刘某不合法，属于内幕交易。

根据我国《证券法》规定，禁止内幕交易行为。内幕交易的知情人员自己买卖，或建议他人买卖属于内幕交易。内幕知情人自己未买卖，也未建议他人买卖，但将内幕信息泄露给他人，接受信息的人依此买卖证券的，也属于内幕交易行为。

本案中王董事虽自己未买卖，但将自己掌握的属于内幕信息的融资方案告知同学刘某，而刘某依此买卖A公司的股票，构成了内幕交易行为。

第七章　财政法律制度

考情分析

根据近年分值分布及本章的内容，预计本年度的考核题型仍然以客观题为主，考核的分值应在 8 分左右。本章内容的知识点较为零碎，考生应注意在复习过程中强化记忆。

教材变化

2024 年本章教材内容变化不是很大。主要是对国有资产管理法律制度中仅对国家出资企业管理者的选择、与关联方交易的限制的内容进行了修订，调整了行政事业性国有资产的监督中"政府监督"的说法，其他无实质变化。

考点提示

本章内容是财政法律制度（预算、国有资产管理、政府采购）。其中，预算法律制度、国有资产管理法律制度的相关内容比较重要。政府采购内容相较略显不重要，但也可能涉及单选题、判断题。

本章考点框架

预算法
- 预算及预算法
- 预算的基本原则
- 预算体制和预算管理职权
- 预算收支范围
- 预算编制
- 预算审批
- 预算执行与调整
- 决算
- 预算监督

财政法律制度

国有资产管理法律制度
- 国有资产的概念和类型
- 企业国有资产的概念
- 出资人和履行出资人职责的机构
- 国家出资企业管理者的选择与考核
- 与关联方交易的限制
- 国有资本经营预算
- 企业国有资产及重大事项管理和监督
- 行政事业性国有资产的概念、管理体制和管理原则
- 行政事业性国有资产的配置和使用
- 行政事业性国有资产的处置
- 行政事业性国有资产的预算管理
- 行政事业性国有资产的基础管理
- 行政事业性国有资产的报告
- 行政事业性国有资产的监督

政府采购法律制度
- 政府采购的概念、原则
- 政府采购当事人
- 政府采购方式
- 政府采购程序
- 政府采购合同
- 政府采购的质疑与投诉
- 政府采购的监督检查

考点解读及例题点津

第一单元　预　算　法

1 预算及预算法

一、考点解读

概念		内容
预算		也称政府预算或财政预算，指由政府各部门编制、经本级政府同意提交本级人民代表大会审查批准、按其执行的年度财政收支计划
预算法	狭义预算法	仅指《预算法》
	广义预算法	调整国家在进行预算资金筹集、分配、使用和管理过程中发生的社会关系的法律规范的总称

二、例题点津

【例题·单选题】 下列各项中，构成我国预算工作的基本法，也是财政法的核心的是（　　）。

A.《预算法》

B.《预算法实施条例》

C.《决算法》

D.《决算法实施条例》

【答案】 A

【解析】《预算法》是我国预算工作的基本法，也是财政法的核心。

2 预算的基本原则

一、考点解读

预算的基本原则是指在预算、决算的编制、审查、批准、监督，以及预算的执行和调整过程中应当遵守的基本准则。主要包括：（1）**统筹兼顾、勤俭节约、量力而行、讲求绩效、收支平衡**；（2）**预算法定**；（3）**预算完整**；（4）**预算公开**；（5）**相互制约、相互协调**。

预算的基本原则 ⎰ **统筹兼顾、勤俭节约、量力而行、讲求绩效、收支平衡**
预算法定
预算完整
预算公开
相互制约、相互协调

二、例题点津

【例题1·多选题】 下列各项中，属于预算法基本原则的有（　　）。

A. 预算完整

B. 公开

C. 统筹兼顾、勤俭节约、量力而行、讲求绩效、收支平衡

D. 预算法定

【答案】 ABCD

【解析】 预算法的基本原则包括：（1）统筹兼顾、勤俭节约、量力而行、讲求绩效、收支平衡；（2）预算法定；（3）预算完整；（4）预算公开；（5）相互制约、相互协调。

【例题2·判断题】 预算完整是指政府的全部收入和支出都应当纳入预算。（　　）

【答案】 √

【解析】 预算完整，是指政府的全部收入和支出都应当纳入预算。预算应当完整地反映政府全部的财政收支活动。

3 预算体制和预算管理职权

一、考点解读

预算体制，是国家规定中央与地方以及地方各级之间预算收支划分和预算管理职责权限的制度。（1）国家实行一级政府一级预算，设立中央，省、自治区、直辖市，设区的市、自治州，县、自治县、不设区的市、市辖区，乡、民族乡、镇五级预算。这五级预算可以分为两类，即中央预算和地方预算。（2）国家实行中央和地方分税制。（3）财政转移支付。

国家实行财政转移支付制度。财政转移支付应当规范、公平、公开，以推进地区间基本公共服务均等化为主要目标。

政府间转移支付分为一般性转移支付和专项转移支付两类。（1）一般性转移支付，是指不规定具体用途，由下级政府统筹安排使用，旨在均衡地区间基本财力水平的预算资金。一般性转移支付是财政转移支付的主体。一般性转移支付主要包括：①均衡性转移支付；②对革命老区、民族地区、边疆地区、贫困地区的财力补助；③其他一般性转移支付。（2）专项转移支付，是指上级政府为了实现特定的经济和社会发展目标给予下级政府，并由下级政府按照上级政府规定的用途安排使用的预算资金。

预算管理职权是指各级预算主体在预算活动中享有的权利和职责。

预算管理职权包括预算的编制权、审批权、执行权、调整权、监督权，可以分为：（1）各级权力机关的职权；（2）各级政府的职权；（3）各级财政部门的职权；（4）其他部门、单位的职权。

二、例题点津

【例题1·多选题】预算管理职权可以分为（　　）。

A. 财政部门的职权

B. 行政机关的职权

C. 社会公众监督职权

D. 各级政府的职权

【答案】ABD

【解析】预算管理职权分为：（1）权力机关的职权；（2）各级政府的职权；（3）财政部门的职权；（4）其他部门、单位的职权。

【例题2·多选题】下列各项中，构成一般性转移支付的有（　　）。

A. 对革命老区的财力补助

B. 对民族地区的财力补助

C. 对贫困地区的财力补助

D. 均衡性转移支付

【答案】ABCD

【解析】一般性转移支付主要包括：（1）均衡性转移支付；（2）对革命老区、民族地区、边疆地区、贫困地区的财力补助；（3）其他一般性转移支付。

4 预算收支范围

一、考点解读

（一）一般公共预算收入

1. 税收收入

税收收入是国家预算收入的最主要的部分，占我国一般公共预算收入的80%以上。

2. 行政事业性收费收入

行政事业性收入，是指国家机关、事业单位等依照法律法规，按照国务院规定的程序批准，在实施社会公共管理以及在向公民、法人和其他组织提供特定公共服务过程中，按照规定标准向特定服务对象收取费用形成的收入。

3. 国有资源（资产）有偿使用收入

国有资源（资产）有偿使用收入，是指矿藏、水流、海域、无居民海岛以及法律规定属于国家所有的森林、草原等国有资源有偿使用收入，按照规定纳入一般公共预算管理的国有资产收入等。

4. 转移性收入

转移性收入，是指上级税收返还和转移支付、下级上解收入、调入资金以及按照财政部规定列入转移性收入的无隶属关系政府的无偿援助。

5. 其他收入

如罚没收入、以政府名义接受的捐赠收入等。

（二）一般公共预算支出

一般公共预算支出按照其功能分类，包括一般公共服务支出，外交、公共安全、国防支出，农业、环境保护支出，教育、科技、文化、卫生、体育支出，社会保障及就业支出和其他支出；按照其经济性质分类，包括工资福利支出、商品和服务支出、资本性支出和其他支出。

（三）政府性基金预算

政府性基金预算是将依照法律、行政法规的规定在一定期限内向特定对象征收、收取或者以其他方式筹集的资金，专项用于特定公共事业发展的收支预算。政府性基金预算收入包括政府性基金各项目收入和转移性收入。政府性基金预算支出包括与政府性基金预算收入相对应的各项目支出和转移性支出。

（四）国有资本经营预算

国有资本经营预算收入包括依照法律、行政法规和国务院规定应当纳入国有资本经营预算的国有独资企业和国有独资公司按照规定上缴国家的利润收入、从国有资本控股和参股公司获得的股息红利收入、国有产权转让收入、清算收入和其他收入。

国有资本经营预算支出包括资本性支出、费用性支出、向一般公共预算调出资金等转移性支出和其他支出。

（五）社会保险基金预算

社会保险基金预算是对社会保险缴款、一般公共预算安排和其他方式筹集的资金，专项用于社会保险的收支预算。

社会保险基金预算收入包括各项社会保险费收入、利息收入、投资收益、一般公共预算补助收入、集体补助收入、转移收入、上级补助收入、下级上解收入和其他收入。

社会保险基金预算支出包括各项社会保险待遇支出、转移支出、补助下级支出、上解上级支出和其他支出。

二、例题点津

【例题 1 · 多选题】根据预算法律制度的规定，下列各项中，属于预算收入的有（　　）。

A. 行政事业性收费收入

B. 税收收入

C. 转移性收入

D. 国有资源（资产）有偿使用收入

【答案】ABCD

【解析】预算收入主要包括税收收入、行政事业性收费收入、国有资源（资产）有偿使用收入、转移性收入和其他收入，故选项 A、B、C、D 正确。

【例题 2 · 多选题】根据预算法律制度的规定，下列各项中，属于预算收入的有（　　）。

A. 采矿权拍卖所得

B. 地方从中央获得的消费税返还

C. 上级政府收到的下级政府的体制上解收入

D. 税务机关征收的所得税收入

【答案】ABCD

【解析】预算收入包括税收收入（选项 D）、行政事业性收费收入、国有资源（资产）有偿使用收入（选项 A）、转移性收入和其他收入（选项 B、C）。

【例题 3 · 判断题】国有资源（资产）有偿使用收入是国家预算收入的最主要的部分。（　　）

【答案】×

【解析】税收收入是国家预算收入的最主要的部分。

【例题 4 · 判断题】目前我国 18 个税种中，除关税外，其他 17 个税种由税务部门负责征收。（　　）

【答案】×

【解析】目前我国 18 个税种中，除关税和船舶吨税外，其他 16 个税种由税务部门负责征收。

5 预算编制

一、考点解读

预算编制是制定预算收支计划、对预算资金的分配、使用进行计划安排的活动，是预算管理流程的第一个阶段，是预算周期的起点，其对象是预算草案。预算草案在未经权力机关批准之前，不具有法律效力。

预算年度自公历 1 月 1 日起至 12 月 31 日

止。预算收入和预算支出以人民币元为计算单位。

（一）预算编制的基本要求

（1）各级预算收入的编制，应当**与经济社会发展水平相适应，与财政政策相衔接**。各级政府、各部门、各单位应当依照《预算法》规定，将政府收入全部列入预算，不得隐瞒、少列。

（2）各级预算支出应当依照《预算法》规定，**按其功能和经济性质分类编制**。各级预算支出的编制，应当贯彻勤俭节约的原则，严格控制各部门、各单位的机关运行经费和楼堂馆所等基本建设支出。各级一般公共预算支出的编制，应当统筹兼顾，在保证基本公共服务合理需要的前提下，优先安排国家确定的重点支出。

（3）中央一般公共预算中必需的部分资金，可以通过举借国内和国外债务等方式筹措，举借债务应当控制适当的规模，保持合理的结构。

对中央一般公共预算中举借的债务实行**余额管理**，余额的规模不得超过全国人民代表大会批准的限额。

（4）地方各级预算按照**量入为出、收支平衡**的原则编制，除《预算法》另有规定外，不列赤字。

经国务院批准的省、自治区、直辖市的预算中必需的建设投资的部分资金，可以在国务院确定的限额内，通过发行地方政府债券举借债务的方式筹措。举借的债务应当有偿还计划和稳定的偿还资金来源，**只能用于公益性资本支出，不得用于经常性支出**。除此之外，地方政府及其所属部门不得以任何方式举借债务。

举借债务的规模，是指各地方政府债务余额限额的总和。包括**一般债务限额和专项债务限额**。一般债务是指列入一般公共预算用于公益性事业发展的一般债券、地方政府负有偿还责任的外国政府和国际经济组织贷款转贷债务；专项债务是指列入政府性基金预算用于有收益的公益性事业发展的专项债券。

国务院建立地方政府债务风险评估和预警机制、应急处置机制以及责任追究制度。

（二）预算编制的时间要求

（1）财政部于每年6月15日前部署编制下一年度预算草案的具体事项，规定报表格式、编报方法、报送期限等。

（2）县级以上地方各级政府财政部门应当于每年6月30日前部署本行政区域编制下一年度预算草案的具体事项，规定有关报表格式、编报方法、报送期限等。

（3）省、自治区、直辖市政府财政部门汇总的本级总预算草案或者本级总预算，应当于下一年度1月10日前报财政部。

（三）预算编制的方法

（1）各级预算**应当根据年度经济社会发展目标、国家宏观调控总体要求和跨年度预算平衡的需要**，参考上一年预算执行情况、有关支出绩效评价结果和本年度收支预测，按照规定程序征求各方面意见后，进行编制。

（2）各部门、各单位应当按照国务院财政部门制定的政府收支分类科目、预算支出标准和要求，以及绩效目标管理等预算编制规定，根据其依法履行职能和事业发展的需要以及存量资产情况，编制本部门、本单位预算草案。

（3）各级一般公共预算应当按照本级一般公共预算支出额的**1%～3%**设置预备费，用于当年预算执行中的自然灾害等突发事件处理增加的支出及其他难以预见的开支。

（4）各级一般公共预算按照国务院的规定可以设置预算周转金，用于本级政府调剂预算年度内季节性收支差额。经本级政府批准，各级政府财政部门可以设置预算周转金，额度不得超过本级一般公共预算支出总额的1%。

二、例题点津

【例题1·多选题】下列关于预算编制的说法中，正确的有（　　）。

A. 省、自治区、直辖市政府财政部门汇总的本级总预算草案或者本级总预算，应当于下一年度3月31日前报财政部

B. 各级预算支出的编制，应当贯彻勤俭节约的原则

C. 中央一般公共预算中必需的部分资金，可以通过举借国内和国外债务等方式筹措

D. 地方各级预算按照量入为出、收支平衡

的原则编制，除另有规定外，不列赤字

【答案】BCD

【解析】省、自治区、直辖市政府财政部门汇总的本级总预算草案或者本级总预算，应当于下一年度1月10日前报财政部，选项A错误。

【例题2·判断题】财政部于每年6月1日前部署编制下一年度预算草案的具体事项。（　　）

【答案】×

【解析】财政部于每年6月15日前部署编制下一年度预算草案的具体事项。

6 预算审批

一、考点解读

预算审批，即预算审查和批准，是指国家各级权力机关对同级政府所提出的预算草案进行审查和批准的活动。预算的审批是使预算草案转变为正式预算的关键阶段。只有经过审批的预算才是具有法律效力的、相关预算主体必须遵守的正式预算。

项目	中央预算	地方各级预算
审查和批准	全国人民代表大会	本级人民代表大会
负责作报告	国务院	地方各级政府
审查内容	（1）上一年预算执行情况是否符合本级人民代表大会预算决议的要求	
	（2）预算安排是否符合《预算法》的规定	
	（3）预算安排是否贯彻国民经济和社会发展的方针政策，收支政策是否切实可行	
	（4）重点支出和重大投资项目的预算安排是否适当	
	（5）预算的编制是否完整，是否细化到符合《预算法》的规定	
	（6）对下级政府的转移性支出预算是否规范、适当	
	（7）预算安排举借的债务是否合法、合理，是否有偿还计划和稳定的偿还资金来源	
	（8）与预算有关重要事项的说明是否清晰	
撤销	国务院和县级以上地方各级政府对下一级政府依照《预算法》的相关规定报送备案的预算，认为有同法律、行政法规抵触或者有其他不适当之处，需要撤销批准预算的决议的，应当提请本级人民代表大会常务委员会审议决定	
批复	各级预算经本级人民代表大会批准后，本级政府财政部门应当在**20日**内向本级各部门批复预算。各部门应当在接到本级政府财政部门批复的本部门预算后**15日**内向所属各单位批复预算	

二、例题点津

【例题1·单选题】各级预算经本级人民代表大会批准后，本级政府财政部门应当在（　　）日内向本级各部门批复预算。

A. 5　　B. 10　　C. 15　　D. 20

【答案】D

【解析】各级预算经本级人民代表大会批准后，本级政府财政部门应当在20日内向本级各部门批复预算。

【例题2·单选题】根据预算审查与批准相关规定，各部门应当在接到本级政府财政部门批复的本部门预算后（　　）日内向所属各单位批复预算。

A. 5　　B. 10　　C. 15　　D. 20

【答案】C

【解析】各部门应当在接到本级政府财政部门批复的本部门预算后15日内向所属各单位批复预算。

7 预算执行与调整

一、考点解读

(一) 预算执行

1. 预算执行的一般性规定

各级预算由本级政府组织执行, 具体工作由本级政府财政部门负责。各部门、各单位是本部门、本单位的预算执行主体, 负责本部门、本单位的预算执行, 并对执行结果负责。

(1) 预算年度开始后, 各级预算草案在本级人民代表大会批准前, 可以安排下列支出。

①上一年度结转的支出;

②参照上一年同期的预算支出数额安排必须支付的本年度部门基本支出、项目支出, 以及对下级政府的转移性支出;

③法律规定必须履行支付义务的支出;

④用于自然灾害等突发事件处理的支出。

上述安排支出的情况, 应当在预算草案的报告中作出说明。

(2) 预算经本级人民代表大会批准后, 按照批准的预算执行。

(3) 各级预算的收入和支出**实行收付实现制**。特定事项按照国务院的规定实行权责发生制的有关情况, 应当向本级人民代表大会常务委员会报告。

(4) **国家实行国库集中收缴和集中支付制度, 对政府全部收入和支出实行国库集中收付管理。**

(5) 各级政府应当加强对预算执行的领导, 支持政府财政、税务、海关等预算收入的征收部门依法组织预算收入, 支持政府财政部门严格管理预算支出。

(6) 各部门、各单位应当加强对预算收入和支出的管理, 不得截留或者动用应当上缴的预算收入, 不得擅自改变预算支出的用途。

2. 组织预算收入

(1) 预算收入征收部门和单位, 必须依照法律、行政法规的规定, 及时、足额征收应征的预算收入。不得违反法律、行政法规规定, 多征、提前征收或者减征、免征、缓征应征的预算收入, 不得截留、占用或者挪用预算收入。各级政府不得向预算收入征收部门和单位下达收入指标。

(2) 政府的全部收入应当上缴国家金库 (简称"国库"), 任何部门、单位和个人不得截留、占用、挪用或者拖欠。国库是办理预算收入的收纳、划分、留解、退付和库款支拨的专门机构。国库分为中央国库和地方国库。

中央国库业务由中国人民银行经理。县级以上各级预算必须设立国库。

(3) 对于法律有明确规定或者经国务院批准的特定专用资金, 可以依照国务院的规定设立财政专户。

3. 拨付预算支出

(1) 各级政府财政部门必须依照法律、行政法规和国务院财政部门的规定, 及时、足额地拨付预算支出资金, 加强对预算支出的管理和监督。

(2) 各级政府、各部门、各单位的支出必须按照预算执行, 不得虚假列支。各级政府、各部门、各单位应当对预算支出情况开展绩效评价。

4. 预算执行中的余缺调剂

(1) 各级预算预备费的动用方案, 由本级政府财政部门提出, 报本级政府决定。

(2) 各级预算周转金由本级政府财政部门管理, 不得挪作他用。

(3) 各级一般公共预算年度执行中有超收收入的, 只能用于冲减赤字或者补充预算稳定调节基金。各级一般公共预算的结余资金, 应当补充预算稳定调节基金。

(4) 各级政府性基金预算年度执行中有超收收入的, 应当在下一年度安排使用并优先用于偿还相应的专项债务; 出现短收的, 应当通过减少支出实现收支平衡。

(5) 各级国有资本经营预算年度执行中有超收收入的, 应当在下一年度安排使用; 出现短收的, 应当通过减少支出实现收支平衡。

(二) 预算调整

经全国人民代表大会批准的中央预算和经地方各级人民代表大会批准的地方各级预算, 在执行中出现下列情况之一的, 应当进行预算调整:

（1）需要增加或者减少预算总支出的；

（2）需要调入预算稳定调节基金的；

（3）需要调减预算安排的重点支出数额的；

（4）需要增加举借债务数额的。

| 编制预算调整方案 | ·在预算执行中，各级政府对于必须进行的预算调整，应当编制预算调整方案。预算调整方案应当说明预算调整的理由、项目和数额 |
| 审查和批准 | ·中央预算的调整方案应当提请全国人民代表大会常务委员会审查和批准。县级以上地方各级预算的调整方案应当提请本级人民代表大会常务委员会审查和批准；乡、民族乡、镇预算的调整方案应当提请本级人民代表大会审查和批准 |

二、例题点津

【例题1·单选题】根据预算法律制度的规定，下列不属于应当进行预算调整的情形是（　　）。

A. 需要增加预算总支出的

B. 需要调入预算稳定调节基金的

C. 需要调减预算安排的重点支出数额的

D. 地方各级政府因上级政府增加不需要本级政府提供配套资金的专项转移支付而引起的预算支出变化的

【答案】D

【解析】在预算执行中，地方各级政府因上级政府增加不需要本级政府提供配套资金的专项转移支付而引起的预算支出变化，不属于预算调整。

【例题2·多选题】预算年度开始后，各级预算草案在本级人民代表大会批准前，可以安排的支出有（　　）。

A. 法律规定必须履行支付义务的支出

B. 参照上一年同期的预算支出数额安排必须支付的本年度部门基本支出、项目支出，以及对下级政府的转移性支出

C. 用于自然灾害等突发事件处理的支出

D. 上一年度结转的支出

【答案】ABCD

【解析】预算年度开始后，各级预算草案在本级人民代表大会批准前，可以安排下列支出：（1）上一年度结转的支出；（2）参照上一年同期的预算支出数额安排必须支付的本年度部门基本支出、项目支出，以及对下级政府的转移性支出；（3）法律规定必须履行支付义务的支出；（4）用于自然灾害等突发事件处理的支出。

【例题3·多选题】下列关于预算执行的说法中，正确的有（　　）。

A. 国家实行国库集中收缴和集中支付制度

B. 各部门、各单位应当加强对预算收入和支出的管理，特殊时期，可以改变预算支出的用途

C. 预算收入征收部门和单位不得违反法律、行政法规规定，多征、提前征收或者减征、免征、缓征、应征的预算收入

D. 政府的全部收入应当上缴国家金库

【答案】ACD

【解析】各部门、各单位应当加强对预算收入和支出的管理，不得截留或者动用应当上缴的预算收入，不得擅自改变预算支出的用途，选项B错误。

【例题4·判断题】中央国库业务由我国政府经理。（　　）

【答案】×

【解析】中央国库业务由中国人民银行经理。未设中国人民银行分支机构的地区，由中国人民银行商财政部后，委托有关银行业金融机构办理。

8 决算

一、考点解读

决算是对年度预算收支执行结果的报告。**决算是预算管理程序中的最后一个阶段，是对预算编制和执行具有监督性质的基础程序。**

决算草案由各级政府、各部门、各单位，在每一预算年度终了后按照国务院规定的时间编制。决算草案是指各级政府、各部门、各单位编制的未经法定程序审查和批准的预算收支和结余的年度执行结果。

编制决算草案，必须符合法律、行政法规，做到**收支真实、数额准确、内容完整、报送及时**。决算草案应当与预算相对应，按预算数、调整预算数、决算数分别列出。

各部门对所属各单位的决算草案，应当审核并汇总编制本部门的决算草案，在规定的期限内报本级政府财政部门审核。各级政府财政部门对本级各部门决算草案审核后发现有不符合法律、行政法规规定的，有权予以纠正。

决算草案的编制、审计、审定、审查和批准，如下表所示。

项目	编制	审计	审定	审查和批准
中央决算草案	国务院财政部门	国务院审计部门	国务院	全国人民代表大会常务委员会
地方各级决算草案（县级以上）	县级以上地方本级政府财政部门	本级政府审计部门	本级政府	本级人民代表大会常务委员会
乡、民族乡、镇决算草案	乡、民族乡、镇政府负责编制			本级人民代表大会

县级以上各级人民代表大会常务委员会和乡、民族乡、镇人民代表大会对本级决算草案，重点审查下列内容。

（1）**预算收入情况；**

（2）**支出政策实施情况和重点支出、重大投资项目资金的使用及绩效情况；**

（3）**结转资金的使用情况；**

（4）**资金结余情况；**

（5）**本级预算调整及执行情况；**

（6）**财政转移支付安排执行情况；**

（7）**经批准举借债务的规模、结构、使用、偿还等情况；**

（8）**本级预算周转金规模和使用情况；**

（9）**本级预备费使用情况；**

（10）**超收收入安排情况，预算稳定调节基金的规模和使用情况；**

（11）**本级人民代表大会批准的预算决议落实情况；**

（12）**其他与决算有关的重要情况。**

县级以上各级人民代表大会常务委员会应当结合本级政府提出的上一年度预算执行和其他财政收支的审计工作报告，对本级决算草案进行审查。

各级决算经批准后，财政部门应当在 **20 日内**向本级各部门批复决算。各部门应当在接到本级政府财政部门批复的本部门决算后 **15 日内**向所属单位批复决算。

地方各级政府应当将经批准的决算及下一级政府上报备案的决算汇总，**报上一级政府备案。**县级以上各级政府应当将下一级政府报送备案的决算汇总后，**报本级人民代表大会常务委员会备案。**

国务院和县级以上地方各级政府对下一级政府依照《预算法》上述规定报送备案的决算，认为有同法律、行政法规相抵触或者有其他不适当之处，需要撤销批准该项决算的决议的，应当提请本级人民代表大会常务委员会审议决定；经审议决定撤销的，该下级人民代表大会常务委员会应当责成本级政府依照《预算法》规定重新编制决算草案，提请本级人民代表大会常务委员会审查和批准。

二、例题点津

【例题1·单选题】 各级决算经批准后，财政部门应当在一定期限内向本级各部门批复决算，这一期限是（ ）日。

A. 15　　B. 20　　C. 30　　D. 60

【答案】 B

【解析】 各级决算经批准后，财政部门应当在20日内向本级各部门批复决算。

【例题2·多选题】 编制决算草案，必须符合法律、行政法规，做到（ ）。

A. 收支真实　　　　B. 数额准确

C. 内容完整　　　　D. 报送及时

【答案】 ABCD

【解析】 编制决算草案，必须符合法律、行政法规，做到收支真实、数额准确、内容完整、报送及时。

【例题3·判断题】 地方各级政府应当将经批准的决算及下一级政府上报备案的决算汇总，报本级人民代表大会常务委员会备案。（ ）

【答案】 ×

【解析】 地方各级政府应当将经批准的决算及下一级政府上报备案的决算汇总，报上一级政府备案。

⑨ 预算监督

一、考点解读

预算监督是指各级国家机关依法进行的对全部预算活动的监督，其贯穿于预算管理活动的各个环节。

预算监督 $\begin{cases}权力机关对预算的监督 \\ 政府机关对预算的监督 \\ 其他主体对预算的监督\end{cases}$

（一）权力机关对预算的监督

全国人民代表大会及其常务委员会对中央和地方预算、决算进行监督。 县级以上地方各级人民代表大会及其常务委员会对本级和下级预算、决算进行监督。乡、民族乡、镇人民代表大会对本级预算、决算进行监督。

国务院和县级以上地方各级政府应当在每年6月至9月期间向本级人民代表大会常务委员会报告预算执行情况。

（二）政府机关对预算的监督

各级政府监督下级政府的预算执行；下级政府应当定期向上一级政府报告预算执行情况。

各级政府财政部门负责监督本级各部门及其所属各单位预算管理有关工作，并向本级政府和上一级政府财政部门报告预算执行情况。

县级以上政府审计部门依法对预算执行、决算实行审计监督。对预算执行和其他财政收支的审计工作报告应当向社会公开。

政府各部门负责监督检查所属各单位的预算执行，及时向本级政府财政部门反映本部门预算执行情况，依法纠正违反预算的行为。

（三）其他主体对预算的监督

公民、法人或者其他组织发现有违反《预算法》的行为，可以依法向有关国家机关进行检举、控告。接受检举、控告的国家机关应当依法进行处理，并为检举人、控告人保密。任何单位或者个人不得压制和打击报复检举人、控告人。

二、例题点津

【例题·判断题】 各级政府财政部门负责监督检查本级各部门及其所属各单位预算的编制、执行，并向本级政府和上一级政府财政部门报告预算执行情况。这属于预算监督中的权力机关对预算的监督。（ ）

【答案】 ×

【解析】 这属于预算监督中的政府机关对预算的监督，而非权力机关对预算的监督。**权力机关对预算的监督是指全国人民代表大会及其常务委员会对中央和地方预算、决算进行监督。** 县级以上地方各级人民代表大会及其常务委员会对本级和下级预算、决算进行监督。乡、民族乡、镇人民代表大会对本级预算、决算进行监督。

第二单元　国有资产管理法律制度

1 国有资产的概念和类型

一、考点解读

国有资产，是指所有权属于国家的财产或财产权益，国有资产的类型多样，如下表所示。

序号	类型	定义
1	经营性国有资产	经营性国有资产是指国家投资所形成的财产权益，通常指企业国有资产
2	非经营性国有资产	非经营性国有资产是指由国家以拨款或其他形式投入非经营性领域形成的财产权益，通常指行政事业性国有资产
3	资源性国有资产	资源性国有资产是指有开发价值的、依法属于国家所有的自然资源

二、例题点津

【例题·多选题】国有资产的类型可以分为（　　）。

A. 资源性国有资产

B. 非资源性国有资产

C. 经营性国有资产

D. 非经营性国有资产

【答案】ACD

【解析】国有资产的类型多样，包括：（1）资源性国有资产；（2）经营性国有资产；（3）非经营性国有资产。

2 企业国有资产的概念

一、考点解读

企业国有资产，是指国家对企业各种形式的出资所形成的权益，包括国家对企业各种形式的投资和投资所形成的权益，以及依法认定为国家所有的其他权益。

企业国有资产属于国家所有即全民所有。国务院代表国家行使国有资产所有权。

二、例题点津

【例题·判断题】企业国有资产属于国家所有即全民所有。政府代表国家行使国家资产所有权。（　　）

【答案】×

【解析】国务院代表国家行使国有资产所有权。

3 出资人和履行出资人职责的机构

一、考点解读

（一）出资人

（1）国务院和地方人民政府依照法律、行政法规的规定，分别代表国家对国家出资企业履行出资人职责，享有出资人权益。

（2）国务院确定的关系国民经济命脉和国家安全的国家出资企业，由国务院代表国家履行出资人职责。

（3）其他的国家出资企业，由地方人民政府代表国家履行出资人职责。

国家出资企业，指国家出资的国有独资企业、国有独资公司以及国有资本控股公司、国有资本参股公司。

（二）履行出资人职责的机构

国务院国有资产监督管理机构和地方人民政府按照国务院的规定设立的国有资产监督管理机构，根据本级人民政府的授权，代表本级人民政府对国家出资企业履行出资人职责。

（三）履行出资人职责的机构的职责

（1）代表本级人民政府对国家出资企业依法享有资产收益、参与重大决策和选择管理者等出资人权利。

（2）委派的股东代表参加国有资本控股公司、国有资本参股公司召开的股东会会议、股东大会会议，应当按照委派机构的指示提出提案、发表意见、行使表决权，并将其履行职责的情况和结果及时报告委派机构。

（3）应当依照法律、行政法规以及企业章程履行出资人职责，保障出资人权益，防止国有资产损失。应当维护企业作为市场主体依法享有的权利，除依法履行出资人职责外，不得干预企业经营活动。

（4）对本级人民政府负责，向本级人民政府报告履行出资人职责的情况，接受本级人民政府的监督和考核，对国有资产的保值增值负责。应当按照国家有关规定，定期向本级人民政府报告有关国有资产总量、结构、变动、收益等汇总分析的情况。

二、例题点津

【例题1·单选题】 根据企业国有资产法律制度的规定，代表国家行使企业国有资产所有权的是（　　）。

A. 国务院

B. 中国人民银行

C. 国有资产监督管理委员会

D. 财政部

【答案】 A

【解析】 国务院代表国家行使企业国有资产所有权。

【例题2·多选题】 下列各项中，属于国家出资企业的有（　　）。

A. 国有独资企业

B. 国有独资公司

C. 国有资本控股公司

D. 国有资本参股公司

【答案】 ABCD

【解析】 国家出资企业，是指国家出资的国有独资企业、国有独资公司以及国有资本控股公司、国有资本参股公司。

【例题3·判断题】 国务院确定的关系国家安全的大型国家出资企业由国务院代表国家履行出资人职责。（　　）

【答案】 √

【解析】 由国务院履行出资人职责的情形主要包括：国家经济命脉和安全的大型国家出资企业；重要基础设施和重要自然资源领域的国家出资企业。

4 国家出资企业管理者的选择与考核

一、考点解读

（一）国家出资企业管理者的选择

履行出资人职责的机构依照法律、行政法规以及企业章程的规定，任免或者建议任免国家出资企业的下列人员：

（1）任免国有独资企业的经理、副经理、财务负责人和其他高级经理人员；

（2）任免国有独资公司的董事长、副董事长、董事、监事会主席和监事；

（3）向国有资本控股公司、国有资本参股公司的股东会提出董事、监事人选。

前述第（1）项、第（2）项规定的企业管理者，国务院和地方人民政府规定由本级人民政府任免的，依照其规定。

（二）·国家出资企业管理者的兼职限制

（1）未经履行出资人职责的机构同意，国有独资企业、国有独资公司的董事、高级管理人员不得在其他企业兼职。未经股东会同意，国有资本控股公司、国有资本参股公司的董事、高级管理人员不得在经营同类业务的其他企业兼职。

（2）未经履行出资人职责的机构同意，国有独资公司的董事长不得兼任经理。未经股东会同意，国有资本控股公司的董事长不得兼任经理。

（3）董事、高级管理人员不得兼任监事。

（三）国家出资企业管理者的考核

国家建立国家出资企业管理者经营业绩考核制度。履行出资人职责的机构应当对其任命的企业管理者进行年度和任期考核，并依据考核结果决定对企业管理者的奖惩。履行出资人职责的机构应当按照国家有关规定，确定其任命的国家出资企业管理者的薪酬标准。

国有独资企业、国有独资公司和国有资本控

股公司的主要负责人,应当接受依法进行的任期经济责任审计。

二、例题点津

【例题1·单选题】 下列关于国家出资企业管理者的选择的说法中,不正确的是（　　）。

A. 可以任免国有独资企业的经理

B. 可以任免国有独资公司的董事长、副董事长

C. 可以向国有资本控股公司、国有资本参股公司的股东会提出董事

D. 可以任免国有资本控股公司的经理

【答案】 D

【解析】 履行出资人职责的机构依照法律、行政法规以及企业章程的规定,任免或者建议任免国家出资企业的下列人员:（1）任免国有独资企业的经理、副经理、财务负责人和其他高级经理人员;（2）任免国有独资公司的董事长、副董事长、董事、监事会主席和监事;（3）向国有资本控股公司、国有资本参股公司的股东会提出董事、监事人选。选项D错误。

【例题2·多选题】 下列各项中,属于履行出资人职责的机构的职责有（　　）。

A. 代表本级人民政府对国家出资企业依法享有资产收益、参与重大决策和选择管理者等出资人权利

B. 制定或者参与制定国家出资企业的章程

C. 依照法律、行政法规以及企业章程履行出资人职责,保障出资人权益,防止国有资产损失

D. 维护企业作为市场主体依法享有的权利

【答案】 ABCD

【解析】 以上选项都属于履行出资人职责的机构的职责。

【例题3·多选题】 下列各项中,属于国有资产监督管理机构可以代表本级政府履行出资人职责的事项有（　　）。

A. 制定或者参与制定国家出资企业的章程

B. 委派股东代表参加国有资本控股公司召开的股东会或者股东大会

C. 任免国有独资企业的财务负责人

D. 任命国有资本参股公司的监事

【答案】 ABC

【解析】 国务院和地方人民政府依照法律、行政法规的规定,分别代表国家对国家出资企业履行出资人职责,享有出资人权益。国有资产监督管理机构作为履行出资人职责的机构,代表本级人民政府对国家出资企业依法享有资产收益、参与重大决策和选择管理者等出资人权利。有权依照法律、行政法规的规定,制定或者参与制定国家出资企业的章程;委派股东代表参加国有资本控股公司、国有资本参股公司召开的股东会会议、股东大会会议,按照委派机构的指示提出提案、发表意见、行使表决权,并将其履行职责的情况和结果及时报告委派机构。依照法律、行政法规以及企业章程的规定,任免或者建议任免国家出资企业的下列人员:任免国有独资企业的经理、副经理、财务负责人和其他高级经理人员;任免国有独资公司的董事长、副董事长、董事、监事会主席和监事;向国有资本控股公司、国有资本参股公司的股东会提出董事、监事人选（前两项规定的企业管理者,国务院和地方人民政府规定由本级人民政府任免的,依照其规定）。

【例题4·判断题】 未经履行出资人职责的机构同意,国有独资企业、国有独资公司的董事、高级管理人员不得在其他企业兼职。（　　）

【答案】 √

【解析】 未经履行出资人职责的机构同意,国有独资企业、国有独资公司的董事、高级管理人员不得在其他企业兼职。

5 与关联方交易的限制

一、考点解读

（一）定义

关联方,是指本企业的董事、监事、高级管理人员及其近亲属,以及这些人员所有或者实际控制的企业。

（二）限制

（1）国家出资企业的关联方,不得利用与国家出资企业之间的交易,谋取不当利益,损害国家出资企业利益。

（2）国有独资企业、国有独资公司、国有资本控股公司不得无偿向关联方提供资金、商

品、服务或者其他资产，不得以不公平的价格与关联方进行交易。

（3）未经履行出资人职责的机构同意，国有独资企业、国有独资公司不得有下列行为：①**与关联方订立财产转让、借款的协议**；②**为关联方提供担保**；③**与关联方共同出资设立企业，或者向董事、监事、高级管理人员或者其近亲属所有或者实际控制的企业投资**。

（4）国有资本控股公司、国有资本参股公司与关联方的交易，履行出资人职责的机构委派的股东代表，依法行使权利。公司董事会对公司与关联方的交易作出决议时，该交易所涉及的董事不得行使表决权，也不得代理其他董事行使表决权。

二、例题点津

【例题·判断题】 国有独资企业不得无偿向关联方提供资金。（　　）

【答案】 √

【解析】 国有独资企业、国有独资公司、国有资本控股公司不得无偿向关联方提供资金、商品、服务或者其他资产，不得以不公平的价格与关联方进行交易。

6 国有资本经营预算

一、考点解读

国家建立健全国有资本经营预算制度，对取得的国有资本收入及其支出实行预算管理。**应当纳入国有资本经营预算的收入和支出包括**以下方面：

（1）**从国家出资企业分得的利润**；

（2）**国有资产转让收入**；

（3）**从国家出资企业取得的清算收入**；

（4）**其他国有资本收入**。

国有资本经营预算按年度单独编制，纳入本级人民政府预算，报本级人民代表大会批准。其预算支出按照当年预算收入规模安排，不列赤字。**国务院和有关地方人民政府财政部门**负责国有资本经营预算草案的编制工作，履行出资人职责的机构向财政部门提出由其履行出资人职责的国有资本经营预算建议草案。

二、例题点津

【例题1·多选题】 对于国家取得的下列国有资本收入，以及下列收入的支出，应当编制国有资本经营预算的有（　　）。

A. 从国家出资企业分得的利润

B. 国有资产转让收入

C. 从国家出资企业取得的清算收入

D. 其他国有资本收入

【答案】 ABCD

【解析】 国家取得的下列国有资本收入，以及下列收入的支出，应当编制国有资本经营预算：（1）从国家出资企业分得的利润；（2）国有资产转让收入；（3）从国家出资企业取得的清算收入；（4）其他国有资本收入。

【例题2·多选题】 下列关于国有资本经营预算编制的要求的说法中，正确的有（　　）。

A. 国有资本经营预算按季度单独编制

B. 国有资本经营预算支出按照当年预算收入规模安排

C. 国有资本经营预算支出可适当列赤字

D. 国务院和有关地方人民政府财政部门负责国有资本经营预算草案的编制工作

【答案】 BD

【解析】 国有资本经营预算按年度单独编制，选项A错误。国有资本经营预算支出按照当年预算收入规模安排，不列赤字，选项C错误。

【例题3·判断题】 国有资本经营预算报全国人民代表大会批准。（　　）

【答案】 ×

【解析】 国有资本经营预算按年度单独编制，纳入本级人民政府预算，报本级人民代表大会批准。

7 企业国有资产及重大事项管理和监督

一、考点解读

（一）企业国有资产及重大事项管理

1. 企业国有资产管理

（1）国有资产监督管理机构依照国家有关

规定，负责企业国有资产的产权界定、产权登记、资产评估监管、清产核资、资产统计、综合评价等基础管理工作。

（2）国有资产监督管理机构应当建立企业国有资产产权交易监督管理制度，加强企业国有资产产权交易的监督管理，促进企业国有资产的合理流动，防止企业国有资产流失。

（3）国有资产监督管理机构对其所出资企业的企业国有资产收益依法履行出资人职责；对其所出资企业的重大投融资规划、发展战略和规划，依照国家发展规划和产业政策履行出资人职责。

（4）所出资企业中的国有独资企业、国有独资公司的重大资产处置，需由国有资产监督管理机构批准的，依照有关规定执行。

2. 企业重大事项管理

（1）国有资产监督管理机构依照法定程序决定其所出资企业中的国有独资企业、国有独资公司的分立、合并、破产、解散、增减资本、发行公司债券等重大事项。

（2）国有资产监督管理机构决定其所出资企业的国有股权转让。

（3）国有资产监督管理机构依照国家有关规定拟订所出资企业收入分配制度改革的指导意见，调控所出资企业工资分配的总体水平。

（4）国有资产监督管理机构可以对所出资企业中具备条件的国有独资企业、国有独资公司进行国有资产授权经营。

3. 企业国有资产监督

国有资产监督管理机构依法对所出资企业财务进行监督，建立和完善国有资产保值增值指标体系，维护国有资产出资人的权益。

（二）企业国有资产监督

1. 各级权力机关的监督

各级人民代表大会常务委员会通过听取和审议本级人民政府履行出资人职责的情况和国有资产监督管理情况的专项工作报告，组织对《企业国有资产法》实施情况的执法检查等，依法行使监督职权。

2. 各级政府的监督

国务院和地方人民政府应当对其授权履行出资人职责的机构履行职责的情况进行监督。

3. 社会监督

履行出资人职责的机构根据需要，可以委托会计师事务所对国有独资企业、国有独资公司的年度财务会计报告进行审计，或者通过国有资本控股公司的股东会、股东大会决议，由国有资本控股公司聘请会计师事务所对公司的年度财务会计报告进行审计，维护出资人权益。

国务院和地方人民政府应当依法向社会公布国有资产状况和国有资产监督管理工作情况，接受社会公众的监督。任何单位和个人有权对造成国有资产损失的行为进行检举和控告。

二、例题点津

【例题1·单选题】 国有独资企业、国有独资公司的重大资产处置，需由（　　）批准，依照有关规定执行。

A. 财政部

B. 国务院

C. 国有资产监督管理机构

D. 中国人民银行

【答案】 C

【解析】 国有独资企业、国有独资公司的重大资产处置，需由国有资产监督管理机构批准，依照有关规定执行。

【例题2·多选题】 国有资产监督管理机构依照国家有关规定，负责企业国有资产的（　　）等基础管理工作。

A. 产权界定　　　B. 产权登记

C. 清产核资　　　D. 资产统计

【答案】 ABCD

【解析】 国有资产监督管理机构依照国家有关规定，负责企业国有资产的产权界定、产权登记、资产评估监管、清产核资、资产统计、综合评价等基础管理工作。

【例题3·判断题】 国务院和地方人民政府应该对其授权履行出资人职责的机构履行职责的情况进行监督。（　　）

【答案】 √

【解析】 国务院和地方人民政府应该对其授权履行出资人职责的机构履行职责的情况进行监督。

8 行政事业性国有资产的概念、管理体制和管理原则

一、考点解读

（一）行政事业性国有资产的概念

行政事业单位国有资产，是指事业单位通过以下方式取得或形成的资产。

（1）**使用财政资金**。

（2）**接受调拨或划转、置换**。

（3）**接受捐赠**。

（4）**其他国有资产**。

行政事业性国有资产属于国家所有。

（二）行政事业性国有资产的管理体制

（1）行政事业性国有资产实行政府分级监管、各部门及其所属单位直接支配的管理体制。

（2）各级人民政府应当建立健全行政事业性国有资产管理机制。

（3）国务院财政部门负责制定行政事业单位国有资产管理规章制度并负责组织实施和监督检查，牵头编制行政事业性国有资产管理情况报告。

（4）各部门根据职责负责本部门及其所属单位国有资产管理工作，应当明确管理责任，指导、监督所属单位国有资产管理工作。

（三）行政事业性国有资产管理的原则

行政事业性国有资产管理的原则 ｛ ①**安全规范、节约高效、公开透明、权责一致** ②**实现实物管理与价值管理相统一** ③**资产管理与预算管理、财务管理相结合**

二、例题点津

【例题1·多选题】下列各项中，属于行政事业单位国有资产管理原则的有（　　）。

A. 资产管理与预算管理相结合

B. 资产管理与预算管理相分离

C. 实物管理与价值管理相统一

D. 所有权和使用权相结合

【答案】AC

【解析】事业单位国有资产管理活动，应当坚持下列原则：（1）资产管理与预算管理相结合。（2）实物管理与价值管理相统一。（3）安全规范、节约高效、公开透明、权责一致。

【例题2·多选题】行政事业性国有资产，是指行政单位、事业单位通过一定方式取得或者形成的资产，下列各项中，属于此类方式的有（　　）。

A. 使用财政资金形成的资产

B. 接受捐赠并确认为国有的资产

C. 接受调拨或者划转、置换形成的资产

D. 其他国有资产

【答案】ABCD

【解析】行政事业性国有资产，是指行政单位、事业单位通过以下方式取得或者形成的资产：（1）使用财政资金形成的资产；（2）接受调拨或者划转、置换形成的资产；（3）接受捐赠并确认为国有的资产；（4）其他国有资产。行政事业性国有资产属于国家所有。

9 行政事业性国有资产的配置和使用

一、考点解读

（一）行政事业性国有资产的配置

行政事业性国有资产配置包括**调剂**、**购置**、**建设**、**租用**、**接受捐赠**等方式。各部门及其所属单位应当**优先通过调剂方式**配置资产。不能调剂的，可以采用购置、建设、租用等方式。

（二）行政事业性国有资产的使用

（1）行政单位国有资产应当用于本单位履行职能的需要。除法律另有规定外，**行政单位不得以任何形式将国有资产用于对外投资或者设立营利性组织**。

（2）事业单位国有资产应当用于保障事业发展、提供公共服务。

（3）各部门及其所属单位应当加强对本单位固定资产、在建工程、流动资产、无形资产等各类国有资产的管理，明确管理责任，规范使用流程，加强产权保护，推进相关资产安全有效

使用。

（4）县级以上地方人民政府及其有关部门应当建立健全国有资产共享共用机制，采取措施引导和鼓励国资产共享共用，统筹规划有效推进国有资产共享共用工作。

二、例题点津

【例题1·多选题】下列选项中，属于资产配置方式的有（　　）。

A. 调剂　　　　　B. 购置

C. 建设　　　　　D. 租用

【答案】ABCD

【解析】资产配置包括调剂、购置、建设、租用、接受捐赠等方式。

【例题2·判断题】对于事业单位长期闲置、低效运转或者超标准配置的资产，原则上由主管部门进行调剂，并报同级财政部门备案；跨部门、跨地区的资产调剂应当报同级或者共同上一级的财政部门批准。（　　）

【答案】√

【解析】该说法正确。

🔟 行政事业性国有资产的处置

一、考点解读

（1）各部门及其所属单位应当对下列资产及时予以报废、报损。

①因技术原因确需淘汰或者无法维修、无维修价值的资产；

②涉及盘亏、坏账以及非正常损失的资产；

③已超过使用年限且无法满足现有工作需要的资产；

④因自然灾害等不可抗力造成毁损、灭失的资产。

（2）各部门及其所属单位应当将依法罚没的资产按照国家规定公开拍卖或者按照国家有关规定处理，所得款项全部上缴国库。

（3）各部门及其所属单位发生分立、合并、改制、撤销、隶属关系改变或者部分职能、业务调整等情形，应当根据国家有关规定办理相关国有资产划转、交接手续。

（4）国家设立的研究开发机构、高等院校对其持有的科技成果的使用和处置，依照《中华人民共和国促进科技成果转化法》《中华人民共和国专利法》和国家有关规定执行。

（5）中央行政事业单位国有资产处置，按照财政部2021年9月28日印发的《中央行政事业单位国有资产处置管理办法》的规定执行。

二、例题点津

【例题1·多选题】下列各项中，应当由各部门及其所属单位对资产及时予以报废、报损的有（　　）。

A. 因技术原因确需淘汰或者无法维修、无维修价值的资产

B. 涉及盘亏、坏账以及非正常损失的资产

C. 已超过使用年限且无法满足现有工作需要的资产

D. 因自然灾害等不可抗力造成毁损、灭失的资产

【答案】ABCD

【解析】各部门及其所属单位应当对下列资产及时予以报废、报损：（1）因技术原因确需淘汰或者无法维修、无维修价值的资产；（2）涉及盘亏、坏账以及非正常损失的资产；（3）已超过使用年限且无法满足现有工作需要的资产；（4）因自然灾害等不可抗力造成毁损、灭失的资产。

【例题2·判断题】行政单位国有资产出租和处置等收入，应当按照税收征管的有关规定管理。（　　）

【答案】×

【解析】行政单位国有资产出租和处置等收入，应当按照政府非税收入和国库集中收缴制度的有关规定管理。

11 行政事业性国有资产的预算管理

一、考点解读

资产管理与预算管理相结合是行政事业性国有资产管理的重要特点。

1. 预算编制与执行

各部门及其所属单位购置、建设、租用资产应当提出资产配置需求，编制资产配置相关支出预算，并严格按照预算管理规定和财政部门批复的预算配置资产。

2. 收入管理

行政单位国有资产出租和处置等收入，应当按照政府非税收入和国库集中收缴制度的有关规定管理。除国家另有规定外，事业单位国有资产的处置收入应当按照政府非税收入和国库集中收缴制度的有关规定管理。事业单位国有资产使用形成的收入，由本级人民政府财政部门规定具体管理办法。

各部门及其所属单位应当及时收取各类资产收入，**不得违反国家规定，多收、少收、不收、侵占、私分、截留、占用、挪用、隐匿、坐支。**

3. 决算管理

各部门及其所属单位应当在决算中全面、真实、准确反映其国有资产收入、支出以及国有资产存量情况。

4. 绩效管理

各部门及其所属单位应当按照国家规定建立国有资产绩效管理制度，建立健全绩效指标和标准，有序开展国有资产绩效管理工作。

二、例题点津

【例题·判断题】 资产管理与预算管理相结合是行政事业性国有资产管理的重要特点。（　　）

【答案】 √

【解析】 资产管理与预算管理相结合是行政事业性国有资产管理的重要特点，本题说法正确。

12 行政事业性国有资产的基础管理

一、考点解读

（1）各部门及其所属单位应当按照国家规定设置行政事业性国有资产台账，依照国家统一的会计制度进行会计核算，不得形成账外资产。

（2）各部门及其所属单位应当定期或者不定期对资产进行盘点、对账。

（3）各部门及其所属单位将行政事业性国有资产进行转让、拍卖、置换、对外投资等，应当按照国家有关规定进行资产评估。行政事业性国有资产以市场化方式出售、出租的，依照有关规定可以通过相应公共资源交易平台进行。

（4）有下列情形之一的，各部门及其所属单位应当对行政事业性国有资产进行清查。

①根据本级政府部署要求；

②发生重大资产调拨、划转以及单位分立、合并、改制、撤销、隶属关系改变等情形；

③因自然灾害等不可抗力造成资产毁损、灭失；

④会计信息严重失真；

⑤国家统一的会计制度发生重大变更，涉及资产核算方法发生重要变化；

⑥其他应当进行资产清查的情形。

（5）各部门及其所属单位对需要办理权属登记的资产应当依法及时办理。

（6）各部门及其所属单位之间，各部门及其所属单位与其他单位和个人之间发生资产纠纷的，应当依照有关法律法规规定采取协商等方式处理。

（7）国务院财政部门应当建立全国行政事业性国有资产管理信息系统，推行资产管理网上办理，实现信息共享。

二、例题点津

【例题1·多选题】 各部门及其所属行政事业单位发生的下列情形中，应当进行资产清查的有（　　）。

A. 因自然灾害造成资产毁损、灭失

B. 会计信息严重失真

C. 发生重大资产调拨、划转

D. 单位改制

【答案】 ABCD

【解析】 《行政事业性国有资产管理条例》规定，有下列情形之一的，各部门及其所属单位应当对行政事业性国有资产进行清查：根据本级政府部署要求；发生重大资产调拨、划转以及单位分立、合并、改制、撤销、隶属关系改变等情形；因自然灾害等不可抗力造成资产毁损、灭失；会计信息严重失真；国家统一的会计制度发生重大变更，涉及资产核算方法发生重要变化；其他应当进行资产清查的情形。

【例题2·判断题】国务院财政部门应当建立全国行政事业性国有资产管理信息系统，推行资产管理网上办理，实现信息共享。（　　）

【答案】√

【解析】全国行政事业性国有资产管理信息系统实现信息共享。

13 行政事业性国有资产的报告

一、考点解读

《行政事业性国有资产管理条例》明确规定，国家建立行政事业性国有资产管理情况报告制度。

（1）国务院向全国人民代表大会常务委员会报告全国行政事业性国有资产管理情况。县级以上地方人民政府按照规定向本级人民代表大会常务委员会报告行政事业性国有资产管理情况。

（2）行政事业性国有资产管理情况报告内容主要包括：资产负债总量，相关管理制度建立和实施，资产配置、使用、处置和效益，推进管理体制机制改革等情况。

行政事业性国有资产管理情况按照国家有关规定向社会公开。

（3）各部门所属单位应当每年编制本单位行政事业性国有资产管理情况报告，逐级报送相关部门。本部门应当汇总编制本部门行政事业性国有资产管理情况报告，报送本级政府财政部门。县级以上地方人民政府财政部门应当每年汇总本级和下级行政事业性国有资产管理情况，报送本级政府和上一级政府财政部门。

二、例题点津

【例题1·多选题】下列各项中，属于行政事业性国有资产管理情况报告内容的有（　　）。

A. 资产负债总量

B. 相关管理制度建立和实施

C. 资产配置、使用、处置和效益

D. 推进管理体制机制改革

【答案】ABCD

【解析】行政事业性国有资产管理情况报告内容主要包括：资产负债总量，相关管理制度建立和实施，资产配置、使用、处置和效益，推进管理体制机制改革等情况。

【例题2·判断题】各部门所属单位应当每半年编制本单位行政事业性国有资产管理情况报告，逐级报送相关部门。（　　）

【答案】×

【解析】各部门所属单位应当每年编制本单位行政事业性国有资产管理情况报告，逐级报送相关部门。

14 行政事业性国有资产的监督

一、考点解读

（1）人大监督。

（2）政府监督。

（3）财政监督。

（4）审计监督。

（5）行业监督。

（6）社会监督。

二、例题点津

【例题·多选题】下列各项中，属于行政事业性国有资产的监督的有（　　）。

A. 人大监督　　　　B. 财政监督

C. 审计监督　　　　D. 社会监督

【答案】ABCD

【解析】行政事业性国有资产的监督包括人大监督、政府监督、财政监督、审计监督、行业监督、社会监督。

第三单元　政府采购法律制度

1 政府采购的概念、原则

一、考点解读

（一）政府采购的概念

政府采购，是指各级国家机关、事业单位和团体组织，使用财政性资金采购依法制定的集中采购目录以内的或者采购限额标准以上的货物、工程和服务的行为。

（二）政府采购的原则

$$\text{政府采购的原则}\begin{cases}\text{公开透明原则}\\\text{公平竞争原则}\\\text{公正原则}\\\text{诚实信用原则}\end{cases}$$

1. 公开透明原则

公开透明原则要求政府采购的信息应当在政府采购监督管理部门指定的媒体上及时向社会公开发布，但涉及商业秘密的除外。同时，政府采购目录和限额标准也应当向社会公布。纳入集中采购目录的政府采购项目，应当实行集中采购。政府采购项目的采购标准应当公开，采购人在采购活动完成后，应当将采购结果予以公布。

2. 公平竞争原则

（1）任何单位和个人不得采用任何方式，阻挠和限制供应商自由进入本地区和本行业的政府采购市场。

（2）政府采购当事人不得以任何手段排斥其他供应商参与竞争。

（3）采购人或者采购代理机构不得以不合理的条件对供应商实行差别待遇或者歧视待遇。

有下列情形之一的，属于以不合理的条件对供应商实行差别待遇或者歧视待遇：①就同一采购项目向供应商提供有差别的项目信息；②设定的资格、技术、商务条件与采购项目的具体特点和实际需要不相适应或者与合同履行无关；③采购需求中的技术、服务等要求指向特定供应商、特定产品；④以特定行政区域或者特定行业的业绩、奖项作为加分条件或者中标、成交条件；⑤对供应商采取不同的资格审查或者评审标准；⑥限定或者指定特定的专利、商标、品牌或者供应商；⑦非法限定供应商的所有制形式、组织形式或者所在地；⑧以其他不合理条件限制或者排斥潜在供应商。

3. 公正原则

政府采购应当有助于实现国家经济和社会发展的政策目标，包括保护环境、扶持不发达地区和少数民族地区，促进中小企业发展等。

4. 诚实信用原则

政府采购活动中，诚信原则一方面要求政府采购应当严格按照批准的预算执行，保护当事人的信赖利益；另一方面也要求供应商恪守采购合同义务。

二、例题点津

【例题·判断题】公开透明原则要求政府采购的信息应当在政府采购监督管理部门指定的媒体上及时向社会公开发布，但涉及商业秘密的除外。（　　）

【答案】√

【解析】该说法正确。

2 政府采购当事人

一、考点解读

政府采购当事人，是在政府采购活动中享有权利和承担义务的各类主体，包括采购人、供应商和采购代理机构等。

（一）采购人

采购人是指依法进行政府采购的国家机关、事业单位、团体组织等。

政府采购实行集中采购和分散采购相结合的采购模式。集中采购的范围由政府集中采购目录确定，分散采购的范围由采购限额标准确定。

集中采购分为政府集中采购和部门集中采购两种形式。

是否委托集中采购机构：采购人采购纳入集中采购目录的政府采购项目，必须委托集中采购机构代理采购；采购未纳入集中采购目录的政府采购项目，可以自行采购，也可以委托集中采购机构在委托的范围内代理采购。

具体规定：纳入集中采购目录属于通用的政府采购项目的，应当委托集中采购机构代理采购；属于本部门、本系统有特殊要求的项目，应当实行部门集中采购；属于本单位有特殊要求的项目，经省级以上政府批准，可以自行采购。

（二）采购代理机构

采购代理机构是根据采购人的委托办理采购事宜的机构，包括集中采购机构和集中采购机构以外的采购代理机构。采购代理机构与行政机关不得存在隶属关系或者其他利益关系。

集中采购机构是设区的市级以上人民政府依法设立的非营利事业法人。其主要职责是根据采购人的委托办理采购事宜，是代理集中采购项目的执行机构。集中采购机构进行政府采购活动，应当符合采购价格低于市场平均价格、采购效率更高、采购质量优良和服务良好的要求。

集中采购机构以外的采购代理机构，是从事采购代理业务的社会中介机构。

（三）供应商

供应商是指向采购人提供货物、工程或者服务的法人、其他组织或者自然人。

供应商参加政府采购活动应当具备下列法定条件。

（1）具有独立承担民事责任的能力；

（2）具有良好的商业信用和健全的财务会计制度；

（3）具有履行合同所必需的设备和专业技术能力；

（4）有依法缴纳税收和社会保障资金的良好记录；

（5）参与政府采购活动前 3 年内，在经营活动中没有重大违法记录；

（6）法律、行政法规规定的其他条件。

两个以上的自然人、法人或者其他组织可以组成一个联合体，以一个供应商的身份共同参加政府采购。以联合体形式进行政府采购的，参加联合体的供应商均应当具备上述法定条件，并应当向采购人提交联合协议，载明联合体各方承担的工作和义务。联合体各方应当共同与采购人签订采购合同，就采购合同约定的事项对采购人承担连带责任。联合体中有同类资质的供应商按照联合体分工承担相同工作的，应当按照资质等级较低的供应商确定资质等级。以联合体形式参加政府采购活动的，联合体各方不得再单独参加或者与其他供应商另外组成联合体参加同一合同项下的政府采购活动。

单位负责人为同一人或者存在直接控股、管理关系的不同供应商，不得参加同一合同项下的政府采购活动。除单一来源采购项目外，为采购项目提供整体设计、规范编制或者项目管理、监理、检测等服务的供应商，不得再参加该采购项目的其他采购活动。

二、例题点津

【例题 1·多选题】下列各项中，供应商参加政府采购活动应当具备的法定条件的有（　　）。

A. 具有独立承担民事责任的能力

B. 具有良好的商业信用和健全的财务会计制度

C. 具有履行合同所必需的设备和专业技术能力

D. 有依法缴纳税收和社会保障资金的良好记录

【答案】ABCD

【解析】供应商参加政府采购活动应当具备下列法定条件：（1）具有独立承担民事责任的能力；（2）具有良好的商业信用和健全的财务会计制度；（3）具有履行合同所必需的设备和专业技术能力；（4）有依法缴纳税收和社会保障资金的良好记录；（5）参与政府采购活动前 3 年内，在经营活动中没有重大违法记录；（6）法律、行政法规规定的其他条件。

【例题 2·多选题】下列主体中，属于政府采购的采购人的有（　　）。

A. 国家机关　　　　B. 事业单位

C. 团体组织　　　　D. 国有企业

【答案】ABC

【解析】政府采购的采购人包括国家机关、事业单位、团体组织，不包括国有企业。

【例题3·判断题】只有三个以上的自然人、法人或者其他组织才可以组成一个联合体，以一个供应商的身份共同参加政府采购。（　　）

【答案】×

【解析】两个以上的自然人、法人或者其他组织可以组成一个联合体，以一个供应商的身份共同参加政府采购。

3 政府采购方式

一、考点解读

政府采购采用以下方式：公开招标、邀请招标、竞争性谈判、单一来源采购、询价以及国务院政府采购监督管理部门认定的其他采购方式。

方式	定义	适用情形	具体规定
公开招标	是指采购人依法以招标公告的方式邀请非特定的供应商参加投标的采购方式	应作为政府采购的主要采购方式	(1) 采购人不得将应当以公开招标方式采购的货物或者服务化整为零或者以其他任何方式规避公开招标采购。在一个财政年度内，采购人将一个预算项目下的同一品目或者类别的货物、服务采用公开招标以外的方式多次采购，累计资金数额超过公开招标数额标准的，属于以化整为零方式规避公开招标，但项目预算调整或者经批准采用公开招标以外方式采购的除外。 (2) 依法必须进行招标的项目，其招标投标活动不受地区或者部门的限制。任何单位和个人不得违法限制或者排斥本地区、本系统以外的法人或者其他组织参加投标，不得以任何方式非法干涉招标投标活动
邀请招标	是指采购人依法从符合相应资格条件的供应商中随机抽取3家以上供应商，并以投标邀请书的方式邀请其参加投标的采购方式	(1) 具有特殊性，只能从有限范围的供应商处采购的； (2) 采用公开招标方式的费用占政府采购项目总价值比例过大的	资格预审公告：采用邀请招标方式采购的，招标采购单位应当在省级以上人民政府财政部门指定的政府采购信息媒体发布资格预审公告，公布投标人资格条件，资格预审公告的期限不得少于7个工作日。 资格证明文件与投标邀请书：投标人应当在资格预审公告期结束之日起3个工作日前，按公告要求提交资格证明文件。招标采购单位从评审合格投标人中通过随机方式选择3家以上的投标人，并向其发出投标邀请书
竞争性谈判	是指谈判小组与符合资格条件的3家以上供应商就采购事宜分别进行谈判，采购人从谈判小组提出的成交候选人中确定成交供应商的采购方式	(1) 招标后没有供应商投标或者没有合格标的或者重新招标未能成立的； (2) 技术复杂或者性质特殊，不能确定详细规格或者具体要求的； (3) 采用招标所需时间不能满足用户紧急需要的； (4) 不能事先计算出价格总额的	—

续表

方式	定义	适用情形	具体规定
单一来源采购	是指采购人直接从某个供应商处购买所需货物、服务或者工程的采购方式	(1) 只能从唯一供应商处采购的； (2) 发生了不可预见的紧急情况不能从其他供应商处采购的； (3) 必须保证原有采购项目一致性或者服务配套的要求，需要继续从原供应商处添购，且添购资金总额不超过原合同采购金额 **10%** 的	采取单一来源方式采购的，采购人与供应商应当在保证采购项目质量和双方商定合理价格的基础上进行采购
询价	是指询价小组就采购项目向符合相应资格条件的被询价供应商（不少于 3 家）发出询价通知书，采购人从询价小组提出的成交候选人中确定成交供应商的采购方式	采购货物规格、标准统一，现货货源充足且价格变化幅度小的政府采购项目	—

二、例题点津

【例题·单选题】某事业单位拟采购一种特定的技术服务，经向社会公开招标没有合格标的，在此情形下，根据《政府采购法》的规定，该事业单位可以采用的采购方式是（　　）。

A. 询价

B. 邀请招标

C. 竞争性谈判

D. 单一来源采购

【答案】C

【解析】根据规定，有下列情形之一的，可以采用竞争性谈判方式采购：(1) 招标后没有供应商投标或者没有合格标的或者重新招标未能成立的；(2) 技术复杂或者性质特殊，不能确定详细规格或者具体要求的；(3) 采用招标所需时间不能满足用户紧急需要的；(4) 不能事先计算出价格总额的。

4 政府采购程序

一、考点解读

（一）政府采购的一般性程序

(1) 负有编制部门预算职责的部门在编制下一财政年度部门预算时，应当将该财政年度政府采购的项目及资金预算列出，报本级财政部门汇总。

(2) 采购人应当根据集中采购目录、采购限额标准和已批复的部门预算编制政府采购实施计划，报本级人民政府财政部门备案。

(3) 采购人或者采购代理机构应当在招标文件、谈判文件、询价通知书中公开采购项目预算金额。

招标文件要求投标人提交投标保证金的，投标保证金不得超过采购项目预算金额的2%。采购人或者采购代理机构应当自中标通知书发出之日起5个工作日内退还未中标供应商的投标保证金，自政府采购合同签订之日起5个工作日内退还中标供应商的投标保证金。

（4）除国务院财政部门规定的情形外，采购人或者采购代理机构应当从政府采购评审专家库中随机抽取评审专家。

（5）评标委员会、竞争性谈判小组或者询价小组成员应当按照客观、公正、审慎的原则，根据采购文件规定的评审程序、评审方法和评审标准进行独立评审。

（6）采购代理机构应当自评审结束之日起2个工作日内将评审报告送交采购人。采购人应当自收到评审报告之日起5个工作日内在评审报告推荐的中标或者成交候选人中按顺序确定中标或者成交供应商。采购人或者采购代理机构应当自中标、成交供应商确定之日起2个工作日内，发出中标、成交通知书，并在省级以上人民政府财政部门指定的媒体上公告中标、成交结果，招标文件、竞争性谈判文件、询价通知书随中标、成交结果同时公告。

（7）采购人或者采购代理机构应当按照政府采购合同规定的技术、服务、安全标准组织对供应商履约情况的验收，并出具验收书。采购文件的保存期限为从采购结束之日起至少保存15年。

（二）不同采购方式相应的程序要求

1. 招标采购的程序要求

招标文件的提供期限自招标文件开始发出之日起不得少于5个工作日。

货物和服务项目**实行招标方式采购的，自招标文件开始发出之日起至投标人提交投标文件截止之日止，不得少于20日**。货物或者服务项目采取邀请招标方式采购的，采购人应当从符合相应资格条件的供应商中，通过随机方式选择**3家以上**的供应商，并向其发出投标邀请书。

在招标采购中，出现下列情形之一的，应予废标。

（1）符合专业条件的供应商或者对招标文件作实质响应的供应商不足3家的；

（2）出现影响采购公正的违法、违规行为的；

（3）投标人的报价均超过了采购预算，采购人不能支付的；

（4）因重大事故，采购任务取消的。

废标后，采购人应当将废标理由通知所有投标人。除采购任务取消情形外，应当重新组织招标；需要采取其他方式采购的，应当在采购活动开始前获得设区的市、自治州以上政府采购监督管理部门或者政府有关部门批准。

2. 竞争性谈判的程序要求

（1）成立谈判小组。谈判小组由采购人的代表和有关专家共**3人以上**的单数组成，**其中专家的人数不得少于成员总数的2/3**。

（2）制定谈判文件。谈判文件不能完整、明确列明采购需求，需要由供应商提供最终设计方案或者解决方案的，在谈判结束后，谈判小组应当按照少数服从多数的原则投票推荐**3家以上**供应商的设计方案或者解决方案，并要求其在规定时间内提交最后报价。

（3）确定邀请参加谈判的供应商名单。谈判小组从符合相应资格条件的供应商名单中确定不少于3家的供应商参加谈判，并向其提供谈判文件。

（4）谈判。谈判小组所有成员集中与单一供应商分别进行谈判。

（5）确定成交供应商。谈判结束后，谈判小组应当要求所有参加谈判的供应商在规定时间内进行最后报价，采购人从谈判小组提出的成交候选人中根据符合采购需求、质量和服务相等且报价最低的原则确定成交供应商，并将结果通知所有参加谈判的未成交供应商。

3. 询价的程序要求

（1）成立询价小组。**询价小组由采购人的代表和有关专家共3人以上的单数组成，其中专家的人数不得少于成员总数的2/3**。询价小组应当对采购项目的价格构成和评定成交的标准等事项作出规定。

（2）确定被询价的供应商名单。询价小组根据采购需求，从符合相应资格条件的供应商名单中确定**不少于3家的供应商**，并向其发出询价通知书让其报价。询价小组要求被询价的供应商一次报出不得更改的价格。

（3）询价。**一次报出不得更改价格**。询价小组不得改变询价通知书所确定的政府采购合同条款。

（4）确定成交供应商。采购人根据符合采购需求、质量和服务相等且报价最低的原则确定成交供应商，并将结果通知所有被询价的未成交供应商。

4. 政府采购活动中的禁止行为

（1）政府采购当事人不得相互串通损害国家利益、社会公共利益和其他当事人的合法权益；不得以任何手段排斥其他供应商参与竞争。

（2）采购代理机构不得以向采购人行贿或者采取其他不正当手段谋取非法利益。

（3）供应商不得以向采购人、采购代理机构、评标委员会的组成人员、竞争性谈判小组的组成人员、询价小组的组成人员行贿或者采取其他不正当手段谋取中标或者成交。

（4）采购人、采购代理机构不得向评标委员会、竞争性谈判小组或者询价小组的评审专家作倾向性、误导性的解释或者说明。

（5）政府采购评审专家应当遵守评审工作纪律，不得泄露评审文件、评审情况和评审中获悉的商业秘密。

5. 政府采购活动中的回避情形

在政府采购活动中，采购人员及相关人员与供应商有下列利害关系之一的，应当回避：

（1）参加采购活动前3年内与供应商存在劳动关系。

（2）参加采购活动前3年内担任供应商的董事、监事。

（3）参加采购活动前3年内是供应商的控股股东或者实际控制人。

（4）与供应商的法定代表人或者负责人有夫妻、直系血亲、三代以内旁系血亲或者近姻亲关系。

（5）与供应商有其他可能影响政府采购活动公平、公正进行的关系。

二、例题点津

【例题1·单选题】根据政府采购法律制度的规定，采用招标方式进行政府采购的，自招标文件开始发出之日起至投标人提交投标文件

截止之日止，不得少于一定期间，该期间为（　）日。

　A. 20　　　　　　B. 15
　C. 10　　　　　　D. 7

【答案】A

【解析】根据规定，采用招标方式采购的，自招标文件开始发出之日起至投标人提交投标文件截止之日止，不得少于20日，故选项A正确。

【例题2·多选题】根据政府采购相关程序要求，下列各项中，应予废标的招标采购情形有（　）。

　A. 出现影响采购公正的违法、违规行为的
　B. 符合专业条件的供应商或者对招标文件作实质响应的供应商不足3家
　C. 因重大事故，采购任务取消的
　D. 投标人的报价均超过了采购预算，采购人不能支付

【答案】ABCD

【解析】在招标采购中，出现下列情形之一的，应予废标：符合专业条件的供应商或者对招标文件作实质响应的供应商不足3家的；出现影响采购公正的违法、违规行为的；投标人的报价均超过了采购预算，采购人不能支付的；因重大事故，采购任务取消的。

【例题3·多选题】在政府采购活动中，采购人员及相关人员与供应商有下列利害关系之一，应当回避的情形有（　）。

　A. 参加采购活动前3年内与供应商存在劳动关系
　B. 参加采购活动前3年内担任供应商的董事、监事
　C. 参加采购活动前3年内是供应商的控股股东或者实际控制人
　D. 与供应商的法定代表人或者负责人有夫妻、直系血亲、三代以内旁系血亲或者近姻亲关系

【答案】ABCD

【解析】在政府采购活动中，采购人员及相关人员与供应商有下列利害关系之一的，应当回避：（1）参加采购活动前3年内与供应商存在

劳动关系。（2）参加采购活动前3年内担任供应商的董事、监事。（3）参加采购活动前3年内是供应商的控股股东或者实际控制人。（4）与供应商的法定代表人或者负责人有夫妻、直系血亲、三代以内旁系血亲或者近姻亲关系。（5）与供应商有其他可能影响政府采购活动公平、公正进行的关系。

5 政府采购合同

一、考点解读

政府采购合同适用《民法典》合同编，并应当采用书面形式。

（一）政府采购合同的签订

采购人可以委托采购代理机构代表其与供应商签订政府采购合同。由采购代理机构以采购人名义签订合同的，应当提交采购人的授权委托书，作为合同附件。

采购文件要求中标或者成交供应商提交履约保证金的，履约保证金的数额不得超过政府采购合同金额的10%。

采购人与中标、成交供应商应当在中标、成交通知书发出之日起30日内，按照采购文件确定的事项签订政府采购合同。中标、成交通知书对采购人和中标、成交供应商均有法律效力。中标或者成交供应商拒绝与采购人签订合同的，采购人可以按照评审报告推荐的中标或者成交候选人名单排序，确定下一候选人为中标或者成交供应商，也可以重新开展政府采购活动。

采购人应当自政府采购合同签订之日起2个工作日内，将政府采购合同在省级以上人民政府财政部门指定的媒体上公告，但政府采购合同中涉及国家秘密、商业秘密的内容除外。

政府采购项目的采购合同自签订之日起7个工作日内，采购人应当将合同副本报同级政府采购监督管理部门和有关部门备案。

（二）政府采购合同的履行

采购人应当按照政府采购合同规定，及时向中标或者成交供应商支付采购资金。

经采购人同意，中标、成交供应商可以依法采取分包方式履行合同。政府采购合同分包履行的，中标、成交供应商就采购项目和分包项目向采购人负责，分包供应商就分包项目承担责任。

政府采购合同履行中，采购人需追加与合同标的相同的货物、工程或者服务的，在不改变合同其他条款的前提下，可以与供应商协商签订补充合同，但所有补充合同的采购金额不得超过原合同采购金额的10%。

二、例题点津

【例题1·判断题】政府采购项目的采购合同自签订之日起7个工作日内，采购人应当将合同副本报同级政府采购监督管理部门和有关部门备案。（ ）

【答案】√

【解析】该说法正确。

【例题2·判断题】履约保证金的数额不得超过政府采购合同金额的20%。（ ）

【答案】×

【解析】履约保证金的数额不得超过政府采购合同金额的10%。

6 政府采购的质疑与投诉

一、考点解读

（一）质疑

供应商对政府采购活动事项有疑问的，可以向采购人提出询问，采购人应当及时作出答复，但答复的内容不得涉及商业秘密。供应商认为采购文件、采购过程和中标、成交结果使自己的权益受到损害的，可以在知道或者应知其权益受到损害之日起7个工作日内，以书面形式向采购人提出质疑。采购人应当在收到供应商的书面质疑后7个工作日内作出答复，并以书面的形式通知质疑供应商和其他有关供应商，但答复的内容不得涉及商业秘密。

应知其权益受到损害之日，是指：（1）对可以质疑的采购文件提出质疑的，为收到采购文件之日或者采购文件公告期限届满之日；（2）对采购过程提出质疑的，为各采购程序环节结束之日；（3）对中标或者成交结果提出质疑的，为中标或者成交结果公告期限届满之日。

采购人委托采购代理机构采购的，供应商可以向采购代理机构提出询问或者质疑，采购代理机构应当就采购人委托授权范围内的事项作出答复。供应商提出的询问或者质疑超出采购人对采购代理机构委托授权范围的，采购代理机构应当告知供应商向采购人提出。

采购人或者采购代理机构应当在 **3 个工作日** 内对供应商依法提出的询问作出答复。

政府采购评审专家应当配合采购人或者采购代理机构答复供应商的询问和质疑。

（二）投诉

质疑供应商对采购人、采购代理机构的答复不满意，或者采购人、采购代理机构未在规定的时间内作出答复的，可以在答复期满后 **15 个工作日内** 向同级政府采购监督管理部门（即采购人所属预算级次本级财政部门）投诉。

政府采购监督管理部门应当在收到投诉后 **30 个工作日内**，对投诉事项作出处理决定，并以书面形式通知投诉人和与投诉事项有关的当事人。政府采购监督管理部门在处理投诉事项期间，可以视具体情况书面通知采购人暂停采购活动，**但暂停时间最长不得超过 30 日**。

财政部门处理投诉事项采用书面审查的方式，必要时可以进行调查取证或者组织质证。财政部门处理投诉事项，需要检验、检测、鉴定、专家评审以及需要投诉人补正材料的，所需时间不计算在投诉处理期限内。财政部门对投诉事项作出的处理决定，应当在省级以上人民政府财政部门指定的媒体上公告。

二、例题点津

【例题 1·单选题】政府采购监督管理部门在处理投诉事项期间，可以视具体情况书面通知采购人暂停采购活动，但暂停时间最长不得超过（　　）日。

A. 15　　　　B. 20
C. 5　　　　D. 30

【答案】D

【解析】政府采购监督管理部门在处理投

诉事项期间，可以视具体情况书面通知采购人暂停采购活动，但暂停时间最长不得超过 30 日。

【例题 2·判断题】在政府采购中，供应商认为采购文件、采购过程和中标、成交结果使自己的权益受到损害的，可以在知道或者应知其权益受到损害之日起 7 个工作日内，以口头形式或书面形式向采购人提出质疑。（　　）

【答案】×

【解析】应以书面形式向采购人提出质疑。

7 政府采购的监督检查

一、考点解读

（一）政府采购监督管理的部门

各级人民政府财政部门是负责政府采购监督管理的部门，依法履行对政府采购活动的监督管理职责。

政府采购活动涉及其他政府部门的，其他政府部门也依法履行有关的监督管理职责。其中，审计机关应当对政府采购进行审计监督。监察机关应当加强对参与政府采购活动的国家机关、国家公务员和国家行政机关任命的其他人员实施监督。

（二）对政府采购活动及集中采购机构进行监督检查的主要内容

（1）有关政府采购的法律、行政法规和规章的执行情况；

（2）采购范围、采购方式和采购程序的执行情况；

（3）政府采购人员的职业素质和专业技能。

政府采购监督管理部门对集中采购机构的考核事项包括以下几点。

（1）采购价格、节约资金效果、服务质量、信誉状况、有无违法行为；

（2）政府采购政策的执行情况；

（3）采购文件编制水平；

（4）采购方式和采购程序的执行情况；

（5）询问、质疑答复情况；

（6）内部监督管理制度建设及执行情况；

（7）省级以上人民政府财政部门规定的其

他事项。

各级人民政府财政部门对政府采购活动进行监督检查,有权查阅、复制有关文件、资料,相关单位和人员应当予以配合。审计机关、监察机关以及其他有关部门依法对政府采购活动实施监督,发现采购当事人有违法行为的,应当及时通报财政部门。

二、例题点津

【例题1·多选题】政府采购监督管理部门对政府采购活动进行监督检查的主要内容包括(   )。

A. 有关政府采购的法律、行政法规和规章的执行情况

B. 采购完成后,采购货物的后续使用情况

C. 采购范围、采购方式和采购程序的执行情况

D. 政府采购人员的职业素质和专业技能

【答案】ACD

【解析】政府采购监督管理部门对政府采购活动进行监督检查的主要内容包括:(1)有关政府采购的法律、行政法规和规章的执行情况;(2)采购范围、采购方式和采购程序的执行情况;(3)政府采购人员的职业素质和专业技能。

【例题2·判断题】政府采购监督管理部门可以参与政府采购项目的采购活动。(   )

【答案】×

【解析】政府采购监督管理部门不得参与政府采购项目的采购活动。

本章考点巩固练习题

一、单项选择题

1. 根据预算法律制度的规定,我国预算年度的起止日期是(   )。
   A. 自公历4月1日起,至次年3月31日止
   B. 自公历1月1日起,至次年12月31日止
   C. 自公历6月1日起,至次年5月31日止
   D. 自公历10月1日起,至次年9月30日止

2. 国家预算收入最主要的部分是(   )。
   A. 行政事业性收费收入
   B. 转移性收入
   C. 税收收入
   D. 国有资源(资产)有偿使用收入

3. 根据企业国有资产法律制度的规定,下列关于国有资本经营预算的表述中,不正确的是(   )。
   A. 国有资本经营预算按年度单独编制
   B. 国有资本经营预算可列赤字
   C. 国有资本经营预算的执行情况应接受审计监督
   D. 国有资本经营预算草案的编制由财政部门

负责

4. 根据《企业国有资产法》的规定,国家出资企业的下列人员中,不由履行出资人职责的机构任免的是(   )。
   A. 国有独资公司的董事长
   B. 国有资本参股公司的监事
   C. 国有独资企业的经理
   D. 国有独资企业的财务负责人

5. 国家投资所形成的财产权益属于(   )。
   A. 经营性国有资产
   B. 非经营性国有资产
   C. 资源性国有资产
   D. 非资源性国有资产

6. 代表国家履行出资人职责的机构依照法律、行政法规以及企业章程的规定,无权任免的人员是(   )。
   A. 国有独资企业的经理、副经理、财务负责人和其他高级管理人员
   B. 国有独资公司的董事长、副董事长、董事
   C. 国有独资公司的监事会主席和监事
   D. 国有资本控股公司、国有资本参股公司的

董事、监事

7. 下列各项中，不属于政府采购原则的是（　　）。

A. 公开透明原则　　　B. 公平竞争原则

C. 公正原则　　　　　D. 谨慎原则

8. 根据政府采购法律制度的规定，下列关于邀请招标的表述中，正确的是（　　）。

A. 投标人应在资格预审公告期结束之日后 3 个工作日内提交履约保证金

B. 采用公开招标方式的费用占政府采购项目总价值比例过大的，可以采用邀请招标方式

C. 采用邀请招标方式采购，资格预审公告的期限为 5 个工作日

D. 招标采购单位应从评审合格的投标人中选择资质级别最高的两家投标人，发出投标邀请书

9. 政府采购文件从采购结束之日起至少保存（　　）年。

A. 10　　　　　　　　B. 15

C. 20　　　　　　　　D. 25

10. 根据政府采购法律制度的规定，下列关于公开招标的表述中，正确的是（　　）。

A. 地方招标项目招标文件规定的各项技术标准符合地方标准即可

B. 进行公开招标的地方项目，应当明确只能由当地法人参加投标

C. 应当采用公开招标方式的项目的具体数额标准，一律由国务院规定

D. 评标委员会成员人数为 5 人以上的单数

二、多项选择题

1. 根据预算法律制度的规定，经批准的中央预算在执行中出现下列情形时，应当进行预算调整的有（　　）。

A. 需要增加预算总支出的

B. 需要减少举借债务数额的

C. 需要调入预算稳定调节基金的

D. 需要调减预算安排的重点支出数额的

2. 根据预算法律制度的规定，下列关于预算调整的表述中，正确的有（　　）。

A. 在预算执行中，地方各级政府因上级政府增加不需要本级政府提供配套资金的专项转移支付而引起的预算支出变化，不属于预算调整

B. 乡、民族乡、镇预算的调整方案应当提请本级人民代表大会审查和批准

C. 县级以上地方各级预算的调整方案应当提请本级人民代表大会审查和批准

D. 在预算执行中，需要增加举借债务数额的，应当依据法定条件和程序进行预算调整

3. 根据企业国有资产法律制度的规定，下列关于国家出资企业管理者的兼职限制的表述中，正确的有（　　）。

A. 未经履行出资人职责的机构同意，国有独资公司的董事不得在其他企业兼职

B. 未经履行出资人职责的机构同意，国有资本控股公司的董事不得在经营同类业务的其他企业兼职

C. 未经履行出资人职责的机构同意，国有独资公司的董事长不得兼任经理

D. 董事、高级管理人员不得兼任监事

4. 根据企业国有资产法律制度的规定，下列国有资本控股公司的人员中，由履行出资人职责的机构向公司股东会、股东大会提出人选的有（　　）。

A. 董事　　　　　　　B. 董事长

C. 监事　　　　　　　D. 监事会主席

5. 下列各项中，属于违反国有资产管理规定的行为有（　　）。

A. 擅自占有、使用国有资产的

B. 违反规定擅自改变财政收入项目的范围

C. 违反规定缓收、不收财政收入

D. 违反规定出售、调拨、报损、报废国有资产

6. 根据《企业国有资产法》的规定，下列各项中，属于国有独资企业关联方的有（　　）。

A. 国有独资企业的副经理

B. 国有独资企业的经理的大学同学

C. 国有独资企业的普通职工

D. 国有独资企业财务负责人的配偶

7. 以下各项中，属于任免或者建议任免国家出资企业人员的有（　　）。

A. 任免国有独资企业的经理

B. 任免国有独资公司的董事长

C. 任免国有独资公司的监事

D. 任免国有独资企业的高级经理

8. 国有资产监督管理机构依照法定程序决定其所出资企业中的国有独资企业、国有独资公司的（　　）等重大事项。

A. 分立　　　　B. 清算

C. 破产　　　　D. 增减资本

9. 下列关于政府采购法律制度的说法中，正确的有（　　）。

A. 政府采购的过程必须公开透明，接受社会的监督，并将实现经济利益的最大化作为重要目标

B. 任何单位和个人不得采用任何方式，阻挠和限制供应商自由进入本地区和本行业的政府采购市场

C. 政府采购当事人不得以任何手段排斥其他供应商参与竞争

D. 采购人或者采购代理机构不得以不合理的条件对供应商实行差别待遇或者歧视待遇

10. 下列关于供应商参加政府采购活动应当具备的法定条件的说法中，正确的有（　　）。

A. 具有独立承担民事责任的能力

B. 参与政府采购活动前5年内，在经营活动中没有重大违法记录

C. 有依法缴纳税收和社会保障资金的良好记录

D. 具有专业技术能力

三、判断题

1. 预算编制的对象是预算草案。（　　）

2. 各级预算的收入和支出实行权责发生制。（　　）

3. 县级以上各级预算应当设立国库。（　　）

4. 根据企业国有资产法律制度的规定，人民政府代表国家行使企业国有资产所有权。（　　）

5. 国家建立国家出资企业管理者经营业绩考核制度。履行出资人职责的机构应当对其任命的企业管理者进行年度和任期考核，并依据考核结果决定对企业管理者的奖惩。（　　）

6. 根据《企业国有资产法》的规定，履行出资人职责的机构决定国有资本控股公司的合并、分立事项。（　　）

7. 投标人应当在资格预审公告期结束之日起5个工作日前，按公告要求提交资格证明文件。（　　）

8. 货物和服务项目实行招标方式采购的，自招标文件开始发出之日起至投标人提交投标文件截止之日止，不得少于15日。（　　）

9. 采购未纳入集中采购目录的政府采购项目，可以自行采购，也可以委托集中采购机构在委托的范围内代理采购。（　　）

10. 以联合体形式参加政府采购活动的，联合体中资质等级较高的供应商可以再单独参加同一合同项下的政府采购活动。（　　）

本章考点巩固练习题参考答案及解析

一、单项选择题

1.【答案】B

【解析】根据预算法律制度的规定，我国预算年度的起止日期自公历1月1日起，至次年12月31日止。

2.【答案】C

【解析】税收收入是国家预算收入的最主要的部分。

3.【答案】B

【解析】企业国有资本经营预算支出按照当年预算收入规模安排，不列赤字。选项B错误。

4.【答案】B

【解析】履行出资人职责的机构有权向国有资

本控股公司、国有资本参股公司的股东会提出董事、监事人选，选项 B 错误。

5.【答案】A

【解析】经营性国有资产是指国家投资所形成的财产权益，通常指企业国有资产。

6.【答案】D

【解析】履行出资人职责的机构任免或建议任免国家出资企业的人员，包括：（1）任免国有独资企业的经理、副经理、财务负责人和其他高级管理人员；（2）任免国有独资公司的董事长、副董事长、董事、监事会主席和监事；（3）向国有资本控股公司、国有资本参股公司的股东会提出董事、监事人选。但是，国家出资企业中应当由职工代表出任的董事、监事，依照有关法律、行政法规的规定由职工民主选举产生。选项 D 属于无权任免的人员。

7.【答案】D

【解析】属于政府采购原则的有公开透明原则、公平竞争原则、公正原则、诚实信用原则。

8.【答案】B

【解析】投标人应当在资格预算公告期结束之日起 3 个工作日前，按公告要求提交资格证明文件，招标采购单位从评审合格投标人中通过随机方式选择 3 家以上的投标人，并向其发出投标邀请书，选项 A、D 错误；招标采购单位应当在省级以上人民政府财政部门指定的政府采购信息媒体发布资格预审公告，公布投标人资格条件，资格预审公告的期限不得少于 7 个工作日，选项 C 错误。有下列情形之一的，可以采用邀请招标的方式采购：具有特殊性，只能从有限范围的供应商处采购的；采用公开招标方式的费用占政府采购项目总价值比例过大的。选项 B 正确。

9.【答案】B

【解析】政府采购文件从采购结束之日起至少保存 15 年。

10.【答案】D

【解析】招标文件规定的各项技术标准应当符合国家强制性标准，选项 A 错误。依法必须进行招标的项目，其招标投标活动不受地区或者部门的限制。任何单位和个人不得违法限制或者排斥本地区、本系统以外的法人或者其他组织参加投标，不得以任何方式非法干涉招标投标活动，选项 B 错误。采购人采购货物或者服务应当采用公开招标方式的，其具体数额标准，属于中央预算的政府采购项目，由国务院确定；属于地方预算的政府采购项目，由省级人民政府规定，选项 C 错误。

二、多项选择题

1.【答案】ACD

【解析】选项 B，需要增加举借债务数额的，应当进行预算调整。

2.【答案】ABD

【解析】县级以上地方各级预算的调整方案应当提请本级人民代表大会常务委员会审查和批准。

3.【答案】ACD

【解析】未经履行出资人职责的机构同意，国有独资企业、国有独资公司的董事、高级管理人员不得在其他企业兼职，选项 A 正确。未经股东会同意，国有资本控股公司、国有资本参股公司的董事、高级管理人员不得在经营同类业务的其他企业兼职，选项 B 不正确。未经履行出资人职责的机构同意，国有独资公司的董事长不得兼任经理，选项 C 正确。董事、高级管理人员不得兼任监事，选项 D 正确。

4.【答案】AC

【解析】国有资本控股公司、国有资本参股公司的董事、监事，由履行出资人职责的机构向公司股东会提出人选。

5.【答案】AD

【解析】选项 B、C 属于违反国家财政收入管理规定的行为。

6.【答案】AD

【解析】《企业国有资产法》所称关联方，是指本企业的董事、监事、高级管理人员及其近亲属，以及这些人员所有或者实际控制的企业，故选项 A、D 属于关联方。

7.【答案】ABCD

【解析】以上选项全部正确。

8.【答案】ACD

【解析】国有资产监督管理机构依照法定程序决定其所出资企业中的国有独资企业、国有独资公司的分立、合并、破产、解散、增减资本、发行公司债券等重大事项。

9.【答案】BCD

【解析】政府采购的过程必须公开透明，接受社会的监督，并将实现效益的最大化作为重要目标，而不是经济利益，选项 A 错误。

10.【答案】ACD

【解析】供应商参加政府采购活动应当具备下列法定条件：（1）具有独立承担民事责任的能力；（2）具有良好的商业信用和健全的财务会计制度；（3）具有履行合同所必需的设备和专业技术能力；（4）有依法缴纳税收和社会保障资金的良好记录；（5）参与政府采购活动前 3 年内，在经营活动中没有重大违法记录；（6）法律、行政法规规定的其他条件。选项 B 错误。

三、判断题

1.【答案】√

【解析】预算编制的对象是预算草案。该说法正确。

2.【答案】×

【解析】各级预算的收入和支出实行收付实现制。

3.【答案】×

【解析】县级以上各级预算必须设立国库。具备条件的乡、民族乡、镇也应当设立国库。

4.【答案】×

【解析】根据企业国有资产法律制度的规定，国务院代表国家行使企业国有资产所有权。

5.【答案】√

【解析】国家建立国家出资企业管理者经营业绩考核制度。履行出资人职责的机构应当对其任命的企业管理者进行年度和任期考核，并依据考核结果决定对企业管理者的奖惩。该说法正确。

6.【答案】×

【解析】国有独资企业、国有独资公司的合并、分立由履行出资人职责的机构决定，不包括国有资本控股企业。

7.【答案】×

【解析】投标人应当在资格预审公告期结束之日起 3 个工作日前，按公告要求提交资格证明文件。

8.【答案】×

【解析】货物和服务项目实行招标方式采购的，自招标文件开始发出之日起至投标人提交投标文件截止之日止，不得少于 20 日。

9.【答案】√

【解析】采购未纳入集中采购目录的政府采购项目，可以自行采购，也可以委托集中采购机构在委托的范围内代理采购。题干表述正确。

10.【答案】×

【解析】以联合体形式参加政府采购活动的，联合体各方不得再单独参加或者与其他供应商另外组成联合体参加同一合同项下的政府采购活动。